華 章 圖 書

一本打开的书，一扇开启的门，
通向科学殿堂的阶梯，托起一流人才的基石。

企业迁云之路

TRIUMPH IN THE CLOUD

张靓 裔隽 金建明 刘刚 陈健飞 张目清 编著

机械工业出版社
China Machine Press

图书在版编目（CIP）数据

企业迁云之路 / 张靓等编著 . —北京：机械工业出版社，2019.10
（云计算技术系列丛书）

ISBN 978-7-111-63747-9

I. 企⋯ II. 张⋯ III. 云计算－应用－企业管理 IV. F270.7

中国版本图书馆 CIP 数据核字（2019）第 207841 号

企业迁云之路

出版发行：机械工业出版社（北京市西城区百万庄大街22号 邮政编码：100037）
责任编辑：朱 劼 责任校对：殷 虹
印　　刷：北京瑞德印刷有限公司
版　　次：2020年1月第1版第1次印刷
开　　本：186mm×240mm 1/16 印　张：25.75
书　　号：ISBN 978-7-111-63747-9 定　价：119.00元

客服电话：(010) 88361066　88379833　68326294　　投稿热线：(010) 88379604
华章网站：www.hzbook.com　　读者信箱：hzit@hzbook.com

版权所有 · 侵权必究
封底无防伪标均为盗版
本书法律顾问：北京大成律师事务所　韩光 / 邹晓东

Foreword 序一

放在桌上的这本《企业迁云之路》，记录了汇付公司迁移上阿里云的过程和心得。从作者把书稿递给我的那一刹那，我就觉得有话要说。

记得2017年夏天一个燥热的下午，汇付公司召开了一个时间很长的会议，围绕是否上阿里云展开了激烈的讨论。不主张上云的同事言之凿凿，主要观点包括汇付完全可以自建所需要的应用、计算环境和工具，上阿里云会影响我们的独立性，甚至不排除数据资产被偷窥的可能性，合规层面也需要进一步认证，等等。

我能理解同事们的担心，也对他们内心的起伏感同身受。

汇付团队自1993年就参与了国内第一个银行卡交换中心的建设，1998年主导了国内第一个银行卡支付网关的设计及运营，率先发明了信用支付用于互联网航空票务，创造了基金行业的中间账户产品，第一个将互联网B2B平台引入线下收单。可以说，这支队伍充满了自信和自豪，因为20多年来所有系统都是自己搭建、所有应用都是自己设计开发的。

还有一点，我们见证了阿里系的支付宝从小到大，直至被仰视的历程。在阿里的博物馆里，时任阿里云总裁胡晓明给我看2003年由他亲笔在普通笔记本上记录的支付宝对账结算表，笑嘻嘻地对我说："没想到当年我们是这么干的吧？！"当时，我心里很感慨，这么一群土法上马的队伍怎么就创造了世界级企业，我们可是从第一天起就拿着洋枪洋炮啊！

2008年之后的两到三年，汇付和支付宝在航空票务与基金业务上一直竞争激烈，我们领教过当年支付宝的强大战斗力，而客户资源以及数据资产是支付和信用业务的立命之本。如今要把自己的交易处理和数据中心部署在支付宝的嫡系亲属那儿，我们是不是太过天真、太过冒进了？毕竟，没有一家主流支付公司做过类似的尝试。

但我还是说服了自己，也最终说服了同事。

阿里把为应对双十一巨量交易而打造的世界级基础设施拿出来做了云计算业务，无论其动机是什么，都是一件利国利民的事，这让业界可以直接享受接近其能力的算力和工具，有助于企业降低成本，即时获得计算、存储和网络，是巨大的进步，尤其是对汇付这类天生就看重连续可扩展性和高可用性的企业来说至关重要。我们估算过，即使技术上可行、实施过程一切顺利，我们要达到阿里云的基础设施能力，也需要若干年，而且要付出巨额的投资。

阿里既然决心把云计算当作其未来的主要业务之一，就必须把客户的数据资产安全和产权当作自己的生命一样保护好，任何不安全或偷窥一旦被发现，对阿里云来说都是灭顶之灾。对于这个道理，我相信，处于瓜田李下的阿里云比我们更明白。

事实证明我们的判断是对的，事实也告诉我们汇付的收获远超出预期。

我们在内部做了充分的论证和动员，员工的热情也出奇地高涨，参与培训和认证的工程师十分踊跃，甚至大量中台和前台员工也加入进来。在阿里云和腾讯云的帮助下，我们的技术能力在短时间内从 OLTP 的天地拓展到了最活跃的互联网世界。我们熟悉了各类工具，也全面更新了方法论，为汇付的数字化转型奠定了坚实的基础。

在一年多的时间里，我们在阿里云上部署了聚合支付交易系统，使日交易处理能力提升了十倍，而且如果我们需要，还可以进一步提升到更高水平。我们也在阿里云上部署了数据中心，这使得我们的数据处理能力尤其是实时风控能力得到了长足发展。阿里云上丰富的工具也直接提升了我们的开发速度。

这本书是业界第一本由上云客户和云厂商合作完成的著作，完整地记录了双方在上云各个阶段的工作和心理。在阅读本书时，云厂商视角和企业视角之间的对话妙趣横生，不仅回顾、梳理了各个阶段的所思所想，还有来自另一个视角的点评。本书既是艰辛劳作之后的复盘，又带有对未来的设想，其间还夹杂着哲学层面的思考。这种独具匠心的编排，经常让我忘记是在读一本技术书籍（当然这本书的内容确实也大大超出了技术范围）。

最后，我要衷心地感谢双方年轻可爱的技术团队成员！正是他们，完美地演绎了技术创造未来的美好画卷；正是他们，完美地展示了什么叫开放心态，共创生态；也正是他们，让我进一步相信数字化时代正扑面而来！

周　晔

汇付天下董事长兼 CEO

Foreword 序二

爆发式进化中的云计算应用

今天，云计算在中国大地上已经轰轰烈烈地发展起来：在提供云计算服务的一侧，既有阿里、腾讯这样的互联网公司，也有华为这样的传统硬件厂商，还有一些深耕某一个领域或某一类服务的服务商；在应用云计算服务的一侧，有政府、大型企业、金融机构等具备长期技术积累的组织，也有创业者、互联网公司，还有很多正在寻求新的创新点或竞争力的中等规模的企业。2010 年，当 BAT 讨论云计算的时候，无论当时相信还是不相信，所有人恐怕都不会想到今天这样的爆发式的局面。

这很像自然界出现过的进化大爆发现象，当方方面面的环境因素都达到某一阈值，所有影响叠加在一起，就促成了生命大爆发，而这些生命在进化和适应的轨道上百舸争流，并最终留下真正的"适者"。这样的大爆发现象还出现在 16 世纪到 20 世纪的物理学界，以及 17 世纪到 19 世纪的哲学界。在这两段历史中，同样出现了无数探索、假设、实践、论证、总结和理论，并最终留下了那些经过时间和实践证明的适合我们的结论，并指导着后续很长一段时间的科学和哲学发展。

阿里云创立至今正好十年。十年前，她像是一颗代表云计算的希望的种子，不断寻找着生根发芽的环境；十年后，随着环境、时代的变化，云计算已经被证明是一个"适者"，同时云计算领域内各种服务侧和应用侧在不同的层面以不同的方式进行着各种各样的实践和探索，仿佛恰好处在一个合适的环境中；各种形式的生命都希望证明自己可以在这个环境里生存下去；如果十年后再回头看，或许今天的很多实践会被证明是不合适的，很多产品会被证明并不属于云计算领域，但同时也会有很多理论、最佳实践、原生云产品等被沉淀下来。这个过程中会伴随着很多痛苦、委屈，但是对于每一个坚持初心的"云 er"而言，都会为自己参与了这场进化的历史而感到自豪。

云计算的探索不是云服务商单方面的事情，如果没有百万用户逐步认可云计算、应用云计算，如果没有企业 IT 工作者们不断探索云计算在业务场景中的各种实践、形成自己的观点和理论，如果听不到云计算的应用者和云计算的服务商不断交流、讨论、反馈、合作，甚至抱怨、投诉，仅依靠厂商的力量，不可能形成今天云计算所呈现出的百花齐放的局面。

阿里云自 2011 年正式商用以来，在不同领域和大量的客户就云计算如何应用于企业的弹性基础设施、基础设施云化、应用改造和创新、场景化大数据、人工智能应用以及数字化转型等诸多方面，进行了各种形式的交流。感谢这些客户在从尝试、接受到广泛应用的过程中贡献了很多的意见、建议以及赞扬、批评。在这个过程中，和客户接触的一线团队总结并整理了大量的实践经验，将我们的客户在应用云计算过程中的经验沉淀下来，形成了百余种适合不同场景的云计算解决方案，使后来者不必再做重复性的探索，通过这个可以快速参考的资源库，让上云变得更加容易、更加可控。

同时我们也看到，在真正的实践领域，很多企业对云计算的理解、探索和应用相当深刻，有些企业不仅总结了经验，还形成了相关的制度，甚至形成了理论。在 2018 年 9 月 10 日的阿里客户日，遍布全国各地的阿里云分支机构邀请了大量客户进行分享，从中我们更加能够感觉到在这样一个云计算爆发式应用的时代，很多企业能够熟练、灵活以及场景化地应用云计算来解决实际业务问题，让我们对真正的产业领域应用技术的情况有了更多的认知，但更多的是对客户的敬畏。

在这些企业中，很多已经将其实践上升到了理论的层次，本书就是这种成果的体现。汇付天下的团队在他们并不算长的上云过程中，基于相当完备和扎实的既有 IT 能力，由小到大、自外而内，将云计算提供的设施能力、技术能力、服务能力等充分吸收，并在适合自身的场景中以一种理性和顺畅的方式进行了应用，同时不忘总结、归纳，形成了自己的上云最佳实践。他们和阿里云团队各个层面保持密切沟通，不断将其应用实践过程中遇到的各种问题以及心得和作为云服务商的我们进行交流、探讨，从而实现了不仅仅是为了使用云计算而使用云计算，而是将云计算融入自身的业务创新、系统建设、能力建设和团队建设之中，展现出巨大且丰富的产出。

实践决定理论，也是理论的来源；理论对实践有能动的反作用，从而更好地指导实践。过去，在云计算领域，无论是云服务商还是云用户，都是实践多于理论，毕竟这个领域无论产品还是应用，都发展得太快。当前，随着云计算中的一部分应用已经趋于成熟，总结和沉淀就显得更为必要。或许当云计算真正成熟的那一天再回头来看，会发现今天无论是云服务商还是云计算客户的实践和经验，都有着这样或那样的不周详之处。然而，正是这些探索和总结，以及不仅经历和适应这段旅程，还充分享受并分享这段旅程的企业、团队、个人，推动了云计算在各行各业的应用中趋于成熟。而且，越是乐于总结和分享，越能够迭代和与时俱进，最终成就出真正的最佳实践。我们衷心希望从本书开始，有更多的客户以不同的方式分享他们的观点、体会、心得或者困惑，让我们在这个云计算得到爆发式应用的时代可以相互陪伴、相互支持，真正发挥出技术的生命力来支撑这个数字化时代，对企业（尤其是企业的 IT 部门）各个层次、各个方面的创新和发展起到真正的推动作用。

李　津
阿里巴巴副总裁

前言一 *Preface*

加入阿里云是我职业生涯中不可预测的一次转身。在此之前，我做过架构师、技术经理、项目经理和产品经理等多个角色，更多的考虑是如何交付一个系统给业务单元，从而支持公司的业务发展。然而，阿里云面试我的几位同学让我看到了一个不一样的世界，一个用云计算来改变IT、改变金融的机会。阿里云内部常说"梦想永在，自证预言"，要大家坚持自己的初心，我想我的初心在我完成那一下午的多轮面试时就已经确定了：希望通过我的努力，让那些还处在我以前的角色/位置上的IT同行们，有更多的力量投入到服务好自己的业务单元、有更多的IT创新，并能够在这个互联网时代用IT人的思维去引领业务走向创新的道路。

加入阿里云之后，我发现阿里云（包括阿里巴巴和蚂蚁金服）是一个远远超过我预期的技术宝库，这个宝库里有太多神奇的技术能力，这些产品和能力已经相当靠近我曾经的一个愿景，那就是创意一个新的系统或业务模式的时候，可以通过大量的组合和少量的研发来完成，而且最好是在一个融合的生态平台内完成。上一次让我感到比较接近这个愿景的平台是谷歌云，不过今天的阿里云比谷歌云更接近这个愿景。

也许我是非常幸运的先获得打开阿里巴巴技术宝库的"芝麻开门"口令的人，所以我希望这个巨大的宝库能够造福那些和我以前一样还"被沉浸"在繁复的日常重复工作中的同仁们。于是阿里巴巴的"客户第一"被我自己定义为：达成自己的初心，让金融行业的同仁们用云计算的方式从这些繁复和重复的工作中解放出来，去创造互联网时代的金融业务，更好地服务于这个时代。就像阿里云金融事业部总裁九河说的那样，从金融上云到云上金融到产融结合。

在服务云上金融客户的过程中，我发现有三个方面的问题是不断出现的。首先是像我过去一样，埋头苦干的金融IT同仁们没有时间抬起头看一下这个世界的变化，也无法感知到云计算会为他们带来的巨大价值；其次，云计算是一种以乐高积木的方式提供的服务，用户缺乏一张图纸，尤其是适合企业的定制化图纸来用好云计算的各种产品；最后，云计算催生了一个技术能力快速释放的新时代，用户对云计算的认知很容易停留在他们最初使用云计算时的那个快照上。于是，我萌生了通过这本书来解决以上三个问题的想法。

既然是希望解决这三个问题，那就不能把这本书写成阿里云的产品和方案手册，也不能仅仅停留在阿里云解决方案架构师的视角上，而是要站在一个相对中立的立场，一方面代入到普遍的客户需求和场景中来考虑需要云计算带来一些什么，还需要做些什么，怎么做；另一方面，仍然从解决方案架构师的立场来考虑云计算的哪些能力能够帮助到他们，怎样更好地帮助他们。就像我曾经进行的心理咨询师训练所强调的：要共情，也要帮助（干预）。

于是，在本书写作的时候，我邀请了阿里云的两位联合作者协助提供材料：金建明（花名：铮明）长期管理着阿里云上的大客户，并提供售后服务工作，对客户上云之后的云上运维有丰富的经验；刘刚（花名：法华）是金融云最早也是最杰出的架构师，长期领导着金融云解决方案团队，有更高和更宽的视角。结合他们提供的资料，在撰写本书的相关内容时，我始终站在客户对云计算的"售前、售中和售后""战略、管理和执行"以及"过去、当前和未来"等建构性的视角上，分享我们的经验和沉淀，阐述我们对于企业使用云计算的观点。

本书的另一位主要作者裔隽所带领的写作团队则让书中关于企业客户上云的思考和沉淀更加务实和落地，避免我们这些已经脱离企业应用实际交付一线的云计算解决方案架构师们，对当前企业的 IT 工作者们的"共情"中有太多属于我们自己的"刻板印象"。

实际上，裔隽及其团队对云计算的认知和总结，无论从丰富程度、细致程度还是从思考高度上，在我们日常遇到的其他企业客户的上云团队中都是明显属于领先地位的。也正因如此，这本书才能将用户和厂商的观点无缝地融合到一起。

似乎在前言中表达感谢是一个国际化的做法，作为一个国际化云厂商的架构师，当然我也不想免俗。首先要感谢给我机会打开阿里巴巴技术宝库大门的李刚、俞翔、刘刚（本书联合作者）、刘树杰、徐晓莉和徐敏，当我沉浸在这个宝库时始终给予我巨大帮助的张婷华、傅杰、霍嘉、李晨和蔺建邦，以及在我试图分享这个宝库时给予支持的陈冰赋、宋卿云、夏睿、金建明（本书联合作者）和张云，在我的职业道路上曾经给予我很多指引的杨振华、王俊凯、张菁华、唐中兴和杨治。感谢不能一一列举姓名的阿里云华东一区团队（尤其是上海分公司团队）、阿里云金融云团队、阿里云的产品 PD 们，感谢阿里云的文档团队以及为阿里云官方文档提供各类素材和不断分享的作者们，以及百阿 557 的同学们。最后，不能遗漏我的家人们，感谢他们给予我的温暖、包容和无私支持。

本书中涉及的很多经验和沉淀都来自从 2009 年开始不断支持和信任着我们的云上的各类客户。正是这些客户的陪伴和包容、交流和分享，以及不断提出的需求、意见和建议，才使得我们有机会去发现、了解、总结和改进，也促使我们分享更多的经验和心得。

由于每一本技术类图书都是在某个时间内观点的快照，一本技术类图书的生命周期通常只有 2~3 年，这里的内容代表了我们所有作者过去建构下的各种观点，和我们过去的经历、认知有无法割裂的关系，或许很难获得所有人的认同。我们努力去掉了一些过于个性化的内容，其中有些内容或许会被证明没有那么普适，甚至未必经得起广泛的实践检验，希望各位读者和同行能够将意见和建议发给我们，我们会在后续版本中纳入这些意见和建议，并对书中的错误和问题予以更正。

瑞理（张靓）

2019 年 8 月

Preface 前言二

随着汇付天下的高速成长,我们体会到业务和技术的不断演进。为了更好地响应变化、服务用户并创造价值,近年来,我们积极拥抱大数据、云计算、机器学习和移动应用等各类如火如荼的新技术。

在本书付梓之际,首先要感谢汇付天下的周晔、穆海洁和姜靖宇等管理层的远见卓识和悉心培养。正是几位领导的支持和鼓励,才有了我和团队的成长并有了在书中分享的心得。

同时,与阿里云的相识,让我看到了专业、勤奋和与时俱进的团队文化。谢谢胡晓明、张婷华、徐敏、刘刚、钟华和夏睿,特别是与本书的另一位主要作者瑞理(张靓)以及兆鹏(蔺建邦)的相辅而行,让我们窥探到云世界的奥妙。

感谢腾讯云和UCloud的诸多良师益友在我们前行路上给予的支持。谢谢夏璞、倪钢和徐丽!

感谢我身边的优秀团队,我的角色是教练、导师,希望与大家一起学习、一起成长、一起寻求问题的答案和人生的真理!希望长江后浪推前浪,道法术器,各展所长!

企业上云是一个复杂的课题,我们刚刚入门,越研究就越能感受其博大精深。我相信,在学习的过程中,分享和反思是非常重要的环节。因此,我们尝试着将思考、观察和实践记录下来,希望能够给读者一些经验和指引,帮助大家更快地找到前进的道路。但由于学识有限、眼界和认识更有限,加之这个行业的发展日新月异,书中肯定有诸多不妥之处,请各位读者和同行不吝赐教。

信仰的力量无比伟大,具体的技术终将会过时,只要信念之火永不熄灭,就能踏入下一个无人之地,就会有实现梦想的无限可能!

禹隽

2019 年 8 月

内容与作者 Plan of the Book

云计算的内容博大精深，在开始设计本书大纲的时候，我们试图从道、法、术、器的层面对内容进行分类，涵盖从宏观的战略到具体项目的规划，以及企业迁云时的一些战术特点。第一部分将讨论云计算对企业的影响，包括上云之前的思考、如何引入新技术、对于上云风险的评估等；第二部分对云计算的三个核心技术：虚拟化、云存储和云网络进行介绍；第三部分详细讲授企业上云需要做的各种具体规划，涉及各类应用、安全容灾以及组织和培训等；第四部分将介绍企业应用中最重要的部分——数据及数据库如何上云，既包括分布式数据库也包括大数据及平台；最后一个部分则选取了近年来云计算领域的热点话题进行介绍，包括云运维、Docker、Kubernetes、边缘计算和函数计算等。

每一章的最后都从云厂商和企业两种视角针对该章内容进行了总结和评论，这也是本书的特色内容，希望能够分享我们对企业迁云的思考，以飨读者。

本书由阿里云团队和汇付天下团队合作编写而成。每章内容都凝聚了多位作者的贡献，每一章的作者名单如下：

第 1 章　上云之前的思考：裔隽
第 2 章　引入新技术的思考：裔隽
第 3 章　云世界的语言：张靓、裔隽、刘刚
第 4 章　影响上云的五大因素：裔隽、张靓
第 5 章　云计算的再认识：张靓、刘刚
第 6 章　如何评估上云风险：张靓、裔隽
第 7 章　上云 ROI 分析：张靓
第 8 章　计算虚拟化：张靓、金建明
第 9 章　云存储：张靓
第 10 章　云网络：张靓、余传琪
第 11 章　上云整体规划：张靓、裔隽

第 12 章　应用系统生命周期的规划：张靓、刘刚、陈健飞

第 13 章　小应用上云：陈建飞、裔隽

第 14 章　大应用混合云单元化部署：陈健飞、张靓、裔隽

第 15 章　数据业务上云规划：张目清、裔隽、张靓

第 16 章　容灾策略：张靓、唐宏

第 17 章　安全策略：张靓、唐宏

第 18 章　组织最佳实践：贾春迎、裔隽

第 19 章　培训：贾春迎、张靓、裔隽

第 20 章　数据库 RDS：陈健飞、裔隽

第 21 章　分布式数据库 DRDS：裔隽、陈健飞、张靓、胡超

第 22 章　数据仓库：张目清、张靓、裔隽

第 23 章　大数据平台：张目清、张靓、裔隽

第 24 章　PaaS 和 SaaS：张靓

第 25 章　云运维实践：张靓、金建明

第 26 章　云监控和二次开发实战：杨宇斌、贾春迎

第 27 章　Docker 与 Kubernetes：郭松、张靓

第 28 章　边缘计算和函数计算：张靓、傅海雯

全书内容审校由裔隽、张靓完成。

全书图片制作、文字校对和排版由徐晋、卓梵妮、贾春迎、黄超、朱候丹、常昱旻完成。

目录 Contents

序一
序二
前言一
前言二
内容与作者

第一部分　云计算对企业的影响

第1章　上云之前的思考 ………………2
1.1　困惑 ……………………………… 2
1.2　知识的释放 ……………………… 3
1.3　什么是云计算 …………………… 5
1.4　初探 ……………………………… 7
1.5　再探 ……………………………… 9
1.6　三思 …………………………… 11
1.7　没有银弹 ……………………… 14

第2章　引入新技术的思考 ………… 16
2.1　为什么要关注新技术 ………… 16
2.2　思想上的准备 ………………… 17
  2.2.1　保持好奇心 ……………… 17
  2.2.2　拥抱变化 ………………… 18
  2.2.3　敏捷 ……………………… 18
  2.2.4　慢即是快 ………………… 19
  2.2.5　第十人 …………………… 21
2.3　行动上的准备 ………………… 22
  2.3.1　知晓 ……………………… 22
  2.3.2　观望 ……………………… 22
  2.3.3　了解 ……………………… 22
  2.3.4　预研 ……………………… 23
  2.3.5　评估和论证 ……………… 23
  2.3.6　淘汰和替代 ……………… 23
2.4　技术上的准备 ………………… 24
  2.4.1　易用性 …………………… 24
  2.4.2　性能 ……………………… 25
  2.4.3　灵活性 …………………… 27
  2.4.4　兼容性和标准化 ………… 28
  2.4.5　安全性 …………………… 29
  2.4.6　开源和商业软件 ………… 29
  2.4.7　可移植性 ………………… 30
2.5　组织形式 ……………………… 31
  2.5.1　组织和人员 ……………… 31
  2.5.2　内驱力 …………………… 31

第 3 章　云世界的语言 ········· 34
3.1　云计算的名词体系 ········· 35
3.2　云世界语言的历时性与共时性 ········· 36
3.3　语言改变思维模式 ········· 37
3.4　隐喻 ········· 38

第 4 章　影响上云的五大因素 ········· 40
4.1　没有人是一座孤岛 ········· 40
4.2　五大因素 ········· 41
4.3　战略 ········· 41
4.4　组织 ········· 44
4.5　风险 ········· 51
4.6　财务 ········· 51
4.7　技术 ········· 53

第 5 章　云计算的再认识 ········· 55
5.1　计算平台的历史观 ········· 55
5.2　当前云计算的多种方案 ········· 57
5.3　私有/专有云平台 ········· 58
5.4　从基础设施云到应用系统云 ········· 61
5.5　云计算时代的选择 ········· 62

第 6 章　如何评估上云风险 ········· 65
6.1　如何评估不可预知的云化内容 ········· 65
6.2　确认"不可预知" ········· 65
6.2.1　梳理 IT 现状 ········· 66
6.2.2　确认企业策略 ········· 69
6.3　评估和应用 ········· 69
6.3.1　利用云平台的优势 ········· 70
6.3.2　利用最佳实践 ········· 71
6.3.3　模式降级 ········· 72
6.3.4　基于适配器和组合模式 ········· 73
6.4　动态的不可预知性——未来发展 ········· 73
6.5　异化过程的心理保障 ········· 75
6.6　商业过程 ········· 75
6.7　加强"不可预知"的预知性 ········· 77

第 7 章　上云 ROI 分析 ········· 79
7.1　公司战略层 ROI 分析 ········· 79
7.1.1　是否参与决策 ········· 80
7.1.2　已经明确的投入产出分析 ········· 81
7.1.3　需要考察的决策点 ········· 82
7.1.4　后续做些什么 ········· 84
7.2　技术管理层 ROI 分析 ········· 85
7.3　执行层 ROI 分析 ········· 95
7.3.1　技术需求方 ········· 95
7.3.2　业务需求方 ········· 96
7.3.3　技术实施方 ········· 96
7.3.4　业务实施方 ········· 97
7.3.5　技术运维方 ········· 97
7.3.6　业务运营方 ········· 97

第二部分　云之基石

第 8 章　计算虚拟化 ········· 100
8.1　云服务商及其计算虚拟化 ········· 100
8.2　企业的虚拟化选择及管理 ········· 102
8.2.1　选择云服务商 ········· 102
8.2.2　选择配置 ········· 103

	8.2.3	资源管理 ·········· 105
	8.2.4	内部管理 ·········· 108
8.3	虚拟化的动态侧面 ·········· 108
8.4	以虚拟服务器为核心的产品和解决方案 ·········· 110
8.5	超越传统虚拟服务器 ·········· 113

第 9 章 云存储 ·········· 117

9.1	云存储的类型 ·········· 118
	9.1.1 云计算厂商的存储技术 ·········· 118
	9.1.2 企业的云存储选择 ·········· 119
9.2	对象存储及其应用 ·········· 122
9.3	云存储的购买和费用 ·········· 124
9.4	以对象存储为核心的解决方案 ·········· 126
9.5	存储的安全、备份和容灾 ·········· 127

第 10 章 云网络 ·········· 130

10.1	云环境的网络架构和产品的变迁 ·········· 131
10.2	经典网络和 VPC ·········· 133
10.3	VPC 及其使用 ·········· 134
10.4	面向 Internet ·········· 136
10.5	混合云环境或多 VPC 环境 ·········· 138
10.6	网络安全 ·········· 141
10.7	其他网络产品及方案 ·········· 143
10.8	其他应用要点 ·········· 144

第三部分 企业上云规划

第 11 章 上云整体规划 ·········· 148

11.1	上云涉及的工作 ·········· 148
11.2	上云——从目标到规划 ·········· 150
	11.2.1 上云——自下而上 ·········· 151
	11.2.2 上云——自上而下 ·········· 155
11.3	外部力量的引入 ·········· 157
11.4	价格和商务因素 ·········· 158
11.5	由广而深,自下而上 ·········· 158

第 12 章 应用系统生命周期的规划 ·········· 161

12.1	传统应用系统生命周期的视角 ·········· 161
12.2	面对持续交付的应用系统 ·········· 166
12.3	敏捷开发模式下的视角 ·········· 169

第 13 章 小应用上云 ·········· 174

13.1	什么是小应用 ·········· 174
13.2	小应用的上云 ·········· 175
	13.2.1 域名、SSL 证书、DNS 解析 ·········· 176
	13.2.2 CDN ·········· 177
	13.2.3 存储(对象存储或 NAS 存储) ·········· 177
	13.2.4 安全产品(WAF 和 DDoS 防护) ·········· 178
	13.2.5 VPC 专有网络 ·········· 178
	13.2.6 SLB 负载均衡 ·········· 178
	13.2.7 ECS 服务器 ·········· 179
	13.2.8 RDS 数据库 ·········· 179
	13.2.9 云监控 ·········· 179
	13.2.10 第三方应用 ·········· 180

第 14 章 大应用混合云单元化部署 ·········· 181

14.1	大应用上云的契机 ·········· 181

- 14.2 大应用考量指标 ········· 182
  - 14.2.1 时间 ············ 182
  - 14.2.2 成本 ············ 183
  - 14.2.3 质量 ············ 183
- 14.3 混合云和单元化 ········· 184
- 14.4 一个大应用的例子 ······· 187

第 15 章 数据业务上云规划 ········ 202
- 15.1 传统企业进行数据分析的过程 ··· 203
- 15.2 数据上云的顾虑 ········· 204
- 15.3 数据上云的步骤 ········· 206
- 15.4 数据上云过程中的思考 ····· 207

第 16 章 容灾策略 ············· 209
- 16.1 容灾 ················ 209
- 16.2 容灾的云平台工具保障 ····· 211
- 16.3 过程保障 ············· 216
- 16.4 经验分享与探讨 ········· 217

第 17 章 安全策略 ············· 220
- 17.1 互联网安全环境及挑战 ····· 220
- 17.2 安全方案 ············· 222
- 17.3 安全产品的选择 ········· 226
- 17.4 广义的安全 ············ 229
- 17.5 安全的 SaaS+ 的优劣 ····· 230

第 18 章 组织最佳实践 ·········· 233
- 18.1 什么是组织 ············ 233
- 18.2 上云组织 ············· 234
  - 18.2.1 组织构成 ········· 234
  - 18.2.2 组织内的角色与分工 ··· 234

  - 18.2.3 每周例会 ········· 236
  - 18.2.4 任务开展 ········· 237
- 18.3 组织上云 ············· 238
  - 18.3.1 上云流程 ········· 238
  - 18.3.2 上云流程相关表格 ··· 238

第 19 章 培训 ················ 244
- 19.1 上云培训 ············· 244
  - 19.1.1 外部培训 ········· 245
  - 19.1.2 内部培训 ········· 247
- 19.2 技术认证 ············· 247
  - 19.2.1 阿里云认证 ········ 247
  - 19.2.2 阿里云认证体系 ···· 248
  - 19.2.3 考试组织 ········· 248

第四部分 云之数据

第 20 章 数据库 RDS ············ 252
- 20.1 概述 ················ 252
  - 20.1.1 新项目如何选择数据库 ··· 254
  - 20.1.2 老项目数据库直接迁移 ··· 256
  - 20.1.3 云和 IDC 的混合部署 ··· 257
  - 20.1.4 使用云厂商提供的数据库 ··· 257
- 20.2 基于云服务商数据库服务的数据迁移 ··· 258
  - 20.2.1 RDS 云数据库简介 ···· 258
  - 20.2.2 数据库迁移的要点 ···· 258
  - 20.2.3 从应用环境角度选择 RDS ··· 260
  - 20.2.4 性能指标 ········· 260
  - 20.2.5 MySQL 大表问题 ···· 261
- 20.3 迁移到 RDS MySQL 的注意事项 ··· 262

20.3.1 使用限制 ………………… 262
20.3.2 RDS 使用中的注意事项 …… 263
20.3.3 索引优化过程 ……………… 264
20.3.4 RDS 读写连接地址选择 …… 265
20.4 RDS 的日常管理与维护 ………… 265
20.4.1 数据库管理 ………………… 265
20.4.2 监控与报警 ………………… 266
20.4.3 性能优化 …………………… 266
20.4.4 数据备份与恢复 …………… 267
20.5 CloudDBA ……………………… 267

第 21 章 分布式数据库 DRDS …… 270

21.1 云上分布式数据库应用 ………… 270
21.1.1 数据增长给企业 IT 带来的压力 ………………… 270
21.1.2 为什么要使用分布式数据库 …………………… 272
21.1.3 什么是分库分表 …………… 274
21.1.4 图书馆的例子 ……………… 276
21.1.5 DRDS 简介 ………………… 277
21.1.6 DRDS 是否能够解决企业的数据库问题 …………… 279
21.2 DRDS 技术实战 ………………… 280
21.2.1 企业如何使用 DRDS ……… 280
21.2.2 DRDS 主要的技术点 ……… 281
21.2.3 DRDS SQL 路由 …………… 283
21.2.4 DRDS 读写分离 …………… 284
21.2.5 DRDS 测试环境到生产环境的迁移 ………………… 285
21.2.6 DRDS 平滑扩容 …………… 287
21.2.7 DRDS DDL 拆分语法 …… 287

21.2.8 DRDS 分布式事务 ………… 291
21.2.9 DRDS 的管理和维护 ……… 292
21.2.10 应用小结 …………………… 292

第 22 章 数据仓库 ……………………… 295

22.1 企业的数据仓库建设 …………… 295
22.2 为什么数据仓库要上云 ………… 297
22.3 云上的数据仓库 ………………… 298
22.4 数据仓库的技术选型 …………… 300
22.4.1 ADS …………………………… 301
22.4.2 MaxCompute ………………… 303
22.4.3 Greenplum …………………… 306

第 23 章 大数据平台 …………………… 310

23.1 企业的大数据建设 ……………… 310
23.2 大数据平台的选择 ……………… 311
23.3 云上的大数据平台 ……………… 312
23.4 控制台、开发工具和数据集成 ………………………………… 314
23.5 数据仓库、大数据和人工智能 … 317
23.6 学习路径 ………………………… 320

第五部分　云在计算之外的能力

第 24 章 PaaS 和 SaaS …………… 326

24.1 PaaS ……………………………… 327
24.1.1 PaaS 带来了什么 …………… 328
24.1.2 四类 PaaS 产品 …………… 329
24.1.3 技术栈绑定的两难（含特性需求提出）………………… 331

24.1.4 评估和迁移 332
24.2 SaaS 333
　　24.2.1 SaaS 带来的价值 333
　　24.2.2 评估和使用 SaaS 337

第 25 章　云运维实践 340
25.1 运维体系 340
25.2 云平台的运维特点 346
25.3 团队组织、账户安全和授权 347
25.4 监控体系及日常监控 351
25.5 工单和运维 352
25.6 费用 354

第 26 章　云监控和二次开发实战 358
26.1 概述 358
26.2 云监控最佳实践的七个步骤 359
　　26.2.1 报警模板的配置 359
　　26.2.2 报警通知对象的配置 361
　　26.2.3 应用分组的建立 363
　　26.2.4 内网服务端口监控 364
　　26.2.5 公网域名监控 365
　　26.2.6 日志监控 366
　　26.2.7 Dashboard 配置 366
26.3 API 二次开发应用场景 367
　　26.3.1 ECS 申请流程化 368
　　26.3.2 监控信息采集 369
　　26.3.3 报警语音服务 369

第 27 章　Docker 与 Kubernetes 371
27.1 使用 Docker 部署应用 371
　　27.1.1 Docker 的优势 372
　　27.1.2 Docker 部署应用最佳实践 373
27.2 标准微组件部署 374
27.3 Kubernetes 375
27.4 阿里云容器服务 376
　　27.4.1 使用云服务或自建 376
　　27.4.2 各应用（服务器）高可用 376

第 28 章　边缘计算和函数计算 379
28.1 边缘计算 380
　　28.1.1 边缘计算的场景 380
　　28.1.2 解决方案 382
　　28.1.3 未来可能 383
28.2 函数计算 383
　　28.2.1 函数计算的核心优势 384
　　28.2.2 场景和方案 385
　　28.2.3 函数计算的优势和未来可能 387
28.3 函数计算结合边缘计算 388

后记 390

Part1 第一部分

云计算对企业的影响

我对这种新技术将带来的影响很乐观。通过扩大信息量的传播，它将增加人们生活中的悠闲时光，丰富人们的文化。它将使人们可以在家里，或在位置偏僻的办公室里办公……信息社会的公民们将享受生产、学习和娱乐的新机会。那些大刀阔斧地前进，并与彼此密切配合的国家将在经济上得到丰厚的回报。许多完备的新市场将会出现，而无数新的就业机会也将随之创造出来。

——比尔·盖茨《未来之路》

未来已来，在咖啡馆用笔记本连接高速网络，轻松进行即时通信、发送电子邮件、处理文档、开视频会议、欣赏电影、听音乐、玩游戏等，无处不在的网络和云端是实现这种便利生活的基础和保障。

云计算诞生不过十余年，已经开始改变 IT 发展的形态，并且外延不断扩大。"云计算是 CEO 要考虑的问题"，这样的理念源于云计算已经不仅用于完成软件开发和架构、硬件堆叠、运维保障等工作，而且已经成为企业的竞争力之一。究其原因，企业对于业务的响应速度和可迅速扩展的能力、企业数字化和自动化管理的能力，人工智能、大数据和云计算的应用能力，这些 IT 能力会直接影响和改变商业模式，进而影响收入和利润。甚至很多新兴的商业模式，若没有云计算，就不可能成立。

为什么要上云？如何引入云的能力？云计算和传统 IT 技术的变革有什么质的区别和相似之处？上云的风险何在，如何防范？让我们站在企业和云厂商的双重视角，用发展的眼光来交流一下。

第 1 章　Chapter 1

上云之前的思考

导言：作为全书的开篇，本章将站在企业角度提出在考虑云计算战略之前应该思考的一系列问题，然后给出云计算的定义。之后，我们从一个实例开始，深入阐述企业对于上云的思考过程，展现如何由简到繁，并伴随着企业面临的挑战，理解上云是一个被赋能的过程，需要系统的方法论来逐步开展工作。

1.1　困惑

现在，越来越多的企业关注云计算，并且开始考虑在自己的企业中引入云计算。但是，在推进企业的云计算战略之前，首先要了解什么是云计算。按照美国国家标准局（NIST）[⊖]的定义，云计算是一种模型，它可以实现随时随地、随需应变地从可配置计算资源共享池中获取所需的资源，这些资源能够快速供应并释放。云计算有五大能力，分别是弹性、宽带网络接入、可计量的服务、按需自服务以及资源池化。（因为云计算能力发展太快，所以有时候称这个定义为传统的云计算能力标准。）

和其他新的 IT 概念一样，上述关于云计算的定义中出现了很多新的名词。作为企业管理和 IT 领导人，常常会有这样的困惑：

1）使用云计算和 IDC 机房、自建机房、超融合等解决方案有什么差别呢？面对公有云、

⊖ 引用自 https://www.nist.gov/news-events/news/2011/10/final-version-nist-cloud-computing-definition-published。

专有云、私有云和混合云等，应该选择什么产品？

2）上云之后，企业是否就能拥有像淘宝、天猫一样的技术能力，系统健壮稳定，同时能快速响应需求变化？对业务的影响体现在哪里？

3）除了海量的服务器硬件和网络资源以外，云计算的技术能力还体现在哪些方面？

4）如果企业决定上云，要做哪些准备工作？

5）企业的新系统上云可以理解，但是对于企业中那么多的旧系统，剪不断理还乱，应如何迁移？改造成本如何评估？

6）系统怎样才能做到云上云下都可以部署？上了云的应用还能迁至云下吗？最重要的是，如何做到自主可控？

7）云厂商的产品非常多，很多产品看上去不错，针对这些产品，如何做到从试用到投产？如何控制其生命周期？

8）上云能给企业技术团队带来怎样的能力提升？能力是如何提升的？这和一般的新技术引入有什么差别？

9）企业IT组织形式是否需要为上云而调整？

10）从成本和投资回报率（Return On Investment，ROI）角度，上云对成本和收益的影响是什么？是否会成为IT投入中的一个无底洞？

……

云计算是一种复杂的技术和能力，企业需要去探索、学习和掌握，需要时间和资源的投入。关于上云是否可以解决企业IT的问题，答案是：一半看云计算的供应商，看其"武器"是否强大；另一半看企业本身，企业就好比家中的主人，当家中锅灶俱佳、原材料新鲜时，烧什么菜、怎么烧、怎么招呼客人，全看主人的习惯和喜好。在云计算产品丰富的情况下，如何用好这些产品，就是企业要思考和花工夫解决的问题了。上云又好比是花钱买最先进的武器，要先学会怎么用这些武器，那些开始时在战略领悟、战术执行上可能比较糟糕的战士，在几年磨炼后，经过战场的实战，也就逐渐骁勇善战了（被赋能了）。

可见，上云需要从战略、组织、风险、财务和技术等方面统筹思考，才能保证方向正确，并通过严格的项目管理对业务产生助力。针对前面列出的上云种种问题，我们将在后续各章中从企业和云厂商两个不同的视角来分享一些实际的经验和观点，供读者从多个维度思考上云这个复杂的命题。

1.2 知识的释放

时光倒退回几十年前，笔者身边有一本大约在1986年时得到的《APPLE汇编语言程序》，这本书是Roger Wanger于1981年12月在美国加州编写完成的。彼时信息传递和物流运输还没有那么顺畅，因此相隔 5 年才送到了当时还是一名初中生的笔者手上。作者在序言中写道："很遗憾，有人认为计算机将导致人性逐渐消失，但事实上世界各地的人们却经由 Apple 来交换信息，增进彼此间的友谊，这一点就能使那些只能表达自己的简单工具相形见绌。"

现在，计算机还没有导致人性消失，世界各地也因为计算机技术的飞速发展得以更好地连接。今天，对于买书这个行为，从下单到收货，快则一天；若是从国外购买书籍，慢则几周也可送到购买者手中。互联网在改变我们生活方式的同时，也已经成为我们生活的一部分。1999 年的 72 小时网络生存测试，在今天已经是很多人生活的常态。

> 72 小时网络生存测试于 1999 年 9 月 3 日至 6 日举办，是测试受试者在只借助互联网的情况下如何生存 72 小时的活动。该活动由中华人民共和国国家信息产业部信息化推进司指导，梦想家中文网以及十家新闻媒体主办。是年 8 月中旬，主办方开始在京沪穗三城招募志愿者，并产生 12 名入选者。入选者被异地分配，得到现金与电子货币以供在测试时购买衣食等物，同时在此期间与外界隔离。大部分受试者在测试中保证了自己的温饱条件且网购到相关用品，一位受试者甚至在此期间因开网店而获利，一位零网龄受试者未成功购物并中途退出。最终有 11 人通过测试。这项测试受到了网民关注，一些网络商城则借此机会开张。对此活动，有正面评价其对中国互联网发展意义者，有认为所提供资金或帮助过多者，有认为商业炒作活动者。㊀

同样，因为互联网，知识从来没有像现在这般唾手可得。知识的释放大大提升了人们解决问题的能力，其产生的变革或许真的是"百年"才能遇到。

"今天的世界又面临相似的情形：网络科技再次将'距离'重新定义，网络同时造成知识的大量释出，面对这种百年一遇甚至千载难逢的大时代，我们何其幸运。"㊁

过去，如果开发一个复杂的软件系统，我们需要考虑所有的问题，需要集合系统架构、软件开发、数据库、运维和服务器等各方面的专家才可能完成任务。同时，最近几年，随着基础架构和应用架构的日趋复杂，用户（不管是 C 端还是 B 端）的要求越来越高，软件开发和运营的成本也随之越来越高。这已经成为当前企业面临的共同问题。

云计算的出现，改变了这一切。

云计算提供的海量计算和存储能力，以及计算模式的变化，对于整个 IT 行业产生了巨大的影响。比如，在交通出行领域，网约车通过使用云计算平台提供的移动 APP、定位技术、弹性运算、大数据等，重构了生态场景，颠覆了传统的出租车行业。

㊀ 参见 https://zh.wikipedia.org/wiki/72 小时网络生存。
㊁ 引自《极简欧洲史》，约翰·赫斯特著，席玉苹译，广西师范大学出版社出版。

上云之路，已经不可避免，如果世界上真的只有 5 台计算机的话⊖，那么或许代表 5 个云厂商，而企业只要专注于自己关心的业务逻辑怎么实现即可。

1.3 什么是云计算

前文提到过云计算的五大能力，分别是弹性、宽带网络接入、可计量的服务、按需自助服务以及资源池化。

弹性计算是可快速扩展或压缩计算机处理速度、内存和存储资源以满足不断变化的需求，而无需担忧用量高峰的容量计划和工程设计。云厂商一般都有巨大的宽带接入资源，包括多运营商接入，可以满足用户的海量访问，并适应巨大流量的冲击。云计算提供的服务可以按照小时、天或按照容量等进行计量，用户只需为所使用的服务付费。按需自助服务使得用户能够在无须与云服务提供商联络的情况下根据自己的需求使用云计算资源。

这些都得益于云计算供应商提供的资源池化能力，即不再需要为单一的客户准备独立的物理资源，而是形成一个可分配的资源池，供所有客户使用。

通过按需自助服务，用户可以对云计算的使用情况进行规划，例如需要多少计算和存储资源，以及如何管理和部署这些服务等。为了让服务方式更加有效，更易于让用户接受，自助服务界面应该易于使用，能够对所提供的服务进行有效管理。这种易于使用、无须交互的方式能够让用户和云服务提供商都提高效率并节约成本。传统的机架式服务器计算、存储和网络资源分配较为均衡，通用性有余而定制化不足。所以，传统机架式服务器在应对不同类型的大规模业务模型时，会显露出疲态；在运行某一种资源密集型的应用时，效率不够高，还影响密度（比如计算密集型应用和存储密集型应用对资源的要求是完全不同的）。通过云计算，能够将 CPU、内存、存储这几种重要的资源池化，并且很方便地对池化的资源进行管理和扩展，从而降低运行与维护成本，还能够通过整体资源的调度满足不同层次的资源要求。但从业务软件或者操作系统的视角看到的还是一台传统的服务器，具有 CPU、内存、硬盘和网卡等部件。云计算的资源池化也比传统的虚拟化效率更高、成本更低。有时候，企业内部也使用超融合技术方案来进行资源池化的工作，但是资源池化和超融合方案还是有所不同。与传统的云计算相比，现在的云厂商除了标准定义的云服务以外，在 IaaS、PaaS 和 Saas 层面也做了极大扩展，诸如人工智能、DevOps 等本来是传统专业软件厂商的能力，现在都可以在云上提供。

云计算使得强大的 IT 能力不再只掌握在少数人手中，而是能推动生产力得到巨大提升，不仅能够满足企业自身需求，更可以加速时代巨变。所以说，云计算是 IT 知识、能力的一

⊖ IBM 公司总裁托马斯·沃森曾预言："我认为也许 5 台计算机就能满足全世界的需要。"

次释放!

这里引入 NIST 对于云计算的定义,供读者参考。

NIST 的云计算定义

一、定义

云计算是一种模型,它可以实现随时随地、随需应变地从可配置计算资源共享池中获取所需的资源(例如,网络、服务器、存储、应用及服务),资源能够快速供应并释放,使管理资源的工作量和与服务提供者的交互降到最低限度。

二、基本特点

1)随需应变的自助服务。消费者可以单方面地按需自动获取计算能力,如服务器时间和网络存储,从而免去了与每个服务提供者进行交互的过程。

2)无处不在的网络访问。网络中提供许多可用功能,可通过各种统一的标准机制从多样化的"瘦客户端"或者"胖客户端"平台获取(例如,移动电话、笔记本电脑或PDA)。

3)资源共享池。服务提供者将计算资源汇集到资源池中,通过多租户模式共享给多个消费者,根据消费者的需求对不同的物理资源和虚拟资源进行动态分配或重分配。资源的所在地具有保密性,消费者通常不知道资源的确切位置,也无力控制资源的分配,但是可以指定较精确的概要位置(如国家、省或数据中心)。资源类型包括存储、处理、内存、带宽和虚拟机等。

4)快速而灵活。云计算能够快速而灵活地提供各种功能以实现扩展,并且可以快速释放资源来实现收缩。对消费者来说,可取用的功能是应有尽有的,并且可以在任何时间进行任意数量的购买。

5)计量付费服务。云系统利用一种计量功能(通常是通过一个付费使用的业务模式)来自动调控和优化资源利用,根据不同的服务类型按照合适的度量指标进行计量(如存储、处理、带宽和活跃用户账户)。同时,能够监控、控制和报告资源使用情况,提升服务提供者和服务消费者的透明度。

三、服务模型

1)软件即服务(SaaS)。该模式的云服务是在云基础设施上运行的,由提供者提供应用程序。这些应用程序可以被各种不同的客户端设备,通过 Web 浏览器(例如,基于 Web 的电子邮件)这样的瘦客户端界面访问。消费者不用直接管理或控制底层云基础设施,包括网络、服务器、操作系统、存储,甚至单个应用的功能,但有限的特定于用户的应用程序配置设置则可能是个例外。

2)平台即服务(PaaS)。该模式的云服务是将消费者创建或获取的应用程序,利用资源提供者指定的编程语言和工具部署到云的基础设施上。消费者不直接管理或控制包括网络、服务器、运行系统、存储甚至单个应用的功能在内的底层云基础设施，但可以控制部署的应用程序，也可以配置应用的托管环境。

3）基础设施即服务（IaaS）。该模式的云服务是租用处理、存储、网络和其他基本的计算资源，消费者能够在上面部署和运行任意软件，包括操作系统和应用程序。消费者不管理或控制底层的云计算基础设施，但可以控制操作系统、存储、部署的应用，也可以选择网络构件（例如，主机防火墙）。

四、部署模型

1）私有云（Private Cloud）。私有云是为一个用户／机构单独使用而构建的，可以由该用户／机构或第三方管理，存在预置（on premise）和外置（off premise）两个状态。

2）社区云（Community Cloud）。社区云是指一些由有着共同利益（如任务、安全需求、政策和遵约考虑等）并打算共享基础设施的组织共同创立的云，可以由该用户／机构或第三方管理，存在预置（on premise）或外置（off premise）两个状态。

3）公共云（Public Cloud）。公共云对一般公众或一个大型的行业组织公开可用，由销售云服务的组织机构所有。

4）混合云（Hybrid Cloud）。混合云由两个或两个以上的云（私有云、社区云或公共云）组成，它们各自独立，但通过标准化技术或专有技术绑定在一起，云之间实现了数据和应用程序的可移植性（例如，解决了云之间负载均衡的云爆发（cloud bursting））。

1.4 初探

接下来，我们将从企业IT人员的视角谈谈认识、理解云计算的过程。

考虑使用公有云大约源于2011年。当时，汇付公司在做基金支付相关的项目，我们团队主要负责开发网站，以提供各类基金资讯和基金净值的展示，让用户可以通过一些简便操作来进行身份认证和银行卡绑定，从而购买开放式基金。

从技术上来说，这个系统并不是很复杂，大致包括以下几类任务：

- 所有的用户注册、交易相关的程序用Java开发，提供接口给前端。
- 前端使用PHP和MySQL开发，包含了和用户交互的所有内容。
- 有很多称为landing page和minisite的营销内容网页。

上线操作是我们团队自己完成的，但是服务器资源是统一安排的，因为公司绝大多数应用都是基于Java的，所以单独给了我们几台虚拟机安装Ngnix和需要的应用等。

没过多久，我们发现了几个问题：

- **服务器性能的问题**：基金销售和股票一样是有峰值的，每天上午和下午各两个小时的访问量最大，几乎占全天访问总量的 90%，特别是在上午 9:30 左右开盘的时候访问量达到高峰。因为访问流量有高峰和低谷，要设计成高可用、高性能服务的话，我们需要的服务器的数量肯定大于我们所能得到的。
- **带宽出口的问题**：不同的营销活动在不同日期的访问量差异也很大。大图片加载显示的压力会影响到整个机房出口，当时所有服务器使用统一的公网出口，这样就对其他应用系统产生了干扰。

于是，我们想到了用云技术来解决这两个问题。但那个时候对于云技术的理解还停留在 CDN，也就是内容缓存的层面。假设用 CDN 能够分散图片流量压力，就能解决大量用户访问问题。但这个简单的要求当时也遇到了问题。

其中最主要的是证书问题，简单地说，如果在 https 的页面中放入 http 的内容会报警。我们的基金网站是 https 的（就是大家在用浏览器浏览网站的时候，有时会看到的那个显示在域名旁边的小锁图标），而图片如果放到 CDN 上的话就是 http 的，这时浏览器就会出现警告，提示这可能是不安全的网站。如图 1-1 所示。

图 1-1 浏览器 https 标志示意

我们当时想到的一种解决方法是将域名证书也给 CDN 厂商，但有同事坚决不同意，认为这样不安全（不能信任云厂商）。这个争论一直延续到了 2016 年，后来迁移到阿里云的时候，终于用简单但是安全的方式解决了泛域名证书和对云厂商的信任关系，当然这已是后话。现在回想起来，正是这个事情一直让我们对于公有云厂商存在不信任的心理。

2011 年 7 月，闷热的夏天，在继续不甘心地寻找解决方案的时候，我们在网上看到了 AWS（亚马逊云服务的网站）。当时 AWS 提供一年免费服务，只要登记一下信用卡就可以在一定额度内免费使用很多的云服务。

和 CDN 相比，这是我们第一次看到功能强大、按需使用的云计算，了解到 IaaS、PaaS 和 SaaS 这些概念。当时 AWS 最有名的就是 S3 和 EC2，特别是 S3（Simple Storage Service）⊖，让我们知道原来云上的存储可以按容量和访问次数来计算价格，并且即便存储几 TB 的资料，价格也非常便宜。

⊖ Amazon S3 是一种对象存储，它具有简单的 Web 服务接口，可用于从 Web 上的任何位置存储和检索任意数量的数据。它能够提供 99.999 999 999% 的持久性，并且可以在全球大规模传递数万亿对象。

1.5 再探

在好奇心的驱使下，我们看到了外面的世界。当时我们对公有云主要有以下几个理解：
- 基础虚拟资源申请非常容易，并且保证高可用。
- 安装操作系统等应用非常容易，能极大地节约时间。
- IT 资源之间的连接、对外访问的控制都可以非常容易地设置。
- 资源使用的情况由完善的控制台界面来呈现，并且可以设置各类报警。
- 资源按照时间或者使用次数计费，做尝试性的应用非常方便。

我们对于公有云的关注和探索一直在进行，并亲历了公有云的巨大发展。在云的概念刚刚提出没多久，我们在一些 IDC 的网站上看到，原来很多的标准主机把名字修改成"××云"或者"云主机"，实际上服务的内容却没有什么变化。所以我们的困惑是自己购买物理机，通过虚拟化软件，一样能得到可以使用的虚拟机，那么公司自建机房、使用 IDC 和使用公有云有什么区别呢？

和引入新技术一样，企业上云至少需要经历以下几个阶段：心态的准备；观察试验（招标）；方案制订（会和前面阶段有交叉）；从简单到复杂、从小到大地开发和试运行；经验总结（可能回到初始状态，也可能一蹶不振，或者策马奔腾）。如此周而复始，螺旋上升。云计算对于企业 IT 架构的冲击和变革是非常大的，因此需要一个较长的观察期，以便对业务和技术有足够的理解和思考。

随后的五六年里，我们接触了很多公有云厂商，试用了一些产品，包括微软 Azure、亚马逊 AWS、阿里云、腾讯云、UCloud 等。我们一边对于各类基于互联网蓬勃发展的技术进行学习和实践，一边对于企业迁移上云做着思考和准备。在这个时期，恰逢国内云计算蓬勃发展，其间因为淘宝的双十一活动产生的内部需求，极大地推进了整个阿里巴巴集团的技术进步以及阿里云的发展。在对访问性能的高要求、访问量的巨大潮汐化、从下单到支付的链路以及越来越复杂的业务逻辑（越来越花哨的销售优惠活动）等方面，阿里巴巴技术的沉淀和产品化通过阿里云这个渠道释放了出来！2015 年双十一，支付宝每秒交易峰值达到了 8.6 万笔；2016 年，这个值攀升到 12 万笔；2017 年再创 25.6 万笔的新高。令人惊讶的增长背后是云计算带来的巨大保障能力。如果亲身体验过的话，会发现 2017 年双十一时的支付体验比过去几年好了许多，无法购买或不能支付的情况已经很难见到。很多朋友在双十一下单后第二天早上就收到货，这背后 IT 整合能力的提升功不可没。

除了云计算给业务系统带来的高性能、高负载、高可用以外，我们也关注到数据仓库以及数据中心的建设。2015 年 6 月，通过一年半的时间，阿里巴巴和蚂蚁金服将所有数据存储、计算任务迁移到飞天平台，飞天平台正式成为阿里巴巴 IT 平台的基石。

当然，巨头有其业务的特殊性，绝大多数企业还不需要也没有必要建立如此强大的技术平台和技术保障能力。随着被巨头影响的市场和用户越来越成熟，随之而来的各类要求也越来越高，很多企业都会碰到类似的问题。浪潮般涌向传统业务系统的新需求，给 IT 开发团队带来了巨大压力。

一般来说，一个企业的 IT 业务系统至少包括以下部分：
- 数据库
- 标准/平台中间件
- 业务中间件
- 业务系统
- 各类需要对外暴露的接口
- 对外的各种 Web 网站
- 移动应用
- 实时计算和批处理
- 数据实时查询和全量查询平台
- 数据仓库
- BI（商业智能）能力
- 数据建模能力
- 项目开发流程
- 支持 DevOps 和灰度发布
- 使用人工智能平台的能力
- 使用云计算平台的能力
- 各类内部支撑系统

从项目管理角度来说，至少应该包括以下部门和角色：
- 产品经理
- 开发项目经理
- 架构师
- 开发人员
- 测试人员
- QA 人员
- 生产配置人员
- 系统和运维人员
- 安全人员

所以，企业如果要上云，至少要从业务技术能力、项目开发能力和数据应用这三个方面综合考虑应怎样逐步迁移、哪些不能或者不需要迁移、迁移的时候是复制还是重构。同时，很多企业还要面对业务在持续发展，数据在时刻增加，所有的项目都是流动的，必须保证业务的连续性。

对于中小企业，特别是很多创业公司来说，上云在最近几年已经成为标准配置。中小企业不太可能自己建立机房或者租用 IDC 中的大量机柜。对于大部分中小企业来说，如果没有太多内外部合规、监管限制的话，可以考虑直接将整个 IT 架构上云，但是大中型企业上云就没有这么简单了。

2016 年，我们在云上搭建过一个复杂的爬虫类应用，涉及 Hadoop 与 MySQL 数据库。现在回头反思，那几年的上云过程其实不太令人满意，或许是缺乏战略的支持，或许也有组织和技术上的问题，应用很孤立，云上资源的使用受到很多限制，团队也没有很好地培养起来。我们对到底怎么上云依然感到困惑和烦恼，经过持续的思考，逐渐发现公有云绝对不是当年理解的虚拟机和存储等资源那么简单，而是一种能力、一种想象力。

1.6 三思

在经过一些小项目的试验后，2017 年 7 月，在公司最高领导层的建议下，我们开始进行上云项目的招标。自此，开始了真正规模化的企业迁移上云实践。要达成的任务已经不是几年前保证一个 Web 网站的性能问题那么简单。

我们的 IT 面临以下问题，相信这也是很多企业特别是金融企业或多或少面临的问题：

- **业务发展的要求和 IT 开发能力的矛盾**。这是首要的矛盾，企业在迅速发展，业务的各个层面需要强大的 IT 能力支持。对外需要 IT 系统支持，销售需要 CRM 系统支持，内部还需要财务、HR、流程管理、数据挖掘、项目管理和系统运维等应用，这些应用需要连接起来，数据在其中需要流转，各类信息的汇总越快越好。但企业发展到一定程度时，IT 产能和业务需求的能力难以同步增长。每一个项目或许都涉及从 Web 界面开发到数据库性能设计的全部流程，因为项目涉及的环节较多，整个链路中的沟通成本提升，会消耗很多资源。绝大多数企业并没有强大的技术中台和数据中台，一些业务部门看起来并不复杂的应用，也需要很长的开发周期。技术门槛又制约了业务部门对技术产能的质疑，而市场的激烈竞争使很多业务产品推出市场后也不尽如人意，迭代优化又再次陷入资源不够的怪圈。很多时候，我们分辨不清是技术开发慢导致失去了市场，还是开发速度再快也不一定有市场。对此，不同部门自然各执一词。
- **业务系统的复杂性**。一个业务系统可能会涉及几十个相关应用，其中一些应用可能有十年以上的历史，业务系统还在继续增加功能，开发、测试和运维像是在走独木桥，不知道什么时候某一个底层系统的影响就会让业务系统出现问题，排查困难。很多系统是在企业发展过程中逐步发展起来的，当时有很多临时的解决方案，但之后再没有时间做重构，包括数据库、中间件以及网络设备等都是公用的，系统的访问量激增或者设计不合理造成的资源开销可能会导致公用系统崩溃，进而影响到上游的所有业务系统。

- **测试的困难性**。在传统的测试方法论中，测试是最后一道环节和瓶颈。测试环境与生产环境不一致，很多情况下是因为生产环境比较复杂，测试环境无法保证与生产环境完全一致。这种情况下，测试环境只能保证业务系统的部分功能测试，很多相关联的系统无法体现在一个测试环境中，很难构造标准的准生产环境。因为系统造成的问题基本上很难测试出来，测试报告的质量就大打折扣。因为没有全链路压力测试环境，也几乎做不到持续集成和持续发布。

- **技术运维的困难**。业务系统发展了很多年，但缺乏整体的运维监测体系，往往监控还没有报警，商户的投诉已经到达。特别是对于金融业务中的复杂交易，要判断是否是外部原因导致、不同时间交易本身的疏密、某些应用场景分别属于正常和不正常的交易激增等，其中的很多运维工作依赖人工，系统架构支持限流和降级有难度，一旦出现问题，在短时间内很难解决。飞速增长和变化中的 IT 架构会给运维的自动化和标准化带来巨大压力。

- **机房带来的不稳定性**。无论是自建机房还是 IDC，都是一场艰巨的挑战。从服务器硬件的角度来说，硬件的稳定有一个周期，超过这个稳定期，就容易发生硬件故障。另外，对于线路、路由器和防火墙等各类设备而言，设计太超前，会造成性能绰绰有余但费用比较高的问题。随着业务复杂度增加，各类网络边界和隔离的设计会随之变得复杂而不易维护。从虚拟机角度来说，要保证一个业务应用的多个虚拟机部署在不同的硬件服务器上，以降低硬件问题带来的风险。如果发生硬件故障，需要及时漂移，这些规划实际执行起来非常复杂。各个开发团队以及测试、性能压力测试工作和 OA 系统等都需要大量的虚拟机资源，一般企业对于服务器从申请到购买的流程并不简单，更复杂的是，服务器也不会需要一台买一台，一般是买一批，所以，要么就是资源需要做很多冗余，要么就是总有一些应用不能及时得到资源。对于硬件、虚拟机等设备的监控管理有很多解决方案，需要运维部门精挑细选，并进行学习，然后进行持续的二次开发。

- **数据中台的应用逻辑**。比如，对于常见的控台数据查询，包括实时和非实时的情况，在业务初期，由于数据量不大，没有做到控台界面和生产系统前后分离，也没有设计数据读写分离。一般来说，越是底层业务的数据库越是集中，数据库资源会最快成为业务发展的瓶颈。而无论用户、商户、业务人员还是运维人员，他们对于实时和准实时的数据查询和分析的需求越来越多，时间跨度也是越长越好，响应时间则是越快越好。数据中台怎样做到高效数据汇聚，并和生产系统隔离，数据湖、数据仓库、数据集市的逻辑定义、建设、应用、发展和维护，也是一个非常大的课题。
- **数据仓库的压力**。在数据仓库和生产库的同步中，怎样保证数据一致性？数据仓库以及数据中心的应用是为了帮助业务部门和管理部门更好地进行深层次的数据分析，包括 BI 部分。比如，在金融系统中，大量事中事后计算的风控模型、用户数据仓库中的用户标签归类、用户行为分析等，和生产系统的要求可能会有很大差异，也就是平时我们说的 OLTP 和 OLAP 的差异，很多场景都需要全量数据参与计算，对时效性要求不是那么高，但计算复杂度大大增加。数据仓库需要考虑各类大数据应用的场景、资源怎么隔离、计算的结果怎么回流到应用层等。
- **人工智能的压力**。当前人工智能技术中以机器学习最为流行，所以对于样本的存储、提取、训练和校验等都有较高要求。机器学习在训练时对于算力的要求和真正使用时的算力有很大差别，前者的算力要求要大得多，对大中型企业来说，如果希望自己有一定的机器学习研究能力，在过程中的某些环节对于算力的要求会非常高。另外，机器学习的能力目前还是小荷才露尖尖角，广泛的应用和专业人才的匮乏之间的矛盾越来越严重。
- **项目管理的复杂性**。各项目之间的关联依赖、业务要求的压力、各类资源的分配等，已经很难通过人工去设定和记录了。大项目、小项目、紧急项目、修复型项目、创新性项目、POC 项目、外部合作型项目，各种项目经常交织在一起，并且从产品经理、项目经理到开发、测试等角色也有交叉重叠，能力强的项目经理经常同时负责至少几条中等规模的项目线。还有各类文档管理，对外接口需要文档，联调和运维需要文档，QA 更是要检查所有文档，如此繁重的任务，如果有任何环节出现疏漏，就会造成项目不能准时上线，或者上线后出现问题。公司的最高管理层如果只关心 IT 部门一个指标的话，我们相信肯定是"系统准时上线"，但 IT 部门对于业务部门的倒排期却是怨声载道，产品经理和程序员的相爱相杀很多时候已经不是一个笑话或段子了，技术部门实施了 996、007，加班时间越来越长，效率真的提高了吗？增加人员能够解决一部分问题，但是新老人员混合，除了人数增加带来的管理半径和层级问题以外，还给本来就复杂的系统开发增加了新的不稳定性，每个项目组都有一套自己认为很不错的开发范式，而这些在未来某个时间点或许就是一个"雷"（技术债务）。
- **IT 治理和成本**。IT 的投入很大，首先是投入到人，相对其他工种来说，程序员的成本还是比较贵的。企业收入和利润增长不易，必须考虑控制成本的问题。如果项目数量和 IT 人员的增加成正比，在一定阶段多半会出现问题。最理想的状态当然是 IT 人员的增加斜率远小于业务收入的增长。此外，服务器、网络设备、数据库和各类专用软件的许可等都价格不菲，如何控制 TCO 虽然看起来是一个财务问题，但实际上是 IT 治理的问题。

这么多问题沉重地压在企业 IT 管理人员身上，如何将技术实力转换为核心竞争力？使用云技术就能迅速解决了吗？企业上云，特别是有着深厚历史基础的 IT 架构和应用的企业如何上云？云计算提供的技术能力能够解决哪些问题，不能够解决哪些问题，需要哪些配套的举措等，正是本书要讨论和分享的！

丘吉尔在《大战回忆录》一书中对于波兰的崩溃曾做过下述评论：装甲车能够抵抗炮兵的火力，能够一天前进 100 英里[一]，无论在法国还是在英国，对于此全新事物所带来的后果几乎都完全缺乏有效的了解。[二] 不是怕有问题，而是怕对问题漠视，对新技术、云计算视而不见。

正如马云在 2018 年云栖大会开幕时所言：

不是制造业不行，是落后的制造业不行，是你的制造业不行。

制造业不会消失，只有落后的制造业才会消失！

所有的 IT 工作者需要对新技术、对云计算有敬畏之心。

1.7 没有银弹

佛瑞德·布鲁克斯在《没有银弹：软件工程的本质性与附属性工作》一书中说道：

"在民俗传说里……没有比狼人更可怕的了……因此人们尝试着查找能够奇迹似地将狼人一枪毙命的银弹。

"我们预见，从现在开始的十年之内，将不会看到任何银弹，无论是在技术上或管理上，都不会有任何单一的重大突破，能够保证在生产力、可靠度或简洁性上获得改善。"

软件开发的本质之一就是使整个过程的不确定性尽量减少，按照某种方法论进行开发，就可以得到正确的结果，并且这个结果是可以复制和重演的。云计算也不是银弹，不是说上云了就掌握了厉害的"核武器"。让一个摄影初学者使用最好的单反相机，他可能连准确对焦都做不到，这是单反相机的问题吗？当然不是，还是操作的人没有掌握使用方法，一旦能够熟练操作相机，就可以意随心走，拍出佳作了。

所以说，没有银弹，只有苦干加巧干。不研究新技术会落后挨打，同时新技术的保质期又很短，一项新技术从发明出来到被市场接受，然后升级或者被逐渐淘汰，这个周期有时候只有几年。

IT 的世界如同飞速前行的宇宙飞船，我们一边要用合理的方法论管理项目开发，一边要关注各类新技术的迭代演进。云计算仿佛是强劲的曲速发动机，看着周围的星光迅速由远至近，刹那光辉，刹那消失。我们关注的始终是目标。尺璧非宝，急景流年。

[一] 1 英里 = 1 609.344 米。——编辑注

[二] 引自《第二次世界大战战史（第一卷）》，李德·哈特著，钮先钟译，上海人民出版社出版。

云厂商视角

上云前企业在思考什么，决定了上云后企业能够获得什么。如果简单地将云计算看作一个略胜于传统的基础设施环境，那么就会认为它只是"新瓶装旧酒"；反过来，如果认定企业现在不需要新技术，沉溺于舒适区，又会感觉到"它确实是一个比较超前的概念"。像汇付这样的企业确实是稀有且优秀的，因为在整个上云过程中，汇付没有局限在"云 = IaaS"这样的视角，而是从大处着眼、小处着手，一步一步确认云计算能给企业带来的真正价值。当一个企业真正将云计算看作一种战略，将这种战略看作是引入一种新的武器，并充分思考如何挖掘云计算提供的各类能力时，企业从云计算获得的就不仅仅是简单的成本节约或弹性可伸缩这些简单的能力了。

企业视角

笔者从小就喜欢看福尔摩斯探案集，工作之后更是喜欢东野圭吾、岛田庄司、道尾秀介等本格派推理小说作家。我觉得分析用户需求来帮助设计 IT 架构、解决 IT 问题、进行软件开发的过程和推理过程有相似之处。虽然需要灵光乍现，但更多的是要根据掌握的信息，抽丝剥茧、逐层深入，就像无论怎样复杂的密室杀人案件，最后大侦探波洛都可以娓娓道来。我们已经可以感受到利用云计算的能力能够达到的高度，其背后需要大量的学习、实践和试错，才有可能通往光明的彼岸，让 IT 能力不再是公司业务高速发展的桎梏，而是高效的推进器！

第 2 章 **Chapter2**

引入新技术的思考

导言：云计算是近年来新技术的集大成者。在引入新技术的问题上，历来都会有保守派或者激进派。本章介绍的是在面对新技术时，企业和个人从思想、行动、技术、组织和人员等各方面应做的准备。谋定而后动，知止而有得。

2.1 为什么要关注新技术

说起新技术，可能再有趣的知识也比不上探索宇宙这样振奋人心。当看到火箭喷射着火焰，伴随着巨大的轰鸣和烟雾，从塔台冲上云霄的一刻，足以点燃每个人内心创造的激情。

有一次在分享机器学习的发展的时候，有人问到，将来人类的绝大多数岗位会不会被机器人和人工智能取代？这会不会给人类社会带来巨大的危机感？当时，我大胆地预测，如果未来的技术能达到这样的程度，人类就一定能够用这样的能力冲出地球，冲向宇宙的更深处，冲向星辰大海。

1970 年，时任美国航空航天局（NASA）太空航行中心科学副总监的 Marshall 曾经回答过一位赞比亚修女的问题：为什么在饥荒还如此多的时代，美国要耗费巨资去探索太空，而不是换成粮食支援非洲（完整的内容可以用关键字"为什么要探索宇宙"和"NASA"搜索）。他回答说：

> 研究太空是为了促进科学技术的发展和提高一代人的科学素养。登月工程需要历史上前所未有的高精度和高可靠性。面对如此严苛的要求，要寻找新材料、新方法；开发出更好的工程系统；用更可靠的制作流程；让仪器的工作寿命更长久；甚至需要探索全

新的自然规律。这些为登月发明的新技术同样可以用于地面上的工程项目。每年都有大概一千项从太空项目中发展出来的新技术被用于日常生活中，这些技术打造出了更好的厨房用具和农场设备、更好的缝纫机和收音机、更好的轮船和飞机，做出了更精确的天气预报和风暴预警、更好的通信设施、更好的医疗设备，乃至更好的日常小工具。

可能有人会问，为什么先设计出宇航员登月舱的维生系统，而不是先为听力障碍患者制造出有声阅读设备呢？答案很简单：解决工程问题时，重要的技术突破往往并不是按部就班直接得到的，而是来自能够激发出强大创新精神，能够燃起的想象力和坚定的行动力，以及能够整合好所有资源的充满挑战的目标。

太空项目带来的不仅是新技术所提供的生活品质的提升，随着对宇宙研究的深入，我们对地球、对生命、对人类自身的感激之情将越深。太空探索让地球更美好。

有了探索太空这个对照，我们再回到是否要关注、学习和引入新技术的话题，答案就显而易见了。因为企业和其 IT 部门在很多时候需要的正是"能够激发出强大创新精神，能够燃起的想象力和坚定的行动力，以及能够整合好所有资源的充满挑战的目标"。在研究、探索新技术的时候，会有成功的欢欣，更多时候是失败的无奈，这时我们更要有百折不挠的精神、强烈的使命感，愿意为让技术更好地改变世界而努力！

2.2 思想上的准备

2.2.1 保持好奇心

2008 年诺贝尔化学奖获得者下村修曾说：我做研究不是为了应用或其他任何利益，只是想弄明白水母为什么会发光。[⊖]

所有眼前司空见惯的东西曾经也是新事物，甚至是不被人们理解和接受的事物。有好奇心，我们才会有疑问，才会去探究、比较，才会获得经验，更好地做出判断。

从事 IT 工作十几或者几十年后，IT 工作者一般会面临两个挑战，一是好奇心降低，从主观上不愿意接受新事物和新概念等；二是只愿意接受与过去曾认可的技术接近的观点。

从触手可及的消费类电子产品，就可以感受到这个世界发展得有多快。不管是 Apple Watch，还是小蚁摄像头，或者 Sony 的 PS4，背后都有基于云计算的理念。前面也提到，国内的创业企业，在营销上大多会应用移动 APP 或者微信小程序，其背后自然是云计算的架构和方案，从而用最低的成本迅速触达人群。但是，成熟的企业在这方面的转型上受到的牵制会更多。作为企业和 IT 的负责人，稳定有序的发展在很多场景下要比锐意改革更重要。

⊖ 参见 https://news.163.com/18/1004/01/DT83IMMM0001982T.html。

万物皆平衡，新事物从来都是不完美的，也未必能生存太长时间。我们恰好处在一个变革的年代，眼花缭乱的名词之后，是过眼烟云，还是千锤百炼后成为经典，在一个时间点上其实很难判断，好奇心让我们不会关上思考之门。

2.2.2 拥抱变化

保持好奇心还不够，我们不能止步于看和试，还要积极主动地拥抱变化。

曾几何时，Flash 技术是 Web 和桌面动画与流媒体的标准。但是乔布斯不认可，他认为 Flash 技术是过时的、不安全的和耗能的，未来应该属于 H5 技术。所以，苹果手机从第一代开始就坚定地不支持 Flash。㊀

Flash 在最近几年退出了主流应用舞台，连其出品公司 Adobe 都将其改了名称。前几年当 Flash 和 H5 技术并存的时候，如果谁紧紧抓着 Flash 技术，而对 H5 视而不见的话，那么在某个奇点到来的时候，就会悔之晚矣。H5 相关技术在最近十年的迅猛发展，让我们不得不佩服乔帮主的远见卓识。

马云在 2009 年说过：

变化永远充满多变性，必须不断对灾难降临的可能性进行预测，即使没有灾难也要做好准备。东西方哲学的核心思想就是拥抱变化、创造变化。形势好的时候要为形势不好做准备，形势不好的时候，我会调整心态，对自己说：机会来了。㊁

拥抱变化比有好奇心还要难。拥抱变化首先要识别什么是变化，然后做好拥抱的准备，然后才能真正地迎接变化。

2.2.3 敏捷

敏捷宣言，也叫敏捷软件开发宣言，涵盖四种核心价值和十二条原则，可以指导迭代、以人为中心的软件开发方法。让我们重温一下敏捷宣言㊂中的四种核心价值：

- 个体和互动高于流程和工具。
- 工作的软件高于详尽的文档。
- 客户合作高于合同谈判。
- 响应变化高于遵循计划。

敏捷思想在 IT 领域并不是和瀑布流程同样级别的概念，它在最近十年深刻影响着项目开发以及更多领域（例如将敏捷思想和过程用于互联网业务发展领域）。

敏捷思想诞生于 2001 年的美国犹他州，近 20 年过去了，却丝毫没有过时。敏捷思想不

㊀ 参见 http://tech.sina.com.cn/it/2010-04-30/08374132599.shtml。
㊁ 参见 http://it.sohu.com/20100208/n270137804.shtml。
㊂ 敏捷软件开发宣言参见 http://agilemanifesto.org/iso/zhchs/manifesto.html。

仅仅是一种软件开发理论，更是一种哲学思想，已经广为大家知晓的 Scrum Sprint 等敏捷开发方法是敏捷思想的先行者。目前非常火热的 DevOps 也是敏捷思想的衣钵传人，原本由于工具和技术的限制并不能真正做到去瀑布化，而 DevOps 的持续集成，使得项目随时处于可发布状态，这才是真正的敏捷开发实践。

其实很少有完全崭新的技术领域，目前我们所接触到的硬件、软件等，大部分都是经过几十年的发展沿袭而来。即使是看起来崭新的区块链技术，其根基还是加密算法。Intel 的芯片、Windows 和 Linux 操作系统、各类编程语言、数据库、加密算法、编译技术等，都如同幼芽到大树，逐渐地茁壮成长，但是 IT 技术强大的生命力和创造力，让我们目前还看不到这棵大树的顶点。

2.2.4　慢即是快

前面我们说到，对新技术要快速了解、快速掌握和快速实践，但一味地求快，有时不一定能达到目的，所以我们还要说一下"慢"，当然这里的慢是相对的。

任何新技术从诞生到成熟，都需要时间来慢慢打磨。我们越早了解新技术的发展趋势，就越能够有更好的选择。所以，我们来看看新技术的成熟度曲线理论。

高德纳（Gartner）咨询公司将新技术的成熟演变速度及达到成熟所需的时间分成 5 个阶段，通常称之为技术成熟度曲线（如图 2-1 所示）[○]：

- **技术诞生的萌芽期**（Technology Trigger）：在此阶段，随着媒体大肆的报导、非理性的渲染，产品的知名度大大提升。然而随着这个技术的缺点、问题和限制不断暴露出来，失败的案例数量将大于成功的案例数量。
- **期望过高的过热期**（Peak of Inflated Expectations）：早期公众的过分关注演绎出了一系列成功的故事——当然同时也有众多失败的例子。对于失败，有些公司采取了补救措施，而大部分公司则无动于衷。
- **泡沫化的低谷期**（Trough of Disillusionment）：历经前面阶段存活下来的技术，经过多方扎实、有重点的试验，公众已对此技术的适用范围、限制有了客观、实际的了解，成功并能存活的经营模式逐渐成熟起来。
- **稳步爬升的复苏期**（Slope of Enlightenment）：在此阶段，如有新科技诞生，在市面上就会受到主要媒体与业界高度的注意。
- **生产的成熟期**（Plateau of Productivity）：在此阶段，新技术产生的利益与潜力被市场接受，实质支持此经营模式的工具、方法论经过数代的演进，进入了成熟的阶段。

高德纳公司每年发布的技术成熟度曲线会将诸多热点技术列在其中，图 2-2 给出了 2018 年的技术成熟度曲线。

[○] Gartner Hype Cycle，参见 https://www.gartner.com/en/research/methodologies/gartner-hype-cycle。

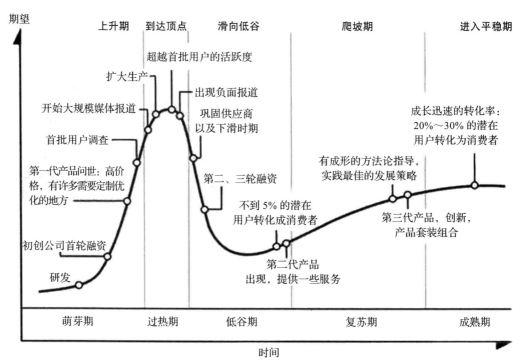

图 2-1 高德纳技术成熟度曲线示意图

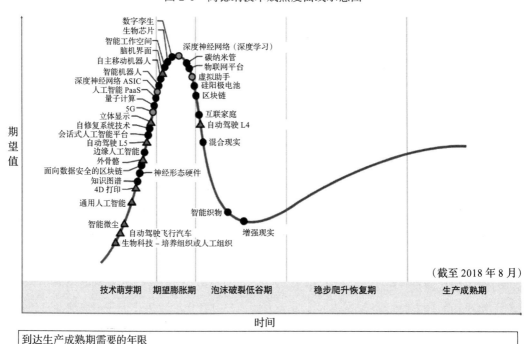

图 2-2 高德纳 2018 年技术成熟度曲线

大概每个月都会有一批新技术解决方案诞生，在 Github 上每天都有很多新项目开源，更有无数项目更新。新技术充满了诱惑，罗列的特性让人恨不得马上就去下载、测试，并应用到实际项目中去。新技术其实也意味着巨大的失败风险。从高德纳的技术成熟度曲线可以看到，一项技术从诞生到成熟，少则 2~3 年，长则 5~8 年。新技术需要被打磨，经过无数次迭代，通过很多项目去验证，之后付诸应用才能避免风险，真正体现新技术的价值。

所谓"慢"，是指要花很多时间在新技术的"池子"里探寻、筛选，要关注和了解所有可能发展的新技术，持续跟进，不急于应用；所谓"快"，则意味着如果学习研究的时间足够长，并且在这个过程中，对于某个领域的新技术都"货比三家"，对其优缺点都了然于胸，并通过各类 POC 进行测试，然后迅速投入实际生产，即可最大程度地发挥新技术的力量，为业务助力！

在面对新技术时，切记不可听到某个新名词就为其心动，不顾风险仓促上马。慢工出细活、慢火才能熬得好汤的道理在 IT 领域同样适用。

2.2.5 第十人

"第十人"制度或者思想是我们非常推崇的一种发现问题、降低风险的打造学习型团队的方法。

> 日本著名的管理学家大前研一在其著作《专业主义》中有如下描述：
>
> "在犹太人的社会中，为了使讨论深化，总有一位成员敢于提出反对意见，这位成员被称为"恶魔拥护者"。他在对讨论的方向与大体的结论表示赞成的同时，敢于提出反面意见，对于解决方法的可行性进行验证，指出其中存在的矛盾与不合理之处。为了发现更好的解决方法，他会从不同的角度提出反对意见，对讨论的前提提出质疑。"
>
> 当一个人因为主观因素而认为一件事是对的时候，第二个人沿着第一个人的思路也会产生相同的看法，以此类推直到第九个人也产生同样的看法，说明那九个人都是沿着同一思路去看这个问题，第十个人就必须反对前面九人的看法，并尝试从反面来看待这个问题，以此来看这个思路存在的隐患，才能真正全面地考虑问题。[⊖]

新技术推出伊始总是让人兴奋，在一个团队内，有时候出于"喜新厌旧"的思想，会很推崇某个新技术，却有意无意地忽略了一些缺点和风险。这时候就需要"第十人"站出来。在实际操作中，团队成员可以轮流扮演这个角色，他的任务就是尽可能地说出有问题的地方，其他人则要"自证清白"，用足够的论据来证明这些有问题的地方其实没问题，从而证明新技术是真的好。这个过程可以持续一段时间。有了第十人的挑战，在论证过程中，团队

⊖ 第十人理论参见 https://baike.baidu.com/item/ 第十人理论。

就会看到一些可能存在的不足，也会对新技术的优点、老技术的问题有更加深刻的认识，远比浅尝辄止的探索要深刻。

2.3 行动上的准备

从具体行动上来说，可以分为知晓、观望、了解、预研（POC）、评估和论证、小规模推广、正式推广、评估、淘汰、替代等阶段。

我们将尽可能用宽泛的方式来描述各个主要阶段需要采取的行为，不同新技术的实践方式并不完全相同，而且不同技术之间存在着成熟度的巨大差异，例如商业关系数据库的种类远不如手机移动开发框架那样层出不穷。

2.3.1 知晓

我们先从浩如烟海的信息中获得需要的新技术信息，互联网无疑是获得此类信息最快捷的渠道。建议在企业中设专门人员负责收集信息，从IT架构的各个方面来关注。常见的渠道有科技网站、自媒体、邮件列表、电子杂志和Github等。

举个例子，邮件列表大约在互联网诞生之初就出现了，时至今日，国内已少有人使用，但我还是订阅了几个国外的邮件列表。我感兴趣的云计算、数据库、Python和JavaScript等技术的最近动态、产品、开源项目和技术文章将会有每周一次的推送，从而节约了我很多搜集资料的时间。国外这类资料的态度比较温和，既不会只盯住几个热点，还会有一些专家不同角度的观点。国内或许是商业利益驱动的原因，经常会关注所谓的热点。国外在不同技术领域都会有一定的深入研究和应用场景，一般没有特别的"爆款"，这也是"慢"的常态。

2.3.2 观望

这里所说的"观望"，就是什么都不要干，先等、先关注。大部分新技术是一种"替代"，即在某个领域替代一些老的技术，而被替代的原因是新技术价格低或者性能好等。高德纳的技术成熟度曲线容易让人产生某种误解，即每个技术最终都会成熟，这是一种"幸存者偏差"，很多技术永远不会进入成熟期，并且会因为各种原因被时代抛弃。

因此，有时候要"让子弹飞一会儿"，在保持关注的同时等待技术的成熟或场景应用的成熟，切忌那种有了新发明的锤子就到处找新款钉子的技术"鸡血"行为。

2.3.3 了解

在测试新技术前，要对新技术有比较完整的了解，包括了解技术文档和Github上的

Issue、Stack Overflow 上的问答和 Google 搜索的各类介绍应用等。特别是和要被替代的技术对比,如果有竞争对手的反击就更好了,这样我们就可以从各个维度去增加了解。同样,如果整个技术社区很不活跃,也没什么人在使用这项技术,那么就可以继续观望,不用急着下手。

2.3.4 预研

这里说的预研(Proof of Concept,POC)是对某个想法进行一个较短的、不一定完整的实现,起到试验新技术的目的。预研可以根据企业的业务场景,使用新技术在缩减版的场景中进行实践。在这个过程中特别要注意和现在使用的技术进行对比和评估。比如,我们要测试一个内存数据库的新版本,那么一定要看相同的业务场景,通过假数据看看新版本与旧版本相比在响应速度和稳定性等方面有没有提升,同时要测试新版本中介绍的特性是否名副其实。经验告诉我们,很多令人激动的新特性有时是有一些限制条件的,或者会带来一些副作用,必须要通过 POC 才能真正见分晓。

2.3.5 评估和论证

新技术预研完成后,测试报告也会同步提出,以进行评估和论证。

评估需要结合外因和内因,了解清楚新技术的来龙去脉、优缺点和实际案例。绝大多数新技术都是用于替代某个相对老的技术。我们可以列出特性矩阵,逐一比较。

使用新技术时切不可只看新特性,除了用测试数据来论证以外,还要考虑学习成本、迁移成本和回退成本等。如果真的是因为某项技术实在太落伍而需要替换,还要考虑当前新技术的 PlanB。现在,开源技术非常火热,几乎每个领域都有很多非常好的开源项目,但是实际上大部分公司和技术人员并没有修改开源项目的能力。

即使一个技术的新特性都被验证了,也不意味着可以在生产环境使用,我们还需要进一步进行论证。可以采用专家组的方式,邀请内部专家和外部专家在一定议事流程下论证后得到结论。如果是内部专家和相关项目组参加的话,还可以制订更加具体的路线图,先在小项目上试点,再进行评估,之后扩展到大项目。因为技术的差异很大,所以不必太拘泥于形式。

2.3.6 淘汰和替代

长江后浪推前浪,即使是新技术,在经过几年历练之后,也会变成标准技术,再过几年就会成为老技术。我们并不一定要淘汰老技术,只是老技术要面临更加新的技术和业务压力的挑战。很少有行业能够这样快速地推陈出新,当然,这也是 IT 世界的魅力。

2.4 技术上的准备

回到技术本质,我们来考量一下引入新技术时在技术特性方面的思考。

2.4.1 易用性

易用性,就是指对用户来说易于使用,这里说的用户既包含使用某类新技术的 IT 人员,在一些场景下也包含使用产品的最终用户。

Python 中有一个非常著名的扩展包 Requests,是用来进行网络访问相关的应用实现。在写这个扩展函数包的时候,作者强调这是给人类使用的,暗讽之前的一些函数包易用性欠佳。从代码的角度来看,本来用一行代码可以解决的问题,其他函数包可能要用三行、五行或者更多行代码才能解决。

Requests 的作者举过一个例子,用 Python 自带的库函数来登录 Github API 的代码如图 2-3 所示。

```python
#!/usr/bin/env python
# -*- coding: utf-8 -*-

import urllib2

gh_url = 'https://api.github.com'

req = urllib2.Request(gh_url)

password_manager = urllib.HTTPPasswordMgrWithDefaultRealm()
password_manager.add_password(None, gh_url, 'user', 'pass')

auth_manager = urllib2.HTTPBasicAuthHandler(password_manager)
opener = urllib2.build_opener(auth_manager)

urllib2.install_opener(opener)

handler = urllib2.urlopen(req)

print handler.getcode()
print handler.headers.getheader('content-type')

# ------
# 200
# 'application/json'
```

图 2-3 用 Python 自带的库函数来登录 Github API 的代码

通过 Requests 函数包,只需要一行代码就能解决上面八行代码才能解决的问题,并且可读性一定也不差⊖。(如图 2-4 所示。)

⊖ Requests 扩展包的代码比较参见 https://gist.github.com/kennethreitz/973705。

```
1_requests.py
 1  #!/usr/bin/env python
 2  # -*- coding: utf-8 -*-
 3
 4  import requests
 5
 6  r = requests.get('https://api.github.com', auth=('user', 'pass'))
 7
 8  print r.status_code
 9  print r.headers['content-type']
10
11  # -------
12  # 200
13  # 'application/json'
```

图 2-4 用 Requests 只需要一行代码就能实现登录 Github API 的功能

Python Requests 目前在 Github 上现在有 35510 个 star，比 Java 中最著名的框架 SpringBoot 还多 5000 个，可见其炙手可热的程度。这或许就是新技术易用性的最好注解。

2.4.2 性能

谈到云计算，我们总会提到高性能、高可用的特点。性能在很多时候的确是一个比较客观和直接了当的指标。

IT 技术中的性能指标有很多种。比如，对于某云计算厂商的某款虚拟机产品：通用型 g5 [一]，它的最大网络收发包能力是 400 万 PPS，在这里 PPS 就是网络吞吐率的一个性能指标，表示每秒发送多少个分组数据包。

很多时候性能给我们的直观感觉就是快！随着 5G 时代的到来和物联网的发展，我们每天都在使用以各种社交、外卖、新闻和搜索引擎 APP 为代表的互联网服务。网站和 APP 的功能越来越强大，其背后的系统架构也越来越复杂。新技术的性能指标很大程度上都可以体现为响应速度的提升。

性能需要客观的度量，出品方单方面说自己有多快，特别是比竞争产品快多少是没有任何意义的。在不同的 IT 细分领域都有相关的标准和基准测试的原则规范。

比如，在著名的开源消息队列 Kafka 的官网上就有详细的性能测试的介绍，我们可以看到图 2-5 和图 2-6 所示的图表和结论。

在 IBM 的数据库 DB2 的文档中提到[二]：

[一] 阿里云云服务器 ECS 介绍参见 https://www.aliyun.com/product/ecs。

[二] 参见 https://www.ibm.com/support/knowledgecenter/zh/SSEPGG_11.1.0/com.ibm.db2.luw.admin.perf.doc/doc/c0005059.html。

良好的基准程序应具有下列特征：
- 测试可重复。
- 测试的每次迭代都在相同系统状态下开始。
- 系统中不存在任何意外地处于活动状态的其他功能或应用程序。
- 用于基准程序测试的硬件和软件与生产环境匹配。

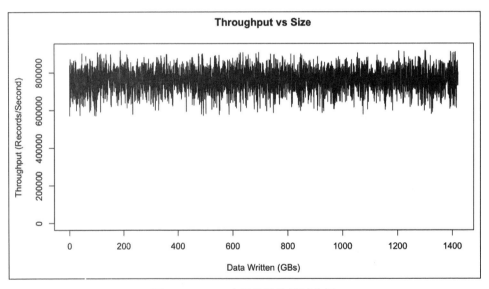

图 2-5　Kafka 官网的性能测试介绍

图 2-6　Kafka 官网的性能测试介绍

Kafka 的网站上对于性能测试的标题就是：Apache Kafka 基准测试：每秒 200 万次写入（在三台廉价的服务器上）⊖，后面洋洋洒洒的内容说明了在这个应用场景下如何进行准备工作、如何测试以及最终结果是什么，体现了开发团队的严谨认真。在新技术的研发过程中，必须很严格、很谨慎地进行性能测试，这也是推动新技术研发时的重要助力。很多时候正是观察或意识到原有技术的不足，我们才尝试开发新技术去替代，这个过程和科学研究没有什么差异。经不起客观验证、只能用在特定场景的的新技术是没有价值的。

在考察新技术的时候要仔细阅读文档，看其自身的性能提升如何。没有比较就没有伤

⊖ 参见 https://engineering.linkedin.com/kafka/benchmarking-apache-kafka-2-million-writes-second-three-cheap-machines。

害，选择新技术前，必须要进行一些同类产品的比较，而性能往往是最直接的指标。一般来说，第三方的基准测试（benchmark）都会有很完善的考虑，也会模拟真实的生产环境，因此才具有参考和借鉴的意义。

2.4.3 灵活性

与性能指标可以通过基准测试来评测不同，灵活性的判断则带有一定的主观性。

现代 IT 业由于应用的广泛，虽然开发工具、服务器和云计算的能力已几万倍于二三十年前，但是开发和应用的难度却上升了，软件开发越来越复杂。使用 Python 和 JavaScript 可以只用 C 语言的三分之一或更少的代码来实现同样的功能，但是业务和要求却变得更复杂。

举个例子。Lotus 123 曾经是火爆一时的电子表格处理软件，它火爆的时候，Excel 还未出现。Lotus 123 当时的界面如图 2-7 所示。

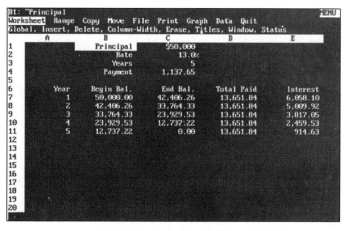

图 2-7　Lotus 123 的界面

图中最上面一行是单元格的输入，下面有两行菜单。作为运行在 DOS 操作系统下的软件，这样的菜单实现方式在当时已经非常先进了。

图 2-8 是 Microsoft Excel 16.18 MacOS 版本的界面。

图 2-8　Microsoft Excel 16.18 MacOS 版本

从界面就能看出两款软件在使用灵活性方面的差距。经过几十年的发展，软件功能越来越多，但是 Excel 并没有堆砌功能，界面依然保持简洁，它通过有效的组织将各类功能分门别类，用户常用的功能都靠左排列。并且，用户可以自行定义整个界面、其上所有的功能是否呈现以及呈现方式。

20 世纪 80 年代，计算机还是稀有之物，只是在某些专用领域完成一些烦琐的工作。以前有一个名词叫作"会计电算化"，就是指将手工的会计工作用电子计算机（当年就是这么称呼）来完成，从而降低财会人员的工作量，提高准确性等。随着硬件设备、操作系统、软件开发工具以及互联网的革命，到今天移动时代，我们面对的世界不再是用计算机和手机来替代什么，很多时候是可以用这样的能力来创造什么。当需求变得不可同日而语的时候，复杂度是不可避免的；复杂度既然不可避免，那么实现路径和操作方式就值得考虑了。

灵活性还涉及重要的一点——按需使用，这也是云计算所具备的能力。当我们想测试一下单元化部署、同城异地的容灾方案是否可行的时候，使用云计算的能力可以在一个小时内将环境准备好，测试完毕后，可以回收资源，我们只要付出有限的和合理的费用。对新技术来说，所有的试用和 POC 都有风险，在没有云计算的年代，我们只能用严谨的方法论来做一定的约束，因为新技术的隐形成本也不低。云计算厂商提供了大量已经过锤炼的新技术的 SaaS 和 PaaS 平台供用户测试。比如，Flink 是最近出现的功能强大的实时计算引擎，我们可以直接选择阿里云的实时计算来进行 Flink 的研究和测试，加快引入新技术的决策过程，这也是一种灵活性的体现。

2.4.4 兼容性和标准化

企业是要持续发展的，所以引入新技术时要考虑兼容性。兼容性分为以下几种情况。

1）协议和接口等的兼容性。现代 IT 架构非常复杂，硬件 / 软件之间要依靠约定的协议来进行通信，特别是在软件架构中，更要关注这个问题。

2）向前 / 向后的兼容性。比如，我们用 SQL 语言进行数据库的操作，如果某个新的数据库技术声称可以兼容大部分 SQL-92 [⊖] 标准，这时候就要当心，它所不支持的 SQL 语句对于应用的改造来说是不是会有很大的影响？这种影响是不是不可避免？或许这种不可避免是为了带来更优异的性能，如果不是，那就需要评估了。

3）开发能力的兼容性。决策新技术的人员总是少数，也肯定是相对开发能力较强的人员。但需要考虑开发团队大部分人员目前的能力和使用新技术后是否会遇到困难，是否需要进行培训等。有些新技术会给开发、测试和部署等环节带来很大的变化，越早培训越好。

标准化是引入新技术时常常让人感到纠结的问题。一部分新技术在遵循当前标准的前提

⊖ 参见 https://baike.baidu.com/item/SQL92。

下，如果在性能和易用性等方面取得巨大进步，那自然无可厚非，可以优先考虑；但是有的新技术本来就是挑战原有的标准，这时候要考虑兼容性。对于软件架构来说，应该遵循必要的协议，如果是一些新的协议方式，必须降级向前兼容，尽量不要使用一些私有的协议约定和未公开的格式。

兼容性和标准化的考虑某种程度上也有利于实现"自主可控"。

2.4.5 安全性

安全问题越来越严峻。新技术由于在市场上考验的时间不够长久，很容易被爆出各类漏洞，甚至遭到攻击。对于很多基于开源项目的新技术来说，开源是把双刃剑，虽方便研究与推广，但也给了黑客可乘之机。

据高德纳的调查显示，99% 的组织在其 IT 系统中使用了开源软件；而来自 Sonatype 公司的一项调查则显示，在参与调查的 3000 家企业中，每年每家企业平均下载 5000 个开源软件。近年来，开源软件频繁爆出高危漏洞，例如 Struts2、OpenSSL 等。如果使用了存在缺陷的 OpenSSL 实例，无论是服务器还是客户端，都可能因此而受到攻击。此问题的原因是在实现 TLS 的心跳扩展时没有对输入进行适当验证（缺少边界检查），因此漏洞的名称来源于"心跳"（heartbeat）。该程序错误属于缓冲区过读，即可以读取的数据比应该允许读取的还多[○]。

老牌的开源软件尚且如此，更遑论新的软件了。企业在测试新技术的安全性时，可以采用通过安全软件进行扫描、通过第三方公司进行攻击实验、检查新技术的依赖关系等方式。同时，一旦使用某个新技术，必须有专门的部门和人员持续跟踪。

2.4.6 开源和商业软件

在技术领域，不可避免地会提到开源软件的问题。我们觉得新技术使用开源版还是商业版本身并不是一个合适的选择题。

第一，很多时候我们并不需要做这样的选择。开源软件通过很多公司和组织的努力，已经做到了代码开源化和服务商业化，所以我们选择开源软件，更看重开源带来的好处，看重其背后的社区和服务，而不是因为有源代码，我相信绝大多数使用者并不会也不一定有能力去阅读和修改开源软件的代码。通过云计算厂商来使用很多开源软件就是一个非常好的选择。比如，各种机器学习的平台、大数据平台、Redis、RocketMQ 消息队列等在现代应用架构中耳熟能详的技术，都可以通过云计算厂商的平台来使用。一般来说，云计算厂商会通过各种方式和开源软件组织合作，获得共赢。比如，2018 年 11 月，阿里巴巴开源 Spring

---

○ 参见 https://zh.wikipedia.org/wiki/ 心脏出血漏洞。

Cloud Alibaba，并发布了首个预览版本，同时阿里云的产品组件的命名前缀为 spring-cloud-alicloud，提供了应用发现服务、配置管理服务、对象存储服务的整合。

第二，无论是商业闭源软件还是开源软件，领域中总有一些领跑者。比如，在数据库领域中，关系型数据库中的 Oracle、NoSQL 中的 MongoDB、内存数据库中的 Redis 等都是个中翘楚。我们引入新技术的目的不一定是替代这些软件，而是学习和持续跟踪。所以，可以在个别项目做一些新技术的试点，当业务将要达到某个拐点时，再大胆进行 POC。企业在不同的发展阶段，企业对于新技术的要求是不同的。在本章的标题"引入新技术的思考"中，关键词是"思考"，而不是"引入"。

在竞争激烈的环境中，能够存活三到五年的技术都有其独到之处。大家都知道淘宝的去 IOE，前提是淘宝的交易量已经非常大，如果继续使用 Oracle，可能有一半利润要交给厂商了。再比如，Amazon 是世界云计算领域的第一名，但直到 2018 年才正式不再使用 Oracle，并且很不幸地没有渡过第一次的交易高峰。Oracle 毕竟是在 OLTP 和 OLAP 领域的平衡性方面做得最好的商业软件。对标 Oracle，我们可以关注 MySQL、DRDS，但如果业务量在 Oracle 的最佳性能范围之内，财务压力也不大的话，就不用以替换为目的进行新技术引入。对于类似数据库这样的核心层，在引入新技术时候要特别谨慎。从趋势上来看，我们相信基于云计算的 SaaS、PaaS 等方式会是企业级的应用首选。

关于怎么使用开源软件，这里所给出的介绍还远远不够，只能站在引入新技术的角度结合上云实践进行简单分享。要牢记 IT 宏观架构的两条准则：没有银弹，万物平衡。

2.4.7 可移植性

对新技术而言，可移植性也有两个层面的含义。第一，如果大规模应用新技术的话，上下游的技术是否也需要大规模改造，这是相对老技术来谈可移植性；第二，新技术本身终究会如忒休斯之船一般，那么是否可以被彼时更新的技术替代，而不是被绑定。

第一点比较容易印证，在观察学习和 POC 阶段可以得到一些经验。在 POC 阶段，我们可以挑选一些真实的业务场景来进行测试。从老技术移植到新技术，实际成本一般比想象中要大得多，涉及时间、费用、人员和风险等。新技术越是具有颠覆性，性能越强，移植性反而会越差。

第二点就比较难了，但还是应该考虑。我们反复强调任何技术都有其生命周期，所以要么高版本升级，要么被别的新技术替代。如果在未来移植性很差，将会带来不小的麻烦。

比如前面说到的 MongoDB，作为非关系型数据库，它对大部分程序员所掌握的 SQL 语言的支持是很弱的，它有独特的操作方式，但是由于具有优异性能，还是得到了广泛应用。但是，如果某天有一个支持 SQL 的非关系型数据库横空出世，原来和 MongoDB 对接的应用将会面临全局性的修改。从某种程度上来说，MongoDB 的可移植性并不是很好。

大家会发现，我们一直拿数据库来举例，因为数据库是企业架构的基础。在目前的技术架构中，数据库能做到双活的还廖廖无几。所以，如果数据库出问题，将会对前端业务产生巨大的影响。可见，在新技术引入时，企业一定要更多地关注数据库。

2.5 组织形式

2.5.1 组织和人员

引入新技术时同样要重视组织和人员，任何事情都是人在一定的组织形式内做出来的。新技术的引入需要有相关组织结构配合。

在这个方面大致需要考虑如下问题：
- 是否需要在组织结构中设立专门部门考虑新技术引入？
- 是否需要建立一套适合企业的新技术引入机制？
- 因为 IT 世界本身的开放性和开源软件的影响，是否有员工广泛参加的机制？
- 是否有定期的新技术交流机制？
- 是否有专家委员会进行评审？包括对新技术的风险评估。
- 员工是否经常参加各类会议和活动以获得足够多的新技术的信息？
- 如何构建新技术的应用的人员梯队，场下的替补队员和第二、第三梯队人员是否足够？
- 对于进入 POC 阶段的新技术，如何定期汇报和检视成果？
- 衡量新旧技术时，是否要制订企业自身的标准（benchmark）？
- 如何看待企业自研技术和新技术的关系或者矛盾？

组织形式如何规划、学习型组织是否更加合适、是采用前中后台方式还是矩阵方式，这些问题都是管理者需要考虑的。经验告诉我们，跨部门小组、虚拟组织、82 或者 91 原则（鼓励员工用 20% 或者 10% 的时间研究新技术等）等都适用。

2.5.2 内驱力

内驱力是驱使有机体产生一定行为的内部力量，与它相对应的概念是诱因。内驱力存在于机体内部，诱因存在于机体的外部。内驱力和动机往往被看作同义词。实现新技术有两种途径——引入和自研。本章讲述的是引入新技术的诸多思考，实际上就是不停地思考，永不停歇，永不自封，永不言败。传统技术的保质期越来越短，一些研发技术，诸如 Service Mesh、Kubernetes 等只要一年就可以成为最流行、最成功的技术，对 IT 管理人员、架构师、程序员等来说，都是一种挑战和机遇。

企业、管理单元、个人都需要有一种内驱力来探索未知，否定自己。常常有人会说：现在不是也挺好的么？为什么要去改变和创新？是否有一些哗众取宠的成分？的确，引入新技术的过程中其实有很多不为人道的漫长和艰辛。

瑞士著名哲学家、分析心理学的创始人——荣格将内驱力与集体无意识联系起来，他始终强调集体无意识是建立在集体观念的基础上的，并以"生命驱力"为前提。其实，内驱力就是个体在环境和自我交流的过程中产生的、具有驱动效应的、给个体以积极暗示的生物信号。其实质是一种无意识力量，源于最原始的、积累了整个历史经验的心理体验在人脑中的反映。

所以，这样的精神是我们与生俱来的，人类正是在内驱力的驱动下实现了登月、发射航天飞机、基因工程、无人驾驶等的研究与探索。图 2-9 给出了挑战者号升空事故纪念，正是这些面向人类前沿领域的挑战者们把我们推向未来。或许要为此付出失去个体的生命的代价，却唤醒了无数人心中的巨人，在历史的长河中，回望之时，是鸿篇巨制。

图 2-9　挑战者号最后一次升空事故纪念

云厂商视角

这一章我们站在企业的视角来思考引入新技术的种种过程。其实，云服务商自身也在不断引入新技术，或许我们在行为上可以更加开放，但是在思想上，和所有企业一样，都是需要做好各个方面的准备的。

因为拥抱变化，因为追逐梦想，云服务今天已经不是新鲜事物了。同样，也希望云服务提供的弹性、敏捷能力能够帮助企业在引入新技术的过程中，更高效地完成各种准备工作，尤其是行动上的各种准备。让云计算企业和用户一起拥抱变化、追逐梦想！

企业视角

好像没有什么行业会像IT领域这样，新知识的保质期不超过五年，诚惶诚恐地生存，所以企业对新技术要有敬畏之心。

对于机器学习、区块链技术、云计算、大数据、5G、物联网等这些已经和继续改变人类未来的技术，应根据企业所处的行业进行研究和探索。

怎样引入新技术、要做些什么，法有定论，兵无常形，需要企业、团队，甚至每个人长期不断地思考、学习、试错、承担失败、面对成功。拒绝变化是危险的。

凡事念念不忘，必有回响。

第 3 章 Chapter 3

云世界的语言

导言：人类通过语言和文字进行信息的交流和知识的学习，因此，我们有必要在开始探索云世界之前，了解一下云计算的名词体系，理解云计算世界中的语言约定和其背后的思维模式，这对理解日新月异的云计算技术并持续探索云计算世界大有裨益。

现今的 IT 世界是有一套自己的语言体系的，这里的语言不是指编程语言，而是一种属于信息技术领域的特定的、达成共识的、用于交流的语言，我们有时候也称之为"术语"。同时，因为技术领域的细分，不同的子领域也有各自的语言。

这使情况变得很有趣：我们在交流中很容易识别相同的角色，但当不同角色都在场时，也可能引起一些误会。比如，"F5"这个词在非信息技术领域通常没有特殊的意义，一般人通常会认为它指键盘上的 F5 键；在描述基础设施架构的时候，"F5"是一个常见的名词，它所指代的是负载均衡设备，因为此类设备的一个著名生产厂商的产品名为 F5（虽然还有一个同样著名的负载均衡设备厂商，但因为其名字不如"F5"朗朗上口，以致于很多时候"F5"等同于任何实现负载均衡功能的软件或硬件）；在前端领域，"F5"指刷新当前页面，因为这个功能在 Windows 中是通过点击 F5 键来执行的，随后用于指代所有前端刷新的操作。即便使用 MAC 电脑，在进行前端页面开发调试的时候，也常常会说"你按一下 F5 看看效果"。

这种语言共识是非常重要的。比如，在《设计模式》这本书中就提及，为设计模式进行合理命名的重要原因之一就是能够让设计人员达成理解上的共识；在 Java 的官方课程中的安全章节里，会特别说明这部分内容仅仅是介绍一些安全领域的重要概念，以便 Java 程序员在和安全专家在交流的过程中能够理解对方所说的术语背后代表的概念。

3.1 云计算的名词体系

本节并不打算罗列云计算领域中使用的所有名词，实际上这既不可能也无必要。根据现代语言学奠基人索绪尔的理论，"能指"和"所指"是具有相当的任意性的[注]。在云计算领域，因为创新，不得创造一些名词，包括"云计算"一词中的"云"，以至于后来创造出"雾计算"这样的名词时，我们也不敢妄加评论其合理性。随着云计算业务的开展，这种任意性会持续下去，所以也无法做到——罗列。

在企业实际上云过程中，云计算的名词还是有必要进行统一的，至少在一定的组织范围内需要进行统一，不然轻则增加沟通成本，重则造成项目实施南辕北辙。

云计算作为信息技术的新兴领域，正如很多人认为的，它并不是一个全新的、独立的领域，而是在现代信息技术领域中发展起来的，因此它继承了很多现有的信息技术名词；另一方面，云计算在商业化应用的过程中，必须使其技术曲线平滑过渡，从而实现非云计算体系能够快速切换到云计算体系下，所以也产生出一些独创的名词。

可以认为云计算的语言有如下四个层次：

第一，被继承的名词。以"负载均衡"为例，几乎所有云计算公司都会提供这类服务，这是一个既有的名词，在云计算领域，这个名词所代表的能力和传统意义上的负载均衡并无显著不同。在使用云计算平台的过程中，如果遇到这样的名词，其所指代的功能大概率与其本来代表的功能是一致的，只需要查阅一下产品介绍即可，其在架构上的作用也是一致的。当然，正如不同的负载均衡解决方案也有细微差别一样，不同厂商的负载均衡产品在能力和使用上的差异需要在细节评估中进行考察。

第二，被映射的名词。有些云计算提供的能力在传统信息技术中并没有提供，但是与某种传统信息技术有相似性。为了简化对此类技术的理解，云计算服务商会进行一些名词映射，使得技术人员可以快速理解此产品的能力。例如，"对象存储"是传统IT领域不存在的一个解决方案，但是通过名词映射，大致可以表达出此类产品的功能特征。这类映射相当友好，很容易通过产品介绍快速理解和接受，并且在云计算服务商之间也被广泛公用。

第三，新的云计算名词。云计算有一些独特能力，这类能力很难和已有的技术进行类比，因此就会创造一些新名词，比如"弹性伸缩"。对于这类名词，用户需要花费一些时间来了解其具体的含义，不同的云服务商通常也会使用不同的名词（即使功能是一样的）。好在

注 引自《浅析符号的能指与所指》一书，作者徐静、李建华。索绪尔把符号看作是能指（signifier，也译施指）和所指（signified）的结合，所谓的能指，就是用以表示者；所谓的所指，就是被表示者。拿玫瑰花来说，玫瑰的形象是能指，爱是其所指，两者加起来，就构成了表达爱情的玫瑰符号。

这种独有的能力目前还不多，因此创造出来的词也不多。遇到这种名词，应查阅官方文档了解其实质，而不能仅从字面来理解。当然，真正实现"弹性伸缩"的难度很大，或许就是因为"弹性伸缩"这四个字的所指是比较复杂的缘故吧。

第四，云计算的缩写。在云计算相关人员的讨论中，会出现大量的英文缩写，且往往是英文"三字经"（三个英文字母的组合），越是常用的产品越是如此。这不是云计算领域中独有的现象，而是一种便捷沟通的手段（想想 F5 为何比另一个名称较长的产品更能代表负载均衡）。不同的云服务商对同样的产品会采用不同的"三字经"来表述，例如对于云服务器，AWS 用 EC2、阿里云用 ECS、腾讯云用 CVM。

这么多纷繁复杂的名词究竟对企业有什么意义或困扰呢？企业又应该如何应对呢？下面给出一些常用的手段，可以帮助企业快速建立其自身的云计算语言名词体系：

- 根据实际中最主要的计算平台环境以及团队的熟悉程度，基于云计算平台和现有技术平台都有的名词来确定名词体系。
- 根据市场占有率情况或目前的倾向性，选择一个主要的云计算服务商，尽可能使用此厂商的名词体系。即使在使用多个云计算服务商时，通用的能力也可以映射在一个名词体系内。
- 为目前使用的云服务名词建立一个字典，比如使用 Wiki 或指向云服务商的链接（后面会在企业内部知识管理方面的介绍中分享一些经验），从而保证能够快速查阅到这个名词的所指内容。
- 在中文环境下，可以尽量使用三字经风格的英文缩写，这样容易在文档中快速区分和识别出名词，比如 ECS 和 OSS 等。
- 最初，可以通过云服务商官网上提供的特定解决方案中的描述，建立一个初步的语言体系。例如，在一个以阿里云云环境为主、有少量线下环境的体系内，可以用 SLB 来指代负载均衡，包括线下的负载均衡设备也可以用"云下 SLB"来描述。同时，维护一个简单的字典，将 SLB 指向阿里云的 SLB 产品或帮助页面。有时候，我们或许要说明"阿里云 SLB"，因为企业有可能使用自己的负载均衡方案。特别是企业迁移上云的过程中，在很长的一段时间内都处于混合云的模式，云上/云下采用的技术方案不同是一种常态，所以语言描述上的一致性格外重要，既可避免一些歧义，又可简化描述过程。

3.2 云世界语言的历时性与共时性

在一本云计算的书中讨论历时性和共时性看起来超出了应有的内容范围，但是我们仍然想强调一下这方面的内容。因为随着云计算技术的发展，这个问题一定会在不远的未来凸显出来，并且对上云一段时间后的企业产生一定的影响。

语言作为一个形式系统，其在当前状态下的使用属于共时性的范畴，即上文所述的，需要建立企业自身的云计算语言体系。共时性的要求是尽量以一致的方式表述同样的内容，即避免一词多义或多词一义的情况，其核心是为了便捷交流、快速达成一致。

但是，随着企业对云计算的使用越来越广泛，以及解决方案的深入，可能会出现调整云计算服务商或云计算方案的情况，那么名词使用也会随之调整，这就涉及历时性的问题。出现这种问题通常是好事情，因为这意味着企业的云计算方案是"活的"而不是停滞的。这种情况下，建议每隔一段时间调整一下 Wiki 的内容，既强调现有使用的名词及其含义，又对历史上的名词进行说明和保留，以避免既有的文档内容在未来无法理解。

读者可能注意到，这里谈得更多的是名词而不是动词，因为在中文的信息技术语言环境下，动词通常没有那么重要，信息技术工程师对动词的使用的随意性也比较大。"买"一个"SLB""新建"一个"SLB"、"开"一个"SLB"的意义没有什么不同，大家的理解也基本一致。

3.3　语言改变思维模式

2016 年的一部电影《降临》讲述了一个语言学问题，即语言是认知世界的一种工具，但是这种工具也会限制或改变对世界的认知方式。在信息技术世界（包括云计算世界中）也是如此，使用不同的编程语言，会影响开发人员实现需求的模式，甚至影响他们看待真实世界的模式。例如，学过 Lisp 语言的程序员和 Java 程序员的编程思维模式是完全不同的，就像俗话说的：你手里有一把锤子，看什么都是钉子。

有些人或许对云计算有一丝恐惧，这种恐惧源于使用了云计算平台之后，他们觉得自身的业务或者信息技术方案被云计算平台"绑架"了，不再能够"自主可控"。其实，这句话在实践中有时是正确的，正如在传统计算环境中，信息技术方案也是被传统的计算、存储、网络设备所"绑架"一样，它们通过其形式化的语言和使用方式，绑架了曾经的信息技术体系。但是，如果因此而认为云计算平台的"绑架"会带来困扰的话，相当于宁可被一个体系绑架也不愿意走向另一个体系。

从某种角度看，云计算平台提供了另一种可能性，就像学会了另一种语言或者学会使用锤子之外的工具一样，可以用新的工具或方法重新认知和处理新的信息技术领域问题。虽然多个云服务商不同的产品和术语体系会有一定的差异，但使用云计算会给用户更多的选择，而不是更大的限制，并且也有助于提升用户对现有计算平台的认知。

在使用多个云计算平台的情况下，情况有点特殊，不同云计算平台自身的体系也通过其语言展现出来，这种区别在查阅解决方案文档的时候尤为明显。不过，这种差异还是有限的。这也是上文中提到的找一个主要的云服务供应商来构建企业自身的云计算语言体系的原因。

电影《降临》中的外星人语言甚至有预测未来的功能，当掌握了云世界的语言规范后，我们的能力也会增强（至少有一点吧）！

3.4 隐喻

在本章的最后，我们要讨论一下云计算世界语言中的"隐喻"。整个世界的语言其实是相当有限的，大部分语言表述都是建立在"隐喻"的基础之上的。软件开发中的臭虫（bug）、菜单（menu）、视窗（windows）、对象（object）等都是隐喻。这些软件隐喻无一不是从日常生活或其他科学领域中借鉴而来，根据我们原有的认知，实现一种类比的定义，并逐步发展为软件领域的固有概念。㊀

AWS 的 DNS 服务称为 Route 53 ㊁，这也是一个隐喻的例子，甚至 DNS 这个单词本身也是一个隐喻。

之所以要讨论云计算世界语言中的隐喻问题，是因为相对于云计算，大部分信息技术工作者更熟悉传统或经典的计算平台，因此在交流中会大量使用隐喻的方式，将云计算世界的解决方案或产品对应到传统的计算平台环境中，甚至云计算厂商也常常这么做。例如，云计算中的"函数计算"（意思是开发人员编写函数代码放到云上，就可以按需调度计算资源）只是借用了编程语言中的字面意思，其蕴含的能量与一般的服务器架构方式大相径庭，详见后面章节对函数计算的具体功能说明。

在实际的工作中，会大量使用隐喻的方式来进行方案或产品的交流。隐喻的好处在于，如果企业当前的信息技术环境相对稳定，那么隐喻可以快速地将云计算术语和现有信息技术体系对标，使双方的理解更为快速。但若过度使用隐喻，会使得双方的理解产生差异，这种差异在存在多重隐喻的情况下（云计算 – 传统计算 – 真实世界）反而会造成误会。

因此，建议在初步讨论云计算方案的时候，可以使用各种隐喻，以便于在节约时间和避免细节争执的情况下，快速形成对方案的具体表述。例如：

1) 通过阿里云 VPC 构建私有网络环境。
2) 通过阿里云弹性计算服务（ECS），将需求列表中的 7 台服务器放在阿里云上。
3) 其中如涉及数据库，建议使用阿里云 RDS 产品。
4) 如需要进行内外部系统互联，可以通过专线或 VPN 方式打通云上 / 云下环境。

㊀ 引自《软件隐喻的本质与模式》，作者技术小美，参见 https://yq.aliyun.com/articles/411667。
㊁ DNS 服务是监听 53 号端口，同时美国有一条著名的 66 号公路（ROUTE 66），AWS 认为其云上的 Route 53 就像现实中的 Route 66 一样连接了整个互联网。

5）互联网带宽使用按量计费模式（后付费）。

6）外部安全通过 WAF 进行防护。

7）内部通过安全组进行防护。

但是，在具体进行云计算平台的设计时，则需要表述得更加详细，这时要尽可能少地使用隐喻，将方案细节展开，以保证开发人员理解计算平台的能力。例如，上文第 1 条的表述应被细化为：

1）使用 VPC 构建阿里云上专有网络环境，使用 1 个或多个虚拟私有网络 VPC 构建自定义网络拓扑。

2）通过在 VPC 内建立多个交换机的方式进行网段划分，同一应用使用不同可用区的至少两个交换机以确保同城高可用。

3）通过阿里云 VPN 产品建立基于 VPN 的对接，通过高速通道产品支持专线连接，形成混合云架构。

4）内部集群环境中可以使用阿里云负载均衡 SLB 服务。

5）使用阿里云提供的一系列公网产品（EIP、NAT 网关和公网负载均衡等），在需要的时候支持云上数据中心与外部互联。

云厂商视角

云服务商是最近几年创造 IT 新名词能力比较强的一方，堪比过去那些 IT 咨询公司（像 IBM、埃森哲等），这确实意味着这些公司会主导某个领域的技术体系方向，进而影响整个 IT 的环境。在金融企业内，术语问题是极为重要的，监管机构会发布官方的术语表来统一术语的使用，因此金融企业的 IT 部门或多或少会受到影响。不过，潜移默化的影响远不如有一个明确的规范。从企业 IT 治理的角度看，在各个云服务商目前还很难形成一个统一的术语体系的情况下，维持企业自身的一个有效的 IT 术语体系，从各种角度看都是一件合理的事情。站在云服务商的角度，无论企业是否考虑公共云计算，都希望它们能了解一下云计算的常用术语，这样也有助于行业内的交流，以及在需要时发现已有及合适的备选工具。

企业视角

很少有人专门讨论这些 IT 术语在云时代的演变、进化和能量。我们的体会是：术语一定要在早期进行统一。互联网时代是一个发明名词的时代，各个 IT 厂商出于种种目的也不断地创造出各种词汇。语言是我们沟通中的重要因素，而沟通能力也是项目成败的决定因素，不能小看对于各类名词的内涵和外延的理解，每一个名词都代表着一定的能力和实现方法，因此，从某种角度上说，名词真的如电影《降临》一样是可以预测未来的！

第 4 章 Chapter 4

影响上云的五大因素

导言：上云是一个重构的过程，需要改变对一些问题的思考方式。本章将通过诸多实例，站在 IT 角度来解析战略、组织、风险、财务和技术等因素对于上云工作的影响。

4.1 没有人是一座孤岛

全球 IT 研究和顾问公司 Gartner 预测，2019 年全球公有云服务市场规模将从 2018 年的 1758 亿美元增长 17.3%，达到 2062 亿美元。

吴军先生在一次演讲中曾说道：人类文明到今天为止，尤其是科技的进步，可以用两条主线概括出来，第一条是能量，第二条是信息。人类历史上的每一次技术革命都是围绕着一个核心技术展开的，第一次工业革命是蒸汽机，第二次工业革命是电，第三次信息革命是计算机和半导体芯片。世界人均 GDP 在公元 1800 年前的两千年里基本没有变化，改革开放前中国的人均 GDP 是 155 美元，现在是 8800 美元，上涨了近 60 倍。我们靠的主要是工业化，是产业升级，是技术进步。所以说，科技是第一生产力。[⊖]

技术比帝王将相更能决定人类历史。看过《三体》的朋友们都会对"水滴"摧毁几乎整个人类舰队的过程唏嘘不已。四肢再发达、头脑再聪明的人，其个人能力终是有限的。毕竟力气再大也无法徒手战胜猛兽，能力强如杨过郭靖般的武林高手，面对百万级别的敌人也一样无能为力。

在 IT 发展的初期，个人力量显得非常重要，因为一个人可以完成复杂的设计甚至包括

⊖ GDP 数据来源：https://finance.sina.com.cn/money/lczx/2018-04-26/doc-ifztkpin2890220.shtml。

服务器的部署。最近的二十年，从开发语言、编程工具、开发方法一直到业务需求和系统架构，都发生了从量到质的变化。

"连接比拥有重要，合作比颠覆重要"，这个道理普遍适用于各类科技形态，而如果"断章取义"地用在企业上云，似乎也说得通。连接所有可以连接的，合作所有可以合作的。⊖

4.2 五大因素

前面介绍了一些上云的小故事，现在我们来聊聊企业上云的大战略。"战略"是一个很高大上的词，源于希腊语 strategos，意思是"将军指挥军队的艺术"，这个词的本意恰恰符合我们讨论的主线之一——上云不仅是技术，更是艺术。

我们非常赞同企业上云要考虑的五大因素——战略、组织、风险、财务和技术⊜。在从 2017 年开始的企业上云过程中，我们经常对这些方面进行反思和总结。甚至在不是直接和云有关的技术项目的推进过程中，这五方面的综合考虑也很重要。本书除了从技术角度循序渐进地介绍上云相关的知识点之外，也会对风险、财务和组织等方面展开讨论。一般来说，上云是一个以技术为中心的综合问题，但是从技术架构的演进角度来看，在符合战略的前提下，还要考虑财务的成本和投资回报率、如何在相对影响最小的前提下从组织结构层面迅速推进项目，以及防范技术变化带来的各类风险。

4.3 战略

这几年，随着创业热潮涌动，大部分创业企业选择将 IT 系统直接上云的战略，这种模式也被称为云原生（Cloud Native）模式。

下面来看一个通过合理使用云计算能力问鼎巅峰的创业公司的故事。

Instagram 是一个图片分享互动社区（图 4-1 给出了 Instagram 的注册和登录界面），其最大的特色是由照片形成社交网络，因此，照片拍摄、位置服务和图片分享功能是其主要组成部分。

Instagram 在 2010 年 10 月上线苹果的 App Store；2011 年 2 月 25 日，发布 API 接口；2011 年 9 月，用户突破千万；2012 年 4 月 3 日，安卓版上线 Google Play；2012 年 4 月 10 日，Facebook 以 10 亿美元的价格收购了 Instagram。直到今天，Instagram 依然是图片分享社区中的翘楚。

⊖ 部分引用自吴军"未来，连接比拥有重要，合作比颠覆重要"的演讲。
⊜ 引自《让云落地云计算服务模式》。

图 4-1　Instagram 的注册和登录界面

　　Instagram 在 App Store 上线不到一年，就已经拥有了 1400 万用户，用户每天上传的照片数量达千万级，流量以 TB 衡量，这样的成长速度对于一个创业公司而言是相当令人瞩目的，同时快速成长的是其对存储和计算资源的需求。用户上传的照片都存储在云端服务器中，因此对服务器的存储需求也在不断变化，如果不使用云计算服务，那么 Instagram 只能按照最大容量购买足够的服务器和互联网带宽以满足峰值用户访问和照片存储的需求，但在波谷期就会有闲置的服务器资源被浪费。Instagram 从一开始就租用了亚马逊的云计算资源，亚马逊的庞大的数据中心为其成长提供了有力支撑，可以实时按需求调配资源，并按实际使用的资源数量向亚马逊付费。

　　对于创业者而言，不用自己购买服务器、研究存储和计算技术、维护和运营自己的云计算数据中心，不但降低了硬件购买成本，也大幅降低了人力资源成本，所以才成就了 Instagram 以 13 人的团队服务 3000 万用户的奇迹。[⊖]

　　实质上，是亚马逊所积累的巨大技术能力通过云服务满足了这 3000 万用户的需求，实现了公司、用户和云厂商三赢的结果。云计算可以帮助创业团队快速验证自己的想法，同时能够在验证成功的情况下实现即时的水平扩展。

　　Instagram 成功的关键之一是从一开始就使用了云服务（虽然很可能是他们当时没有那么多资金（也没必要）购买很多服务器和租用未知容量的带宽），云原生的商业模式不仅得到了

⊖　http://www.weste.net/2012/8-6/84417.html。

证明，又为创业企业节约了费用，同时又保证了用户体验。

我国也有类似的故事。国产3D动画电影《小门神》的总渲染核小时数达到8000万，远超《超能陆战队》和《功夫熊猫2》等好莱坞影片。这部电影的渲染采用了阿里云批量计算服务BatchCompute，将部分镜头的渲染压力分布到阿里云几千台服务器上昼夜运转。如果没有阿里云海量集群的帮助，达成影片最终的效果可能就要耗费9000年的时间。

这几年，国内创业环境改善，也和云环境的成熟密不可分。十年前朋友们创业时候，首先想到的是要找IDC，要买服务器，然后将服务器托管在IDC，这就需要不菲的启动资金。而现在，创业很少会不涉及互联网系统或平台，一旦涉及系统或平台，就需要重资产、重人力投入，那么显然增加了创业的门槛。

对创业公司来说，每个人要兼顾很多事情；对于已经成熟的企业来说，又何尝不是如此，团队规模虽然很大，但是每个项目的开发团队趋向于3~5人，甚至更少（这里有著名的"两个披萨原则"）。所以，企业更需要关注业务逻辑，借助大量工具，遵循DevOps原则，快速完成开发；而不是自己发明轮子，或者单纯地使用人海战术完成开发工作。

对于绝大多数企业来说，历史包袱不轻，企业内部以各种形式存在着各种各样的业务系统和信息系统。在上云过程中，我们希望达到的效果是："在基础设施层面遵循统一标准，确保互联互通，数据能够流动，系统能平滑迁移。只有保持底层架构一致，上层业务开发的成本才能降到最低。"⊖这恰恰是战略上需要严肃考虑的问题。

IT系统的开发是一个专业性非常强的工作，一般来说是由产品和销售驱动，或者由内部管理驱动，也就是我们常说的从前往后驱动，所以有句俗话"产品最大"（我们相信绝大多数公司还是销售人员的话语权最大）。而使用云计算资源会改变这个流程。因为上云不是应用从甲地部署到了乙地，而是获得了一种能力。当技术有了额外的能力，就可以通过"反哺"影响前端，甚至可以直接影响销售层面。

先来看看下面这个场景。

假设销售人员正在洽谈一个重要的意向客户，之后带来的业务量可能会给IT系统带来巨大的访问量压力，销售人员会通过BD、产品等询问信息中心，能否承诺客户。从技术角度看，满足这个需求的难度并不大，但是会涉及技术架构的升级调整，要考虑硬件采购、带宽扩容、软件架构调整、系统修改、各类回归测试、上线后运维的压力等诸多事宜。而让IT部门心存疑虑的是，销售人员口中的"巨大访问量压力"不一定真的会发生，如果销售人员的签单成功概率只有10%，那么为此动用大量的资源完成改造，最终却没有谈判成功，IT部门就会陷入尴尬的局面。在真实的销售世界中，只有先答应才能抢下客户，但是否可以在承诺的时间内完成一系列的系统升级？客户的一些压力，比如渠道的接入、市场活动产生的客

⊖ 引自《企业迁云实战》一书，该书已由机械工业出版社出版。

户流量、代理的发展等都会使压力线性增加,如果超过某一个增长点而系统不能支撑的话,就会带来灾难性的后果。

这是很多企业会遇到的鸡生蛋还是蛋生鸡的场景,此时,企业关心的是系统怎样才能在可预见的范围内有较好的弹性?如何在不预先投入太多预算的情况下根据业务量实现水平扩展?答案是,上云可以改变这一切。虽然大部分企业不是创业企业,有一定的现有系统历史负担,但是通过合理的架构,传统企业一样可以拥有云原生的能力。不过,云原生场景并不是那么简单,传统的软件架构不是为云而生的,我们一直反对本地应用一股脑迁移上云的方式,因为那样无法得到弹性计算的能力。

本质上,上云改变的是对软件的理解模式和软件的开发方式!所以,上云需要战略的支持,这本身也是企业战略的改变。用机械化部队还是骑兵大刀,取决于总司令,取决于元帅们!

世界已经进入快鱼吃慢鱼的时代。企业规模大小不重要,反应敏捷最重要。业务对敏捷的要求,必然传递为对后台支撑能力的要求;而后台一旦能够提供敏捷的支撑能力,就可以促动业务的发展。这种关系正如我们耳熟能详的:经济基础决定上层建筑,上层建筑反作用于经济基础。

整个企业的 IT 运营模式在上云的过程中一定会发生改变,比如我所在的企业,大部分业务应用都是自行开发的,但是在金融行业以及其他行业,大量的软件是交给外部开发商开发的,企业中的 IT 部门更多的是承担项目和产品管理的角色,这种情况下,上云带来的变化更加巨大。从此,不再有系统的一期和二期之分,系统的演进就是从 1.0 到 2.0,中间或许有 100 个版本,在持续交付的支持下,每天可以上线,可以响应用户的需求,可以修改 bug!

为了拥有这样的能力,我们要遵循被称为"上云契约"⊖的约定,即需要满足很多约定的应用才能够利用云厂商的能力,获得如淘宝、天猫那般的稳定性和健壮性。

综上,重新定义业务开发模式、原型系统快速上线、系统迅速迭代和基于后敏捷时代的 DevOps,这样的开发过程完全可以称得上革命了,而使用云上资源可以迅速获得试错的机会、进行快速的部署、有效的运维以及获得极强的数据洞察能力。这些能力的获得首先要依赖于企业战略的转变!

4.4 组织

企业是依靠组织形态来生存和发展的。企业要做出上云的战略决定,必须考虑组织上

⊖ The cloud-native future, https://www.oreilly.com/ideas/the-cloud-native-future。

的调整甚至是变革。组织的定义有广义和狭义之分，组织的广义定义更多属于战略层面，这里我们主要讨论组织在上云过程中的狭义定义，也就是具体推进上云过程的人员组织实践。

没有公司最高决策者和 IT 领导的支持，上云要么是纯粹的概念游戏，要么就是小打小闹，无法解决根本问题。和当初推行 ERP、CRM 等系统一样，上云需要得到组织层面的支持。

大部分情况下，上云伊始，企业未必需要一个全职的组织来进行规划和实践，因为这样会造成与当前开发任务的割裂。我们在这里的描述都是针对各种各样的连续性要求，比如业务连续性和开发连续性等。其中最困难的是开发方法的连续性。所以，如果把上云看做一种变革，那么最好从现有项目中挑选全新的项目或者小项目进行，以免波及过大；同样，组织形式也建议用虚拟项目组的形式。

下面分享一下我们企业在完成上云招标后的跨部门的虚拟组织形式。上云的系统可以是一个新系统（避免既有重要系统的历史负担问题），但是上云小组的成员还是从现有项目中选择（保持整体知识结构的连续性）。

百度百科对于虚拟组织定义如下：虚拟组织结构是指临时把人员召集起来，以利用特定的机遇，待目标完成后即行解散的一种临时组织。虚拟组织结构也称为网络型组织，是一种十分精干的核心机构，以契约关系的建立和维持为基础。

虚拟组织中有几个重要的特性：沟通形式、角色和项目管理。常见的沟通方式有开会和电子邮件等。在互联网和云时代，也出现了一些新型的沟通方式：

- **企业内部 IM 群（比如钉钉或者企业微信）**：这种异步通信的效率要比同步通信高很多。电话、面谈和开会都是同步沟通方式，参与者必须将主要精力放在沟通中。而钉钉之类的工具除了具备常见的网络聊天功能以外，还具有获知对方是否已阅读消息、在电脑和手机上保持所有对话记录同步、传送的所有文件和图片永远不会失效、所有的 Office 文档都可以迅速预览等功能，这些功能提升了沟通质量。而且，对于虚拟组织（或者其他松散型组织）来说，大家不一定能在同一时刻讨论问题，利用这些沟通工具，既可以确保成员的沟通效率，又能使进度的推进更加容易和可控。但是，这里对于"组长""群主"的管理水平是有一定要求的。
- **定期的资料汇编**：在学习新知识时，分享无疑是一种非常好的方式。虚拟组织中的很多成员都是公司内部各个岗位的专家，因此他们总结的资料要比云厂商的帮助中心更有针对性。之所以要定期进行汇编，是因为认识和努力是有阶段性的，定期汇编有利于总结不同阶段的收获和成果。根据我们实际的经验，基本上每两个月做一次资料汇编为宜，这样每次汇编都会增加和更新不少内容。
- **培训和分享**：虚拟组织中每个人的关注点不尽一致，为了避免出现盲人摸象的情况，定期进行培训和分享过程，并保持这个过程的严肃性和仪式感，有助于整个团队形成一种互帮互助的氛围。

接下来，我们讨论一下上云小组中的角色。在 IT 领域，我们对虚拟组织中的角色做如下的定义，如表 4-1 所示。

表 4-1 虚拟组织的角色定义

角色名称	角色描述	成员	特征
导师／领队	推进整个项目，提供解决问题的思路，具有艺术化的领导能力，关注团队中的个人	中高层	隐形知识传递能力
知识团队	在各自的专业领域有特定的目标	开发负责人、架构师	在特定的知识领域内执行工作（显性知识）
项目经理	在技术层面进行协调	项目经理	获得组织成员的信任并传播和沟通信息
组织管理员	维护虚拟组织中的各项事务	经验丰富的员工	执行力较强，文档能力较强

按照上面的角色对组织成员进行分工后，接下来我们要考虑：上云是被赋能的过程，那么怎样才能使用好云技术来提升企业能力呢？直接采用一些云上产品固然不错，但是如果团队能力没有提升的话，将是非常危险的。我们的做法是：在上云的过程中，通过虚拟的上云小组，串联起各个开发部门、系统部、安全部、生产配置部、运维部和测试部等，基于上云的迁移过程和上云项目修改工作流程，借一些新理念（例如 DevOps）的东风做出更多改进。实践证明，如此一来，我们从上云流程的改进优化到后来推进 DevOps 的试点过程都进行得非常流畅。

上云肯定要考虑技术架构和实现方式，但更多的是观念的改变，原来要考虑的问题现在不用考虑，反之亦然。解决云环境中的诸多问题时，由于云架构和传统 IT 架构有很大的差异，很多时候并不能简单地照搬原有经验，我们可以有意识地在此过程中训练自己去形成一种新的 IT 思维能力，将整个云技术看做一种新的知识体系，经历一定的内化过程，尽量不要用传统技术框架去套用和理解。

比如，一个孩子能非常快地学会使用 MacOS，因为 MacOS 有很多相当人性化的设计，帮助用户快速上手。但是，我们周围仍有很多人觉得苹果机不那么好用，因为不知道 Windows 上的某些功能在 MacOS 上如何操作（甚至根本不能操作）。

虽然不能说 MacOS 一定比 Windows 先进，但是造成这个问题的根本原因在于孩子并不需要做知识迁移，所以他能很快适应 MacOS，而成人通常具有很多年使用 Windows 的经历，所以形成了很多固有的操作或思维模式。在面对新的 MacOS 时，我们不由自主地会沿用在使用 Windows 时的经验，反而无法体会 MacOS 的良好设计（图 4-2 和图 4-3 分别给出了 MacOS 和 Windows 的界面）。

图 4-2　MacOS 上的功能菜单

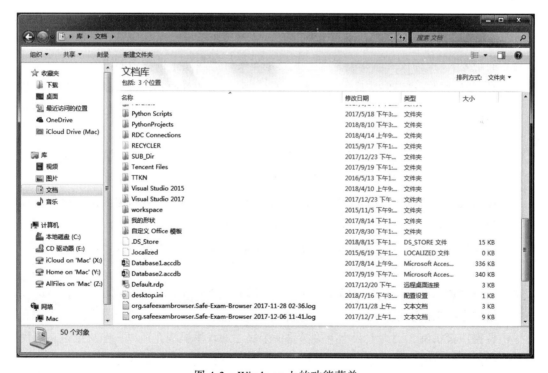

图 4-3　Windows 上的功能菜单

对于上云小组，不必纠结云上/云下使用哪种消息队列技术，这是在技术框架范围内考虑的问题，是支持团队需要负责的。但是如果小组能看到消息队列对业务系统的价值，进而逐步具备从架构角度考虑技术问题的思辨能力，这种收获将远远大于精通某种技术。因为技术会迅速地升级或被淘汰，而小组成员有了良好的方法和思考能力，就能维持一个复杂项目的持续进化。

作为上云小组负责人，大多数时候充当着教练和导师的角色。负责人对于各个技术层面的了解和实践肯定不如知识团队那样透彻，但是，他们具有的经验可以指导小组成员站在更高的高度审视项目推进是否有问题；在上云过程中，每个小组成员是否需要获得帮助。小组负责人应当做好导师这个角色，而不是每件事情都冲锋在前。虚拟组织中的成员在经历这样的指导回到实体组织后，其发挥的影响不可小觑，通过他们以点带线、以线带面，将他们对这个项目本身的认同逐层传播出去，可以减少很多人为的阻力。

组织是人构成的，虚拟组织也是如此，有人的地方就会有非技术因素的影响，作为导师，很多时候还需要平衡人的因素。

毋庸讳言，我们的企业在上云之初，吸取了上面介绍的各种经验教训，做了精心的设计和不断的改进，才能使上云项目顺利推进。在最近的一年中，上云小组的成员和议事形式也经历过几次调整，我们遵循的基本原则如下：

- **每周组织上云小组的成员例会**。通过每周例会对正在上云的项目以及上云过程中遇到的问题进行跟进与处理（图4-4给出了某次例会的会议通知，图4-5给出了某次会议的纪要）。这种仪式感相当重要，尤其是当项目进展处于过程中而没有上线的尴尬期时，通过例会可以保持适当的热度。会议上可以提出和总结问题。解决问题放在平时进行，具体跟进某个问题的人员一般不超过三个。所有周会的周报以电子和书面形式发送给所有成员，确保每个成员的对项目的了解同步。
- **扁平化管理**。使用虚拟小组就是为了提高效率，所以在做决定的时候，一定要简化流程。在费用总控的情况下，最多两级审批就可以使用云资源，并且到半年后，系统管理员就可以直接决定95%的上云资源的试用、使用和扩容等问题。日常资源也切分为几个大类，分别交给上云小组的成员直接管理。
- **虚拟组织中的成员根据项目整体推进情况进行调整，既有人加入，也有人退出**。但是，参与过这个项目的每个人都会带上项目的印记。
- **项目经理在不同的企业中的所属和定义会略有不同**。在我们的实践过程中，这部分人员的进出是比较频繁的。
- **调整决策机制**。因为上云小组更像是一个民主的议事机构，所以一些决定也是用民主的方式做出的。大部分时候，所谓民主就是各抒己见，最后的决定基本就是一个形式的确认。对于偶尔出现的意见相左的情况，会另行讨论。当大家同时处于本部门和虚拟小组两种形态时，绝大多数情况下，对于问题的理解和问题解决的影响会考虑得更多。这很像敏捷过程中的估点，一致固然更好，有分歧才能获得更多的辨别力。

第 4 章 影响上云的五大因素

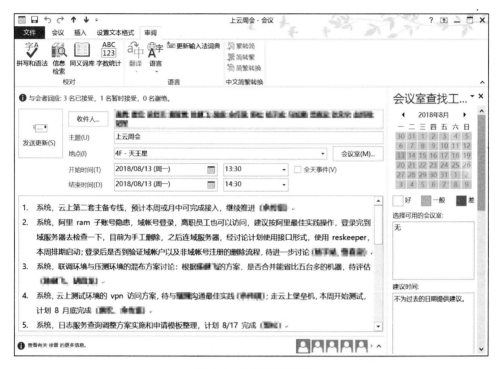

图 4-4 会议通知举例

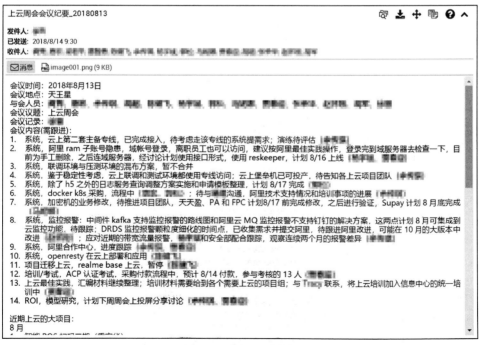

图 4-5 会议纪要举例

- **具体实施的跨部门小组**（后文会提到相关的实例）。比如，我们需要对云厂商的API包一层接口，或者做一些项目的二次开发，甚至完成直接上云本身带来的一些开发工作，这些项目都是通过跨部门小组的形式、由上云小组的成员作为项目经理来驱动的。因此，有时候专家、项目经理和产品经理的角色会有重叠，这是一件很好的事情，大家更能够感受不同角色的要求，并且能带领其他部门同事进行项目的开发管理，从而极大提升沟通能力和项目能力。

除了和云厂商建立服务群和报警群以外，还建立了由上云小组骨干和厂商人员的沟通群。

组织中还有一个非常重要的问题，在推广上云的后期，除了上云小组成员以外，开发团队中有越来越多的同事参与的时候，会产生组织形式上其他一些风险，比如方法论的不一致。我们的经验还是加强培训、加强文档管理（图4-6给出了对上云材料汇编进行定期修订的例子）。上云小组通常被视为一个"种子"团队，而种子必然需要通过推广过程来开枝散叶，使得上云战略可以传播到位。

修订日期	版本	修订记录	修订人
2018/09/06	v0.4.11	* 修订上云阶段进展章节 * 调整目录结构 * 修订OSS使用章节，新增静态网页托管操作步骤 * 修订项目上云流程说明及示例 * 修订域名命名规范，新增二级目录设置方式 * 修订云服务器ECS简介与使用说明章节 * 修订云监控的简介与使用说明章节	
2018/08/06	v0.4.10	+ 专线划分标准与申请方案章节 * 修订上云阶段进展章节 * 调整目录结构	
2018/07/13	v0.4.9	* 修订项目管理工具云效介绍章节 * 调整目录结构	
2018/06/29	v0.4.8	* 修订项目上云流程及示例章节 * 修订项目上云阶段进展章节 * 修订云上日志服务使用说明章节 + 云监控报警和处理记录章节	
2018/06/22	v0.4.7	* 修订项目上云流程及示例章节 * 修订项目上云阶段进展章节 * 修订云上日志服务使用说明章节 * 修订数据库培训材料章节 * 修订应用配置管理ACM使用说明章节 * 修订git使用说明	
2018/06/15	v0.4.6	* 修订git使用说明章节 * 数据库迁移上云以及RDS应用章节 * 云上分布式数据库应用章节 * 项目上云流程说明及示例章节 + 自建Nginx使用事项章节	

图4-6 企业上云材料汇编中的定期修订记录

4.5 风险

风险是事物中必然存在的，我们做不到防范所有的风险，但要对风险尽可能地进行控制。如同贷款业务，只要将风险控制好，控制及时，就能取得胜利。

下面列出了企业上云的风险点：
- 组织形式不能有效地推动上云项目，造成项目延误和失败。
- 云供应商选择不当，不能有效地帮助企业上云和应用迁移。
- 云技术选择错误，不能有效地解决项目中的瓶颈。
- 开发人员不能有效地理解云技术，导致项目出现延误。
- 应用上云之后，由于不熟悉云环境，造成运维困难，不能及时找到问题。
- 上云设计不够合理，造成单点虽然提升，但是整体性能下降。
- 上云解决了很多问题，但是费用超支和失控。
- 企业上云核心人员流失，造成原有项目难以维护。
- ……

其中，最大的风险是整个上云项目阶段性完成后，完全没有达到预期效果；比较小的风险是使用的某个云上产品或技术无法达到公司的要求。还有一种风险是由于种种原因，项目陷入沼泽，无法按时交付，或无法评估效果。

我们在早些年使用云计算并没有获得预期的效果，换个角度来分析就是对于风险的预防不够。对于风险，需要准备好应对措施，并进行及时评估。所以，我们需要精心筹划，谋定而后动。

大部分人都不是风险偏好型的，企业的决策和管理层尤其如此。因此，必须重视上云过程中的风险；同时，在分析的过程中，建议也考虑一下不上云的风险，这对长期处于企业IT环境下的成员而言比较困难，但这正是考虑上云问题的另一个视角。

上云是项目管理，是系统工程，是战略决策，因此每一个环节都会伴随着风险的产生、预防、控制和总结。既不能头脑发热地一往直前，也不能过于踟蹰徘徊。

4.6 财务

这里说的财务方面的考虑主要包括TCO和ROI。以前，通常对TCO考虑得比较多，最近几年，ROI逐渐成为时髦的名词。

总体拥有成本（Total Cost of Ownership，TCO）是一项帮助组织来考核、管理和削减在一定时间范围内获得某项资产相关的所有成本的技术。这些资产可能是厂房、交通工具或软件系统。TCO可以被描述为资产购进成本及在其整个生命服务周期中发生的成本之和。TCO

绝不等同于购买的资产,它还包括资产购进后运营和维护的费用。

投资回报率(ROI)是指通过投资而获得的价值,即企业从一项投资活动中得到的经济回报。它涵盖了企业的获利目标。利润和投入经营所必备的财产相关,因为管理人员必须通过投资和现有财产获得利润。投资可分为实业投资和金融投资两大类,人们平常所说的金融投资主要是指证券投资。

鉴于过去的一些经验教训,成本上的控制也成为我们上云最大的动力之一。在后面章节中,我们会详细介绍这方面的内容,这里仅简单列举一些厂商的数据,窥斑见豹。

从图4-7和图4-8给出的TCO的对比中可以看出,要实现同样或更高需求,使用阿里云会比传统方式下的投入减少约70%(运维方面的人力成本节约效果显著,这是容易被忽略、也是容易产生争议的一点)。实际的TCO计算要略复杂一些,应包括风险因素的考虑。

单从IT成本角度来说,建议控制在相对传统方式至少节约30~40%的比例为宜。能达到这样的比例,意味着用原来一半多的投入获得云计算强大的能力,可以获得业务几倍的提升。

传统机房TCO

估算样例,不作为价格承诺

分类	产品	数量	单位	单价	总价	每年维护费	三年总投入
托管费用	机柜租用	1	42U	10,000		120,000	360,000
	网络接入	1	50M	4,000		48,000	144,000
硬件	服务器	4	台	40,000	160,000	32,000	256,000
	存储	1	台	200,000	200,000	40,000	320,000
	网络交换机	1	台	2,000	2,000	400	3,200
	防火墙	1	台	20,000	20,000	4,000	32,000
	负载均衡器	1	台	200,000	200,000	40,000	320,000
	数据库	2	台	50,000	100,000	20,000	160,000
	数据库存储	1	台	90,000	90,000	18,000	144,000
软件	虚拟化软件及实施费	1	次	30,000	30,000		30,000
	监控软件实施部署	1	次	50,000	50,000		50,000
运维人力	系统运维	1	人			200,000	600,000
	数据库运维	0.5	人			100,000	300,000
	安全防护	0.5	人			100,000	300,000
					合计	852,000	3,019,200

说明:
维护费用按20%计算,通常为20%至30%,设定为3年折旧
网络接入的价格不包含多线BGP接入能力
存储仅为Raid0+1,非三副本高可用
服务器无备份、无宕机自动迁移等功能
不含路由器、UPS等设备
自建机房的成本与托管费用相当,建设等保合规机房的成本要高于托管
不包含容灾机房的建设,没有容灾能力,建设容灾机房需要相关的硬件和软件投入

图 4-7　传统机房 TCO

阿里云TCO

估算样例，不作为价格承诺

分类	产品	阿里云产品	三年总投入（公共云报价）	相当于传统比例	说明
托管费用	机柜租用	不需要	0.00		
	网络接入	SLB 50M	114,337.50	24.64%	阿里云提供的是BGP线路，含负载均衡功能
硬件	服务器	ECS	322,438.32	125.95%	8C/32G 200G×9台（应用服务器物理机可以虚拟为12台设备，但需要保留一定冗余，及提供一些其它管理平台部署）
	存储	OSS 10T	37,125.00	11.60%	
	网络交换机	VPC	0.00		
	防火墙	云盾	0.00		
	负载均衡器	SLB	0.00		
	数据库	RDS	440,640.00	144.95%	含同城容灾，16C 128G 2T，免运维
	数据库存储	已包含			
软件	虚拟化软件及实施费	不需要			
	监控软件实施部署	不需要			
运维人力	系统运维	云运维0.5人	300,000.00		
	数据库运维				
	安全防护				
		三年总投入	**914,540.82**	**30.29%**	虽然部分价格相对较高，这是排除了很多其它费用后的结果

说明：
- 阿里云三年总投入约为传统方式的30%，如现有运维人员，节省比例可能有所不同，可自行调整
- 阿里云方案不需要初期的固定资产投入
- 阿里云提供的是等保合规机房，通过多方安全认证
- 阿里云可按业务需求提供极大的弹性计算能力
- 阿里云可提供极高的带宽，帮助阻挡DDoS攻击
- 自带云服务监控
- 自带数据库开通、运维解决方案和产品

图 4-8　阿里云 TCO

4.7　技术

企业上云终究还是一个技术项目，互联网最近二十年的巨大发展，以及最近十年快速发展的大数据、人工智能等技术，使得企业的商业模式飞速演进。对于现代企业环境而言，一个企业"IT DNA"的优质程度将直接影响其核心商业竞争力。

本书后续还会对上云的技术问题进行深入介绍，在这里虽然把技术列在最后，也篇幅不大，但技术确实是五大因素中最为重要的。

无论是公有云、专有云、私有云、混合云，使用云技术都能够为企业助力。无论是创业企业还是成熟企业，无论是小微企业还是中大型规模企业，我们相信 ABC5（AI、Bigdata、Cloud、5G）技术都是让企业在 IT 能力上继续奋进、弯道超车（换道超车）的绝佳助力。

云厂商视角

特别喜欢本章开头的那句话：没有人是一座孤岛；我还很喜欢萨特的另一句话：他人即是地狱。这两句话都对，因为"关联关系"无论在人类社交领域、互联网时代的连接还是企业上云各种要素之间，都是需要重点关注和考察的部分。目前看来，一个安全而高效的联系，其价值远大于增加几个孤立的点（人、系统或部门）。在这样的联系之间，安全性和协同也同样重要。

在和很多企业做云计算交流的时候,以这一章所介绍的五大要素为蓝本,围绕本质是在上云这个过程中诸多周边要素之间的联系,让企业获得除了"云资源"之外的上云涉及的方方面面。通过对这些要素及其与云计算之间的关系的说明,与企业进行沟通、确认(甚至仅仅是告诉企业有这五个需要考虑的因素),都能够大大提升企业在上云过程中的信心和能力。因此,把云计算当作战略的时候,企业值得深入评估这五个要点。

◎ 企业视角

我们保守地估计,目前在中国,真正通过云计算能力使得企业的 IT 得到更快发展和能力发挥的可能不超过 5%。和周围朋友的聊天中得知,这种结果一方面源于对云厂商的担心,其中有中国 IT 环境的一些客观因素使然;另一方面,是因为企业内部缺乏总体方法论的指导。招标是第一步,那么第二步是什么?完全依赖云厂商或者外部软件公司不能说不对,但会有一定风险。无论是企业自身有强大的开发能力,抑或是只进行 IT 项目管理,都需要根据企业的业务和 IT 情况制订详细的计划。云计算能力本来就是 IT 能力发展的一种汇聚。当云计算的方方面面和企业 IT 的规划、项目管理、开发流程等进行了深度融合,才能举重若轻,之后必是熟能生巧。

Chapter5 第 5 章

云计算的再认识

导言：本章将对云计算背后的技术的来龙去脉进行解释，对公有云、专有云和私有云等概念加以详细阐述，让读者可以迅速了解为何云计算在最近几年取得了突飞猛进的发展，理解其内部的发展动力以及外部的强大需求。

5.1 计算平台的历史观

计算的历史贯穿着人类的历史，以及科学的历史。除艺术之外，人类最早的符号系统就是计算符号系统了。最初的计算是个体的、小群体的，这样的计算过程随着部落及国家的诞生而渐渐集中化，形成了专门化的计算机构，并为满足实际需要形成了一系列计算工具，包括形式化的工具和计算辅助工具。

除政治和商业因素的影响外，科学的发展也使计算复杂度越来越高。微积分的出现及其在实践中得到应用，使传统的以人力为主要手段的计算方式已经无法满足要求，于是出现了更高级的计算辅助工具，也就是现代意义上的计算机。

历史过程总是惊人地相似，却又在螺旋上升之后出现不同。计算平台的发展也遵从这一规律，对计算平台的分析往往会趋向于两种路径。

从计算节点的角度看，现在手机的计算能力已远远超过曾经功能强大的大型计算机，也就是说，计算节点本身已经重新分散到社会的每一个角落，正如曾经每一个人都要通过结绳记事的方式来了解自家的猎获一样，我们现在则通过手机完成各种计算。

另一方面，组织化的计算平台也在演进。对计算工具的使用从集中式地服务于大型集团的计算平台,到通过集群的方式提供低成本、高性价比的商业化计算平台,再到今天的云计算平台,基于精细化分工和协作,计算效率不断提升(如图 5-1 所示)。

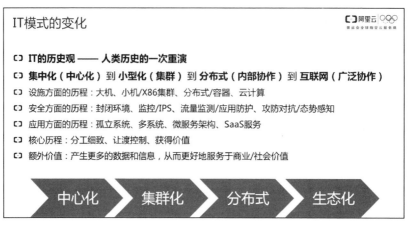

图 5-1 从集中式计算到云计算

在这个过程中,整个人类社会的计算模式并没有产生质的变化,但是个体计算和组织计算的边界变得模糊,计算之间的连接变得高效,计算水平得到了提高。

我们可以着眼于组织层面的计算平台发展,分析今天以 3AG(AWS、Azure、Alibaba、Google)为代表的云计算平台为什么会成为主流的选择(Gartner 每年都会出具关于云计算的一系列报告,其中"Magic Quadrant for Cloud Infrastructure as a Service, Worldwide"是云计算领域最重要的报告之一,在 2018 年 5 月的报告中,只有六家厂商入选,包括 3AG,以及 Oracle 和 IBM)。阿里云说要让自己的云计算资源成为水电煤一样的互联网基础设施,我们就用这个说法来类比。

在工业时代之前,要解决用水问题,要么就近从水源地取水,要么打一口井来取水。虽然成本都很高,但是没有更好的办法。在一段很长的时间内,"造水"成为一种充满了各种风险和问题但是不可避免的选择。当水厂这样的公用事业公司出现后,尤其是在大城市和商业化环境下,专业化供水逐渐被接受,并且从质量和价格上都超越了原来的取水方式,成为商业时代的主流。

或许从计算能力的角度来说,需求本身的复杂度高于"清洁的水源"。但是,想象一下今天供水系统的复杂度就不是一个普通企业能够承受的,那么未来计算平台的复杂需求,是否也能够像今天这样通过一个十几个人的部门来承载和交付呢?

大规模的计算平台曾经是大型机构才能负担得起的"造水"设备。今天,大型机构仍然可以自己构建大规模计算平台,就像大型工业机构自己"造水"一样。中型机构虽然也有能力构建自己的计算平台,但是从商业的角度,委托一个专业的商业服务企业来提供必要的计算能力,正如从水网获得清洁的水资源那样,会更加安全、高效和简便。

这种专业的提供商业化计算平台的机构，从现在看，就是3AG这样的云平台服务商。因此，云计算平台尤其是公共云计算平台，确实是计算平台的重要发展方向。

5.2 当前云计算的多种方案

正如公共事业发展到今天不是一蹴而就的一样，通过"云"的方式交付计算平台也有不同的方案。在目前的过渡时期，企业应用云计算也有不同的可选方案。

首先，最重要的方案差异在于私有云和公有云。顾名思义，私有云意味着组织自行建设一个云化的计算平台，可以将其认为是传统虚拟化的一种演进；而公有云意味着由专业化的企业构建一个云化的计算平台，组织机构成为这个平台上的租户，更符合专业化和社会化分工的商业潮流。

阿里云对这两个词的不同表述使理解变得有些微妙。阿里云通常将"私有云"称为"专有云"，这是因为阿里云始终将计算平台视为一种公共服务，从而在向企业交付本地部署的云平台时，强调这个平台是在整体公共服务平台环境下，被一个组织所专用的公共事业平台，也就是相当于水厂将一套水资源平台安放在某个有特殊需求的企业本地。阿里云将"公有云"称为"公共云"，是在强调云平台的"公共服务"的商业属性。

从大的边界看，无论是称为"私有"还是"专有"，企业仍旧承担着自身的计算平台的建设和维护工作，从社会化分工角度来看，这和过去的数据中心并无不同，只是资源的管理和内部交付的技术模式有所变化。而"公共"或"公有"云计算平台的采用，才真正符合商业时代社会化分工以提供专业化、高效率服务的趋势。

但是，上述表达并不意味着部署一个私有/专有云是反趋势的。对于一个大型的企业来说，如果有足够庞大而复杂的计算平台需求，部署一个私有/专有云仍然是经济的，就像大型工业企业可以自建水厂和电厂一样。在另一端，中小企业大都开始全面拥抱公共/公有云，即使目前有一定量的自建基础设施，也会随着设备发展而逐步淘汰或少量保留历史遗留设施。

现在，问题的关键就在于那些位于规模轴中间的企业应如何选择计算平台方案。这些企业的数量可能不多，但是其对IT资源的投入却不小。这些企业大都已经建立了自有的计算平台（无论数据中心是自建还是租用，上面的计算平台是属于企业自己的），而随着业务的不断发展，对计算平台的需求也在逐步扩张，当现有计算平台不再够用时，是选择继续自建还是使用云平台就会成为一个两难的问题。

对于这个问题，目前比较通行的解决方案是采用混合云的模式，即通过继续扩张现有计算平台来满足已经上线的系统的扩展需求，同时，通过租用云计算平台来满足新增业务的需求，并使用专线等方式将两者打通，形成云上新业务和云下既有业务的互通。随着业务的演进，在混合云的两端进行一定程度的调整，以在成本和效率等各个方面保持平衡。

5.3 私有 / 专有云平台

除了那些在短期内计划废除现有自建计算平台的企业之外，无论是选择保持混合云模式，还是选择私有 / 专有云模式，企业都会面临另一个问题，那就是现有的计算平台是否需要进行云化的改造，以及在这个过程中使用何种云化方案。

从目前的市场态势看，私有 / 专有云的方案混合了多种不同技术，以至于现有计算平台的"云化"这个概念对大多数 IT 工作者（尤其是决策者）而言都显得很不清晰。目前，私有 / 专有计算平台的方案包括以下几种：

- 基于传统物理服务器及其集群，配合传统网络、存储的方案。
- 基于虚拟化方式呈现的计算平台。
- 基于超融合技术呈现的计算平台。
- 以 OpenStack[⊖] 为代表的私有云计算平台。
- 以阿里云、腾讯云、UCloud 和青云等为代表的私有云计算平台。

除了第一种很难称为云化方案外，后面四种都称自己为私有 / 专有云解决方案。

虚拟化技术是最早通过对计算资源的虚拟化来降低计算平台成本、提升资源使用率的方案，但是主要针对计算资源本身，对网络和存储等基本没有提供支持。

但是，计算平台不仅包括计算资源，也包括网络和存储等资源。因此，通过超融合技术，进一步对桌面、网络和存储进行虚拟化，并提供整合的硬件和软件，可形成超融合架构。这条路线基本上是硬件驱动的。

另一条路线上，OpenStack 致力于通过纯粹软件的方式，在一个简单的物理拓扑下构建出虚拟的计算、桌面、网络和存储平台。此外，这些私有云平台还提供了多租户友好等一系列功能，并提供了服务更上层应用的数据库和对象存储等能力。

对于 AWS、阿里云这样的企业，其需要的计算平台能力以及为了更好地服务客户而在平台上提供大量 PaaS 服务的要求，远大于 OpenStack 能够提供和承载的范围。因此，这些企业会根据需要从底层开始自研一个完整的云计算平台，以提供一个功能丰富程度、可用性、可靠性、易用性和扩展能力等更强的云计算平台（如图 5-2 所示）。

于是，摆在企业 IT 规划者面前的问题就是在建立专有 / 私有云平台的时候，如何从这四种方案中进行选择。

AWS 和阿里云等公司通常将自己称为"原生的云计算"供应商，这也意味着这些公司并不认为其他的技术方案属于云计算（如图 5-3 所示）。那么，这些云厂商眼中的云计算和上面提到的另外三种方案有何不同呢？

⊖ OpenStack 是一个美国宇航局和 Rackspace 合作研发的云计算软件，以 Apache 授权条款授权，并且是一个自由软件和开放源代码项目。

第 5 章 云计算的再认识 59

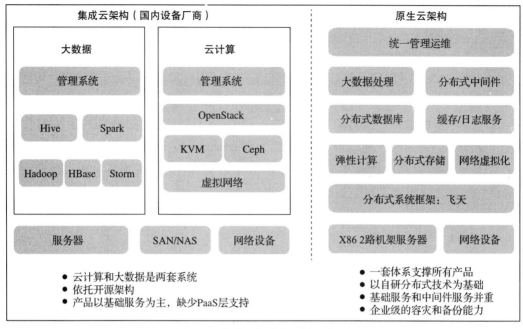

图 5-2 集成云架构与原生云架构

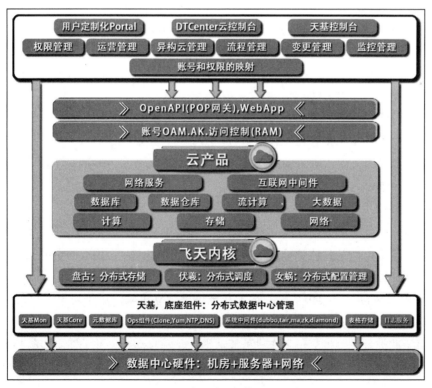

图 5-3 原生云平台（以阿里云为例）

- **对多租户的支持**

首先是对多租户的支持方面，虽然虚拟化和超融合也大多包含对多租户的支持，但是在这两种技术发展的初期，多租户并非它们关注的重点。这两种技术本质上解决的是基础设施运维团队的友好性问题，目标是将基础设施团队从各种异构设备的复杂管理过程中解放出来。

因此，在使用虚拟化和超融合技术的企业中，很少看到应用开发或运维人员能够通过自助服务的方式来快速获得计算资源。OpenStack 的自助服务能力相对较强，一些 OpenStack 厂商也通过定制的方式进行了进一步的补充工作。而原生云平台天然就是服务于多租户场景的，因此不仅包括强大的多租户自助服务能力，还兼顾计量计费等方面的能力。

- **平台能力的丰富程度**

虚拟化和超融合只是为了解决传统基础设施运维人员的问题，而传统基础设施运维人员的交付范围通常到操作系统层面为止，因此对企业整体的信息技术效率的提升有限。OpenStack 这样的平台通过增加更多的计算平台能力不仅解决了基础设施运维人员的问题，还解决了（广义上的）中间件运维人员的问题。

原生云平台在这个方向上走得更远，这些平台将计算、网络、存储和数据库、中间件、大数据平台等都视为广义上的计算平台，这种视角更加针对计算平台运维和应用开发人员，使得具有共性的广义"计算"能力都统一呈现在其平台上。由此，企业可以统一地运维一个具有统一技术栈的计算平台，不同的下属企业及开发运维和人员可以将更多的精力放在使用此平台进行应用的开发和交付上。

- **与硬件及硬件运维尽可能解耦**

企业发现，使用虚拟化和超融合技术后仍然要继续和硬件打交道，虽然超融合能尽可能保持硬件的一致性，并通过软件的方式降低交付工作的复杂度，但是，计算平台本身和硬件之间仍然是高度耦合的。

如果安装和使用 OpenStack 这样的平台，则相当于在硬件上构建了一个统一的大型操作系统，以支持一个统一运维的计算平台，而硬件拓扑则尽可能保持简单和一致。虽然仍有一定的硬件运维工作，但是整体计算平台的交付是以 OpenStack 为核心的。也就是说，云平台和硬件以及硬件运维之间是解耦的。

到了原生云平台，云操作系统的运维甚至也被独立出来。运维对象不仅仅包括硬件层次，也包括云操作系统层次和计算平台上的各类计算功能层次，也就是再次进行了工作内容的解耦。由于此类云平台将交付工作尽可能地平台化和自动化，并关注更多的共性计算平台需求，因此不仅使得计算平台对应用交付和运维更加便捷，还强化了企业计算平台的规范性和专业性。

解耦这个概念在软件开发领域以及商业领域是相当重要的，因为解耦就意味着专业化，以及高效率地通过专业化满足共性需求。也就是说，在私有云领域，虽然看起来选择云原生平台的整体运维复杂度更高，但是层次化更加鲜明，不同层次承担的职责更加专业，使得应用软件开发和运维之下的每一个层次都更加高效，并且一定程度上每一个层次都屏蔽了下一个层次的异构性和复杂度。

5.4 从基础设施云到应用系统云

在云计算领域，虽然早就有 IaaS、PaaS 和 SaaS 的概念，但是大部分企业看待云计算的视角往往还是在 IaaS 层面。一是因为大量系统的构建模式仍然是烟囱式的，在这种应用架构模式下，Platform 多指代应用开发平台，而不是计算平台；二是因为系统所依赖的广义中间件平台过去都是由企业的 IT 人员在操作系统上进行部署和安装的，企业的 IT 组织架构适应于这种技术架构。

随着系统规模的不断提升，上述两方面面临的挑战越来越多，中间件日益成为计算平台必不可少的组成部分，而其部署和运维复杂度也越来越高。数据库是其中最早凸显的场景，它已经成为计算平台的组成部分，企业有专门的团队对其进行部署和维护，并认为它更像是 IaaS 而不是 PaaS。

在信息系统的应用架构和技术架构更为复杂的场景下，技术架构的组成部分往往更希望成为独立的运维部分。例如，当组成一个复杂的商业企业的应用系统群时，在统一技术架构体系下，可以独立视为 PaaS 平台的将不仅仅是 SQL 数据库，还可能包括 NoSQL 数据、分布式 RPC 中间件、消息队列，甚至大数据平台，那么企业的 IT 团队就有必要将这些共性的平台独立运营。因此，在组织架构上，就需要增加一层中间件平台服务，从而对此前耦合在基础设施或应用开发团队内的中间件平台进行解耦。

在这个过程中可以看到，随着系统数量的增加，以及其依赖的计算平台的复杂度增大，原本用于解决应用技术框架问题的中间件被大型平台的多个系统广泛使用，于是就有了 PaaS 化的趋势。这种趋势在公共云上就体现为云平台提供了大量 PaaS 服务（优先提供的通常是那些依赖性较强而安装维护不易的平台，比如很少有 Tomcat 的 PaaS 服务，但是大都会有 MQ 的 PaaS 服务）；而在大型企业的专有云中，就体现为希望云平台能够提供开箱即用的 PaaS 方案而不仅仅是 IaaS，这也使得选择虚拟化/超融合技术的私有云需要更高的运维成本或管理成本。

随着应用系统的复杂度的进一步提升，尤其是应用架构变得更加复杂，一个大型的商业领域有可能需要几十甚至上百个应用系统协作。为了处理和管理这种复杂性，以及随着商业应用系统越来越重视通过领域建模和分布式架构的方式构建独立的业务中台，PaaS 层次的独立运维渐渐地也不足以支撑这样的复杂度了。(如果将某个商业领域整体视为一个大的系统，那么这种企业间的分工协作就比系统间的分工协作更为明显。)在这个时候，如果企业开始通过业务中台的方式对其业务领域及其支撑的 IT 系统进行抽象，并形成高内聚的业务中台应用架构，那么从前端的具体业务实现看，又出现了另一个层次的应用系统云。

这样的应用系统云可以从云服务商提供的 SaaS 服务中初见端倪，也可以从一些大型商业机构的应用架构中得到证明。前者使得企业可以通过 SaaS 服务的模式进行企业间的协作，后者则在企业内实现大规模的业务间协作。以某个大型金融企业的应用架构为例，原来的架构是针对每一类金融业务形成一个系统，系统之间通过多种方式进行数据整合。随着业务复杂度增加，以及精细化的客户和服务管理提出的更高要求，系统间不仅需要进行整合，还需要不断进行数据共享，并快速支持新兴业务。在这种情况下，就需要将这些不同系统中的共性部分抽离出来形成业务中台，例如，将客户管理和金融服务管理等模块抽离出来成为一个独立的支撑所有金融业务的业务中台模块。随着这种共性的模块越来越多，企业的共性商业服务能力就沉淀到了业务中台的不同模块中，而具体业务使用 SaaS 的方式来调用这些业务服务，厚中台的架构看起来就像是形成了一个应用系统云。

于是，就出现了这样一种趋势：随着 IT 系统复杂度的不断增加，对专业化运维的要求不断提升。最初是服务器硬件领域要求形成独立的基础设施部门，随着基础架构专业化要求的提升，形成了多种方案的云计算平台，希望将网络、计算和存储等融合在一起；随着大型计算平台的要求超越了网络、计算和存储的范畴，并对多租户形成需求，计算平台需要一种不仅隔离硬件，同时隔离基础设施底层运维和基础设施使用的方案；紧接着由于 IT 规模的扩大和 IT 治理的要求，将广义的中间件平台视为计算平台，此时对云平台的要求就增加到要求提供应用所依赖的各类技术框架，并对这些框架进行统一运维；再进一步发展，云平台就会转化为一个业务中台的云平台，通过专业化的系统来提供专业化的服务，而不再停留在纯粹的技术解决方案上。

5.5 云计算时代的选择

从上面的描述中可以看到，公共云平台完全可以覆盖到 IaaS 的层面，很多情况下可以覆盖到 PaaS 层面，并在某些场景下提供可用的 SaaS。通过公共云平台，企业可以节省大量的投入，专注于应用开发过程、交付商业价值。因此，对于没有法律法规要求、没有历史负担和自建整个云平台也并不经济的企业或项目而言，公共云平台被视为理所当然的选择。而且，公共云平台还能提供弹性交付能力，而不仅仅提供专业化的计算平台服务能力。

虽然在这样的选择过程中仍然会面临一些传统观点的冲击，例如，安全性、可用性和可靠性等，但是现有公共云平台的应用规模和案例已经能使决策变得更加直接和容易。根据不同云平台在平台功能性和平台非功能性指标上的评估（当然也包括价格），就可以选择一个合适的公共云服务平台。

对于现有的计算平台，上述建议也是适用的。目前，混合云技术已经非常完善，公共云服务的专有网络（VPC）可以为企业隔离出一个独立的云上网络环境，并通过 VPN 和专线等多种方式与现有计算平台进行连接。也就是说，企业可以将其信息系统环境的一部分完全转移到公共云服务上，除了极少数对网络要求极为严苛的场景之外，都可以通过混合云的方式，借助公共云服务进行计算平台的扩展。

此类扩展在多种场景下适用，例如：

- 新业务上云，对接现有云下业务（初期无法快速改造业务或者政策法规不允许上公用云业务）。
- 利用云计算平台，对现有业务的计算平台进行扩展。
- 利用公共云平台的全球数据中心满足就近接入的需求。
- 云下系统，数据云上灾备。
- 利用云平台的 PaaS 或 SaaS 服务能力。

如果是企业自建私有/专有云的话，除了"全球数据中心"外，上述能力描述也是适用的。

大型企业在审慎地决定构建自身的云计算平台时，虽然选择更多一些，但是一旦选定之后调整也变得更加困难，因此需要结合至少 3～5 年的计划来选择合适的云计算平台。一个重要的判断依据就是，3～5 年内，企业的信息技术平台究竟会云化到哪个层次，以及企业的发展对云化有怎样的要求。

对于一个整体运维非常传统的依赖于物理服务器的企业，如果其应用系统开发也主要依赖于外包或开箱即用的软件产品，那么大概率在 3~5 年内是不会走向 PaaS 平台的。这时候选择一个原生的专有云平台对企业带来的挑战可能大于收益，而且可能其中的大部分功能永远不会使用。

但是，对于一个现在已经开始使用分布式中间件框架重构部分应用系统的企业，为了更大限度地发挥分布式系统架构带来的作用，很可能在 1～2 年内就需要一个统一的分布式中间件 PaaS 平台，并可能需要一个大数据 PaaS 平台（业务效率提升往往产生更大量的数据，以及对数据精细化应用有更大的需求）。这个时候选择一个能够覆盖 PaaS 需求的云平台就是相当合理的决定。

目前，有些企业由于某些原因，仍然选择自建计算平台，其平台规模不大、复杂度不高、对 PaaS 平台有一定的要求，也需要一定的前瞻性。在这种情况下，可以考虑 OpenStack 或类似的体系。由于大部分企业并没有能力部署和运维 OpenStack，因此还可能需要购买相应的商业化交付和运维服务；也有一些技术栈异于 OpenStack 的轻量级云计算平台，其能力并不弱于 OpenStack 甚至可能更优，例如 CloudStack 或 ZStack 等，也可以一并纳入考虑，并根据企业自建云平台的需求评估实施路线。

正如今天水电煤等公共服务已覆盖绝大多数的资源应用场景，而只有极少量的企业才拥有自己的基础设施一样，未来也会由公共云服务供应商来满足绝大部分的计算平台需求，并提供高效率和高质量但定制化程度较低的服务。企业可以利用这些公共计算资源进一步实现自己的商业信息系统，服务于自身的业务需要，从而通过专业的社会化分工获得更高的效率。

在当前的过渡阶段，应当以 3～5 年内可行的目标和商业 ROI 分析作为基本参考，在公共云、混合云、专有云和私有云等技术范围内选择一个合理的方案。在实施和使用过程中，应保持对技术平台演进的关注，使云计算可以发挥出技术的最大价值，既不应否定其优势，也不能盲目跟从。

云厂商视角

从 Salesforce SaaS 服务萌芽到亚马逊云的正式商用，再到 3AG 为全球用户提供的广泛云计算服务，云计算已经历许多。现在，开启你伟大的探索吧：从企业系统的上云到数字化转型的完成。[⊖]

发展心理学中一种广泛的观点认为，人类个体的早期发展史实际上是在重复人类的进化史。生物学中关于胚胎发育过程的研究，也有类似的观点。同样，对于云计算在企业中的应用过程，很多时候也可以参考云计算（或整个计算平台）的发展历史，大部分企业都经历了从手工到自动化、从中心化到分布式、从 IaaS 上云到云上生态的完整过程，或位于其中的某一个阶段。

虽然目前没有一个视角可以看到云计算在十几年后在企业应用中的状态，但是云计算从最初阶段直到目前的发展情况可以成为从当前 IT 架构现状入手，评估云计算为企业在 IT 和业务进化方面带来的作用的参考。

企业视角

我们很难预测未来的技术发展路线，技术是否先进和能否在市场上获得认可并不相关。所以，我们不去预测孰强孰弱，只需进行愉悦的思考、愉快的实践。

机器学习、万物互联、人机共生……新的商业模式被创造，新的行业在诞生，其背后离不开强大的云计算能力，每个行业都不可忽视其对未来的影响。如同跨界的影响，并不是生搬硬套，而是应理解变化背后的本质。天猫店的某个商品可以大卖，路边的网红奶茶店一样可以排队几个小时，所以绝对不是网上开店就一定红，线下经济一定不行。关键在于是否满足了消费者的需求，是否做好了营销。云计算带来的不只是无限扩展的虚拟机集群，而是对于从开发、架构项目管理到治理，以及业务想象力的影响，所以，我们认为需要对云计算进行持续学习，不断地认识和感悟！

⊖ 改编自《文明 VI》的开场白。

第 6 章

如何评估上云风险

导言：上云的复杂度有时候会超过一般的项目，因此我们用一章的篇幅来专门讨论上云的风险、如何评估各类不可预知的内容、企业如何看待自己的 IT 实力以及业务要求等。只有对风险有足够的预判和防范能力，才会获得更好的控制力。

6.1 如何评估不可预知的云化内容

IT 行业经过几十年的发展，对于 IT 应用层面的开发和维护人员而言，已经出现了越来越多的黑盒。纵观软硬件的发展历史，在被封装的部分越来越多、使用越来越便利的同时，应用层面的开发和维护人员对黑盒内部的了解也越来越少，设计、实现和交付结果之间的割裂也带来越来越多"不可预知"的心理压力。

这种心理压力在历史上类似的场景中曾经造成过比较严重的影响，但是最终得到了相对合理的缓解。因此，我们将关注在云计算环境中，如何评估和应对不可预知的技术环境带来的实际上的和心理上的压力。

6.2 确认"不可预知"

从横向来看，目前 IT 行业的环境分为三大类：理论研究；场景、技术和框架研发；应用技术开发。从纵向来看，也可以分为三大类：基础设施、底层软件和框架、应用系统。如表 6-1 所示。

表 6-1 不同技术体系在不同应用环境下的技术示例

纵向比较	横向比较		
	理论研究	场景、技术和框架研发	应用技术开发
应用系统	区块链	以太坊	资产数字化
底层软件和框架	设计模式	微服务	分布式中间件
基础设施	量子计算	量子计算机	量子加密

对于不同类别而言，边界并非绝对明确，这一点在本书中将多次强调。从表 6-1 可以看到，对于企业应用来说，右上角更加贴近于公司的实际业务需要，通常也是关注的重点。在传统的环境下，企业的 IT 往往倾向于尽可能避免不可预知的情况，因此从右上角开始，自觉或不自觉地将 IT 管控范围尽可能向左下角延伸。但是，随着技术的发展及 IT 产业的分工细化，IT 商业服务企业又总是以商业化的形式将企业的控制范围往右上角缩小。这个过程又同时夹杂了开源软件和框架的盛行。企业的 IT 战略部门在这个过程中往往并没有一个完整的规划，这其实是企业 IT 架构在发展中容易忽略的问题。

在企业上云的过程中，随着对云计算的认知从 IaaS 转向 PaaS，上述问题会变得更加明显。如果正视这个问题，则可以给企业一个审视自身 IT 架构的机会，进而做出一个长期的 IT 战略规划；如果继续忽视，则在上云过程中就会出现情况越来越难以把握的窘境，导致上云策略或者停留在 IaaS 底层而无法最大化云计算的优势，或者盲目应用 PaaS 平台造成心理上或实际上的问题。

6.2.1 梳理 IT 现状

企业上云是一个系统过程，将企业上云的过程视为一个梳理现有状态并进行战略规划的契机，然后投入相应的资源，对企业 IT 乃至于对企业本身而言，其收益都大于投入。前面也说过，我们一直强调企业上云不是一个技术问题，而是综合战略和财务等诸多因素的系统过程。在梳理 IT 架构时，可以参考表 6-1 给出的表格，审视企业现有的 IT 环境中，在哪些层面做了什么方式的投入，有可能产生哪种"不可预知"的风险。表 6-2 是汇付公司的一个较为详细的分析表格。

以下是一些通用性的例子：

- **应用系统开发 – 应用系统**：使用商业化软件，如财务软件，进行过功能和性能的测试，有商业化服务，但是其未来能力发展和公司业务发展的匹配程度是不可预知的。
- **应用技术开发 – 底层软件和框架**：使用开源的 MQ 实现，如 Rocket MQ，功能和性能满足应用要求，有源代码；但是既无法进行完整的测试，也没有能力进行源代码级的调整。
- **应用技术开发 – 基础设施**：实现了一个企业内的加密和解密平台，没有自动化测试，基本可用，"祖传"的源代码；不能完全确认性能和安全性，也没人愿意维护源代码。

表 6-2　汇付公司的 IT 分析

业务运营发展和 应用实践能力	场景应用能力	科技金融应用能力	线下线上运营能力	聚合开放能力
	传统金融行业	聚合身份认证	数字营销	战略与资本合作
	互联网金融机构	反欺诈模型	在线运营	技术与服务聚合
	传统行业转型	实时风控	智能客服	
	新兴发展行业	智能路由		
应用系统构建和 创新迭代能力	移动服务能力	基础支付能力	大数据能力	人工智能能力
	开发框架	通道建设拓展	交易及用户数仓	机器学习
	移动测试	聚合支付平台	实时大数据处理	用户画像
	移动数据分析	增值服务应用	数据可视化	语义分析
			数据挖掘和预测	
基础设施建设和 IT 运营管理能力	计算能力	项目管理能力	安全容灾能力	交易处理能力
	云计算和混合云	敏捷开发机制	系统安全体系	分布式数据库
	高可用和高性能	项目评估机制	数据安全体系	分布式中间件
	5G 和物联网	DevOps	应用分层体系	分布式业务处理
		开源软件策略		

这一梳理过程形成的结果，可以在使用云服务的时候给出很明确的评估，尤其是在面对"不可预知"的挑战的时候，将有说服力地推动使用 ROI 分析更有优势的云服务。也可以将不可预知的风险降低到最小。例如：

- 场景、技术和框架研发 – 基础设施：当前使用某品牌的 X86 服务器，在自建的机房里，硬件的日常巡检自主进行，但问题或故障由服务器供应商处理。

以下是现状的分析样例（以 IaaS 和服务器为例）：

- 有完备的服务器使用、管理和处理流程，且确保执行——可控。
- 企业拥有这些服务器——可控。
- 服务器的日常状态有监控和巡检——可控。
- 使用方为内部人员——可控。
- 性能和功能是标准化的——可控。
- 服务器出现问题和故障后，一般需要 2 小时完成处理——不可控。
- 问题解决和故障修复依赖于商业服务，有 SLA 保障且基本达到要求——可控。

以下是上云后的分析样例：

- 形成云上的服务器使用、管理和处理流程，且确保执行——可控。
- 企业不再拥有这些服务器——不可控。

- 服务器的日常状态有监控和巡检——可控。
- 使用方为内部人员——可控。
- 性能和功能是标准化的——可控。
- 服务器出现问题和故障后，一般在分钟级完成处理——可控。
- 问题解决和故障修复依赖于商业服务，有 SLA 保障且达到要求——可控。

这个过程增加了一个不可预知的部分，即服务器的物理层面不再属于企业；但是减少了一个不可预知的部分，即服务器的故障可以得到快速处理。因此，在有其他优势的情况下，上云并不会带来更多的"不可预知"。

下面是另一个现状分析样例（PaaS，当前使用 Rocket MQ，上云可以使用 MQ 服务）：

- MQ 的接入和使用依赖于应用项目组——不可控。
- 在自己的服务上部署 MQ——可控。
- MQ 的监控和状态主要是进程监控和日志排查——不可控。
- 使用方为内部项目组——可控。
- 性能和功能有文档支持，也满足要求——可控。
- 故障后主要依赖于重启，部分情况下有数据丢失——不可控。
- 开源部署，没有商业支持——不可控。

以下是上云后的分析样例：

- 可以对 MQ 的接入和使用进行管控——可控。
- 云端 PaaS 服务，不暴露物理服务器——不可控。
- 云上 MQ 控制台，提供监控和告警——可控。
- 使用方为内部项目组——可控。
- 性能和功能和现有 Rocket MQ 基本一致——可控。
- 云服务商提供集群环境保障，有架构说明和文档——可控。
- 有商业服务支持——可控。

在这个过程中引入了一个不可控的因素，即云上的 MQ 不提供底层资源的访问，这也意味着可能无法对一些插件、参数等进行调整。但是，相对于既有情况，IT 部门对 MQ 的控制力实际上是整体加强了而不是降低了，其"不可预知"甚至得到了缓解。

可以参考上述的梳理过程，对上云过程使用 IaaS、PaaS 和 SaaS 服务带来的不可预知性进行确认。这也有助于我们对现有环境进行能力梳理，避免产生"私有部署"等效于"没有风险"的误读。

俗话说，恐惧来源于未知。以现在的 IT 架构来说，要做到对所有的技术细节"已知"，对于团队而言要求太高了，从 ROI 角度来说也未必划算。企业应该更关注自己的业务逻辑。

6.2.2 确认企业策略

在一些情况下,企业不能只考虑短期的利益。从某个角度而言,即使外部短期内提供的服务价廉物美,但是企业仍然基于自身的考虑需要将不可预知的潜在风险降到最低,最终不选择外部服务。因此对于不同的领域,分析是一个过程和参考,决策仍然取决于企业的 IT 策略。在架构设计过程中,这个决策通常称为架构决定。

一个架构决定和一个策略一样,都需要包含如下一些内容:
- 场景或方案要求,需要解决的问题。
- 干系方或影响范围。
- 可选择的策略的范围。
- 历史策略制定情况。
- 当前策略。
- 当前策略决定的依据。
- 遗留的问题和其他方案补充。
- 下次回顾时间。

这些决策不是静态的,需要随着后续过程的推进而调整。也正因为这样,对初步的决策进行快速验证显得尤为重要。

6.3 评估和应用

从上面的例子可以看到,面对不可预知的云化内容,首先要进行分析。分析应从如下三大类七个方面进行:
- 内部制度保障。
- 企业对技术本身的拥有、状态监控和使用三类过程。
- 技术的功能/性能、可用/可靠性和售后服务三类保障。

然而,这个分析过程只是一个开始,后续还需要进行实践的评估。实践的评估过程和其他技术引入的过程是一样的,可以通过三个主要的步骤完成:
- POC 阶段,相当于理论验证,确认技术符合公司的基本要求。
- 初步应用于小型系统,相当于通过一个真实的场景形成最佳实践,使之成为框架。
- 全面使用,利用上述过程,在企业中对此技术进行全面应用。

要注意,在云化环境内,上述过程需要结合一些云业务的特点进行。

当然,因为实际情况不是单线程的,所以需要有更加复杂的方法论来推进上云事项,在第 18 章中会介绍从企业角度而言应如何组织这些工作。

6.3.1 利用云平台的优势

云平台的主要特性之一就是弹性。因此，POC 阶段和初步应用阶段对资源的消耗量其实是相当小的，也可以利用云厂商的一些免费试用优惠进一步降低成本。即使在全面使用阶段的初期，也可以通过按量付费等模式，降低长期投入的风险，同时评估所需云平台的最终采购要求。

在这个阶段可能出现的一个问题是，云平台上一些 PaaS 服务或 SaaS 服务是有多个版本的，不同版本之间的特性有差异。这种情况下，可以先使用高版本，然后根据成本要求逐渐过渡到低版本；也可以先使用低版本，然后根据实际要求逐步升级到高版本，两种方式都是可行的。如果没有把握，使用一个中间价位的版本来启动通常是个好主意（这里指的是版本的功能特征，而不是版本的资源数量，后者与验证技术通常无关）。

以 Web 应用防火墙来说，阿里云提供了三个版本，有不同的价格，对应不同的能力，如图 6-1 所示。(针对一些小规模的客户，也提供了按量付费模式，但图中未体现。）

产品参数	具体描述	高级版	企业版	旗舰版
产品价格	单位：元/月	3880	9,800	29,800(起)
HTTP/HTTPS防护	支持HTTP、HTTPS的业务防护	支持	支持	支持
HTTPS高级配置	支持HTTPS流量以HTTP方式回源，支持强制跳转HTTPS	支持	支持	支持
支持的防护端口	除80、8080、443、8443端口之外还支持防护的业务端口	无	共支持10个端口转发(包括80等)，点击查看	共支持50个端口转发(包括80等)，点击查看
......				
Web防护规则定制	针对网站定制Web防护规则	不支持	不支持	支持
CC防护等级	针对各种复杂CC攻击的防护等级	支持默认的两种防护模式	自定义规则，保障防护效果	专家定制防护规则，保障防护效果
地理IP区域封禁	对指定省份/海外IP来源的应用请求一键封禁	不支持	支持	支持
自动封禁恶意IP	针对攻击频繁的IP封禁一段时间	支持	支持	支持
智能防护引擎	深度发现经过混淆、变形的恶意攻击	支持	支持	支持

图 6-1 阿里云防火墙产品

通常，大部分有专职安全工作人员的企业会根据成本和要求选择一个版本。过去没有安全经验或没有遭遇过安全攻击（通常不是没有遭遇过，而是遭遇了而不知道）的企业，往往会优先选择中间版本。一些需要进行严格验证和测试的企业，会选择按量付费的模式，对所有功能进行测试和评估,并确认最终的购买版本。然而,对于 WAF 这个产品而言,在大部分评估场景下,这种评估过程的成本消耗会大于精确评估带来的成本节约。

6.3.2 利用最佳实践

云服务商在进行产品说明的时候,如果只是在苍白无力地介绍产品能力,说明其并没有很好的应用场景或最佳实践。相似的应用场景会给客户的评估带来更多的便利,即使这意味着客户要调整技术栈,但因为应用场景的相似性,也会让客户发现技术的潜在收益。

企业的技术人员总是在脑子里将某个场景和某个技术对应在一起,就像设计模式中描述的那样。云服务还没有规范到能形成这样的模式描述,但是会提供一些最佳实践的说明,包括案例。在用户对某项技术带来的不可预知性进行评估的过程中,如果有机会了解使用这些技术的最佳实践,将有助于他们做出决定,以及更好地面对这种不可预知性。可行的途径包括:

- 与云服务商进行接触,了解和询问自己关心的不可预知性的解决途径。
- 与使用者进行接触,确认类似场景下对方的使用和处理方式。
- 与使用和评估过类似技术的技术人员接触,从而了解潜在的问题可能和处理方案。

例如,在阿里云的安全防护 DDoS 产品说明中,就提供了一些客户的案例和防护场景的说明,如图 6-2 所示。

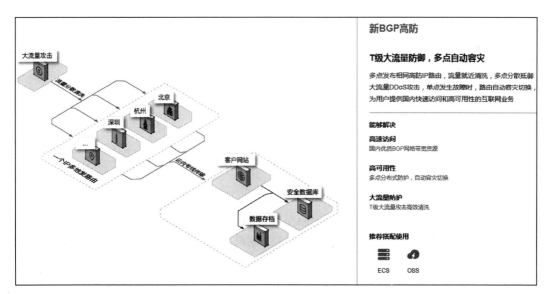

图 6-2 阿里云 DDoS

由于 DDoS 是一个被广泛使用的产品,因此从阿里云的服务人员、云栖大会以及官网都能获得重要的信息输入;产品相关的用户也很多,可以在企业自身的"朋友圈"内进行了解。

另外，安全人员通常对 DDoS 的云端防护都有了解，可以知晓更多的使用细节。

DDoS 产品及其防护算法、流量机房和整体机房容量等作为安全设施而言都是保密的，因此这方面会存在大量的不可预知性（某种程度上，这种不可预知也是产品提供的一种保护），通过上述过程，大部分企业对其不可预知的部分的顾虑都可以得到缓解。

6.3.3 模式降级

产品所隐藏的一些特征有时候会明显影响客户的使用，即使对于 IaaS 平台也是一样。例如，传统上，服务器公网网卡是一个 eth1 设备，但是在云上可能只有一个 IP 地址的 NAT 映射，而找不到 eth1 设备。因此，除了上述在提到的验证过程中发现并评估这些内容外，也需要通过技术组合来对于一些未知的情况进行处理。

正如本书其他部分提及的，很难奢望云计算平台在一些确定的技术场景中提供百分之百令企业满意的服务，但是企业可以通过技术组合的方式来缓解这个问题。技术组合的一个典型方式是模式降级，即

- 在 SaaS 服务不合意的情况下使用 PaaS 搭建。
- 在 PaaS 服务不合意的情况下使用 IaaS 自建。
- 在 IaaS 服务不合意的情况下使用混合云对接。
- 在单个产品不合意的情况下进行产品组合。

通常的评估都首选这种自上而下的方式，但是有经验的云计算使用企业可能会根据过去的经验，直接作出决定。

以 OCR 服务为例，如果现在有一个 OCR 需求，典型的方式是：

- 如果云服务商有现成服务，那么直接使用。
- 如果没有现成服务，有定制服务，那么进行验证。
- 如果没有定制服务，可以使用人工智能 PaaS 服务。
- 如果人工智能 PaaS 服务不能解决，可以使用 GPU 服务器自建 OCR。
- 极端情况下，用混合云对接自有机房，在机房内用传统方式实现需求。

模式降级的过程就是在不断减少不可预知风险的情况下，提升应用成本的过程。但是，当某种不可预知的风险确实造成了问题的时候，相对于传统模式，通过模式降级仍然可以找到一个性价比更高的方案，即使这个方案的成本可能比完全使用云服务商的服务更高一些。

但以 OCR 这个例子而言，从艺术的角度来说，可能训练模型的时候使用云上的 GPU 集群，得到了训练参数集后，企业可以选择云上一般的部署，甚至由于某些原因而选择云下自身部署。云上资源的弹性让我们在 POC、测试和生产发布等很多功能的实践上有了新的想象力。

6.3.4 基于适配器和组合模式

设计模式中的适配器（Adapter）模式和组合（Composite）模式是面对不可预知的技术平台时最常用的场景。

Adapter 模式的作用是，将云服务商提供的某种具有不可预知性的服务，用一个已知的技术栈封装起来，从而将一个不可预知的技术本身的使用转化为一个可预知技术的使用，并且在 Adapter 实现时通过日志等方式进行记录，甚至进行监控和告警，化不可知为可知。在一些场景下，Adapter 模式也可以对云服务能力的调整、扩展等进行屏蔽，从而将引入一些不可预知的技术的风险局限在一个可控的局部。

Composite 模式的作用是，在云服务商提供的技术能力因为某些原因无法完全满足企业需求，但是又无法对不可预知的部分进行修改的时候，通过组合模式来满足综合性的企业要求。在 Composite 模式中，可以通过自行开发和补充相关的能力，对不可预知的部分进行二次封装，从而规避可能的问题。

6.4 动态的不可预知性——未来发展

以上提及的多是具有不可预知性的静态场景，即某项云服务的能力。对于当前提供的某项能力，因为其部分实现不在掌控中，所以不可预知，应该从现实或心理的角度加以解决。还有一类常见的不可预知场景——动态情况下的不可预知性，例如：

- IaaS 平台（如虚拟服务器）的租用价格不可预知，未来是否会大幅涨价？（当然从目前来看，IaaS 整体趋势是降价。）
- PaaS 平台（如 MySQL）的版本升级不可预知，未来升级到某个版本后，云服务商是否会放弃现有版本？是否会快速通过新版本？
- SaaS 平台（如 OCR 服务）的能力提供不可预知，云服务商是否会忽然终止服务？未来是否会更新身份证样式？能以多快的速度适配新版本？

这些动态不可预知性的评估尚无一种很明确并且能保证正确的方式，毕竟谁也无法预知未来，即使是云服务商本身也有因为商业原因而退出市场的先例。对于此类情况，最合理的处理方式可以归结为一句话——"看趋势"。当然，这里存在一个基本的认知，就是云厂商的技术能力还是要远远高于一般企业的，并且是有着巨大的应用场景来作为先驱实践的。

从 IaaS 角度看，一般的趋势包括能力改进、性能提升和价格降低。

- 在能力上，AWS 的 EC2 和阿里云的 ECS 已经经历过从共享型到独享型的多次能力改进，其网络也从经典网络全面转向专有网络。
- 性能上，阿里云经历过 5 次迭代，从早期的 1.9GHz 主频的 Intel Xeon E5-2420 处理器，到最新 2.5GHz 主频的 Intel Xeon Platinum 8163（Skylake）处理器。

- 价格上，AWS 曾经进行过 59 次降价（截至 2017 年 4 月），阿里云曾经有过 1 年降价 6 次的历史。

市场领先者在上述三个方面的持续改善引导着跟随者也必须跟进。因此，从趋势上看，IaaS 对企业用户而言，未来几乎没有可能面对的风险。而且，从上述情况看，为了获得未来更强的能力和更优惠的价格，一次性进行长期购买（2 年、3 年或 5 年）或许能在当时获得一定的优惠，但长期来看却未必是划算的。

从 PaaS 角度看，其动态的不可预知性确实更大一些，对于最新版本的 PaaS 服务而言，如果是来自于开源社区，那么云服务商需要进行云业务适配、改进等，需要一定的准备周期；如果是来自云服务商自身的能力输出，那么涉及能力的商业化、内测、公测、正式发布等复杂的过程，能力、规格和定价等也会根据实际情况屡有调整，甚至不排除有颠覆性的能力调整，以及价格增长的情况。

因此，对企业而言，大部分情况下需要尽可能选择一个经过商业化之后，相对长期稳定的 PaaS 服务；对于新推出的服务，则应以一种审慎的态度纳入应用过程，并尽量规避云服务商的 PaaS 调整风险对关键业务带来的影响。如果确实希望依赖某种新的云 PaaS 服务，那么与云服务商就 SLA 达成一致，要求其提供完善的商业支持等，也是必不可少的动作。

有时候，一些企业可能愿意成为新的云服务的使用者，这并非是一种冒险。因为对云服务商而言，这些技术被关键企业进行实战应用，将对技术的改进提供充分的验证；对企业而言，以此为契机，可以得到云服务商充分的技术支持，甚至纳入一些企业所需的特性，使未来一个具有通用性的 PaaS 中含有本企业特定的需求，达成共同成长的正反馈效果。

SaaS 相对而言没有那么复杂，虽然其比 PaaS 更为黑盒，但是企业对其主要是从实用性来考量，而不是从依赖性来考量。因此，主要的关注点在于，SaaS 服务的提供商是否能够持续维持和保持其 SaaS 服务能力。此前介绍过 SaaS 服务的多供应商备份策略，如果企业使用的 SaaS 服务是在关键场景下的，那么定期对供应商进行评估是一种可行的策略。除了这个策略，其他可选策略包括：

- 形成自动化测试的脚本，定期进行自动化测试。
- 主备或者双活就绪，可以快速进行供应商切换。
- 每年进行供应商服务质量评估。
- 通过 Adapter 等方式，降低供应商接口调整或更换供应商带来的系统改造成本。

最后，大部分负责任的云服务商都会在进行能力调整之前，通过邮件和站内信等多种方式通知客户，并给出一定的时间供客户进行切换或调整。企业的云运维团队需要有这方面的敏感度，做到在面对这些变化时及时完成调整或上报风险，避免因为忽视此类通道造成的业务影响。

6.5 异化过程的心理保障

从心理学的角度看，一个人可能是风险偏好型的或是风险规避型的，一个企业的整体风格也总是在这样的一个连续谱系的某一个位置，并可能随着公司策略和决策人员的变化而变化。行为经济学有两个基本规则，描述了大部分情况下的选择：

- **规则一**：人们在必然损失的状况下，表现为风险偏好；在必然受益的状况下，表现为风险规避。
- **规则二**：当人们面对小概率的（大额）损失时，倾向于风险规避；当面对小概率的（大额）获得时，倾向于风险偏好。

在使用云服务的时候，规则一可以体现为，当使用云服务处于受益的状态时，大部分企业的倾向是尽可能规避风险，哪怕会导致收益的降低。规则二可以体现为，当使用云服务面对的关键业务时，企业会特别关注风险，当云服务的使用可以大幅度提升效益时，企业愿意进行冒险。

上面的说明和此前的一些说明是基本一致的，但前提是风险的适当量化或至少明确化，从而使企业了解自身到底在面对怎样的风险。

举例而言：

- 当使用 SaaS、PaaS 和 IaaS 服务都能够受益时，如果差异不那么明显，企业可能倾向于使用 IaaS（这也倒逼云服务商在提供 PaaS 或 SaaS 服务时，其各项能力必须与 IaaS 拉开足够的差距）。
- 对于关键业务上云，企业必须关注 SLA，并尽可能与云服务商确认高可用的保障方案和措施。
- 当某项云服务可以带来显著的收益时，企业通常愿意做适当的冒险来使用云服务商的服务。

当然，理论上的分析永远要让位于实际的业务实践，企业也需要避免某种"固化"的行为，因为实际情况下并不能做定量分析，也无法给出绝对明确的策略。在适当的情况下，做一些反常规的测试、验证，而不是拘泥于某种行为习惯，有助于企业文化的改善，也能提供更多创新和发展的可能性。

6.6 商业过程

在云服务场景下，面对不可预知的风险时，一个必要的关注点就是相关服务的商业化过程。商业化过程包括两大体系：产品的商业化和服务的商业化。

在使用云服务的时候，产品的商业化是一种趋势性的过程，即通过一个产品的商业化过程和当前的阶段,可以了解其当前和未来的不可预知的方面。一个完善的产品文档意味着产品的商业化程度较高,对于类似的服务,即使通过文档评审,也能够了解其与当前技术的差异或不同云服务商之间的差异。越是敢于提供内部实现架构的产品,也就越表明此产品的成熟度足够高。例如,图 6-3 给出了阿里云 SLB 产品的架构。

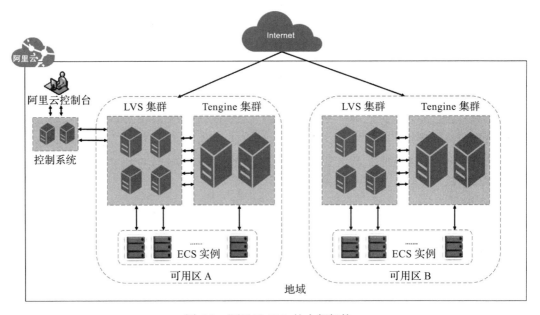

图 6-3　阿里云 SLB 的内部架构

此外,一个产品的持续改进或未来路线图也是了解此产品过去和未来的发展,并作出判断的基础。如果一个产品过去的能力改进和未来的路线图是已知的,那么对企业用户而言,不可预知性就会大大降低。

某些情况下,对于一个企业依赖的关键业务,可能云服务商无法提供上述两项资料,那么就需要和云服务商的销售、服务人员进行沟通,尽可能了解到上述情况。从云服务商的角度,通常无法为一般客户提供此类专属的服务;但是如果能够提供这样的说明,那反而可以证明此企业对于云服务商的重要程度。

对于企业而言,降低不可预知风险的另一种方式是购买相关的服务。这和以前购买开源软件的商业服务是类似的,通过服务合同的方式,将风险转嫁给服务商,从而在遇到未知问题的情况下,获得专业人员的服务。

云服务商一般都会提供上述增值服务,并有不同的周期和等级的区分。在一个企业大规模上云的过程中,采购一段时间的服务,可以大大降低自身的投入成本和调整成本,在专业团队的协助下更好地完成大规模上云工作。或者,在某些特殊阶段采购一些专门的增值服务,以应对一些高敏感的情况,例如上市期间的安全保障(图 6-4 显示了阿里云的安全保障服务)。

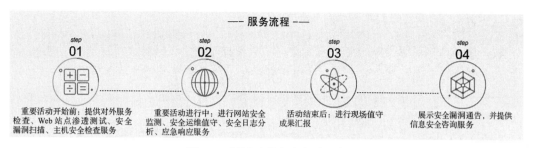

图 6-4　阿里云的安全保障服务

除了云服务商的原厂服务之外，一些云服务商的生态合作伙伴也提供类似的服务，通常具有更高的性价比。对这些服务商的判断，其核心是该服务商对云服务商的熟悉程度以及云服务商对其的认可和支持程度。

6.7　加强"不可预知"的预知性

除了上述策略之外，还有一些额外的手段能够加强对"不可预知"的可预知性。

- 持续监控

对相关的云服务（无论是 IaaS、PaaS 还是 SaaS）进行必要的持续监控，是改善不可预知性的重要手段。通过持续的监控，可以了解相关云服务的能力趋势，形成有针对性的问题处理策略，并避免在出现故障的时候无法得到及时的通知，尽量做到故障可控。后文中也会有专门的章节来讨论云监控。

- 控制版本

在使用云服务的时候，应控制所使用的版本，在确认使用某一个版本之后，尽可能不做变化，或做向下兼容的升级而不是降级。在确认初始版本时，尽量不要选择最低的版本（除非免费）。这样做，一方面可以避免行业内版本变化带来的风险（例如，被放弃的 MySQL 5.5），另一方面，可以避免降低版本带来的风险（例如，降低 Web 应用防火墙版本导致一些防护失效）。

- 保持沟通

应通过各种方式保持与云服务商的沟通，一方面，可以通过官网、邮件和大会等官方宣传渠道，尽可能了解关心的云服务；另一方面，可以通过工单、服务和业务经理等通道，与关心的云服务架构或产品部门进行沟通和确认。

最后，云服务的不可预知，加上互联网环境的不可预知，使得企业在使用云服务的时候存在一定的可以理解的顾虑。但是，互联网和云服务对企业的助力作用是如此明显，使得企业不能不考虑这两方面。因此，对于必然存在的不可预知，分析、评估和管理的过程重要性要远远高于因为对风险的担忧而导致放弃某种业务或技术的可能性。

云厂商视角

从云服务商解决方案架构师的角度看,并不希望客户将上云作为解决一切问题的银弹,从而在上云项目上寄托太多的诉求。任何采用新技术的过程都伴随着一定的风险,这些风险往往都不是新技术本身带来的,而是在应用新技术的时候,与企业原本的模式存在差异所导致的风险。

应用云计算技术的风险涉及企业的各个方面,影响最大的是技术部门,通常建议客户进行一些正式和非正式的评估,尤其是云计算要求客户将其 IT 技术设施甚至更高层次的技术平台的运营和管理权限让渡给一家(专业的)第三方厂商,更是在这个将信息技术视为企业命脉的时代,令那些适应了传统 IT 交付和部署模式的领导层和管理层感到不安。

考虑到云计算带来的巨大价值,本章梳理了常见的上云风险,并且提供了一些心理上或技术上的解决方案,供企业参考。在当前云计算释放大量技术红利的时代,企业不仅要能够正确评估其中的风险,也应通过正确应对这些风险,让云计算能力成为企业业务和 IT 发展的推动力。

企业视角

新技术问世的时候,会列出一些惊天动地的特性和眼花缭乱的数据来证明自己的强大,从推广和营销角度,我们完全可以理解这种做法。云计算同样如此,每个云计算厂商少则有一两百个的云产品,从各类数据库、中间件到大数据等,看资料听介绍的时候,真的让人很兴奋。谨记,越强大的武器,学习曲线也越陡峭,越零依赖的产品,未来越有被替代的风险。

上云是一个复杂的系统工程,风险极大,风险点很多。企业经常面临两难的局面,不上云,很多问题似乎难以解决;上云之后解决了不少问题,但是上云过程中、上云后会"系统地"引入大量新的问题,比如经典的"自主可控"。

但我们从不畏惧风险,关键是要将风险控制在一定的范围内!

Chapter 7 第 7 章

上云 ROI 分析

导言：近年来，企业在 IT 方面的投入越来越大，IT 部门除了是传统的成本中心以外，在业务链中也扮演着越来越重要的角色。本章将从公司战略层、技术管理层、执行层对 ROI 进行详尽分析，充分说明理解云计算是符合 ROI 的最佳策略之一。

7.1 公司战略层 ROI 分析

在当前的时代，即使没有身处互联网行业，也很少有公司的战略管理者（这里指的是董事长、CEO 或者战略执行委员会或类似机构的所有成员）会不关注企业的信息化建设工作。互联网行业之外的企业中，这些战略管理者大多不熟悉技术。对于云计算、大数据这样的概念，他们更关注这些新概念能给企业带来什么，而不是这些名词背后的技术细节。

战略管理者的投入产出分析过程往往更关注宏观层面上能够对公司未来 3~5 年产生哪些影响和变化，带来哪些明显的收益，以及企业会为此付出哪些明显的代价。这个过程是定性的而不是定量的，因为其中有太多不可定量的因素，使得数字在此类决策过程中没有用武之地。

对于企业使用云计算，不论是因为从各种渠道获知相关的信息，因而作为一种考虑的方向；还是因为某项具体的业务诉求，从技术管理层的汇报中了解得到；或者是因为企业对其已有一定的了解，希望付诸于公司业务的实践中，战略管理者都需要面对下面的一系列问题：

- 是否需要投入时间参与决策，还是将这个问题的决定权下放给技术管理层。
- 如果参与决策，在公司战略层面需要考虑哪些问题。
- 这些问题的决策点或决策依据有哪些是需要关注和讨论的，它们各自会带来哪些投入、产出，以及有哪些不确定性因素。

- 在关注和讨论之后，需要再做些什么。

上述思考过程如图 7-1 所示。

图 7-1　战略层 ROI 分析的路线图

如果使用云计算技术并不会为企业的经营带来明显的变化和价值，那么基本上并不值得公司战略层花费很大的气力去讨论。但是，如果认识到云计算使用与否会对企业后续若干年的发展带来明显可见的改变，同时这些改变又因为决策的最终结果而会产生明显的差异，那么这种讨论就相当值得了。

在这部分，我们将致力于讨论上述几方面的内容，以帮助公司战略层在面对"云计算"这个有些陌生的热词时，能够以一种自信和合理的方式进行审视，从而做出关键性的决策。

7.1.1　是否参与决策

公司战略层 / 企业高层目前都认为信息系统的建设是一个战略问题。对于一个初创型企业，信息系统与企业业务的启动和开展往往完全交织在一起，以至于成为生死存亡的决定性因素。对于一般的中小型企业而言，是否以及如何引入一个信息系统与整体业务的开展或者效率提升有着密切的关系。对于一般的大型企业而言，信息系统通常是作为一个战略性部门而存在的，为了考察信息系统本身，往往会成立一个战略委员会，甚至启动一些咨询性项目来为未来 3～5 年的信息化建设构建蓝图。

在上述的决策过程中，除了信息系统实现的功能为新业务带来的价值、对现有业务的提升及其改进，以及对未来业务的前瞻或准备之外，信息系统的建设成本和建设方式也与信息系统的功能实现密切相关。对一个信息系统（或一个信息系统体系）而言，功能和性能、部署和运维是密不可分的三个要素；而进度、成本和工作量三者之间又是不可调和的矛盾。云计算概念与上述信息系统建设过程中的三个要素，以及矛盾的三极都是密切相关的。因此，只要是信息系统或其规划本身需要得到企业公司战略层的考察，那么云计算也需要得到企业公司战略层的考察。如果在信息系统或其规划过程中，对云计算及其相关概念没有进行任何考察，那么即使不能说这种考察是草率的，也说明这种考察不够完整。毕竟在当前，没有把信息系统词汇表中已经被视为主流和成熟概念的"云计算"纳入整体考量，将会是一个明显的缺憾。

因此，简单地说，云计算在两种情况下需要纳入到战略决策层的讨论中，一种是在审视一个战略性信息技术的规划（整体的或者针对单一重要系统）时，一种是因为某种原因（自上而下的或者自下而上的）单独讨论云计算战略时。这需要投入时间和精力，而且不仅仅是在讨论会议上，也包括讨论前的准备、沟通、认知成本。在某些相对简单的情况下，战略决策层成员应当避免在此类问题上浪费时间和精力。

7.1.2 已经明确的投入产出分析

在对云计算进行考察的时候，需要在前期对云计算相关的既有共识进行明确，这些内容将有助于战略决策层尽快获得问题考察前的背景信息。必要的时候，应当给技术管理层提供进一步的行业共识信息，以丰富他们在这方面的认知，从而更好地进行考察和判断。

在不考虑特定行业和特定信息系统生命周期的情况下，目前至少有以下已经明确的关于云计算的认知（如图 7-2 所示）。

图 7-2　战略层分析的三个视角

- **云计算的使用将使现有信息技术体系产生巨大的转变**

根据使用范围的不同，云计算会在很多情况下对现有信息技术体系产生影响。这同时体现在对组织和信息系统整体架构的影响上。这两者交织在一起将使得影响被进一步放大，从而产生一种巨大的转变。对于初创公司或新设立的系统而言，虽然谈不上转变，但是选择或者不选择带来的结果显然有巨大的差异。

这也意味着企业需要投入人力来应对上述影响，投入财力来支撑转变过程，投入时间来等待最终结果。他们收获的将是一个调整后的信息技术体系。在理想的状态下，这个体系会更有效率，能够满足企业在接下来一段较长时间内的发展需要。

- **云计算将对公司的现有整体体系产生明显的影响**

无论使用哪种云计算技术（公共云或专有云、部署架构或技术架构、云基础设施或云业务服务等），都会对企业现有的各方面带来影响。以最为明确的财务方面的影响为例，使用公共云作为信息系统的基础设施，将导致原来计入资产项目的基础设施部分，变为采购云服务的费用，进而影响到信息系统建设生命周期的整体财务评估。

这意味着企业的投入可能不局限于信息技术部门，而是会影响公司的很多部门，人力资源部门和财务部门的感觉将是非常明显的，而其他诸如市场营销和生产制造等部门受到的影响则与是否采用云计算有关。这些投入是信息技术体系变化带来的，如果这种转变最终达成了企业的目标，那么收获的是适应于这种新环境的公司整体体系。

此外，公司战略层可以通过这个过程与云服务供应商之间建立连接，通过持续的外部信息输入来加强自身的业务和技术认知，进而为企业提供进一步的发展可能性。

- **公司的业务会随着云计算的应用而产生变化**

在功能和性能需求明确的情况下，云计算只是作为一种技术的可选项，最终满足公司业务要求的是交付的应用系统本身而不是云计算。但是，由于云计算会对应用系统交付产生反向影响，因此即使满足同样的功能和性能要求，相关的业务也会因此产生变化。一个常见的例子是，云计算技术降低了应用系统部署所需的基础设施的交付周期，当业务突然发生不可预见的爆发性事件时，功能和性能的调整将会更有效率。

因此，企业有必要投入一定的资源来评估使用云计算技术将会对业务产生的影响，从而获知在一定的业务场景下，使用云计算会导致怎样的结果，并针对这些结果所造成的连锁反应做进一步评估。这种评估会带给公司战略层更多的关于动态环境下的业务影响，以及在业务变化和发展过程中发现此前没有意识到的通道。

考虑到不同行业和企业现有信息系统环境的不同，上述三者显然只是需要考虑的基本方面；技术管理层需要向公司战略层提交进一步的信息，包括结合所属行业、当前企业战略和企业信息系统环境等方面的信息。技术管理层所具备的职业素养能够保证信息的可信与中立，但由于云计算概念的复杂性，适当引入多类信息源也是必要的。

7.1.3 需要考察的决策点

根据表 7-1，我们将从九个方面提供公司战略层 ROI 分析的纲要内容。在实际进行战略决策的过程中，没有一个企业会拘泥于这些观点，因此这九个方面的纲要更多的是作为考察的起点。

表 7-1 不同的云计算应用模式对不同方面的影响评估

考察优先级	考察的方面		
	云计算作为基础设施（IaaS）	云计算作为技术框架（PaaS）	云计算作为外部服务（SaaS）
信息技术影响	高	高	中
具体业务影响	低	中	高
企业整体影响	中	中	中

- **云计算作为基础设施对信息技术的影响**

在基础设施层面使用云计算时，无论是公共云还是专有云，对信息技术部门的核心影响将集中体现在基础设施及其运维团队层面，而对应用开发的交付影响有限。

- **云计算作为基础设施对具体业务的影响**

对于云计算基础设施上承载的系统，从具体业务的支持角度而言，业务人员似乎不应特别关心技术本身，但是一旦使用云计算基础设施，特定业务的 IT 成本会被高度量化，一些额外的投入将会带来额外的产出。

- **云计算作为基础设施对企业整体的影响**

采用云计算技术作为基础设施对企业整体的影响是非常显著的，引入云计算可以类比于制造业采用一种完全不同的工艺流程，即使使用先导项目这样谨慎的方式，实际操作中还是会对企业的各个部门产生影响。如果企业的传统流程比较固化，这种影响要么体现为无法正确地使用这项技术，要么体现为各个部门由于没有预先准备而要经历一段痛苦的时期。

- **云计算作为技术框架对信息技术的影响**

在一个更高的层面上，信息技术体系可能受到云计算的影响更大，这意味着不仅要利用云计算最常被提及的弹性和效率方面的优势，而且要使用云计算厂商提供的与云计算技术高度适配的技术框架，从而对现有的信息技术框架进行调整。这种调整通常不会是公司战略层驱动的，而是来自于技术管理层的选择和汇报。由于云计算技术框架本身的普及度目前还不是很高，因此如果提出了这样的应用方式，意味着技术管理层（业务的或技术的）即使没有进行深入的研究，也会被技术框架的某个特性所吸引。

- **云计算作为技术框架对具体业务的影响**

很多时候，被某个技术框架吸引的往往是业务部门而不是技术部门，因为前者的敏感程度会由于技术框架在市场销售行为中的业务价值导向而被迅速触发。因此，结果是业务部门驱动 IT 部门去使用某个技术框架。这种行为会使得需要同时考虑业务方面的投入和技术方面的投入。

- **云计算作为技术框架对企业整体的影响**

这里不再赘述技术框架对于周边各个部门的影响，以及相应的投入产出分析。与基础设施方面的影响相比，在有些方面的影响是类似的，我们不再重复。但是技术框架背后的业务能力模型仍然会影响到其他部门。

- **使用更多的云服务对信息技术的影响**

使用更多的云服务，尤其是 SaaS 类服务，通常也是由业务来驱动和主导的行为，但是在这个信息需要充分互联互通的时代，除了极少数单纯的 SaaS 服务外（例如，通过 SaaS 服务构建一个漂亮的宣传广告），都会对信息技术部门产生影响。这种影响大多体现在系统集成层面上。

- **使用更多的云服务对具体业务的影响**

一般来说，同样是引入外部服务，引入广义上的云服务（SaaS 服务，或云厂商提供的非技术类服务）和其他业务合作行为没有本质的差异。只是由于此类服务多半在业务的背后隐含有某种技术，因此会带来技术方面的影响。除去上述已经讨论的技术影响外，对业务的影响也会产生在多个方面。

- **使用更多的云服务对企业整体的影响**

当业务及技术部门开始使用外部云服务之后，对公司整体的影响或投入要求将体现在多个方面。除去此前已经讨论过的人力资源和财务方面的影响之外，对公司整体影响最大的方面在于，外部服务本身已经处于公司的控制之外，因此会有额外的成本，例如，沟通成本、审计成本和规范化成本等。当公司战略层在后续的业务会议上指出某个业务的进展不理想，而业务部门同时指出这一服务高度依赖于一个外部服务的时候，这种成本就会明显显现出来。要避免此类事件，就意味着企业要有预先的投入，对这些服务使用后带来的不确定性因素进行风险评估及并制订处理预案。

7.1.4　后续做些什么

如果统筹地看待上面这些或大或小的 ROI 分析内容，对公司战略层而言，至少有三个方面需要进一步强调：

- 作为一个企业，需要统筹地考虑引入云服务技术带来的整体影响，因此在评估和决策过程中，不能只考虑技术的战略走向或者业务的战略走向，而应该整体性地考察引入云服务技术对销售、运营和支持部门的影响。在悲观的情况下，这种忽视会大大减弱收益甚至导致失败；在乐观的情况下，适量的投入可以充分发挥云计算服务的最大价值。
- 仅仅是引入一项具体技术或具体业务，并不值得公司战略层在评估方面付出太多的精力，但是公司战略层应当避免只看到眼前的投入产出比，而忽略了长期和动态的部分。即使这些部分在短期内可能充满不确定性因素，也应该通过风险处理手段使风险管控成为投入的一部分，这也意味着如果需要了解长期收益，就有必要投入资源去评估和了解这些不确定因素。
- 公司战略层需要从战略方面审视，是否可能从云服务供应商处获得更多的资源。因为大型云服务供应商的能力不只局限于企业目前想要的东西，还有行业能力和行业方案，这些可能来自他们自身，也可能来自他们服务过的客户。这些能力和方案有助于开拓本企业的很多方向，并且形成一种对企业有益的连接。

从操作角度看，应配置一个专职成员或专职委员会完成上述的前期工作，必要时可以引入外部资源提供更加丰富的信息，并向公司战略层进行中立于使用方的 ROI 细节分析；与供应商的更高层部门/负责人建立连接和沟通渠道，并了解单一合作之外的合作可能和合作潜力；同时就公司整体影响范围进行评估和前期沟通，甚至进行一些组织架构的改变。这些手段将会帮助公司战略层以一种理性的方式面对这方面的决策。

最后，即使初期由于应用场景不大而在上述方面投入较小，也应当对云计算保持关注。作为目前信息技术领域不可忽视的一个方面，在了解的情况下无论是选择放弃还是投入，都比盲目的忽略或引入要有效得多。这种效率会在 3～5 年的周期内持续体现，而这恰恰是公司战略层需要关注的周期。

7.2 技术管理层 ROI 分析

相对于公司战略层，技术管理层的 ROI 分析会更加具体，在大部分情况下，还需要付诸数字化评估。尤其是在面对一些特殊情况时，公司战略层可能会基于 3～5 年的发展远景，直接决定是否使用云计算技术。在这种情况下，技术管理层更需要知道在这样一个决定下，需要付出什么代价、获得怎样的收益、面临哪些风险。有时候，为了更好地帮助公司战略层完成评估，也需要提供直接的证据。

通常，技术管理层成员对云计算存在某些固有的"刻板印象"，从知识体系建构的角度，这些印象并没有正确与否的绝对判断，但是云计算作为一个快速发展和变化的信息技术范畴，其变化速度远比大家想象的要快。即使是本书后续将介绍的诸多主流云计算技术，在我们撰写此书的过程中，都在不断发生着重大的突破。技术管理层很多时候承担着"与时俱进"的前瞻和推进职责，因此应突破自身的舒适区，不断调整对这一重要范畴的认知，这也有助于技术管理层基于自身既有经验，面向企业和个人的未来进行理性的分析。在某些情况下，即使曾经做出过决定，但通过定期回顾，也可以发现随着行业情况的变化，对于现在的情况而言，也应该动态地改变已有的决定。

对于技术管理层的 ROI 分析，主要有以下几个要点，这也是后续分析的基础。
- **量化**：技术管理层的 ROI 分析应该尽可能量化，哪怕是数量级的量化，这样可以清楚地认识到投入和产出的程度。举例而言，使用 IaaS 模式下的云计算技术，在评估传统 IDC 模型、专有云模型和公共云模型时，面对同样的资源需求，可以用量化的方式进行成本比较。
- **全面**：使用云计算等新的技术，评估其所产生的影响不应局限于当前的工作模型，而是应该尽量从更多的角度去审视，尤其是一些"变化"的部分。举例而言，使用 PaaS 模式的云计算技术，会导致开发模型的改变，这种改变意味着未来对人力资源的技能要求产生变化，进而影响到招聘工作。
- **动态**：很多分析需要站在动态的角度处理，静态的分析往往会忽视一些在云计算体系下长期的收益或投入。举例而言，分析有时是基于现有 IDC 购买之后持续折旧的模型，但是云计算的基础设施的更新速度和便利程度远优于此，意味着未来用同样成本可以获得更强大的计算资源。

- **平衡**：大部分人的思维都偏向于"风险敏感",这意味着会忽视一些可能有风险的收益,以及一些即使不使用云计算也会有的投入。举例而言,物理服务器不属于企业资产,带来的 IT 风险其实非常低;而对于运维人员的招聘或培养,无论是否使用云计算,都是需要投入的。

在上述技术管理层的分析中,需要分析的部门被区分为信息技术部门、相关业务部门和其他企业部门。下面的分析也将聚焦在这三种分类上。

信息技术

信息技术部门是评估、使用和维护云计算体系最重要的部门。本节将用较大的篇幅,从整体技术、IaaS、PaaS 和 SaaS 服务四个方面说明 ROI 分析的过程。由于不同的企业在信息技术方面特征各异,因此实际操作中,也建议对相关内容进行补充,以便对企业进行更加完整的分析。

1. 整体技术

现今的云计算正在从两个方面突破 XaaS 的范围,因此,即使是从 XaaS 的角度考察云计算,也可以从另外两个方面以一种整体化的方式来进行投入产出分析。这两个方面的具体描述如下。

- 云计算及其服务商已经从资源售卖层面转入解决方案层面。这种现象源于云计算服务商在业务过程中接触了大量的云计算客户,通过和客户的接触和交流,了解到了大量的行业需求,从而在资源层面对这些需求进行充分匹配。与此同时,形成的针对行业的特定解决方案可以对行业中的其他客户起到很好的借鉴作用,因此将会从整体方案的角度给出更好的使用云计算的建议。
- 云计算的范围已经从解决 IT 问题转向提供 IT 和业务前瞻性。正如上文所提到的,由于解决方案往往来自不同行业的不同客户,因此,云计算服务商可以从中获得大量前瞻性的业务知识和技术实施方案的知识。这使得通过云计算的一些服务不仅能解决当前的技术和业务现状的问题,而且能够提供相当的业务前瞻性,有利于使用者为可预见的未来进行准备。

在评估云计算以及选择服务商的时候,能够在多大程度上获得这些解决方案和前瞻性,将成为产出过程的一个重要衡量标准。好的客户和好的云计算服务商之间是可以产生化学反应的,即通过双向的交流过程,一方面云计算服务商能针对客户的业务提供更好的产品,满足客户的需求;另一方面,客户可以从云计算服务商获得行业中的业务和技术趋势,提升自身的能力。

这方面的投入相对于其他方面其实是微不足道的,因为只要付出一定的信任关系和交流时间,就能够获得通过其他途径很难获得的信息和知识。例如,在云计算服务商的峰会上,往往会提供大量的行业客户和行业方案分享，通过这些分享可以公开获得大量客户所需的内容；通过和服务商的进一步沟通，可以了解这些内容中某些细节如何实现的信息。如果在沟通中发现某一类应用系统目前大量采用了某种云计算解决方案予以实现，那么即使这不是企业当前的重点（业务或技术），也可以成为未来实现的一个重要参考。

限于篇幅，这里不再阐述云计算带来的各种理想效果，各大云计算服务商的网站和一些主要技术网站对此已有丰富的资料，其核心聚焦在三个方面：

- 由于云计算服务商的计算能力集中而获得的收益，例如，灵活扩展、按量收费等。
- 由于服务商专业化而获得的收益，例如，全球布局、安全性和可靠性等。
- 由于市场共性要求而获得的收益，例如，产品丰富、无需安装和服务就绪等。

2. 基于 IaaS 的云计算

对于技术人员来说，上面关于 ROI 的分析显得过于"定性"了，作为云计算基础的 IaaS 平台，有很多内容完全可以做定量分析。传统上，一个应用系统的容量是可以估算的，基于这种估算来确认云计算的成本非常容易。

下面我们来看一看在从无到有的情况下，一个应用系统基础设施自建的成本和云计算的成本比较。图 7-3 给出了云计算与自建机房的 TCO 分析和 ROI 对比。

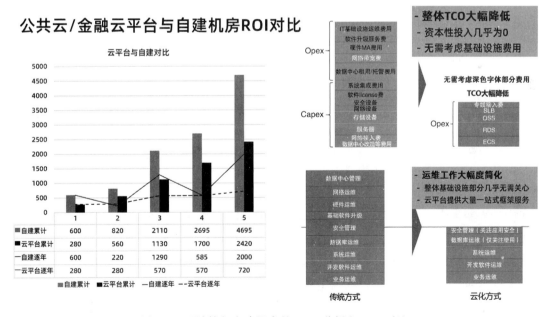

图 7-3　云计算与自建机房的 TCO 分析和 ROI 对比

通过图 7-3 的比较可以看出，在范围确定的情况下，相比于企业自建，使用云计算的成本是大大降低的。虽然不同企业由于情况不同可能对上述内容有所调整，从而得出近似（例如，企业的运维人员已经就绪）或相反的结论（例如，企业有大量的服务器空余资源），但是比较的方法是一致的。

这个分析是完全静态的，因此在考察中，可以再加上时间轴。请看下面这个例子。

在系统随着业务进行扩张的情况下，一个应用系统基础设施自建的成本和业务收益与使用云计算的成本及收益进行比较，结果如图 7-4 所示。

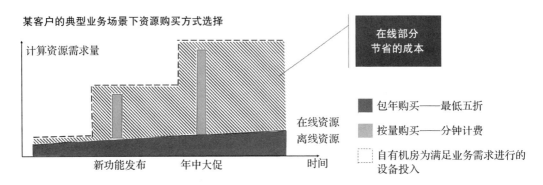

图 7-4　使用云计算带来的成本节约定性分析

从图 7-4 可以看出，即使企业不考虑投入成本，自建数据中心也面临着交付周期的问题，而云计算由于其交付周期约等于 0 天，使得其以时间为横轴的基础设施容量曲线可以尽可能地贴近业务容量曲线。这不仅能在业务发展的过程中为企业节约成本，在业务试错导致容量缩减时，同样将为企业节省大量的成本。

还需要指出的是，云计算的单位算力的价格是在持续下降的，以年为单位来看，这个下降周期非常明显。因此，相对于自建基础设施的固定投入而言，云计算可以做到持续的计算单价下降。

上述分析会带来一个有趣的附加作用，即识别"伪云计算"的存在性。过去，有相当一部分服务商通过提供服务器托管或类似托管的模式来"模拟"云计算服务，将客户的计算资源锁定在某些物理设施上（现在依然有这种情况）。对于此类服务，上述 ROI 分析的很多部分就会产生变化而不再适用。例如，如果服务商将用户的服务资源限定在某几个机柜及某几台物理设备上，将使按需快速扩容、按年持续升级等收益成为泡影。

再从另一个在上述分析中经常提及的维度来考察云计算在运维人力资源方面上的投入产出。云计算对信息技术支撑部门的具体人员能力调整并不太大，除了不再需要针对"物理设施"的运维人员外，其他人员的技能得到延续。同时，会使一些人员的工作更有效率，因为云计算通过统一的控制台整合了在传统过程中分立的内容，而一个随业务发展而成长的信息技术部门通常没有时间和资源去进行这种整合。

可见，获得一个统一、完整的计算平台，并使得支撑部门进一步专业化所投入的成本非常有限，但是却可以持续享受到基础设施层面、基础设施运维层面和基础设施专业化管理能力层面的提升。

在这些投入产出分析中，经常存在一个关键争议，这一争议使得问题变得更加复杂：云计算作为服务，不再被企业完全控制。接下来，我们从如下几个角度对这个争议进行分析，分析的结果并不是强求大家使用公共云计算方案，而是避免这个问题超出其讨论的理性限度。

- **关于控制，怎样的控制才是企业要求的**。控制最终都是要落实到资源、制度和人员上的，企业内部对资源（资产）、制度和人员的控制能力是否真的可以不付出巨大的成本而达到与专业服务商一致的能力？
- **关于定制，怎样的定制是企业必须实行的**。公共服务显然不如企业自建有更大的定制可能性，定制本身有额外的成本投入和时间投入，不恰当定制需求还可能导致交付问题，要确保这些方面得到充分考察。
- **关于自主，企业需要在哪些方面充分自主**。专业化分工导致企业在很多方面无法自主，自主带来的额外成本投入最后会形成怎样的收益？这样的投入产出是否具有可持续性，以及是否能产生量化的分析结果？

由于目前关于上述三个问题的讨论在很长一段时间内无法得到普遍认同的答案，因此，我们想表达的并不是否认"自主可控"需求的合理性，而是在企业关于上云的讨论过程中，不应轻易否定多种选择的存在，并忽略自主可控背后会产生的巨大附加成本。在经过充分沟通和讨论，并在分析合理和满足合规要求的情况下，企业当然有权选择最合适的方案满足多样化的需求。在这种情况下，所有的因素都得到了关注，而不是被忽略。

3. 基于 PaaS 的云计算

前面提到过，云计算服务商除了提供针对基础设施的公共云和专有云服务外，也会提供一些平台级技术能力。这些能力的提供同样可以分为公共云 PaaS 服务和本地部署（一般并不依赖于专有云平台）两种情况。对于后者而言，可以视为某种类型的软件平台输出，因此不是本节介绍的重点。在使用通过公共云方式提供的 PaaS 服务的时候，一个最主要的技术点是，相比 IaaS 平台，企业客户不仅要忽略底层的物理设施的运维和持有，连相关的计算、网络和存储等也不能再直接控制，在享受便利的时候，确实丧失了不少定制和控制力，其 ROI 分析过程也可能因此而更加纠结。

从实际的使用情况看，大部分选择使用 PaaS 的用户会通过大幅度提升的使用便捷度和交付效率而成为 PaaS 平台的忠实拥趸，只有在不得已的情况下，才会放弃云服务商提供的 PaaS 服务，转而通过 IaaS 层面自行部署。分析这样的过程，会发现三个明显的特征：

- 对于大部分 PaaS 服务而言，自主部署、调优和运维的过程不仅非常烦琐，而且文档资料较少，社区往往会提供更多的使用资料；另一方面，使用者一般只是使用，并不会进行代码级的定制和修改。于是，使用 PaaS 云服务显得极为省心。

- PaaS 服务的容量估算并不容易，用户从少量使用到大量使用的过程往往有很大的不确定性，自行部署通常会带来的资源消耗往往是初期过度、后续不足，加上资料缺乏，因此，使用 PaaS 云服务显得极为便利。
- 云服务商的 PaaS 服务的控制台和其他控制台高度整合，提供了一站式的管理能力，并且简化了传统的需要使用命令行或独立控制台的使用方式，使得大部分日常运维工作更加简便。

目前，影响 PaaS 服务使用的因素也是很明显的：

- 使用云服务商的 PaaS 服务，意味着要向专业人员让渡一部分控制权，因此底层调整、版本更新和参数设置等都依赖于云服务商提供的 PaaS 配置的丰富程度。习惯自行安装的企业会有不适应感。
- 让渡部分控制权，也意味着在出现故障的情况下，只能依赖于云服务商的服务。有些情况下，在故障问题不明确的时候（是自身应用问题还是 PaaS 平台问题），云服务商解决问题的周期会很长。
- 在云上和云下的相互迁移过程中，使用云上 PaaS 服务可能会面临连接和兼容这两方面的问题，即担心是否能够做到能上能下，以及是否能和已经完成的开发工作完全兼容。

最近几年，提供更加丰富的 PaaS 服务已经成为主流云服务商的一项重要工作，包括对象存储、各类数据库、中间件服务以及容器服务等在内的各项服务，都成为行业竞争的焦点。云服务商在这方面也进行了大量的改进工作，例如：

- 提升客户自助进行参数配置的能力，尽可能在使用层面保持和自行部署的一致性，使得用户的使用过程更加贴近传统过程。
- 提升 PaaS 平台相对于标准化的自行部署同类平台的一致性，使得线下自行部署的平台及其上的软件应用可以无缝迁移到云上。
- 强化监控和管控能力，将一些通常需要额外购买或安装的管控工具集成在云平台上，配合企业使用"一个控制台"和"一套权限策略"完成所有工作。

服务商在上述方面走到了哪一步，是需要技术管理层认真评估的，以免出现让渡了控制权却没有享受到应有的便利的情况。

相比于"开箱即用、简单调整"的 PaaS 服务，另一类 PaaS 服务就显得更加复杂，这些 PaaS 服务往往带有相当的技术前瞻性或者业务前瞻性。在技术管理层面对此类 PaaS 服务的时候，不仅需要考虑设施和运维层面的问题，还会涉及应用架构和开发层面的问题，需要大幅度调整体系架构和代码才能充分发挥此类 PaaS 服务的能力。这会额外增加如下 ROI 分析的要素：
- **额外的收益**——PaaS 背后的前瞻性、方法论、扩展性以及各类技术优势。
- **额外的投入**——代码修改、开发习惯修改、人员技能以及架构大幅调整。
- **不确定性**——平台的生命周期、持续维护、可上可下的能力、业务适应性。

4. 基于 SaaS 的云计算

PaaS 层的云计算服务的 ROI 分析是最为复杂的，对现有技术体系的影响也比较大，尤其是相对于 IaaS 层面和 SaaS 层面而言。

使用 SaaS 服务，一般意味着通过 API 方式直接应用外部服务。这种模式在云计算还不是主流技术选项之前就已经存在了，企业间有了系统、网络，就开始了广泛的对接工作，这些工作本质上都是 SaaS 服务。对于那些因为本企业没有能力或者没有资质，只能通过外部服务来进行系统对接从而打通上下游的过程，我们就不再赘述了。这里的重点在于，在那些看起来似乎并非关键领域的方向上，如何对 SaaS 服务进行 ROI 分析。

首先，从不重复发明轮子的角度看，对 SaaS 服务市场有了整体性的了解之后，从企业 IT 管理的角度，对于任何需求，都应该从是否有合理的 SaaS 服务能带来如下两项收益来考虑：

- 行业成熟度如何，从而决定是否需要发明轮子。
- 应用范围如何，从而决定是否需要应用 SaaS 服务。

对于 SaaS 服务，尤其是云计算服务商提供的 SaaS 服务平台，其核心在于通过集中市场的方式，降低选择和评估成本。因此，技术管理层在决定使用 SaaS 服务之后，哪怕仅仅是一个 SaaS 服务，立即需要评估的投入要点是：

- 制定 SaaS 服务接入规范和管理流程，并融入整个 IT 体系。
- 对 SaaS 服务提供一个整体的评估体系，主要是在 SLA 方面。
- SaaS 服务的收费标准相比自研的 ROI 分析，可以参考上述 IaaS 或 PaaS 的分析过程。
- 对关键 SaaS 服务，寻求备份策略，即针对主要 SaaS 服务通道，要有一个备用通道。切换最好是自动化的，或可以通过开关快速实现的。
- 即使是云服务商 SaaS 市场提供的服务，也需要确认背后的真实供应商情况。

收益方面不再赘述，毕竟对于那些并不在关键业务路径上的 SaaS 服务，其直接接入的能力也是充满诱惑力的。

5. ROI 分析举例

在为某个客户进行技术层面的 ROI 分析时，除了费用上的分析和比较外，还可以从企业要求的"轻资产"和企业面对的"人才少"两个方面列出以下两个云计算带来的额外收益，如图 7-5 和图 7-6 所示。

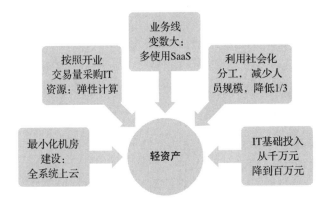

图 7-5　追求轻资产的金融企业，使用云计算的收益

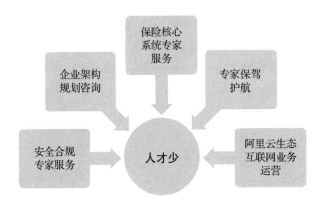

图 7-6　开业期间面临人才少的情况，云计算服务商能够提供的助力

6.财务

上述 ROI 分析已经包含了大量的财务分析信息。从对财务体系本身的影响来看，财务管理部门需要考虑在公司使用云服务之后，会产生的上述分析过程不包括的投入和产出。这个分析的核心内容是：云服务是一种服务，因此也是按照服务内容进行收费的。这意味着会有表 7-2 所示的投入和产出。

表 7-2　投入和收益对比

收　　益	投　　入
资产投资转为费用支出之后，财务工作的压力大大降低	通过资产折旧的各类调整策略来满足一些公司财务诉求变得困难
使用云服务的费用情况非常透明，而且按实际用量计费	提前的财务计划变得更困难，付费周期和结算周期有可能无法预测
预算及其执行情况可以进行具体比对，甚至明细到具体项目的具体资源上	云计算在使用过程中可能不断变更需求，导致预算失控

(续)

收　　益	投　　入
充值而未使用的云资源账户余额是随时可退的，不计入支出	在充值后无法提前开具发票
如果需要，可以把信息技术部门从成本中心变成创新中心	这个转变既没有那么容易，也不是财务部门可以决定的

此外，财务人员还需要在其他管理部门的 ROI 分析过程中充当咨询者的角色，从而确认 ROI 分析中关于财务方面的结果是合理的。

正确使用云计算的关键，在于理性面对云计算提供的这些灵活性，最初小规模地使用计算能力时，可能会发现预算申请多了，但是随着项目的进行、业务的发展、能力的扩展等，使用量会逐渐增加；即使最初的预算申请多了，省下的也是公司的资金，而且这些费用也可以用于云上其他产品的测试和使用过程。

另一个与财务相关的部门是采购部门，采购部门的关注点一般和财务部门不同，但基本上是一致的。相对于财务部门，采购部门更加务实一些，受到云计算应用过程的影响也会更大。对采购部门而言，使用云计算会有以下三个非常显著的变化：

- **价格**。云计算的价格基本是透明的，因此整体上折扣空间很小。采购人员可以向云计算的商务代表询问关于折扣的信息，但是建议不要抱太大的预期。价格透明意味着黑箱操作的空间很少，对采购人员而言，整体上也更加精确和可控。
- **付款**。大部分云计算都是先用后付的模式，即使在账户中大量充值，如果没有购买和使用，也无法开具账单和发票。因此习惯了先账单后付款的机构，要么调整自身的采购制度，要么寻求云服务商或代理商的支持。
- **把控**。由于云计算的使用特别简单，在财务或采购部门介入之前，可能已经有多个技术团队或业务团队已经使用了云计算。从采购和财务的角度讲，云计算的账号需要统一管控，从而提供更大的透明度，也能避免资源浪费。

7. 人力资源

对人力资源部门的投入产出影响是容易被忽略的一个方面。因为包括信息技术部门在内的其他部门管理层，往往会高估技术带来的优势，而忽略技术也是需要人来驱动的。目前，云计算已经尽可能地贴近传统类似产品的使用习惯，使得 IT 从业人员可以快速使用云产品满足自身的需求；但是云计算的使用还是有一定的门槛的，这要求在应用云计算的企业中，人力资源管理部门需要做一些提前的储备工作。

毕竟云计算是希望沿用现有人员的技术能力的，所以如果企业整体已经走上正轨，人力资源部门就需要分析一下是招人还是内部培养。这两种选择都是可以的，付出的成本也基本相当。对于非初创企业而言，更加推荐通过培养的方式，而不是重新招聘。因此，和云计算服务商协商一个培训计划（大概率是个收费服务）是必要的，积极安排参加一些云计算相关的论坛或峰会也是必要的。培训和培养的过程也是筛选的过程，通常喜欢沉浸在技术中的人会更加专业，而喜欢挑战未知的人更适合创新。云计算最初往往用在创新业务上，从这一点来看，两者还是很契合的。

如果是采用招聘的方式，除了正常考察之外，以下五个特质值得依次考量：

- 是否有使用和应用规模化云计算的能力。
- 是否对传统信息技术领域非常熟悉，能够触类旁通。
- 是否有较强的动手能力。
- 是否愿意付出更多的时间去主动学习。
- 愿意分享知识。

8. 业务部门

通常情况下，是否使用 IaaS 层面的云计算技术，不属于业务部门考察的范围；在 PaaS 层面上，业务和技术部门的决策同等重要；SaaS 则更多地由业务部门驱动。业务部门有自身的 ROI 分析策略，仅在云计算这个问题上，业务部门也可以获得一些额外的产出。

IaaS 层的产出核心是明确投入。在业务 ROI 分析的过程中，往往很难衡量真正用于信息技术的投入是多少。在传统技术框架下，机房的成本如何分摊，网络的成本如何分摊，为何有些系统可以有 100M 的独享带宽，而某些系统只能共享零星的带宽呢？如果使用云计算，这些问题基本都可以得到解决。（但人力资源方面的问题仍然不能解决，信息技术部门领导的薪资如何分摊呢？）信息技术部门通过云计算的方式，基本上把自身从成本中心提升成为创新中心，也就是说，信息技术部门是有能力（因此业务部门也有能力）精确地衡量某项业务的信息技术投入的。因此，再也不会出现业务人员要求进行系统扩容，而信息技术部门则以设备容量或采购周期来搪塞的情况了（当然，财务预算也是要考虑的）。只要业务部门有理由和费用投入，技术部门就能够快速提供几乎无上限的资源。

PaaS 产出的核心是业务能力。没理由在没有任何业务需求的情况下使用 PaaS，因为无理由地使用 PaaS 意味着信息技术部门要主动承担不必要的成本；PaaS 的背后都是有某种业务逻辑的，因此业务部门需要评估从 PaaS 的实施中获得怎样的业务能力。如果某个 PaaS 平台（或者某种技术体系）在相关的业务领域有一定的实践，那么一定要和供应商讨论一下这个 PaaS 平台能解决怎样的业务实践，并且请对方中肯地给出这种业务实践真正落地所需要的业务成本投入和周期。

采用 SaaS 服务就简单得多，以前是业务部门提出一些需求，但信息技术部门没有能力支持。例如，在若干年前，是没有可能获得比较官方和准确的天气信息服务的。现在，只要业务部门能够主动了解和发现一些 SaaS 服务，并驱动技术部门进一步加以选择和评估，技术部门总是会拿出更多的可选项。SaaS 提供了更大的可能性，不仅仅是现实的可能性（找到一个 SaaS 服务），也包括了潜在的可能性。

对业务部门（也包括技术部门）而言，最终是否使用云计算在技术管理层是个决策问题，决策问题就没有最终的对错可言。但是正如在公司战略层分析中提到的，云计算是传统信息技术解决方案之外的一个新的可选项，而且当前已经是成熟的技术方案。忽略一个可选项是没有必要的。

7.3 执行层 ROI 分析

最后我们回到执行层的 ROI 分析。执行层一般无法左右是否使用云计算，但是当云计算的使用成为决策意见的时候，他们也需要具体落实。由于云计算只是技术选择之一，很多传统方案也是可选项，因此在执行过程中，有相当大的选择权力。这种权力可以体现为：

- 可以降维使用云计算能力。也就是说，在云计算的 SaaS、PaaS 和 IaaS 三个层次中，如果上层能力的 ROI 分析结果较差，可以选择下层能力。例如，当云服务商提供的数据库 PaaS 不能满足需要时，可能会选择在 IaaS 层搭建传统数据库。
- 可以不使用或少使用云计算能力。尤其在混合云场景下，可以更多地依赖传统数据中心中的技术，降格云计算的使用度。例如，当某个应用从小机下移 X86 平台并不容易时，可能要求将此应用保留在数据中心。
- 可以要求更多的投入或更多的变革。因为云计算会带来很多显著的变化，当团队或个人能力还不适应时，会需要适应时间或调整动作。例如，全面上云后的基础设施监控会依赖云服务商的能力，如需要和现有监控整合，可能需要二次开发。

从整体上看，云计算显然会降低整体的 IT 成本，进而降低业务成本和企业成本，但是面向某个具体的执行岗位却不完全是这样。即使具体岗位的成本也因而降低，短期内也有可能出现额外的投入。如果成本降低而无需额外投入，那么也可能导致潜在职业生涯问题。因此，面对上述的某种改变，上云执行人员最重要的是保持开放的心态，从而面对这样一种被证实为有效的技术变革：从长期看，尽早适应远比落后于时代要安全；从整体看，企业利益的提升也必然带来个人利益的提升。

执行层可以包括在上云前提出应用或技术需求的需求人员，上云中使用云计算成果的技术或业务人员，也包括上云后的运维人员。由于涉及面可能广泛，因此以下仅包括技术人员和业务人员，在需求、实施和运维三部分的 ROI 说明。

7.3.1 技术需求方

技术需求方的核心要点在于：云计算提供了一系列开箱即用的能力，这一能力的使用最好是可进可退的。对技术需求方而言，使用云计算意味着预期的部分能力不需要重新构建（无论是自建还是采购），可以在此基础上更专注于自身领域的技术实践，从而降低成本或提升效率。

例如，如果技术需求方是开发团队，使用云计算中的 PaaS 意味着不需要平台的安装和配置工作，而能够直接将自身的精力投入应用开发过程。比如，使用云计算的关系型数据库服务，那么开发团队中的应用 DBA 就可以减少大量的系统 DBA 工作。

整体上，对技术需求方而言，快速和弹性的收益往往大于投入的改造和调整成本。长期看，一个得到广泛应用的技术平台不太会被云服务商放弃，从而能够获得持续稳定的支持。在遇到一些云服务商无法解决的问题时，大部分情况下还是可以回退到传统方案，而代价也不见得很大。

7.3.2 业务需求方

业务需求方的核心要点在于：云计算提供了一系列得到认可的业务实践，使用相关技术可能会获得相应的业务效果。对业务需求方而言，云计算技术支撑的应用才是首要的，这些技术之上的应用和业务逻辑可以作为参考，为实现类似的业务能力提供评估依据，并促使技术部门进行类似的实现。

例如，如果业务需求人员需要进行系统间的广泛集成，而这些系统的集成工作对现有技术部门而言特别复杂，甚至不可能实现，那么云计算提供的自动化机器人（RPA）就是一个参考实现，可以直接使用或要求开发一个类似产品。

整体上，对技术需求方而言，越是痛点的场景、越是广泛的诉求，获得业务能力的收益相比投入就越明显。长期看，中小企业可以从大企业的方案中获得灵感，大企业可以从周边行业的方案中获得灵感，对于用多少和怎么用的问题，往往技术部门投入更多，而业务部门总是有收益的，哪怕是快速试错的效率提升。

7.3.3 技术实施方

技术实施方的核心要点在于：云计算通常大大降低了实施复杂度，而这种复杂度降低依赖于对技术的正确使用和替代方案（workaround）的能力。对技术实施方而言，一个充分应用云服务商完整能力的实施方案会比降维使用高效得多，将使得实施过程更加平稳和顺利，其容错能力也会更高。

例如，如果技术实施中需要进行现有系统的迁云工作，云计算服务大都提供了完整的迁云工具，如数据库、服务器、存储等；云计算服务商还会提供大量的规划方案或迁移方案的参考实践，因此使得迁移工作远比搬迁更容易实现。

整体上，对技术实施方而言，实施云计算与实施其他技术的本质差别不大，不过由于云服务商会针对自身产品的使用提供大量的工具和方案，于是实施的设计或原来的体系越契合云服务商的产品或方案，就越能够提升效率和降低成本；越是固守目前的体系，反而会越不顺利。

7.3.4　业务实施方

业务实施方的核心要点在于：充分放大云计算技术带来的业务改变，在必要的时候推动或大或小的变革来最大化其能力发挥。业务人员不是在实施中等待结果的，为了发挥技术铺垫的业务能力，业务实施需要整合自身和技术部门，不断修正过程中的偏差，并提升其业务价值，降低其负面效应。

例如，使用分布式技术形成业务中台的过程中，业务目标是形成一个个独立的业务中台模块，从而使得未来业务拓展更加灵活高效。一旦实施中因为技术或现有系统的原因，不断妥协业务中台的边界划分，就有必要进行干预，或针对未来修正进行记录。

整体上，对业务实施方而言，对云计算的应用越符合技术预期的业务设想，越能获得更大的产出，但是也不可避免会带来更大的变革。业务创新是有成本的，云计算提升的不是创新的成功率，而是降低了试错的成本。从这个角度上看，实施过程就是快速试错的过程，但是验证成功之后的铺开需要技术和业务做好充分的前期准备。

7.3.5　技术运维方

技术运维方的核心要点在于：云计算的运维过程整体上更加简单和明确，但是有必要掌握或改变运维手段。云计算在运维方面通常不是颠覆而是改进，对运维人员会保持最大的友好，但毕竟和传统是有差异的，要满足所有的运维需求，学习成本是必不可少的。

例如，在基础设施的监控方面，云计算通常不建议使用传统的手段安装监控工具，而是直接提供监控工具和监控平台，熟悉和使用这个平台也需要时间和人力的投入，在出现监控问题的时候，如果要求云平台服务商尽快响应，也需要了解其响应体系。

整体上，对技术运维方而言，使用云计算意味着要面对另一套技术体系，往往有一些更新、更好的东西，也有一些需要改变的东西。使得运维变得更加高效在有些情况下不是使用云计算的初衷，因此技术运维反而需要投入更多的学习和应用成本，从而充分应用云平台提供的各类能力降低后续的运维成本。

7.3.6　业务运营方

业务运营方的核心要点在于：云计算的大部分服务不是针对业务运营的，要提升运营能力，需要向技术运维方提出适应于云计算技术的业务运营需求。对于那些用于提升业务能力的云计算技术或产品，应尽可能将其业务运营工具或能力应用到日常流程中，哪怕需要投入一些额外的成本。

例如，使用云呼叫中心服务的情况下，云计算平台往往为此提供了适合业务人员使用的管理控制平台，而原先这些管理控制手段可能需要通过技术人员才能实行。投入人员学习并应用于实际后，能够提升对此类平台的调整和优化效率。

整体上，这里讨论的不是业务运维而是业务运营。对运营人员而言，应用新技术或新平台往往是为了满足一些业务效率和能力上的需求而导致的变革或变化，运营投入反而有可能更大，因此运营方一方面需要将自己转为需求方以降低运营成本，另一方面要不断发掘提升运营效率的技术或平台可能性。

云厂商视角

使用或准备使用云计算的企业，容易将云计算视为一个技术方面的选择，并更多地考虑技术上的问题。但是，云计算并不仅仅是试图取代传统IT基础设施的一种技术，而是将自身作为企业数字化转型过程中的技术承载平台，不能只着眼于IaaS层面，认为云计算只是虚拟化的一个升级版本。

当企业开始使用云计算的时候，建议企业能够从整体的角度对云计算给企业带来的改变进行分析。如果说前面的内容覆盖了整体的部分、风险的部分、优势的部分，那么这一章是希望通过进一步的讨论，让企业能够以定性或者定量的方式，对云计算给企业各方面、各领域带来的改变进行综合考察。

在现代企业中，对于每个部门甚至每个人，交流、沟通和协作都是重要的工作，因此当一个部门需要引入云计算的时候，应当在各种分析（包括ROI分析）的过程中，对企业其他方面的影响做出一些评估或提示。目标当然不是"用云计算"，而是"如何发挥云计算的价值"，为企业的各类业务提供一个ROI评估更优的方案。

企业视角

ROI是近年来比较热的话题，ROI中的R到底是什么？笔者认为指代销售收入更为合适，企业以销售收入和盈利为目的。比如，Amazon在2017年的营收为1779亿美元，利润30亿美元；而阿里巴巴同年的营收是286亿美元，利润是89亿美元。从营收规模上说，Amazon是阿里巴巴的六倍多，但是利润只有阿里巴巴的三分之一。不是Amazon的利润低，而是其将赚到的利润继续进行投入，带来的好处就是持续的、惊人的营收增加。

说得再简单一些，我们可以"不计成本"地对IT投入，只要企业有足够的营收能力，收入能够保持增长，一切就没问题。和烧钱做营销不一样，企业的IT能力的强大是具有可持续发展性的。

Part2 第二部分

云 之 基 石

  神经元的胞体还有细胞核、高尔基体、核糖体和其他细胞器,承担大部分常规代谢功能。神经元胞体在结构上与非神经细胞并没有很大区别,在功能上可维持高水平的生物合成……人类大脑皮层中每单位面积的神经元数量是非常一致的,大约 80 000 个 /mm^2……总数可能在 3000 亿~5000 亿,较小的哺乳动物的脑较小,是因为所含神经元数量较少,而不是因为神经元体积较小。

——《神经科学》A. 朗斯塔夫著

  神奇的大脑还有太多未解之谜,人类或许在不知不觉中将这个世界复制成脑海中的构造。云计算具有三大核心能力:虚拟计算,更多时候我们称之为虚机;云存储,从某种意义上来说最具有云味道的技术;云上的网络环境,让我们在虚拟世界中约定此疆彼界。这三个核心能力是所有云计算能力的基础,所以我们用一个独立的部分来介绍,读者可以通过这个部分加深对公有云、私有云、传统虚拟化技术的各类差异的理解。

第 8 章 Chapter 8

计算虚拟化

导言：云计算的三大基石分别是虚拟化、云存储和云网络环境，它们是云技术平台的基础，也是 IaaS 层的核心。本章将带领读者了解虚拟化计算的基本原理，这也有助于读者更好地理解 Docker、Kurbernetes 和函数计算等新型的虚拟化和容器技术。

通过虚拟化技术可以将一台计算机虚拟化为多台逻辑计算机。在一台计算机上可以同时运行多个逻辑计算机，每个逻辑计算机可运行不同的操作系统，并且应用程序可以在相互独立的空间内运行但互不影响，从而显著提高计算机的工作效率。[⊖]

虚拟化不仅仅是指计算机/服务器的虚拟化，在使用云计算技术的时候，包括网络、计算、存储在内的大部分 IaaS 服务都是虚拟化的。从狭义的角度来看，上面的定义也是正确的，因为虚拟化的计算资源确实是整个虚拟化体系的基础。

本章将就企业使用云计算技术时涉及的最重要的组件——虚拟服务器（包括以下提及的虚拟化计算资源、弹性计算都是同一个意思）进行讨论。和其他章节一样，我们的关注点不在于具体的技术或者使用方法，而在于对企业上云而言，应如何看待虚拟服务器，以及如何正确使用虚拟服务器。

8.1 云服务商及其计算虚拟化

虚拟化技术不是新鲜事物，早在 UNIX 终端时代就通过将一台计算机的计算能力分配给

⊖ 关于虚拟化的概念，参见 https://baike.baidu.com/item/%E8%99%9A%E6%8B%9F%E5%8C%96/547949?fr=aladdin。

多个用户实现了多用户共享。由于这种能力存在一定的局限性，于是各种虚拟化技术应运而生，其中最著名的是 VMware。类似的技术同时应用于互联网早期的各种服务商提供的虚拟机产品中，在当时，这给了很多对计算能力要求不高但是有较强互联网需求的企业一个快速构建互联网平台的基础设施能力。由于虚拟化技术会带来不可避免的性能损失，于是后来又诞生了容器技术来缓解该问题（图 8-1 给出了虚拟机和 Docker 的主要结构差异），云服务商更进一步提出了无服务器计算的概念，这使计算虚拟化进入了一个更高的层次。

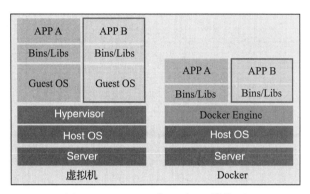

图 8-1　VMWare 与 Docker 结构图

对于大部分企业而言，摩尔定律的存在使单个硬件服务器的能力已经远远超过日常单一应用所需。随着集群架构、分布式微服务架构等技术的引入，这个差距会越来越大。例如，目前主流的两路服务器可以提供 56 个超线程和 192GB 内存，而典型的企业应用通常在 2C/16G～8C/64G 的范围内。因此，硬件资源必须得到复用。

目前的虚拟化技术的核心是两种能力的呈现：一方面是隔离，虽然可以在一个高性能的服务器上运行很多个应用，但是如果这些应用之间没有隔离就容易导致各种问题，因此企业一般都会尽可能地将承载应用的资源隔离开。目前，主流的隔离粒度是操作系统级别，每个应用实例部署在一个独立的操作系统上，使用独立的计算资源（物理的或虚拟的）；另一方面是复用，也就是将高性能服务器的资源尽可能复用起来，使得物理 CPU 尽可能保持高水位的运行状态，同时降低虚拟化技术带来的 CPU 占用。

如果将云服务商提供的虚拟化计算与上面的描述对应起来，那么云服务商基于其大规模的资源池，对物理计算资源进行虚拟化，使得企业可以购买合适的低配置计算资源，同时保证不同企业、不同计算实例之间的充分隔离，并在某些情况下，可以通过复用的方式提升资源利用率。

从云服务商的角度看，虚拟计算产品也是其重要的产品。一般而言，云服务商会提供以下几类虚拟计算产品——通用 X86 架构的云服务器、特殊架构的云服务器和超越传统服务器的其他弹性计算服务，如图 8-2 所示。随着技术的发展，图 8-2 所示的列表会继续扩展，种类多样性的背后是云服务商技术能力的呈现，能够提供的种类越多、每个种类能够提供的可选规格越丰富，意味着云服务商的能力越强大。当然，在这种技术能力的背后，是不同的企业对于计算资源多种多样的场景化要求。

图8-2 云计算服务类别

8.2 企业的虚拟化选择及管理

让我们回到企业在上云过程中，对虚拟化服务器资源（或者也叫弹性计算）的选择及管理这个话题。选择过程可以分为两个部分——选择云服务商和选择配置，这个过程中同时涉及两个部分的管理——资源的日常管理和开通资源的内部管理。

8.2.1 选择云服务商

在选择云服务商之前，企业应该对自身的弹性计算需求有所认知。以一个有一定互联网业务需求的企业为例，其现状如下：

- X86平台是主要的服务器平台。
- GPU服务器是一个需要考虑的方向。
- 容器服务是正在进行评估并准备使用的。

首先，基于这个基础，如果只考虑一个云服务商的话，实际上就排除了无法直接提供GPU服务器和无法提供容器服务的云服务商。之后再考虑符合条件的云服务商在计算能力上能够提供多大的选择空间。

第二，金融企业的互联网业务对安全有非常严苛的要求，不仅涉及互联网方向的安全（南北向的安全），还包括服务器本身的安全、东西向网络安全、云账户安全等方面。云服务商自身的虚拟资源隔离能力、安全体系和合规认证等也是被关注的重点。

第三，要关注弹性计算本身的可用性、可靠性、可扩展性等指标，同时操作界面是否友好、开通资源的速度也是必须关注的。（一个5分钟可以开通资源的云服务商和一个5天才能给企业后台开通所需资源的服务商，显然后者会令人怀疑是否使用了云计算技术。）

随后是与弹性计算资源密切相关的能力评估，包括：
- 备份和克隆能力，云服务商往往称之为快照和镜像。
- API 对接的能力，因为企业有实现自动化运维的需求。
- 监控和管理平台的能力。
- 故障处理和修复能力。
- 业务成熟度和案例。

最后，有两点需要特别说明一下。从事企业的基础设施运维的技术人员都知道，现在 X86 服务器的稳定性相比原来的小型机还是有不小的差距，而且也不像原来小型机那样，只要不关机，用上十年都未必需要淘汰。云服务商目前的虚拟化计算依赖的其实也是 X86 服务器，因此底层 X86 服务器如果出现故障导致虚拟机宕机，那么能够以多快的速度恢复虚拟计算资源的可使用状态，以及云服务商是否经历过大规模的服务器过保及虚拟机迁移过程，从而保证虚拟计算资源不受影响，就显得非常重要了。

在企业上云的过程中，说虚拟计算是核心关键点毫不为过，而云服务商虚拟计算提供的能力往往覆盖了传统 IT 体系下服务器之外的很多内容，云服务商提供的其他 IaaS 方面的产品、能力也大多围绕虚拟计算产品，因此这方面的考察通常需要慎之又慎。

8.2.2 选择配置

和选择云服务商时要考虑大量的周边因素不同，选择配置是一个技术活，至少在虚拟服务器这个层面，一个有传统虚拟化经验的 IT 运维人员基本上可以快速胜任这个工作。但是，这里仍然有一些需要注意的地方。

首先是云服务商提供的计算资源的能力保障。此前说过，虚拟化技术的核心一方面是隔离，另一个方面则是复用。早期对云服务商的诟病之一是云服务商的主要利润来自虚拟资源相对物理资源的超售。这种观点大部分情况下是不正确的，同时受到了传统上使用 VMware 过程中超配这种常见行为的惯性思维影响（VMware 体系在传统 IT 环境内的超配是个博弈的结果而不是正确的选择）。但是，在选择计算资源的时候，资源的能力保障仍然是需要考虑的方面。

云服务商通常有一个主流的虚拟化计算产品，在这个主流的虚拟化计算产品之外有很多种衍生模式：
- 根据计费方式延伸，如竞价实例。
- CPU 能力的延伸，如突发性能实例。
- 底层物理资源相关，如专用主机、裸金属服务器和弹性裸金属服务器等特殊类型。
- 非 X86 架构，如 GPU/FPGA 等（这里不一一列举，因为发展实在太快）。

限于篇幅,这里不对每种模式进行详细描述。我们主要关注对企业使用而言最重要的、基于 X86 平台、性能长期稳定的虚拟服务器产品。

大部分云服务商都能够提供不同规格的 CPU 和内存能力,常见的列表如图 8-3 所示。

架构:	x86 计算	异构计算 GPU / FPGA	弹性裸金属服务器(神龙)		
分类:	通用型	计算型 内存型 大数据型	本地 SSD 高主频型	入门级(共享)	
规格族		实例规格	vCPU	内存	
●	通用型 g5	ecs.g5.large	2 vCPU	8 GiB	
○	通用型 g5	ecs.g5.xlarge	4 vCPU	16 GiB	
○	通用型 g5	ecs.g5.2xlarge	8 vCPU	32 GiB	
○	通用型 g5	ecs.g5.3xlarge	12 vCPU	48 GiB	
○	通用型 g5	ecs.g5.4xlarge	16 vCPU	64 GiB	
○	通用型 g5	ecs.g5.6xlarge	24 vCPU	96 GiB	
○	通用网络增强型 sn2ne ⓘ	ecs.sn2ne.large	2 vCPU	8 GiB	
○	通用网络增强型 sn2ne	ecs.sn2ne.xlarge	4 vCPU	16 GiB	

图 8-3 云服务器规格选择列表

部分云服务商承诺其提供的 vCPU 的能力是独占的,这一特点会给企业带来更大的安全感。例如,有的企业在产品描述中提到:"企业级实例具有性能稳定且资源独享的特点,在企业级实例中,每一个 vCPU 都对应一个 Intel Xeon 处理器核心的超线程。"这样的特点是企业非常感兴趣的,也体现了云服务商的技术实力。

当然,仅仅关心 CPU、内存是不够的,还有一些辅助信息是我们在选择配置的时候需要注意的,如图 8-4 所示是处理器的选择。

处理器型号	处理器主频	内网带宽	内网收发包
Intel Xeon(Skylake) Platinum 8163	2.5 GHz	1 Gbps	30 万 PPS
Intel Xeon(Skylake) Platinum 8163	2.5 GHz	1.5 Gbps	50 万 PPS
Intel Xeon(Skylake) Platinum 8163	2.5 GHz	2.5 Gbps	80 万 PPS
Intel Xeon(Skylake) Platinum 8163	2.5 GHz	4 Gbps	90 万 PPS
Intel Xeon(Skylake) Platinum 8163	2.5 GHz	5 Gbps	100 万 PPS
Intel Xeon(Skylake) Platinum 8163	2.5 GHz	7.5 Gbps	150 万 PPS
Intel Xeon E5-2682v4 / Intel Xeon(Skylake) Platinum 8163	2.5 GHz	1 Gbps	30 万 PPS

图 8-4 处理器及其他相关信息列表

其次是考虑操作系统和存储(磁盘)的选择。对于企业而言,选择操作系统时一般有两种策略。对于新开发上线的系统,一般遵循选新不选旧的原则,以避免在操作系统厂商不再提供更新服务的时候,无法修复出现的漏洞。对于现有系统上云,一般应简单做一下测试和评估，以决定使用新的操作系统还是原来版本的操作系统。如果系统过于陈旧，无法重新部署（虽然企业的 IT 团队一直在避免出现这种问题，但总是有漏网之鱼），那么这时候通常需要和云服务商确认是否能够上传本地的虚拟机镜像。

磁盘的选择是个技术活儿。主流云服务商的磁盘是可以扩容的，这意味着开始的时候不用购买太大的容量，以控制成本。但是，磁盘扩容是要重启实例的，所以频次也不能太高。一般建议选择 3～6 个月够用的容量，随后设定一个阈值监控，避免磁盘满造成的服务中断。由于现代应用设计趋于复杂，并不推荐应用的本地磁盘存储太多内容，因此除了应用软件的部署之外，大部分情况下只是把磁盘作为临时日志存储。

最后是付费方式的选择。现在，云服务商的主流付费方式有三种：按量、按月、按年（也有其他方式，但不过都是锦上添花而已）。对于开发、测试、验证这种即用即停的工作，一般选择按量付费（有时候这会带来预算和费用上的问题）。在按量付费方式下，如果使用时间很长，那么相比按月或者按年付费就显得不划算了，因此如果使用按量付费方式，IT 部门最好要求运维人员设定一个释放时间。

按月付费是常用的模式，一方面这种模式和财务过程比较容易匹配，另一方面是虚拟计算产品在续费的时候变配比较容易。对于那些常常会调整的互联网方向的业务，按月调整很容易和业务计划、IT 上线计划等匹配起来。此外，企业应用上线的时候，通常不太容易预估计算资源的量，这时可以先选择按月购买，累积几个月的性能和容量数据后可以得出一个稳定的服务器需求。

如果对容量规划有信心，那么按年购买通常可以享受一定的折扣，这是比较划算的。比较成熟的云服务商也支持在包年期间进行资源的变配，这实际上对企业是非常友好的。但是，如果最初容量规划得太大，那么在包年期间降低配置或者清退实例并退费时，操作、计算等都不那么方便，因此通常建议仅在容量规划比较稳定的情况下选择包年（或者企业把容量规划做得更精确一些）。

我们不太建议冲着云服务商的折扣提前锁定长期的云资源，一方面，云服务商几乎一直都在降价，长期锁定云资源无所助益；另一方面，因折扣而采购多年的资源对财务也不友好，这类似于传统的一次性采购 IT 服务器资源的模式；最后，长期锁定几乎会丧失云服务最重要的弹性和敏捷特性，因为变配会变得更为复杂。

8.2.3 资源管理

云服务商提供的资源管理能力让企业的大部分运维人员觉得相当友好，因为一站式的控制台整合了一个企业 IT 基础设施管理的方方面面，他们再也不需要打开各种各样的硬件 Console 界面，不用熟悉各种各样的配置命令、操作过程，甚至用户的多个（不同授权的）用户名和密码的管理工作也可以一站式搞定。

从资源管理的角度，在企业大规模上云的时候，我们需要做下面一些工作来强化管理。因为云服务商虽然提供了比较大的自由度，但是对企业而言，有时候太多的自由度反而有害，需要从单一企业场景的角度上做一些收敛。

首先是容量管理方面，虽然弹性计算服务可以提供上百种配置能力，但是这给预算、付费和日常管理都带来了压力。以前用 VMware 的时候，配置过程可以更加任性，以至于有一次查看配置清单的时候发现几乎每一个实例的配置都不尽相同。因此，我们的经验是在使用云计算之前，对服务器的规格必须要形成一个内部标准。我们统计了上云各个系统的大致容量要求，随后形成了近十种典型配置。考虑到在集群环境下，系统可以从横向和纵向两个方面进行扩容，因此对系统交付团队而言，仍然可以满足其容量的各类需求。

其次是资源的管理，包括命名、标签和不同项目的资源划分。云服务器都有一个云服务商自己的 ID，在遇到工单等需要云服务商干预的时候，这个 ID 是唯一的标识，但是这个标识对企业的管理而言太冗长，且没有任何含义。因此，从企业角度而言，实例的名称应通过规范化的定义来清晰地标识服务器的用途。一些云服务商提供了额外的服务器分组、标签等功能，应用这些功能可使服务器的标识能力更加强大。

最后，我们将管理分为如下几个层次：

- 对于不同的环境和不同的子公司业务，使用不同的 VPC 进行隔离（例如，"开发环境 – A 公司"就是一个 VPC）。
- 为不同的系统群的不同服务类型做好网络规划（例如，为数据仓库系统群的前台应用服务器规划一个独立的网段）。
- 所有服务器都有一个统一、标准的名称（例如，BPM_ 测试环境 _Web 项目）。
- 根据实际需要，添加一些便于查找的标签，不严格要求（例如，单机测试环境、部署多个测试应用；允许随时停机维护）。

这样，企业就可以通过多个侧面进行筛选和管理，兼顾标准规范和自定义能力。从 IT 管理角度来看，这一部分工作非常重要，企业和 IT 系统在迅速发展过程中，从几十台服务器扩展到几百台，再到成千上万台，这些是必须依靠自动化来进行管理的，因此标签化能力、应用云服务商的 API 以及企业自身的 IT 管理能力缺一不可。

在日常监控和管理方面，云服务商提供的监控、告警、子账户和权限等对于企业而言必不可少。尤其是，企业在传统环境下构建这些功能是比较费时费力的，但在云计算场景下则立即可用。云服务商提供的功能即使稍微有点欠缺，但整体上能够满足要求即可。

在这个方面，运维团队也做了一些区分：

- 对于高度敏感的监控项，设置了阈值告警，告警将通知基础设施运维团队和应用运维团队，使他们在第一时间知晓问题。

- 对于一般的关键信息监控，利用云服务商提供的监控大屏功能做了一个大屏展示，运维团队日常可以关注上面的曲线。如图 8-5 所示。

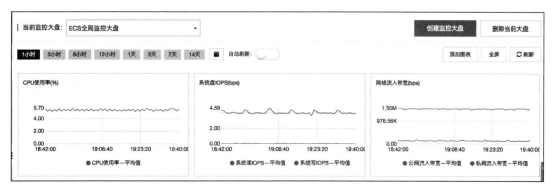

图 8-5　云服务商的监控大屏功能

- 运维值班人员每天都会登录控制台，对一些关键信息进行检查，例如账户余额、安全告警、续费通知和官方通告等。

后面的章节也会从企业角度来详细介绍如何进行基于云计算的运维。

和创业公司不同，企业对于资源涉及的费用、账单是有严格的管理的，有时候还需要进行核对。通常，云服务商提供的自助查询和导出能力，使这个过程变得更加便利。每个月导出上个月的资源，一方面可以保留一份信息来满足财务、审计等方面的要求，一方面也能保持对整体的资源情况的了解。

站在企业角度，关注每个月的云上消费情况是很重要的。和传统线下服务器买了就持续使用不同，云上的弹性会导致每个月的费用产生变化。如果当月的费用出现了明显的异动（增长或者降低），那么运维团队必须知道发生了什么，以及发生的事件是否合理。图 8-6 给出了云产品订单信息列表，从中可以了解每个月的云资源消费情况。

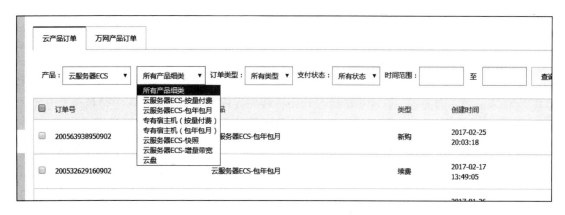

图 8-6　云产品订单信息列表

8.2.4 内部管理

对于基础设施实施统一管理的企业而言，系统开发团队是无法自行开通所需云资源的。这并不是说自服务不好，而是因为云计算厂商提供的能力有时候过于灵活，如果企业不加以限制，很容易导致管理失控。如果团队需要进行一些简单的探索和测试，可以考虑额外申请一笔较小的预算，让团队自己开设一个独立的账号去尝试。

由于企业自身已经具备基础设施管理流程，因此在上云过程中，只是对原有流程进行一些针对性的调整，整体上还是延续既有的申请、审批、开通、使用流程。云上的内部管理流程与传统模式的不同之处在于：

- 在资源的申请过程中，配置规格都以云服务器的规格表述（最初可能会有点不适应，但很快就能够接受）。
- 允许项目组提出特殊规格的要求（项目组可以通过独立的试用账号去了解云服务器的所有规格和能力），但是这需要进行额外的评估和审批。
- 允许应用开发和运维团队自定义一些标签，这些标签会维护在云服务商的系统内。
- 日常会定期通报资源利用率，对于过大（但是没有超过监控阈值）或过低的负载，需要应用开发和运维团队予以澄清。
- 应用运维团队会得到严格控制授权的子账号，可以进行日常的监控和控制台操作，但主要运维方式仍然是通过堡垒机登录操作系统进行的。
- 监控、备份、安全等工作都是预设的统一策略，但是允许运维团队在控制台做临时的备份、提出特定的安全需求等。
- 对资源的释放进行严格的控制，以避免数据或应用的损失。

应该说，使用云服务商的虚拟计算资源对整个 IT 管理流程的冲击是很小的，更多的流程上的规范反而来源于云服务商提供的较大灵活度。如果不加以控制，很容易导致这种灵活性被滥用，带来基础设施资源管理上的失控。

8.3 虚拟化的动态侧面

在使用云服务商的虚拟计算资源的过程中，我们发现，这个服务实际上包括两个方面的内容，一方面是静态的部分，另一方面是动态的部分。

静态的部分在前面已经有比较充分的说明，资源的选择和管理等都属于静态部分，这和传统 IT 稍有不同，但是很容易对应理解。但在实际使用过程中，动态部分则往往与传统 IT 的认知有很大不同。我们的实践证明，如果能够正确使用动态部分，可以极大地发挥云计算的优势，但也必须合理使用，以避免产生问题。

最初我们关注到的动态方面来自于两个部分。

1. 弹性伸缩能力

动态一方面来自弹性伸缩能力。阿里云对弹性伸缩的描述如下：

弹性伸缩（Auto Scaling）是根据用户的业务需求和策略，经济地自动调整弹性计算资源的管理服务。弹性伸缩不仅适合业务量不断波动的应用程序，也适合业务量稳定的应用程序。

- 可以监控您的集群，随时自动替换不健康的实例，节省运维成本。
- 可以管理您的集群，在高峰期自动增加 ECS 实例，在业务回落时自动减少 ECS 实例，节省基础设施成本。
- 与 SLB/RDS 紧密集成，自动管理 SLB 后端服务器和 RDS 白名单，节省操作成本。

金融公司的互联网业务有很明显的周期性波动，其前端服务会出现周期性的高峰和低谷；同时又有一些意外的波动，比如会出现突发性的业务高峰。经过评估发现，合理使用弹性伸缩技术，就可以用比较低的成本来应对这样的不均衡；同时，使用弹性伸缩需要保持一个合理的架构，并且会增加一些配置工作（及其维护和管理）。因此，在我们的实际场景中，没有大规模使用弹性伸缩，而是在那些会出现意外业务高峰的前端业务上使用，并且会进行一系列上线前的压力测试来保障其实际效果。

另一个方面则是通过管理手段，在系统的容量规划和管理方面充分利用云服务器的弹性能力。图 7-4 中的黑色包络线是传统 IT 资源规划的方案，即按照未来一段时间的最大峰值采购服务器资源，而如果采用云计算的模式，就可以根据实际的业务情况通过日常流量的包年/包月购买的方式和特殊时期的按量购买的方式来满足企业的 IT 需求。

由于企业的传统 IT 预算和容量规划体系是根据图 7-4 中黑色虚线包络线的模式构造的，在做 TCO 分析、云资源预算和服务器规划的时候，往往会更多地强调云资源的运维和成本上的优势，而忽略云资源动态匹配业务容量带来的成本节约。因此，为了能够更好地发挥云计算的这部分优势，我们议定了如下一些方案：

- 针对系统的开发、测试环境等工作，从较低配置甚至共享型配置开始购买，根据实际需要逐步扩大容量。
- 系统上线时按照短期可用的容量要求进行规划和配置，同时对系统的压力情况进行监控，避免过度规划造成资源浪费。
- 横向扩容和纵向扩容并行，并且在无法确认有持续压力的情况下，优先进行横向扩容（增加更多的服务器构建集群，而不是升级现有服务器）。
- 如果有预知的业务活动，采用临时横向扩容的方式提升容量，并通过按量付费的模式承载。
- 始终关注云服务商提供的其他动态能力，例如抢占实例、按量付费停机计费模式等，以便随时根据需要调整容量策略。

2. 虚拟服务器的能力演进

动态的另一个维度是虚拟服务器的能力演进。云服务商为了保障其服务品质，通常会不断更新其产品，包括性能、规格和能力等方面的更新，甚至不断降价。同时，云服务商也会不断地从技术能力和底层资源两个方面进行升级。如果说技术升级是向下兼容的，那么底层资源的升级会导致一些规格在未来不再售卖（虽然云服务商会支持续费，也会提供维护，但总会有一些方面不如新的规格好用）。

因此，当前云服务商提供的虚拟服务器和一年后所能够提供的虚拟服务器通常会有很大的不同，这也是此前提到的在采购时最多以年为时长来购买虚拟服务器的主要原因。由于大部分企业上云的时间还不长，但是从云服务商的视角，已经有一些客户在云上度过了五六个年头，因此给出如下一些建议：

- 关注云服务商的产品升级，及时了解新的技术能力是否有助于企业优化其云上资源结构和应用架构。
- 关注产品优惠和降价等信息，以便在扩容、后续采购、对账时对费用有清晰认知，参与一些大型市场活动也有助于降低成本。
- 新购云服务器的时候，如果发现原来项目所采用的服务器资源规格已经下架，应该制订一个迁移计划，将当前部署在已经不再售卖的规格上的应用迁移到最新的规格上。
- 在适当考虑性价比的情况下，新购的虚拟服务器尽量采用最新规格的服务器（而且这些服务器的性价比通常也是最高的）。

一旦企业开始考虑动态层面的问题，就会发现云服务商对此有大量的解决方案，相比于传统 IT 的机制，它们提供了非常先进的功能，甚至有一些隐含的动态方面的功能，这也是传统 IT 很难企及的，比如快速的宕机迁移能力、云盘的快速扩展和跨服务器迁移能力等。

8.4 以虚拟服务器为核心的产品和解决方案

对于云厂商提供的虚拟服务器，从其内聚的角度看，涉及图 8-7 所示的部分。

作为所有云厂商最重要的产品（可以说没有"之一"），云厂商的主要解决方案都是围绕着虚拟服务器（云服务器）展开的。虚拟服务器配合网络和存储就可以形成一个简单的 IT 环境，如图 8-8 所示。

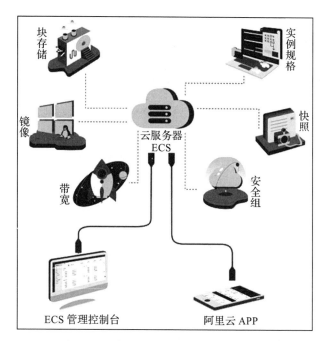

图 8-7 以虚拟服务器为核心的产品类别

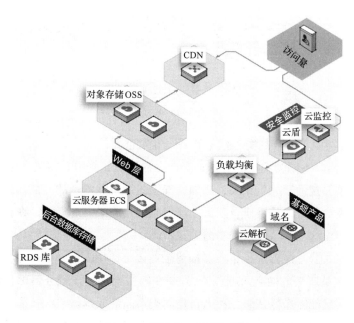

图 8-8 简单的 IT 环境示例

如果企业充分应用云服务商提供的 PaaS 和 SaaS 等平台，还能够形成非常复杂、充分满足运行需要的 IT 基础设施架构，如图 8-9 所示。

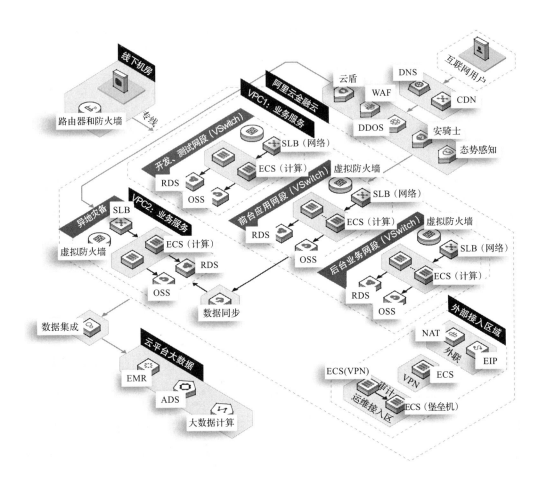

图 8-9 较为复杂的 IT 基础设施架构示例

在选择云服务商的其他产品的时候,有一个非常重要的关注点,就是这个产品与虚拟服务器之间的关系如何。不同的关系决定了这个产品的性质和使用时的关注点。

- **紧耦合关系**:接近于原生相关,例如,安全组和负载均衡的产品。这些产品与虚拟服务器关系极为紧密,是组成企业云上环境基础设施必需的产品,在企业云上架构和应用过程中应对这些产品保持密切的关注。
- **配合关系**:主要是配合虚拟服务器构建企业云上架构,例如数据库、对象存储等。这些产品通常是广义上的 PaaS 产品,只要在网络上和虚拟服务器保持连接,就可以使用它们,而且能够降低在服务器上自建同类产品的成本。
- **几乎无关**:如高防 IP 服务和函数计算等服务,这些服务本质上和虚拟服务器没有关系,提供的服务可以完全与虚拟服务器无关。因此,对企业而言,这些服务对于云上的应用系统架构是松耦合的,可以按需使用或独立使用。

如果企业是初次上云，那么对云服务商提供的虚拟服务器的各类教程或者文档进行充分阅读并配合一些实际的使用是相当重要的。即使是不急于上云的企业，也应该在这个方面进行充分了解，以便做好未来所需的技术储备。

8.5　超越传统虚拟服务器

如果说基于 X86 服务器架构的虚拟服务器是云计算厂商提供的主流方案，那么实际上现在已经有大量超越这些传统的虚拟服务器（云服务器）的产品，可以对某些场景提供更优的选择（某种程度上也需要额外的技术能力）。

- Docker

容器技术以及该技术目前最成熟的方案——Docker，已经成为很多企业的一个技术选择，还有大量的企业正在进行相关评估等工作。关于 Docker 的具体介绍不在本书的范围内，但是这项技术确实是相当重要的。目前主流的云服务商都提供容器服务（并且兼容 Docker），部分小型云服务商提供的是直接的容器服务。

云服务商对 Docker 有两种应用方式。一种应用方式是云服务商提供容器服务，本质上是一个 PaaS 平台，但是底层仍然依赖于虚拟服务器（IaaS 可见），容器服务本身免费或接近免费，云服务商通过其依赖的底层计算、网络和存储资源收费。另一种应用方式是云服务商提供其他一些 PaaS 服务平台，允许直接上传 Docker 镜像，以便立即部署应用系统，但是底层的 IaaS 平台完全不可见。

与之相关的是，云服务商会针对 Docker 的两种应用模式提供大量的周边支持，并且这些支持还在不断演进中。企业对 Docker 的选择有两种模式，一种是完全不关心 Docker 的底层能力，直接使用云服务商的 Docker 服务；一种是保持一个自建的 Docker 进行底层能力的研究，同时应用云服务商的 Docker。考虑到这个技术是如此新颖，发展也很快，因此，第二种模式更适合需要大规模使用 Docker 技术的企业，并且需要对 Docker 底层有一定的了解，这种情况要持续到其完全成熟之后（像数据库那样）。

- GPU

GPU 云服务器是基于 GPU 应用的计算服务，多用于 AI 相关的深度学习、视频处理、科学计算和图形可视化等应用场景，目前商用的 GPU 型号有 AMD S7150、Nvidia M40、Nvidia P100、Nvidia P4 和 Nvidia V100 等，也有一些企业自行用民用的 GPU 搭建其 GPU 服务（云服务商是禁止这么做的）。

企业选择使用云服务商提供的 GPU 服务，主要是因为其弹性强。目前，GPU 服务器的采购、上架、调试、运维和扩容等工程，对于传统 IT 技术设施团队而言都显得过于沉重，而基于 GPU 的技术工作又往往是业务交付时间紧迫的市场开拓性方案中必需的因素。同时，考虑到企业初期对 GPU 的使用容量不可控（如果业务推广不利，那么依赖 GPU 的服务就可能下线；如果业务非常好，那么又需要快速扩容），因此从云服务商这里快速采购 GPU 服务器是一个理性的选择。

抛开 GPU 能力本身，使用 GPU 服务器的过程和使用一般的虚拟服务器的差异并不太大。主要差异是在选型方面，好的云服务商会根据客户的常见需求进行推荐，而且实际使用中，企业自身也应该验证适用性。图 8-10 给出了云服务商提供的 GPU 型号及其对应的功能。

	GA1（AMD S7150）	GN4（Nvidia M40）	GN5（Nvidia P100）	GN5i（Nvidia P4）	GN6（Nvidia V100）
视频处理/H.264	●	●	●	●	●
视频处理/H.264&H.265	○	○	●	●	●
3D图形渲染	●	○	●	●	●
深度学习/训练	○	●	●	○	●
深度学习/在线推理	○	●	●	●	●
科学计算	○	●	●	○	●

图 8-10　GPU 型号及对应功能

- FPGA

FPGA 云服务器是一款提供了现场可编程门阵列（FPGA）的计算实例，基于云服务商的弹性计算框架，用户可以在几分钟内轻松创建 FPGA 实例和自定义的专用硬件加速器。由于 FPGA 硬件的可重配特性，用户可以对已创建的 FPGA 硬件加速应用进行快速擦写和重配，达到低延时硬件与弹性伸缩的最好结合。

相比 GPU 而言，FPGA 是一个更加小众的虚拟服务器产品，懂得 FPGA 应用范围的技术人员在这个方面一般会和云服务商的产品研发团队同样专业。就目前的情况而言，对于以云服务商的 FPGA 提供的动态能力为契机使用 FPGA 服务的团队，建议直接联系云服务商的销售代表或售前人员以获得必要的信息。

- 批量计算

批量计算（BatchCompute）是一种适用于大规模并行批处理作业的分布式云服务。BatchCompute 可支持海量并发作业，系统自动完成资源管理、作业调度和数据加载，并按实际使用量计费。

这个服务也依赖于底层的云计算服务器，但是提供了大规模分布式的并行批处理能力。

目前，在阿里云上常使用这个产品的行业是视频渲染和基因计算。和 FPGA 一样，作为一个小众产品，在产品能力和企业需求基本匹配的情况下，寻求云服务商的直接支持是比较有效的途径。与之相关的，不同领域的企业经常关注云服务商提供的各类解决方案，一些行业通用方案可以为云服务商用新的技术、方案等提供更高效的解决渠道，这也是云服务商动态侧面的优势之一。

- 函数计算

函数计算是目前无服务器计算的一种主要实现，它是事件驱动的全托管计算服务。通过函数计算，不需要管理服务器等基础设施，只需编写代码并上传。函数计算产品会准备好计算资源，以弹性、可靠的方式运行代码，并提供日志查询、性能监控和报警等功能。借助函数计算，企业可以快速构建任何类型的应用和服务，无须管理和运维。而且，企业只需要为代码实际运行所消耗的资源付费，代码未运行则不产生费用。

如果说上面那些产品还是 IaaS 可见的基础上的 PaaS 服务，那么函数计算就是虚拟服务器领域 IaaS 不可见的 PaaS 服务的主要代表。关于函数计算，在下面会进行重点介绍。这里需要说明的是，目前，虚拟计算领域的发展已经超越了 IaaS 层面，我们在这里并没有继续列举更多的虚拟计算服务产品，因为未来这方面的发展仍然会很迅速、很快捷。

云厂商视角

虚拟服务器，也就是常说的云服务器，是云服务商提供的弹性计算方案的基础。判断一个云服务商有多优秀，有两个重要的视角，一个是其提供的产品服务的覆盖度（广度），另一个就是其提供的产品服务的品质和能力（深度），而后者中最容易被横向比较的就是云服务器。

云服务器在目前实际上已经成了一个标品，但是各个云服务商提供的产品还是有明显差异的，这些差异不存在于 CPU 和内存等方面，更多的是在网络、磁盘等与之密切相关的周边产品方面。围绕云服务器业务的生态越是具体和完整，企业的上云就会变得越加有效，我们也就越能够体会弹性计算带来的独特优势。

本章关于实际操作的内容并不多，因为几乎每一个云服务商都能够提供完整的帮助文档（如果企业的技术人员按照云服务商的文档仍无法正常开通并使用云服务器的话，建议就不要考虑这个云服务商了）。而且，云服务商在这方面的能力迭代确实比较快，即使是云服务商的原厂团队，每个季度也需要关注产品的演进情况。

企业视角

虚拟化技术和芯片技术一同发展，使计算能力得到了充分释放，或许这就是所谓"云的真谛之一。从企业角度来看，管理虚拟化资产和管理传统硬件相比，并没有太大不同，某些方面会更加简易，因为资源是集中的，便于统一管理。笔者始终认为，使用云计算的能力能够减少很多让自己劳心劳力的事情，无论亚马逊、微软、谷歌，还是阿里云、腾讯云、华为云等，其自身的IT能力都是业界翘楚，所以其云计算能力会深受其影响。在很多基础管理方面，企业只要坐享其成就可以了。我们可以大致认为，对于大部分企业而言，越底层的硬件和软件技术越不要去碰。随着企业规模扩大，当需求和技术能力达到一定深度和广度之后，则要针对底层的硬件和软件技术进行下探，以便拥有更多核心竞争力。

第 9 章

云 存 储

导言：云计算中的存储或许是和传统技术差异较大的一个方面。在云计算早期发展阶段，云存储是真正的"云"，不用知道在哪里，但是一定在那里。现在，云存储已经发展出更多的细分产品和特性，本章将详细介绍云存储的各类形态和适用的业务场景。

我们已经介绍了计算部分，接下来我们聊聊存储。提到传统的企业 IT 架构，很常用的一个词是 IOE，即 IBM 的服务器、Oracle 的数据和 EMC 的存储。其中遗漏了网络的部分，这个领域传统上是 Cisco 的天下，国内主要是华为和华三的产品占据较大的市场份额。从排位来说，一般存储位于数据库之前，因为一个适用的存储的重要性大于数据库，同时存储也是数据库的基础。

目前，存储主要有三种类型——本地存储、集中存储和分布式存储。本地存储是一切工作的开始，抛开内存这种临时性的存储技术，以磁盘为核心的本地存储是企业应用中持续化的重要手段，同时，本地存储通过 RAID 技术来保障其可用性和可靠性；集中式存储将一些重要的、大容量的存储集中在一些特定的物理设备上，由此提供资源上的灵活性和管理上的敏捷性；分布式存储则利用新的理念和技术，将性能、灵活性、安全性、可靠性等能力进一步扩展，同时通过自动化运维能力来解决技术复杂性问题，已成为当前大型数据中心的主要选择。

云服务商也会提供对等的解决方案来"映射"这样的传统 IT 架构，给企业上云过程提供多种存储能力。

9.1 云存储的类型

9.1.1 云计算厂商的存储技术

云计算厂商会提供多种存储能力，主要的三种是块存储、对象存储和文件存储。此外，还会提供一些其他的存储服务类型。云存储中最基础也是最重要的是块存储，它相当于云服务器上的硬盘，解决的是本地存储的问题，可以认为是一种刚需。对象存储是一种云原生的存储服务，最著名的是 AWS 的 S3（Amazon Simple Storage Service），这个产品提供面向互联网的对象存储服务，简单且性价比极高，并在此基础上诞生了很多互联网的著名应用，可以认为是一种创新。最后，文件存储则对标于传统环境下被广泛使用的 NAS，避免企业上云过程中做太多的应用改造，可以认为是一种妥协。

目前，云服务商在存储方面已经提供了更多的选择，常用的基础产品通常还仅限于图 9-1 中给出的几类（其中归档存储是一类特殊的对象存储，属于"其他存储服务类型"）。

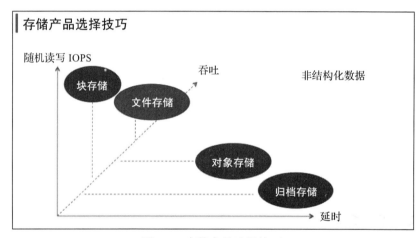

图 9-1 存储产品选择技巧

看起来，云计算厂商提供的存储产品类型已经比较多了，但是其底层都基于某一个技术。例如，AWS 基于 Dynamo、阿里云基于盘古。所有著名的云计算厂商都是"富二代"，它们的分布式存储技术全部采用自研技术，而没有采用大家耳熟能详的开源分布式系统。云服务商对外提供的存储能力是依赖于其底层技术的，这个技术的核心是解决以下这些问题：

- 作为统一存储，要支持云服务中提供的各种类型的存储服务。
- 在任何情况下要保证数据的强一致性、正确性、可靠性和可用性。
- 需要做到高性能、合理成本，提供高性价比的在线存储。
- 容易使用和服务化，方便用户轻量接入、无感知运维、监控、工具和文档等。

- 通过分布式技术构建一个面向容错的存储平台。

例如,阿里云所基于的盘古系统致力于解决的问题和挑战如图 9-2 所示。

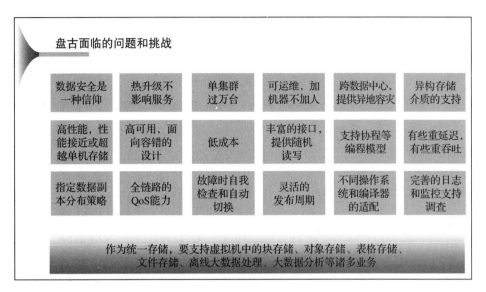

图 9-2 盘古面临的问题和挑战

9.1.2 企业的云存储选择

从企业上云的角度,不需要关心上述技术的能力,云服务商已通过其技术能力屏蔽了大量的复杂度,因此,使用云服务商提供的存储能力确实是性价比非常高的选择(试想如果自主研发这样一套能力需要多大的代价)。

1. 块存储

企业在上云过程中,最容易遇到的选择就是块存储了。以阿里云的介绍为例:

块存储是阿里云为云服务器 ECS 提供的块设备类型产品,具备高性能、低时延等特性。您可以像使用物理硬盘一样格式化建立文件系统来使用块存储,可满足绝大部分通用业务场景下的数据存储需求。

阿里云为您的云服务器 ECS 提供了丰富的块存储产品类型,包括基于分布式存储架构的云盘、共享块存储产品,以及基于物理机本地硬盘的本地盘产品。

从上述介绍中,可以看到块存储的要点包括:

- 块存储对标传统 IT 基础设施中的物理硬盘。
- 块存储服务的一个维度是它有多种实现机制(云盘、共享块存储和本地盘),对应于不同的场景。

- 另一个维度是它有不同的性能，对应于不同的需求。

在企业上云的过程中，选择块存储是比较简单的，包括系统盘和数据盘在内，选择合适的性能和容量就可以了。在选择时，需要注意以下几个方面：

- 从应用架构层面，基于数据盘的持续化已经不是一个好的方案。
- 从弹性计算层面，块存储的容量保持在一定时间内可用就好，不需要一次购买太多。
- 从备份和容灾层面，应定期进行快照和按需制作镜像。

除了上述和云服务器一起购买块存储外，独立的块存储服务仅在一些特殊应用场景中（如本地盘、共享盘）才会得到考虑，其中还涉及一些额外的技术差异需要考量，日常只需保持对产品能力的关注即可。

2. 对象存储

这里所介绍的对象存储，是指阿里云的 OSS、AWS 的 S3 或类似的产品。对象存储是一种云原生的产品，其标准使用方式是通过 RESTful API 的调用来进行的，这与传统的文件系统很不一样。阿里云对该产品的描述如下：

对象存储是无层次结构的数据存储方法，通常用于云中。不同于其他数据存储方法，基于对象的存储不使用目录树。各个单独的数据（对象）单元存在于存储池中的同一级别。每个对象都有唯一的识别名称，供应用进行检索。此外，每个对象可包含有助于检索的元数据。[○]

- 数据作为单独的对象进行存储。
- 数据并不放置在目录层次结构中，而是存在于平面地址空间内。
- 应用通过唯一地址来识别每个单独的数据对象。
- 可用代客泊车作类比，每个数据对象就像一辆车，地址就是收据。
- 专为使用 API 在应用级别（而非用户级别）进行访问而设计。

对象存储之所以适合云原生应用，是因为对象存储对程序员而言非常友好，它相当于一个 SaaS 服务，对程序员屏蔽了一切底层实现，基于 API/Web 控制台的控制和管理模式使得运维和管理也并不复杂。正因为其在云计算领域的应用中可以通过独特的方式实现，对云服务商的底层存储能力的大规模、低成本释放同样友好，因此目前已经成为云服务商的标配产品。

在使用对象存储的时候，企业需要明确一个现实情况是，对象存储对于没有上云的企业而言几乎是一种全新的技术。评估对象存储不仅仅是基础设施团队的工作，它在对应用开发人员更为友好的同时，还需要应用开发人员修改存储相关的代码；运维人员对对象存储的运维方式也和传统的文件系统不太一样。因此，需要引入更多的人员进行评估。

○ 对象存储参见 https://www.ibm.com/cloud-computing/cn-zh/object-storage/。

对象存储是一种会让人上瘾的云计算产品，因为云服务商为对象存储扩展了各方面的能力。以阿里云为例，以下是一些常见的扩展能力：

- 几乎无上限的容量，可以按量付费或采用包年/包月等多种付费模式。
- 提供更低成本的归档存储，对象存储与归档存储可以在内容生命周期内无缝对接，降低了成本。
- 内置的对象存储的安全和权限管理能力，简化了使用模式。
- 直接作为静态内容服务器的能力，可以直接提供互联网访问，降低了应用复杂度、服务器和带宽的需求。
- 复制、同步各类其他存储的能力，可以快速迁移和使用。
- 直接处理其中保存的文件的能力（主要是图片和视频等方面），提升开发效率。
- 与其他产品（如函数计算、数据库和大数据平台等）对接的能力，提供一个几乎无限容量的低成本 PaaS 产品的底层持久化存储。

由于对象存储的能力强大，同时又是云原生的产品和服务，使用它时会产生架构和开发上的调整，因此对象存储的文档、教程和辅助工具等通常是云产品中比较完善的，而不同的云服务商也不断在上面叠加各类存储相关的衍生能力。

3. 文件存储

云服务商之所以提供文件存储能力，实际上是一种妥协。它的各项能力相比块存储和对象存储而言都显得极为中庸，但是它有一个对于企业而言非常重要的特点——兼容 NAS 协议。考虑到传统企业往往在使用集中式存储的同时使用 NAS 协议，因此对于现有系统迁移上云的过程而言，有时候 NAS 是一个短期内比 OSS 更好的选择。图 9-3 给出了文件存储与块存储、对象存储的对比。

存储产品选择技巧

存储类型	I/O特点	应用访问接口	支持的并发客户端	容量	吞吐量	访问时延	文件级的权限
块存储	随机读写	标准的POSIX接口	个位数	TB级	数百MB/s	数百μs~ms级	不支持
对象存储	追加写不支持随机读写	HTTP/HTTPS REST	理论上无限制	理论上无限制	理论上无限制	几十ms	支持
文件存储	随机读写	标准的POSIX接口	理论上无限制，千/万级的并发数	理论上无限制	理论上无限制	ms级	支持

图 9-3 存储产品选择技巧

关于 NAS 产品的使用等内容在这里不再赘述，由于 NAS 协议的数量比较多，因此在选择时需要对云厂商的 NAS 产品做以下方面的了解：

- 具体支持的协议。
- 产品具体类型，是否对于不同场景有不同能力的 NAS 产品。
- 使用限制，如容量等方面。
- 具体使用方式，建议做一些试验。
- 安全和权限。
- 备份机制。
- 现有企业内文件系统的迁移方案。

4. 其他存储

云服务商的存储产品线是比较丰富的，除了上述三种存储服务外，还有各种其他存储或存储相关的服务，大致分为三种类型：

- 具有一定的云计算特征，同时兼容传统机制的存储服务，例如阿里云的云存储网关。对于此类产品，需要关注其与传统 IT 基础设施架构的对接能力。
- 完全基于云存储的扩展服务，例如媒体类的服务能力。如果使用这类服务，应该关心这些扩展服务能力本身，以及相关的存储资源是否对用户可见。
- 基于云存储能力，配合其他产品或单独呈现一个新的云产品，例如表格存储。这些服务或产品像对象存储一样，使用过程与传统有所差异，核心在这些差异点上。

这些存储类产品通常也是比较小众的，需要配合具体场景或具体方案予以应用。

9.2 对象存储及其应用

当企业第一次面对一个云原生服务的时候（以阿里云的对象存储 OSS 产品为例），多少会有一些不适应，除非这个企业在互联网的架构上已经有比较丰富的经验，对基于 RESTful API 方式的接口抽象、设计和实现有研究和应用。⊖

OSS 是非结构化数据的理想存储场所，并提供了一系列周边配套服务。随着企业数字化的程度越来越高，有大量的业务内容（包括历史上的那些内容）需要以电子化方式保存，而其中大部分内容是无法结构化的（语音、文件扫描图片和视频等）。在这种情况下，使用 OSS 是最理想的选择。

在一些面向互联网的新的业务场景下，这种非结构化数据是存在于和客户的交互过程中的。例如，金融企业通过直播的方式进行高端客户业务咨询和办理，可以在提升服务能力的

⊖ 对于这部分的深入研究，推荐阅读《Consumer-Centric API Design》，作者 Thomas Hunter II。

同时降低柜面压力，这个时候就必须保存直播的音视频。

　　传统 IT 架构不是不能完成这些工作，但是随着非结构化数据将企业数据中心的容量从 TB 级别提升到 PB 级别后，企业 IT 已经很难负担存储需求带来的各类压力了，包括互联网带宽、存储物理设备的管理规划和运维、维护大容量存储的性价比等。更重要的是，对于大部分企业，比如对于金融企业而言，非结构化数据包含的业务价值是极其有限的，大部分情况下是为了合规、监管和避免争议等原因才进行长期保留，而这些数据的容量又非常大（一个商户的审核文档扫描件原件，不含视频就会在上百兆），因此存储产品的性价比是一个关键考察点。图 9-4 就是一种典型的兼顾成本、效率和安全的对象存储解决方案。

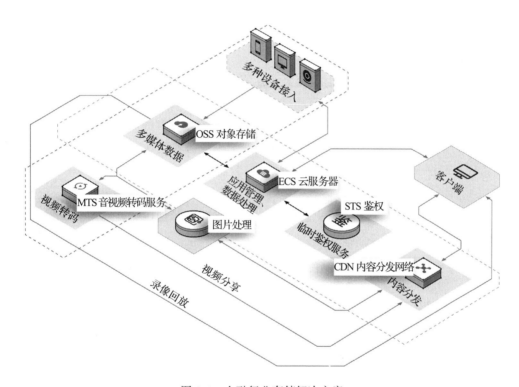

图 9-4　金融行业存储解决方案

　　在企业上云过程中，应用开发和基础设施团队都会基于现有的 IT 架构给出容量规划，这个容量规划中会有大量的存储需求。在上云初期，特别需要关注容量需求中存储容量不够合理的部分，当发现有超大容量的磁盘要求的时候，需要明确其用途。通常，如果明确要求团队估算块存储的容量时，使其保持在一定时期的可用范围内，但是又发现存在超大容量磁盘需求，这就意味着团队中的某些成员试图在云上基于弹性计算自建一个存储池。

　　这时，对于这个部分的容量规划就应该追问其实际意义，通常会得到两种答复：一种情况是容量提出者不知道云上提供开箱即用的存储服务，从而决定自建文件服务器（NAS 或类似 OSS）；另一种情况是容量提出者在传统环境下就使用虚拟服务器及其磁盘构建了一个大容量存储及其应用服务，因此直接迁移同样的架构上云。

这两种情况的处理方式稍有不同。在第一种情况下，应用开发团队将被纳入评估中，首先是评估相应的应用是否有可能迁移到对象存储上，因为对象存储的性价比在各类云存储中是最高的；在这个过程中还会请熟悉对象存储的内外部专家向整个团队进行介绍，从而确保对象存储的先进能力可以吸引团队使用。对于那些坚持使用 NAS 服务的团队，也会采用云服务商的 NAS 服务，以避免自建 NAS 服务器。

对于第二种情况，即使在传统 IT 环境下也是需要避免的，因此当此类系统迁云的时候，就必须进行架构调整，避免自建存储服务。因为无论是可用性、可靠性、API 能力、扩展能力还是安全性，一个企业的自研平台都不可能和云厂商的同类产品相提并论。对于此类容量需求，如果不是有紧急和紧迫的时间要求，一定需要其完成架构调整后再上云。

在随后的应用过程中，开发团队要比基础设施团队更懂得对象存储的使用方式（毕竟看起来更像一个 SaaS 服务）；基础设施团队的主要关注点在于日常的监控、备份等环节，并且对于其生命周期管理提出建议，以降低使用成本。此外，安全团队会和开发、维护团队一起就使用过程中的权限、安全等进行沟通和确认。

云服务商提供了丰富的文档和一些几乎免费的试用资源（例如，阿里云提供一个 9 元 /40GB/ 年的存储包，我们可以要求开发人员开设一个个人账号使用此类资源进行适应性的研究和验证工作），在进行实际的改造或开发之前，构建一个 Demo 来进行工程上的可行性研究，形成解决方案。

经过一定的时间，团队会非常熟悉对象存储的使用方式，在后续阶段，对于所有新的面向云上的系统，团队会在设计之初就将对象存储视为一个当然的选项。

9.3 云存储的购买和费用

云存储是一个多赢的方案，对于企业而言降低了成本，对于云服务商而言充分释放了存储资源池的容量。由于其使用量和使用范围都很大，云服务商通常会为此提供各种不同的计费方案。对于企业而言，需要合理利用不同的政策条件，从而获得最优的性价比。

在我们的日常使用中，和弹性计算等类似，采取的方案无非是两种：

- 如果系统有一定的历史，其容量规划可以预见，那么应尽量采用存储包这种包年 \ 包月的方案，以提升性价比。

- 如果系统是新设的，其容量规划无法预见，那么应优先使用按量付费的方式，经过一段时间的数据积累确认包年 / 包月方案的容量要求。

对大型企业而言，有一个不太友好的地方，如果只有一个账号，那么整个账号下的对象存储容量是共享的，不仅包括应用所需的对象存储，也包括快照和镜像等其他领域要用到的对象存储容量。如果大量各类业务需要使用对象存储，那么其容量就更难预估了。部分云服务商的包年\包月存储包目前能够支持变配升级的机制（至少阿里云提供这样的能力，但是不支持降配，好在对于对象存储中的内容，企业一般也不会大规模的删除），偶尔有一些超过存储包导致的按量付费（其金额也极为有限），因此我们会要求运维团队对存储包的使用进行监控。当超过存储包容量的时候，确认是否需要提升规格（某些时候，少量的超出并不足以需要购买更高规格的容量包，这个时候超出部分可以考虑按量付费）。

一个更加不友好的情况出现在企业内部进行成本计算的时候。由于整个账号共享一个存储池，如果需要精确计算某个项目使用的存储成本，基于对象存储的方案是难以实现精确统计的。例如，一个应用使用了 10 台 ECS，进行日常备份，其对象存储的容量每天都在变化，那么是无法对这个项目的存储费用进行精确的计量计费的。（如果购买了一个 50TB 的存储包，整体使用了 48TB，其中某个项目的存储从每日 10T 增加到 23TB，如何能精确定义其成本呢？）当然，企业可以制定一个复杂的规则，但是在实际操作中，我们并没有那么多精力处理这样的事务（毕竟存储的费用真的很低）。因此，日常使用中的策略是：

- 如果一个应用系统会大规模使用存储资源，需要明确的成本核算，那么就为这个应用独立开设账号。例如，当我们为某个外部合作企业单独实施一个云上系统时，会采用这种处理方式。
- 如果是企业内多个应用中的一个，则根据其日常的存储容量占整体容量的大概比例，每月估算其费用。

企业可以参考这样的做法，将 OSS 服务再包一层提供给企业内部服务使用，这样账号、共享和需要的内部结算的大部分可以在这个层面完成。

还需要注意的是，除了容量方面的费用外，对象存储还涉及其他费用项目，如图 9-5 所示。

在这个方面，块存储、NAS 等产品没有那么复杂，我们就不多做说明了。

资费项	计费项
存储费用	数据存储
流量费用	内/外网流入流量（数据上传到OSS）
	内网流出流量（通过ECS云服务器下载OSS的数据）
	外网流出流量
	CDN回源流出流量
	跨区域复制流量
请求费用	所有请求类型
数据处理费用	图片处理
	视频截帧
	Select扫描
	数据取回

图 9-5 对象存储计费项

9.4 以对象存储为核心的解决方案

由于对象存储具有两大优势：云原生和海量能力，因此云服务商围绕对象存储提供了一系列解决方案，主要分为三大类：以对象存储作为 IaaS 中的存储部分来配合其他云产品；以对象存储为核心来构建企业应用；支持企业上云提供的 OSS 迁移和备份等能力。

以阿里云的产品为例，很多产品和服务的底层都会使用 OSS 能力（意味着使用的时候需要支付 OSS 的费用，但是相比其他存储仍然低很多），例如：

- ECS 等产品使用 OSS 作为其快照的存储设施。
- RDS for PostgreSQL 支持用 OSS 扩展其外部表空间，打破容量限制。
- 图像和音视频解决方案，及其相关的人工智能方案的底层存储使用的是 OSS 产品。
- E-MapReduce 产品中的 Hadoop 组件直接使用 OSS 作为存储后端进行数据存取。
- MaxCompute 计算平台通过内部 TB 量级的网络通道，对 OSS 的数据进行分析和加工。
- 机器学习平台、并行处理数据仓库服务 HybridDB 等产品都和 OSS 存储联通。

这个列表并不完整，因此对于具体云产品，可以在帮助文档中关注其与 OSS 的适配方案，同时使用 OSS 会更加节省成本。

在企业应用方面，几乎所有的解决方案都会提及使用 OSS 的存储作为非结构化数据的存储，同时也可以利用 OSS 提供的各项能力快速构建以非结构化数据为核心的企业应用，例如图 9-6 中的金融行业视频解决方案面向以下场景：

- 金融在线行情直播
- 财经新闻滚动播放
- 金融企业内部培训
- 金融会议产品发布

对于企业现有存储的上云，同样提供了一系列方案，包括：

- OSS 提供的各类迁移工具，如 OSSImport。
- 在专线 /VPN 环境下的内网访问 OSS 能力。
- TB 级别，基于硬盘的海量数据迁移至 OSS 服务。
- 闪电立方，PB 级别的大规模离线迁移产品及其配套方案。
- 混合云备份容灾服务（基于 OSS 存储）。
- 云存储网关（软件网关）和混合云存储阵列（硬件设备，集成了存储网关）等。

综合来看，对象存储目前已经不是一个产品，而是一个生态，使得企业能够在互联网时代非结构化数据容量爆发的时候，能够通过云服务商满足这方面的各类需求。

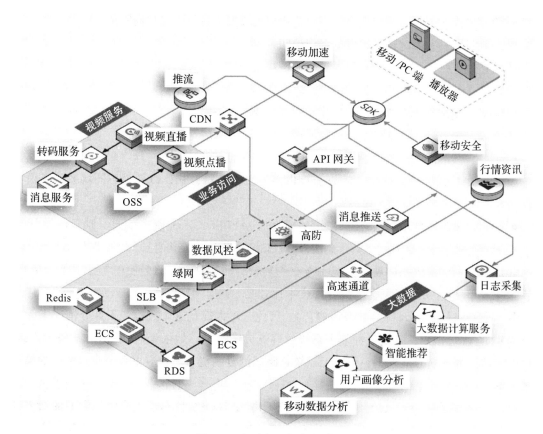

图 9-6 金融行业视频解决方案

9.5 存储的安全、备份和容灾

就阿里云的产品线而言，像 NAS 和块存储这样完全依赖于 ECS 的存储产品，其安全、备份和容灾主要是通过 ECS 相关的安全保障来实现的。但是，对象存储作为一个独立产品，其各类特性是必须独立考虑的。

就安全性而言，参考阿里云安全白皮书⊖，目前 OSS 在使用中需要注意如下安全方面的内容（其他云服务商与此类似，但是可能略有不同，可以以阿里云 OSS 为基线来评估）：

- 身份认证——对于需要认证的访问请求，应进行身份认证。
- 访问控制——不同类型的存储，提供不同的访问控制策略。
- RAM 和 STS 支持——利用子账号、短期 Token 等进行长期或短期授权。
- 高可用性——关注高可用性和日常监控。

⊖ 阿里云安全白皮书在 https://security.aliyun.com/trust 中可以下载，当前版本是 3.0。

- 租户隔离——不同租户隔离，一个企业内也需要进行不同应用的隔离。
- 访问日志——关键和敏感数据启用访问日志。
- 防盗链——网站相关的资源开设防盗链功能。
- 跨域访问——解决 OSS 使用的跨域问题，按需使用。
- 服务器端加密——意义不大，除非有特殊要求。
- 客户端加密——存在敏感数据时使用。
- 最佳实践——关注和阅读帮助文档中的一些最佳实践。

针对存放在 OSS 上的数据，阿里云提供多种数据备份方式，以满足不同场景的备份需求。OSS 云上备份方式有如下两种：

- 跨区域复制（提供控制台配置操作以及基于 API/SDK 两种模式），即异地备份能力。
- 基于 OSSImport 或其他工具，提供一份 OSS 上的内容作为其他云上或企业本地的备份。

如果单独考虑容灾的问题，情况稍微有点复杂，因为对象存储的使用与应用密切相关，这就意味着单独的 OSS 容灾会造成开发成本比较高（让应用在一个 OSS 出现问题的时候切换到另一个 OSS，开发人员会觉得很痛苦）。因此，可以简化这个过程：大部分情况下无需考虑 OSS 的独立容灾，而是跟着整个系统的容灾方案进行。如果是同城双活，OSS 的三副本已经足够；如果是异地灾备，那么可以结合跨区域复制能力配合应用系统构建整体的异地灾备方案。

另外，还要说明一下故障预案。由于大部分情况下 OSS 都不是系统中最重要的组成部分（多媒体类业务除外），因此当 OSS 存在故障的时候，一方面可以通过提示客户的方式保障结构化数据相关的业务继续开展；另一方面，如果有余力，可以临时使用块存储等本地化的存储能力进行中转。毕竟，OSS 的数据可靠性还是极高的，不用担心数据丢失问题。

云厂商视角

现在，云服务商提供的能力日趋复杂，以前觉得通过 ECS+SLB+OSS+RDS 可以应对所有的情况，随着云原生应用越来越丰富，每个产品线都扩展出非常多的衍生能力来服务各类企业。在解决方案中，一般而言对于云存储部分的陈述是比较多的（几乎仅次于网络产品），一方面是因为块存储、NAS 等对企业而言虽然通俗易懂，但是 OSS 通常要解释不少内容；另一方面，企业客户一旦接受了 OSS 产品的理念，就会有使用、维护、安全、迁移等方面的诸多问题需要解决。但是，从整体上而言，对象存储这个产品对于一个具有开发背景的架构师而言最初确实是相当惊艳的一个产品，它对开发人员实在是太友好了（因此对运维人员也很友好，虽然基础设施团队会抱怨直接控制能力降低了不少），对于开发过程中能用 OSS 解决的问题，我们都会推荐企业的开发人员尽可能使用 OSS。

当面对价格敏感的客户时，无论是 OSS 的 TCO，还是某些产品可以用 OSS 来降低

TCO，都是很有诱惑力的。试想对于一个企业而言，一年投入不到 2 万元，就有一个 10TB 的企业级存储，还兼顾了那么多企业所需的开发、运维、安全等特性，再想起当年自己申请资源时候的痛苦，莫名觉得云服务真的是提升 IT 人员幸福度的技术。

企业视角

大约在 2013 年，有一个项目想使用当时淘宝开源的某框架来搭建自己的分布式存储，但因为难度很大，投入不小，且应用基于分布式存储，最终只好不了了之。所以，我们强调云计算可以带来"想象力"，新技术可以给我们带来想象力，这样我们就可以专注于应用本身，专注于差异，专注于执行。云存储从某种程度上更加"云化"，不需要考虑到底存储在哪里、不需要考虑备份问题，也不需要担心访问速度（因项目使用场景来选择）。因为这几年熟悉了 OSS 之后，使上述中断的项得以重新启动，再向前推进。

存储在企业应用中的重要性不言而喻，如何做好云存储的使用、管理等工作，将成为一个新的课题。

第 10 章 Chapter 10

云 网 络

导言：云网络，特别是云服务商的 VPC，是使用云计算中非常重要的一个环节，所有的资源连接、内外部访问和安全等都要通过 VPC 来实现。本章将详细阐述 VPC 的来龙去脉和各类特性，并将从实战角度介绍搭建 VPC 时候需要注意的各个方面。

如果要问在使用云计算的过程中，最基础但是也最容易被忽视的部分是什么，毫无疑问就是云上的网络环境了。对于大部分云计算的使用，如果是运维部门或者是开发部门驱动的，那么这类人员对网络不够熟悉；如果是基础设施部门驱动的，那么这类人员又不能适应云上网络环境和传统网络的差异。

对于一个企业上云的过程而言，云上的网络规划是必须要消耗一些时间的工作，少则一天，多则一周，视上云的规模以及对云计算的规模而定。如果这个企业将云计算的应用视为"云上数据中心"，即作为现有数据中心的扩展，或完全在云上构建一个数据中心，那么花费一定的时间对云上的网络方案进行规划就非常有必要了。

由于在一个典型的云环境规划中，大约会用 1/4 的篇幅讨论网络相关的技术和方案；而在实际应用这些技术和方案的过程中，大部分工作会集中在初次使用的时候；一旦开始使用，后续的调整会相对复杂，因此要特别重视。在进行上述工作时，相关的工作人员起码要有相当于 CCNA 的知识能力和类似工作的经验。如果没有具备此类经验和能力的人员，建议考虑采购云厂商或代理商的增值服务。

10.1 云环境的网络架构和产品的变迁

和任何产品一样，云环境下的网络也是经历了各种历史过程才形成今天的状态的。对于一本技术书籍而言，出版即过时。因此这里介绍的历史过程，待出书时又会有一些新的进展，读者可关注相关的技术资料获得最新的技术发展情况。

图 10-1 描绘了云网络形态和产品的历史情况。其中关键的"经典网络"与"VPC 网络"的概念和区别将在下一节重点介绍。在经典网络时代，由于网络资源共享，所有租户的计算资源相当于在一个大的局域网内，因此虽然使用简单，但是会造成一些额外的问题，尤其是安全和隔离问题。随着 VPC 概念的引入，各大云服务商都开始提供 VPC 方案，并开始逐步取消或限制经典网络环境的使用。大部分云上网络问题得到了彻底解决，但不得不说，今天的云上网络规划过程相比云计算的早期，对使用人员的网络能力要求提升了不只一点点。下面先概述一下图 10-1 中的内容，然后在后续的各节详细介绍每个部分。

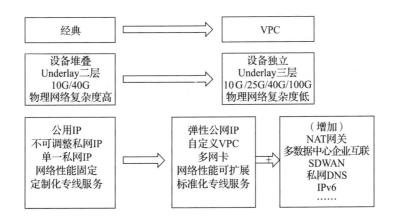

图 10-1　云网络环境的进展

经典网络和 VPC 方案主要是针对云上环境的内网部分的。内网部分涉及的其他网络产品还包括与之相关的防火墙（从 AWS 开始，云服务商有时也喜欢称之为安全组）、私网负载均衡等产品。

和内网部分同样重要的是云上环境的互联网出入口部分，其中最常用的是直接为计算资源提供公网 IP 的服务，以及提供公网入口的负载均衡服务。但是对企业数据中心而言，往往还需要考虑 NAT 网关、VPN 连接等能力。后续将围绕面向 Internet 的网络出入口对这部分内容进行详细介绍。

企业上云的过程中，一般都会考虑混合云的阶段，即云上数据中心和云下数据中心通过网络进行互联互通，上面提到的 VPN 就是实现手段之一。除此之外，应用最广泛的是专线接入。对云服务商而言，由于网络层的虚拟化并不简单，现有的网络技术要完全覆盖传统的网络能力还有一些力不从心，因此各家云服务商的混合云方案都不完全相同。主流的云服务商都提供了相应的方案，后续会进行针对性的介绍。

如果说云计算网络的发展历程是从经典网络走向 VPC，使其与现有网络产品和方案尽可能对应的话，那么这个过程中遗留下的不少问题，尤其是经典网络租户的历史问题是需要去解决的。云服务商对此提供了一些方案，可以帮助用户将早期的经典网络环境迁移到 VPC 环境，后续将做一些简单的介绍。

谈到网络不能不谈安全，所以我们还将讨论云上网络的安全部分的内容。

请注意，不同的云厂商对于网络产品的分类、表述也有所不同。如图 10-2 所示，阿里云将所有的网络产品都展示在目录中，AWS 则把这些产品和能力统一归并在 VPC 产品中（如图 10-3 所示[⊖]）。但是，这些区别不会影响产品比较或功能评估的过程，因为目前线下 IDC 机房的网络灵活度和复杂度仍然高于云上（以企业用户的视角而非云服务商的视角），云上网络产品主要是映射到云下 IDC 中网络的同类功能。当然，另一方面，云上网络的易用性显著地高于云下的环境，使得配置和维护过程相比线下环境更加友好。

图 10-2　阿里云产品目录

⊖　引自 AWS 官网关于 VPC 产品的介绍。

图 10-3　AWS VPC 产品功能列表

10.2　经典网络和 VPC

我们先来介绍两个重要的概念——经典网络和 VPC。

最初的云计算接近于独立主机的租用状态，云服务商提供的网络环境在今天通常称为"经典网络"环境。经典网络类型的云产品统一部署在云服务商的公共基础设施内，规划和管理由云服务商负责，更适合对网络易用性要求比较高的客户。通俗地说，租户购买各类云资源，由云服务商在一个大型内网中分配资源相关的网络属性。经典网络采用三层隔离，所有经典网络类型实例都建立在一个共用的基础网络上。

经典网络使用起来极其方便，租用一个经典网络下的云资源意味着几乎不需要考虑任何网络层面的内容，只需开设一个云资源，拿到分配的内网地址并使用即可。如果有面向 Internet 的需求，可以要求云服务商同时提供一个公网网卡，或者使用负载均衡服务。"几乎"的意思是，因为所有经典网络租户在一个局域网内，所以如果不使用云服务商提供的防火墙类产品（安全组），那么这台机器在网络上相当于"裸奔"，毫无安全性可言。

经典网络环境的最大问题就出在"所有经典网络类型实例都建立在一个共用的基础网络

上"。首先，没有一个企业的数据中心可以容忍自己的网络环境和其他租户的网络环境在"一个公用的基础网络"之内；其次，对企业基础设施的网络管理人员而言，这种网络环境几乎没有任何控制能力，也根本不配称为"云上数据中心"；最后，这样的网络环境也不利于云服务商后续在云环境中提供更多云服务，因为对于很多云服务而言，其网络要求都不是简单的经典网络模式可以支撑的。

专有网络（Virtual Private Cloud，VPC）是基于云服务商的基础设施构建的一个隔离的网络环境，专有网络之间实现了逻辑上的彻底隔离。企业可以自定义这个专有网络的拓扑和 IP 地址，适合对网络安全性要求较高和有一定网络管理能力的用户。VPC 采用二层隔离，相对经典网络而言，VPC 具有更高的安全性和灵活性。

VPC 的使用不像经典网络那么容易，因为"自定义这个专有网络的拓扑"意味着企业的网络工程师在使用过程中要对云上数据中心进行规划和设置。这里就涉及传统网络中路由和交换的概念（也就是 CCNA 的基础知识）。

在实际的企业应用上云的实践中，经典网络已经基本淡出，推荐所有企业用户使用 VPC 环境，并且在落实之前，对企业自身的云上数据中心网络环境进行一些规划。这个规划可以是脱离云计算服务商提供的产品本身的，在规划后再通过云服务商的能力进行构建，并可以在这个过程中根据不同云服务商提供的能力进行调整或适配。由于云服务的弹性，规划和评估的工作可以通过试用的过程进行确认和验证。

在企业上云过程中，回顾一下经典网络的意义在于，对单个企业而言，如果只使用一个 VPC，那么网络拓扑就类似于经典网络，不同的项目之间的资源需要通过安全组等手段进行隔离。然而，VPC 给予了额外的灵活性，当企业真的需要进行严格的业务隔离的时候，应该选择使用多个 VPC 去承载那些需要彻底隔离的业务。

VPC 和经典网络的区别在云服务商的官网文档里有一些描述，实际应用中的区别远远大于文档中的简单表述。目前，经典网络已经是一个被抛弃的技术，但是经典网络到 VPC 是云计算厂商技术演进过程中一个比较典型的过程。对上云企业而言，应该注意这种过程对其云上系统环境的影响——企业总是希望云服务商提供的产品能与时俱进地提升技术能力，但是这种提升有时候会忽然出现比较大的技术跃迁。

10.3 VPC 及其使用

专有网络是当前推荐的网络类型，越来越多的用户选择使用 VPC。可以说，VPC 是现在用户上云面对的第一个产品（没有 VPC 甚至都无法开通 ECS）。使用 VPC 主要有两方面的核心优势：一是安全，即用户需要更安全的网络隔离，VPC 基于隧道技术实现数据链路层的隔离，为每个租户提供一张独立、隔离的安全网络。二是 VPC 让用户拥有了网络管理能力，比如可以进行 IP 规划、路由管理等。在 VPC 出现之前，云上用户是缺乏网络管理能力的。

VPC 本身采用传统的路由 + 交换模式，即一个 VPC 相当于一个路由器，在一个 VPC 下可以根据需要设置不同的子网段，不同的子网段相当于不同的交换机。其中：

- **路由器**（VRouter）可以连接 VPC 内的各个交换机，同时也用于连接 VPC 和其他网络的网关设备。每个专有网络创建成功后，系统会自动创建一个路由器。每个路由器关联一张路由表。
- **交换机**（VSwitch）是组成专有网络的基础网络设备，用来连接不同的云产品实例。创建专有网络之后，可以通过创建交换机为专有网络划分一个或多个子网。可以将应用部署在不同可用区的交换机内，提高应用的可用性。

在云计算的网络环境下，这些路由和交换机的配置基本上都可以通过控制台完成，也支持通过 API 或 SDK 的方式进行二次开发，形成企业自身的网络运维管理平台。其使用过程和方式对网络工程师是极为友好的，因为其配置过程和传统的数据中心基本一致，但节省了传统上配置路由器、交换机的步骤。

一个最简单的云上数据中心涉及一个 VPC，图 10-4 给出了规划示意图。

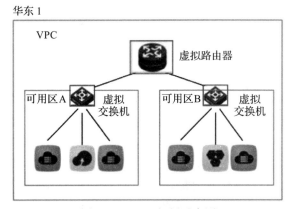

图 10-4　VPC 规划示意图

在 VPC 的规划中，最重要的就是选定的 VPC 私网地址。由于该地址选定后就不能改变，因此在规划中需要注意以下一些内容：

- VPC 私网网段一旦选择后就不可修改。
- 如果原有经典网络，而新的 VPC 网络需要与之互通，那么需要参考相关文档的要求。
- 在多 VPC 需要互通并且和线下 IDC 需要互通的情况下，需要做严谨的网络规划。

截至本书出版的时候，云上的路由和交换仅仅能提供比较基础的功能，诸如 NAT 映射等功能还无法提供，因此建议企业的基础设施网络人员在完成规划之后，最好在云上进行实际的配置操作（大部分云上网络规划的过程并不涉及费用支出），以验证实际效果。如果有条件，建议多参考云服务商的帮助文档或最佳实践文档，并在确实有需要的时候，联系云服务商或代理商进行确认。

10.4 面向 Internet

云服务的一个核心就是面向 Internet，用云服务解决私有数据中心在当前显然也是合适的，但是大部分企业上云的最初动力之一就是云服务商提供的 Internet 能力。毕竟，在云环境下部署面向 Internet 的应用是一种天然的结合，使用云服务商提供的 Internet 能力也远远比线下 IDC 构建同样的能力所需的成本和复杂度都要低很多。除了以下介绍的产品之外，云服务商的 Internet 能力还体现在其 Internet 服务的质量，包括其数据中心的 Internet 资源情况，以及通过 Internet 访问云环境的质量情况。

评估和评价云服务商的 Internet 资源规模和质量通常不太容易，最好的方式是通过互联网上的信息和云服务商的现有客户进行了解，并进行适度的测试工作。例如，针对国内校园网环境的访问，并不是所有的云服务商都会提供高质量的通道，而通过实测可以迅速确认云服务商是否能提供必要的带宽和链路质量。

典型的面向 Internet 的产品已经从最初的公网 IP 地址，发展为面向不同场景的多种类型。以阿里云为例，目前提供的较为典型的几种不同形态的公网类产品包括负载均衡（SLB）、弹性公网 IP（EIP）、NAT 网关。这几种产品分别适用于不同的场景，企业可通过这几种产品实现 VPC 资源与公网的互通。表 10-1 给出了这些产品适用的场景和计费计量方式。

表 10-1　公网类产品对比

产品	场景关键词	计量计费特性
SLB	DNAT+ 负载均衡 七层转发 / 四层转发 健康检查 / 高可用	预付费：按带宽 后付费：按带宽 / 按流量
NAT 网关	DNAT（IP 映射 / 端口映射） SNAT（ECS 访问互联网） 共享带宽	后付费：按带宽
EIP	最简单的 ECS 连通公网的方式	预付费：按带宽 后付费：按带宽 / 按流量

以下描述摘自阿里云产品介绍（并随附 AWS 对应的产品介绍），供参考：

- 负载均衡（阿里云：SLB，AWS：ELB）产品是对多台云服务器进行流量分发的负载均衡服务，可以通过流量分发扩展应用系统对外的服务能力，通过消除单点故障提升应用系统的可用性。
- NAT 网关（阿里云：NAT 网关，AWS：VPC NAT）帮助在 VPC 环境下构建一个公网流量的出入口，通过自定义 SNAT、DNAT 规则灵活使用网络资源。
- 弹性公网 IP（阿里云：EIP，AWS：EIP）是独立的公网 IP 资源，可以绑定到阿里云专有网络 VPC 类型的 ECS、NAT 网关、私网负载均衡 SLB 上，并可以动态解绑，实现公网 IP 和 ECS、NAT 网关、SLB 的解耦，满足灵活管理的要求。

如果用户只存在单一应用，并且业务规模较小，那么使用单台 ECS 即可满足需求，应用程序、数据库和文件都部署在该 ECS 上面（比如以前的 LAMP 架构）。为这台 ECS 绑定一个公网 EIP 即可对外提供服务。

弹性公网 IP 最大的优点在于其操作简单。为云服务器绑定 EIP，意味着拥有了完整的互联网能力。其缺点也来源于这种操作的简单性，因为 EIP 绑定后，只能服务于单台云服务器，同时将云服务器整体暴露在互联网上。

负载均衡是一种比较主流的网络技术，在此前通过两种典型方式支持：硬件负载均衡设备（如 F5）和软件负载均衡（如 Nginx）。

对于一般的企业而言，建议即使是单机应用，也不要使用上述 EIP 的方式，而是使用 SLB 作为入口（出口则使用下面提及的 NAT 网关）。其核心理由包括两点：SLB 可以在未来提供负载均衡功能，便于扩展；负载均衡仅开放必要的端口，更为安全。对于临时可控的远程访问，可以短暂使用 EIP NAT 网关提供访问，通过安全组策略限制访问源，并在使用后及时释放 EIP 和云服务器的绑定。使用完毕后，关闭对外服务端口。

在某些情况下，云服务商提供的 SLB 可能无法满足要求。例如，SLB 一般有连接超时的默认设定，且无法提供长时间、无流量的长连接。在这种情况下，可以通过 EIP + 云服务器部署 Nginx 来构建一个自定义的前端负载均衡服务，虽然这样做牺牲了易用性和可靠性，但是能够满足特殊场景下的自定义需求。

NAT 网关提供了传统场景下的 NAT 能力，包括 SNAT 功能和 NAT 功能。SNAT 功能为 VPC 内无公网 IP 的 ECS 实例提供访问互联网的代理服务。NAT 网关的 SNAT 功能还可以作为一个简易防火墙使用。通过 SNAT 可以保护后端的服务器，只有后端服务主动和外部终端建立连接后，外部终端才可以访问内部服务器，而未建立连接的外部不可信终端是无法访问后端服务器的。DNAT 功能将 NAT 网关上的公网 IP 映射给 ECS 实例使用，使 ECS 实例能够提供互联网服务。DNAT 支持端口映射和 IP 映射。

目前，这两个能力都是针对公网链路的，即 VPC 下的私网链路，以及相关的混合云环境下无法使用 NAT 网关来实现传统网络的 NAT 功能。

由于 NAT 网关是典型的采用了出口/入口分离的策略，因此 NAT 网关相比 EIP 有更好的安全性。SNAT 和 SLB 往往配合使用，为 VPC 环境下的云服务器提供安全的互联网入口（SLB）和出口（SNAT）。

从上面的描述中也可以看出，云服务商提供的网络产品功能从最初的易用到后来的安全，但产品之间在能力上有一定的重复。在实际规划和应用上述产品的时候，可参考以下一些基本的原则：

- 出口和入口分离优先，即 SNAT 和 SLB 的使用优先。
- 在可以使用 SLB 的情况下，尽量使用 SLB（相对于 DNAT）。
- 尽可能将 EIP 绑定在 SLB 或 NAT 上使用，而不是绑定在云服务器上。
- 完整了解或试用各个产品的功能，以确认符合预期。
- 必要时，可以通过 EIP + 服务器的方式自建所需的 Internet 能力。

上面这些内容背后所代表的其实是云服务商认为的（在其当前技术条件下的）网络最佳实践，这种最佳实践有可能是基于当时的技术能力而给出的"场景解决方案"，也有可能是因为在当时的情况下，这样的技术方案是最优的选择。企业上云在面对 Internet 业务的时候，往往首先考虑线路的质量——这是在传统 IDC 环境下最容易遇到的问题，但是通常在云服务商这里都不是问题。因此，在云环境下应用网络技术时，往往会感觉到云上网络和线下 IDC 网络在方案层面是非常相似的，这意味着需要网络专业人员的支持；但实际产品和技术又有所不同，这意味着专业人员需要适应一下这些产品和技术的使用方法。

企业要适应和处理这种情况其实比较简单，可以采用以下三个步骤：

- 建立一个网络拓扑架构规划，可以用传统模式下的术语和产品等，也可以用熟悉的某个云的术语和产品等。
- 与云上产品做一个映射，找出匹配的部分、可以解决的部分、可以优化的部分和不能解决的部分。
- 讨论如何处理那些不能解决的部分。

在这三个步骤中，任何一个步骤都可以通过学习的方式、咨询的方式或者购买服务的方式进行加速，企业一旦形成了一个标准化的网络架构，则务必以某种方式得到规范化的贯彻和执行。这样做一方面是为了统一进行运维，另一方面则是出于安全方面的考虑，因为只要有 Internet 的出口或者入口，就会出现网络安全风险。

10.5 混合云环境或多 VPC 环境

"混合云不是一个云，它是一种连接"，这句话是对混合云最精辟的表述之一，它的重点在于"混合"，而不是"云"。

企业通常出于以下三类原因而选择混合云：

1）通过混合云将现有 IT 基础设施和新的 IT 基础设施（如公共云环境）打通，从而形成灵活的资源使用模式，优化 IT 投资。例如，弹性开通资源，通过公有云满足业务高峰，保证业务运行；保护现有的投资，减少新建 IDC 的成本。对于一些医疗企业，可以将一些波动性不强的医疗计算服务放在本地机房,将一些季节波动性较大的医疗计算业务通过混合云传输到公共云上进行处理。

2)通过混合云有效利用云服务商提供的全国和全球性网络资源,轻松实现跨地域的业务覆盖。在国内企业大量出海、海外企业大量入华的过程中,云服务商提供的当地化数据中心(例如位于香港的云计算服务)可以保障客户体验,云服务商提供的数据中心互联服务(例如香港到上海的 VPC 高速通道互联能力)可以保障数据一致。而自建这样的能力的成本会高得多。

3)通过混合云可以助力企业业务升级转型。这个理由听起来有点虚,但是落地的时候会充分证明这一点。可以说,长期在企业内部维护的线下环境承载了太多企业 IT 过去的历史,跳出这种历史进行创新变得有些艰难。使用混合云是一个机会,可以在保持原有环境稳定的前提下,通过云计算的模式尝试新的技术。

混合云在云上的操作过程也比较简单。VPC 提供了一个虚拟的路由器,创建专有网络时,系统会为该专有网络自动创建一个路由器和一张路由表。虚拟路由器最重要的作用就是构建多数据中心环境下的混合云连接,这个方案也可以衍生为在一个公共云内使用多个 VPC 构建同城隔离以及异地互备的云环境,部分企业使用的多云战略也可以视为混合云。

云服务商一般为混合云的建立提供了多种不同的模式。以下是三种主要的模式:跨 VPC 连接、专线连接和 VPN 连接。

云服务商的数据中心之内以及数据中心之间都有高速网络实现互通,当同城或异地的 VPC 之间需要连接的时候,这些数据中心之间的高速网络就可以提供相应的服务,帮助实现企业的 VPC 之间的连接。在大部分情况下,异地 VPC 的互联是需要收费的,同城 VPC 的互联则视不同的云服务商收费有所不同。不同的云服务商对此类产品的命名有所不同,阿里云称之为高速通道,AWS 称之为 VPC Peering。

VPC 互联一般应用于以下场景:
- 同账号同地域的 VPC 用于进行系统隔离,在必要时进行互联。
- 不同地域的 VPC 应用于系统灾备等场景,需要互联。
- 不同账号的 VPC 相互之间有互访的要求,需要互联。

VPC 互联的过程一般比较复杂,具体操作建议参考云服务商提供的帮助文档。由于目前云服务商在 VPC 的路由器上不提供动态路由和 NAT 功能,因此在 VPC 互联的情况下,互联的网段不能冲突,这里就重新回到了最初的规划环节上。好在大部分情况下,虽然 VPC 的私网地址段不能更换,但 VPC 下的云服务器是可以更换其交换机的,因此如果出现互联过程中的网段冲突导致无法形成合理的路由,那么还有机会通过更换交换机来解决这种问题。

IDC 和云上数据中心的连接一般通过专线的方式进行。在这种情况下,需要通过租用运营商的专线将本地数据中心连接到云服务商接入点，建立专线连接。这里涉及的费用分为两个部分——运营商专线费用和云服务商接入费用。

一般来说，云服务商会在一些主要城市提供相应的网络接入点，企业的网络运维人员需要联系云服务商确认接入点的具体地址和设备特征，随后与云服务商确认接入流程。此后，向运营商提出申请，完成施工和连接，最后还需要在云服务商提供的界面里进行必要的配置，加以测试后，最终完成专线对接。在此过程中，同时涉及费用问题，即通过云服务商接入点连接到企业定义的 VPC 之间的通道，在某些情况下是需要付费的，这通常会包括一次性的接入费用，以及接入点到 VPC 之间的链路费用（通常费用与链路带宽相关）。

此外，云服务商一般还提供多种更加便利的专线接入方案。一种是部分机房与云服务商的机房之间已经完成了专线对接，租用此类机房，机房服务商可以直接提供到云数据中心的连接。例如，在国内，万国数据中心与包括阿里云在内的多个公共云之间就有此类直接的连接。另一种是一些网络服务商提供 MPLS 服务，并对接了公共云机房，可以通过接入其 MPLS 网络完成和公共云数据中心的连接。例如，在国内，南凌科技的 MPLS 就和阿里云等云服务商形成了这种连接。使用此类方案，相比运营商专线提供的能力而言，需要依赖额外的第三方服务，但是对于中小型企业而言，使用这种方式更加便利（第三方服务商一般提供端到端的配置服务），价格也更加便宜。

在 IDC 连接到云上数据中心的时候，传统数据中心的专线连接中的以下能力可能有所不同或存在差异，需要格外注意：

- 云上 VPC 对 NAT 的映射能力可能存在问题，大部分情况下，云上 VPC 一侧不支持 NAT（企业本地一侧的 NAT 能力可以作为某种补充）。
- 动态路由协议，目前大部分云服务商都无法支持。
- 云上 VPC 的防火墙通常使用类似于安全组的概念，而安全组默认规则有可能拒绝云下的网段，需要及时确认并创建规则进行放行。
- 云下 IDC 的防火墙需要对云上打开，同时也建议对云上的资源访问云下的链路，在防火墙上进行必要的限制。
- 云上的路由器是一个虚拟的概念，因此当出现多个云上 / 云下数据中心互联时，可能无法像传统网络一样进行直接的数据中转或透传。
- 如果需要高可用的混合云连接，需要和云服务商确认冗余或主备是否支持，以及如何设置。
- 上述 VPC 互联涉及的互联网段不能冲突的限制，同样适用于专线。

VPN 网关是基于 Internet，通过加密通道将企业数据中心、企业办公网络或 Internet 终端和云上专有网络（VPC）安全可靠连接起来的服务，也可以使用 VPN 网关在 VPC 之间建立加密内网连接。

由于专线通常涉及较高的费用，以提供稳定的连接，而大部分情况下，也可以接受较低成本但是稳定性稍差的链路，这时通常可以采用 VPN 服务。表 10-2 给出了常用的 VPN 服务。

表 10-2 VPN 服务比较

产品	使用链路	网络质量	价格	交付时间
高速通道—专线	专线	高	较高	长，一般超过 30 天
VPN 网关	Internet	较低	较低，约为专线的 40%	短，约 10 分钟

大部分情况下，参考云服务商提供的手册并不能完成 VPN 连接过程，因为用户网关有各种类型，而企业的运维人员对此类网关如何配置 VPN 并不熟悉。在这种情况下，需要企业的网络人员联合企业现有网关设备供应商和云服务商一起完成配置，尤其是现有网关设备的供应商或服务商。VPN 连接和专线一样，同样需要考虑网络规划、网络策略和安全策略。

10.6 网络安全

任何情况下，安全都是企业上云时最受关注的内容之一。在前面的"安全策略"部分对此已经做了宏观的介绍，本节将着重讨论云网络环境下的安全问题的细节。

在使用云数据中心的网络及相关产品时，网络安全可以分为两大类，即内网安全和外网安全。内网安全一般建立在云服务商提供的 VPC 及云资源的能力中，包括以下三大类：

- **安全组（虚拟防火墙）**：安全组是一种虚拟防火墙，具备状态检测包过滤功能。安全组用于设置单台或多台云服务器的网络访问控制，它是重要的网络安全隔离手段，可以在云端划分安全域。安全组是一个逻辑上的分组，这个分组是由同一个地域（Region）内具有相同安全保护需求并相互信任的实例组成。每个实例至少属于一个安全组，在创建的时候就需要指定。同一安全组内的实例之间网络互通，不同安全组的实例之间默认内网不通。可以授权两个安全组之间互访。
- **云防火墙**：安全组实际上是一个四元组 ACL，因此和传统意义上的防火墙有所差异。一些云服务商提供了额外的云防火墙产品，可以管理互联网到业务的南北向访问策略和业务与业务之间的东西向微隔离策略，并内置威胁入侵检测模块（IPS），支持全网流量可视、业务间访问关系可视，从而提供更多的内网安全保障。
- **白名单**：类似于负载均衡产品和云数据库产品等都提供了白名单机制，以确保用户能够精确地定义对这些产品的访问限制。

网络安全的一般概念这里不再赘述，企业的网络管理人员及安全和审计人员应当尽量了解安全组和各类产品白名单功能能够提供的能力，并且在尽量严苛的原则下配置相关的规则或白名单列表，以确保云上数据中心的内网安全。核心上，网络安全需要防止以下两种典型错误：

- **业务牺牲安全**：由于不清楚业务情况，只能粗犷地部署安全组，扩大了攻击面，造成安全隐患。
- **安全阻碍业务**：因为错误的安全隔离策略造成业务中断。

通常，第二类错误很快就能发现，而第一类错误往往很难意识到。有一些网络安全手段可以辅助上述收敛过程，例如在云服务器上安装监控程序，以分析其网络访问情况，从而形成最佳的网络策略。有些云服务商提供了具有类似功能的产品化方案，例如，阿里云提供的云防火墙是一款云环境下的防火墙产品，采用了基于业务可视的结果实现业务梳理和业务隔离的技术，从而可以通过实际网络数据情况的收集，及时发现第一类错误。

此外，传统的操作系统提供的安全策略或加固方案，如 Linux 的 IPTables、Windows 的防火墙等，仍然可以在云环境下继续使用，这使得现有数据中心中的一些基于操作系统或软件的防护措施可以无缝在云上沿用。

针对外网的安全，除了使用 SLB、NAT 网关、安全组等提供的防护手段之外，目前互联网的安全威胁还突出地集中在以 DDoS 攻击为主要手段的四层攻击，以及各类攻击应用漏洞的七层攻击上。防御上述攻击的产品基本上也都能够从云服务商处获得。这种服务通常不适用于购买软件进行本地部署，因为此类攻击通常都具有强度较大的流量（DDoS）或针对性极强的功能（0Day 漏洞），而云服务商提供的超大防护带宽、高效漏洞更新比传统方案更加有效。

一般针对 DDoS 的四层防护产品（通常称之为 DDoS 高防 IP）和针对应用漏洞攻击的七层防护产品（通常称之为 Web 应用防护，WAF）是不同的产品，需要额外付费购买；而产品通常也有不同的规格，适应于不同规模的企业（威胁程度不同、应用重要性不同）。对于一般的云上企业应用网络安全防护，有以下一些常规的建议：

- 确认云服务商是否提供免费的防护能力。部分云服务商会提供几个 G 的免费 DDoS 防护。
- 确认本企业历史上是否出现过 DDoS 攻击或针对应用漏洞的攻击，云服务商提供的产品是否能够防护这些攻击。
- 对可用性不太敏感、历史上未遭受过攻击的系统，可以不使用额外的 DDoS 防护，但是必须了解 DDoS 防护的接入流程，以便于在受到攻击时及时接入。
- 任何存在关键数据的面向互联网应用，都应该位于 Web 应用防火墙之下，数据的价值远远大于 WAF 的使用费用。
- 对可用性和安全性都敏感的系统，应联系云服务商确认最佳的解决方案，通常 DDoS 和 WAF 都需要使用。

- 如果预算有限，二选一的情况下优先选择 WAF 产品；在选择 WAF 产品规格时，如果预算许可，尽量选择预算范围内的最高规格。

DDoS 防护的能力和配置的方式通常比较简单，WAF 的功能则比较多样。以阿里云为例，大致提供了几十种不同的防护能力，不同的能力涉及不同的配置。云服务商提供的能力通常大大降低了企业的防护成本，这体现在设备、软件的采购成本和日常运维成本的降低，但是由于互联网安全及相关概念、产品的专业性，因此建议企业能够设置一个专职的安全负责人，从专业的角度对云上安全防护产品的整体能力及其使用进行评估和验证，以确保合理使用上述产品和能力，对云上应用提供周详的防护。

10.7 其他网络产品及方案

上面介绍的云上网络环境无法全面覆盖所有的网络产品和场景，针对我国企业的一些特殊需求，这里再着重介绍两个方面的网络内容，以便于在需要的时候，可以进行深入的了解和参考。

跨境通道是云服务商为了国际化业务提供的一系列便利的网络方案。如果说一般中型企业或许可以负担国内专线费用的话，那么除了少数超大型企业，一般企业都无力负担全球性的专线费用。国内外的云服务商构建全球数据中心的时候，因为内部管控的原因，通常也会构建其自身使用的全球高速网络通道，而这种通道也可以通过云服务的方式提供给其客户使用。这种服务的价格不菲，但是相比自建全球网络的费用，或对比基于 Internet 的连接，这种全球高速通道的服务还是有相对合理的性价比。

受限于一些特殊的原因，并不是每一个云服务商都能够提供这样的服务，通常对国内客户出海或外资机构入华的场景而言，其选择面无非是国际或国内顶尖的云服务商。考虑到此类应用非常关键，因此企业最好对云服务商提供的此类服务从四个方面进行重点审核：

- **可用性**。这要看云服务商提供的海外节点是否和海外应用场景相契合。例如，如果需要实现上海数据中心服务于中东客户，那么就需要查看云服务商最接近两侧的数据中心在哪里，国内主要云服务商在上海都有网络接入点，距离中东最近的接入点则有所不同，有些能够提供迪拜的数据中心，有些则只能选择法兰克福。
- **功能**。对于海外业务的加速，需要确认云服务商提供的具体解决方案。有些云服务商并不能提供当地（或就近）的数据中心服务，而是简单地提供国际 CDN，这对大部分企业而言意义不大；有些提供的当地数据中心和国内基本同构的云服务，允许 VPC 之间的互联，那么方案就显得比较完整。另有一些格外便利的方案，例如提供一个当地的公网地址接入，可以通过云服务商的内部网络直接路由到国内的数据中心，这就大大简化了实施过程。
- **性能**。国际通道的性能是很关键的一个指标,包括时延,以及能够提供的带宽和费用几个部分。建议预先向云服务商征询相关参数,并在可能的情况下进行测试和验证。国际通道的时延不可能小于 100ms,这种物理限制也不是任何一个云服务商可以突破的。
- **合法合规**。跨境线路必须合法合规,因此应和云服务商确认使用此类服务所需的相关材料和要求,包括云服务商的资质,以及使用此产品需要补充签署的协议等。

从方案看,一般的建议是,通过境外 CDN 服务进行静态加速,通过境内外 VPC 互联或本地加速提供动态内容的加速。同时,应考虑云服务商的网络质量、当地数据中心的位置和规模、云服务商在当地提供的其他云服务以及价格。

云市场作为第三方厂商通过云服务商提供增值服务的主要通道,在国内云服务商平台上成为一种惯例。网络层面,如上面提及的,云服务商照顾的是一般性的、通用的需求,有些需求云服务商不能满足,而客户也没有资源进行自主开发或部署。这时候,借助于云市场产品可以有效降低实施成本,提升实施效率。

由于云服务商提供的一般是纯软件的方案,客户自己的网络设备或其他专业的网络设备都无法加入云服务商的机房中,因此云市场提供的方案大部分是基于云服务器的软方案。这些方案本身的定制化能力或者特性可以满足一些特殊的使用场景,或者对软件有额外偏好的客户。以下是几个例子:
- 防火墙产品。一些安全厂商的防火墙产品能够提供一些云服务商防火墙所不具备的防护特性,可以作为云上安全的补充。
- VPN 等软件网络产品。它们适用于需要特定品牌或特定软件网络产品的客户。
- 网络监控类产品。通过在云服务器上部署特定监控客户端和特定管控服务器,实现具有特殊要求的网络监控。

这些云市场产品通常以软件目录的形式提供,使用时需要额外付费并提供额外的云服务器。

10.8 其他应用要点

本节将对网络环境及相关产品的一些其他应用要点再做一些补充说明。
- 价格 / 费用

云服务商关于网络产品的收费体系比较复杂,充满各类细节。因此,需要谨慎确认收费的产品和模式,避免在收到账单的时候感到意外。另一方面,云服务商提供的按量计费模式与传统的预算或付款方式相比有极大不同。

大部分情况下，应尽可能利用按量付费、流量包等节省预算费用方案，可以节省相当比例的费用。同时，要注意在不同的云服务商之间进行比较，也需要根据网络情况进行整体比较，而不要仅仅针对单一产品进行比较。

- 网卡、操作系统和应用

在传统的网络方案中，有一些技术会体现在操作系统或应用上，例如网卡、网关等方面。云服务商提供的网络方案大多屏蔽了这些技术细节，但是对于技术细节有要求的客户，会认为这种方式不那么友好，甚至造成有些依赖于这些设备驱动的软件无法使用。建议通过一些小规模的验证过程对这些方面进行确认。

- 内网、外网性能

通常情况下，云服务商提供的内网、外网的具体性能参数和传统机房常用的参数有所不同，企业用户在评估和确认性能的时候，总是觉得这些参数不够完整和有说服力。对此，一些论坛、第三方网站的评测或许可以提供一些重要的参考。当然，最可靠的不是参考第三方的评测，而是在和云服务商进行基本的 SLA 确认后，根据自身的应用场景进行一定的测试。

- 增值服务

网络上的很多设置具有一定的专业性，而且很多配置工作基本上是一次性的工作，配置完成后会维持一段较长的时间。如果企业上云的周期较长但是应用不多，那么学习这些配置内容，并不断熟悉云服务商产品形态就没有太大必要了。这时候，建议和云服务商进行确认，通过采购一些额外的增值服务来针对特定阶段进行实施服务。

云厂商视角

网络产品是一类非常有趣的产品，从架构、规划、使用、调整等方面来看，这些产品对于一般的应用而言并不复杂，但是对于一个复杂的架构而言，往往又容易遇到各类问题。这主要是因为云厂商提供的虚拟化网络确实和传统网络存在很多差异，因此如果不了解技术实现细节，那么在面对一些特别的网络需求的时候就会束手无策。云服务商一方面希望自己的网络产品容易使用，对业务尽量不可见；另一方面又希望这些产品能适配更多的场景，以满足各类需求。这两者之间存在一些矛盾，这也是云厂商需要不断完善的方面。如果遇到问题，云厂商的架构师、售后代表等通常也能够给出比较完善的方案（这些方案达成目标的方式可能和传统场景有所不同）。

通常情况下，一个中等规模的云上应用不需要额外的网络运维专家，但是如果此前没有网络运维经验，那么最好先阅读一些基础书籍，至少具备一些 CCNA 的知识基础。上手还是非常容易的，我想这也是很多初创企业能够快速在云上开展业务的原因之一。

> **企业视角**
>
> 云计算显性的基石有两个：虚拟机和存储，几乎任何产品都要基于它们；云计算隐形的基石就是云网络，一般在应用部署上，虚拟机、存储、数据库等都会是焦点，而网络则由于其专业性，在方案中不会讨论太多。虽然云计算解放了企业 IT 的一些繁琐工作，但是在网络配置方面还是需要有专业团队的介入，不可掉以轻心。在上云、迁云、发展的过程中，网络的配置非常重要，差之毫厘谬以千里。
>
> 云之基石的三剑客没有大数据平台、机器学习平台、EDAS、ARMS 等很多产品那般耀眼，回想起来，这三个产品也是我们没有和云计算厂家产品团队面对面沟通过的，这是个有趣的现象。诚然，我们在这方面花费了很大的精力，大约有半年时间，随着一些小应用在云上的使用，对于虚拟机、存储、网络有了深入的了解和熟练的应用，各类资源开通流程、云运维、成本和 ROI 计算都围绕着这些基石开展。所以，不管是公有云、金融云、专有云，基础功课一定要做好，且应持续关注，才能将应用一个个垒上去。谨记"何有不造下第一屋而得上者。"

Part3 第三部分

企业上云规划

发生认识论的特有问题是认识的成长问题：从一种不充分的、比较贫乏的认识向在深度、广度上都较为丰富的认识的过渡。而科学是一直在发展着的；所以，它的现状绝对不是固定不变的……广义的发生学问题包括所有科学认识的进展问题，并且具有两个方面：一方面是事实问题（在某一特定阶段上的认识水平问题和从一个阶段到下一个阶段的过渡问题），另一方面是认识的有效性问题（用进步或退步来评价认识问题，认识的形式结构问题）。

——《结构主义》 皮亚杰 著

企业的应用系统通常都是从小系统开始慢慢成长起来的。随着技术的进步，现在的企业在切入一个新的领域时，往往会通过一个规划来避免应用系统的"自然进化"，同时引入一些方法论。企业系统上云的过程仿佛就是企业应用开发过程的又一次历史重现，从小应用到大应用、从业务到数据、从容灾到安全，任何一家企业恐怕也只能加快而不能逾越这样的顺序。在这一部分中，我们首先将从规划的视角来看待这个过程，这样后续的上云工作可以在一个基本的指导体系下，有序地完成云计算应用的进化路线，并最终在企业中以组织和培训的方式体系化地构建一个持续的闭环。正如皮亚杰所说的，过程中不仅仅要关注事实问题（过程、结果、过渡等），也应当持续反思有效性的问题（优缺点、价值、最佳实践等）。

第 11 章 *Chapter 11*

上云整体规划

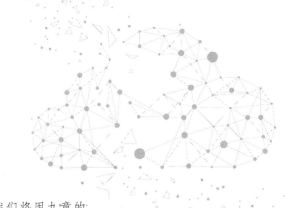

导言：从这个部分开始，我们将用九章的篇幅来讨论企业上云过程中的方方面面，从上至下、由线至面。本章先从上云的整体规划开始讨论，讨论如何设定目标、开始规划。

如果要说这个世界上有什么规划方面的万能"鸡汤金句"，那么"站在全局视角进行规划"这句话一定要列入其中，但"全局"需要有多全，说这句话的人大概也并不清楚，因为这是执行者需要思考的事情。

当一个企业需要就使用云计算进行"整体规划"的时候，其实包括两个部分的内容：一个部分是确定负责"应用云计算"的企业内部组织的边界在哪里（比如云计算带来的财务模式调整是否属于这个团队考虑的内容），另一个部分则是确定"应用云计算"到一个具体过程中时，如何进行具体实施过程和细节的规划。

接下来我们将详细解答这个问题，对第一个部分的介绍相对粗粒度一些，第二个部分则会进行比较详细的介绍。

11.1 上云涉及的工作

使用云计算技术通常简称为"上云"，按照第 3 章所介绍的云世界中的语言来理解，"上云"这两个字至少包含了两个重要的隐喻：在方位隐喻中，"上"代表着积极的因素，正所谓人往高处走，所以"上线一个应用"听上去显得更加"高大上"，"上云"要比"下水"感

觉好很多；在容器隐喻中，"云"代表着容纳企业实现其目标的领域。⊖

头脑风暴是一个确认上云整体规划过程中涉及的外部边界和工作内容的比较好的手段。关于头脑风暴及后续界定的结果，可以采用下面介绍的与上云相关的 6W2H 分析方法。

1. 目标（which）

企业上云的目标是什么？是要战略性地走云计算道路，还是做单一的 IT 系统上云项目？

2. 原因（why）

为什么要上云？上云是为了解决什么问题？这些问题需要在规划中重点考察。

3. 对象（what）

上云的系统有哪些？这个系统的影响范围有多大？有没有额外受到影响的企业组织或流程环节？

4. 场所（where）

上什么云？是企业自建一个私有云，还是上公共云？或者有个企业不得不上的云？

5. 时间和程序（when）

需要多久完成上云工作？企业内有什么相关流程需要执行？确定时间点的重要之处在于不同的进度要求对资源的要求是不一样的。

6. 组织或人（who）

谁来执行上云工作？企业内的哪些组织、团队或个人对此负责？有哪些外部力量可以借助？有没有监管要求？

7. 如何做（how to do）

如何操作上云这个过程？这是后面技术规划部分将要描述的内容。如何操作上云相关的其他过程？这是每个企业上云团队需要更多关注和解决的问题。

8. 价值（how much）

上云之后如何体现这个规划、过程和结果的价值？即使是一个系统上云，也可以积累从 ROI 分析到企业自身最佳实践的大量材料；在最简单的情况下，也需要向企业管理层报告。

从动态的角度看，上云规划工作是一个闭环，需要不断迭代地进行。在很多时候，尤其

⊖ 参见《我们赖以生存的隐喻》一书，浙江大学出版社出版。

是面向管理层的规划报告中,瀑布过程的迭代会显得空洞,敏捷过程的迭代则显得太务实,统一过程的迭代方式则显得比较适当,既能够从较高的角度给出一个"全局视角",又能够在若干务实的侧面给出具体内容。

11.2 上云——从目标到规划

本节将基于一个典型的应用系统上云过程,提供一个从目标到规划的路径,并就路径上的一些关键内容进行说明。

以一个典型的中小规模互联网金融公司的 IT 应用架构为例,其架构如图 11-1 所示。

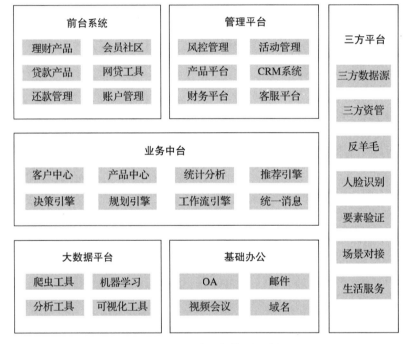

图 11-1　IT 应用架构图示例

假定在此前根据各类分析和讨论,确认了如下概要的规划目标:
- 前台系统、管理平台和业务中台上云。
- 三方平台使用部分外部软件和数据服务。
- 大数据平台和基础办公沿用内部 IDC 机房的服务器。
- 通过 VPN 或专线构建混合云。
- 按照上云方案对组织、团队进行培训和职责划分。

在实际操作中,要对上述几个部分构成的整体目标进行详细的规划。在实际的应用中,这种规划过程可以分为两种类型：自下而上的规划过程和自上而下的规划过程。两种类型各有特点，接下来我们分别介绍。

11.2.1 上云——自下而上

所谓自下而上的过程，就是按照传统 IT 架构进行初步规划，随后在云平台上进行资源层次和功能层次的映射，并根据评估情况选择使用 IaaS 之外的 PaaS、SaaS 和管理功能。这个过程非常适合于那些传统 IT 能力比较强，现有 IT 组织工作有序，又是初次上云的企业。这种方式的优点在于，符合现有 IT 的工作思维，又能够以 IaaS 为起点开始向上云做技能转移；但其缺点在于，由于以 IaaS 为主，有时候在信息不充分的情况下，对云计算的使用会局限在 IaaS 上。

就前面提及的例子，很多企业的 IT 团队给出的资源要求清单通常包括三个方面的内容（仅限于上云相关的）：

- **IT 基础设施部门**：需要怎样的服务器（物理的或虚拟的）配置。比如，需要 15 台 4CPU、16GB 内存、200G 磁盘的服务器，需要 20M 互联网带宽等。
- **开发或运维部门**：需要具备怎样的安全和资源监控、管理要求。比如，需要 7×24 的监控，当出现服务异常或者系统宕机的时候，给运维人员和开发人员发送短信告警。
- **架构或开发部门**：需要一些开箱即用的软件，或可对接的外部服务。比如，需要对接第三方系统，对客户的姓名、手机、身份证号等信息进行核验。

当确认了上述资源要求之后，就可以要求云计算厂商或企业内负责上云的团队提供解决方案，通常这个需求本身主要覆盖了以下三项内容：

- **一份资源清单**，列举所需的服务器配置。这份清单往往对应于传统的配置要求，包括网络、计算和存储等方面。例如，购买 15 台 4CPU、16GB 内存、200G 磁盘的云计算虚拟服务器；采购 20M 互联网带宽，但是流量按量计费等。表 11-1 是一个资源清单的样例。

表 11-1 资源清单表样例

环境	名称	规格	备注
开发	NAS 盘	100G（容量型，NFS，下同）	—
	A 服务器	4CPU 16G 内存 40G 系统 300G	CentOS7
	B 数据库	4CPU 16G 内存 40G 系统 300G	Oracle 标准版
	B 服务器	4CPU 16G 内存 40G 系统 300G	CentOS7
	B 数据库	4CPU 16G 内存 40G 系统 300G	MySQL

- **一份能力清单**，确认云资源所提供的能力。例如，表 11-2 给出了一个能力需求样例。

表 11-2 能力要求表样例

产品类别	能力要求
计算	云主机可用性不低于 99.95%，数据可靠性不低于 99.999%
	支持云主机的资源配置修改，支持 CPU、内存、磁盘、带宽升级与降级操作
	支持云主机的水平伸缩，可以通过 API 和控制台创建、销毁虚拟主机实例，通过与负载均衡配合实现水平伸缩
	支持快照和自定义镜像能力，支持对运行或停止状态的虚拟主机生成快照，支持分钟级别快照回滚功能；支持用户自主上传镜像，如 Xen VHD、KVM RAW，请提供官网截图，或提供第三方证明材料
	便捷地支持较长时间的数据库备份回滚，自动完成，无需人工干预
	支持批量并发创建云主机
存储	支持块存储，块存储又能支持快照功能、在线备份、增量备份
	提供 SSD 固态盘的高性能存储，支持本地盘存储；具备 99.999999% 的数据可靠性
	支持对象存储服务，支持跨机房多份备份
	支持 MySQL 和 PostgreSQL 数据库的集群或者主从复制
	对象存储服务支持自定义域名，支持图片处理
	块存储，对象存储服务可用性不低于 99.95%，数据可靠性不低于 99.999%
网络	支持将专有网络 VPC 的私有 IP 地址范围分割成一个或多个虚拟交换机，根据需要将应用程序其他服务部署在对应的虚拟交换机下；交换机之间能实现访问控制
	VPC 网络支持跨地域对等互通连接
	支持根据业务需求配置虚拟路由器的路由规则，管理专有网络流量的转发路径
	支持专线 /VPN 等多种连接方式，可以将专有网络与物理网络连接起来，形成混合云架构
	全套网络解决方案并完成解决方案的完整实施
	支持指定虚拟主机的 IP 网络地址，支持外部 IP 资源分配与持久绑定
	支持云主机之间的访问控制
	虚拟设备间网络速率为 1Gbps+
	支持弹性 IP，能够与云主机、路由器和负载均衡等任意绑定与解绑定
	支持虚拟负载均衡器功能，支持 HTTP/HTTPS/TCP/UDP 协议，服务可用性不低于 99.95%
	支持 BGP 网络，多线接入主骨干网络资源，包括电信、联通、移动等主流运营商网络干线
	支持内网 DNS，实现内网 IP 与内网域名的映射
	支持跨城域节点间的专线互通；"两地三中心"默认通过云环境内网

形成以上清单时，要避免两种情况：一种是直接用一份从其他地方获得的清单，涵盖一些用不到的各类云厂商的功能全集。例如，一些企业会要求云服务商提供定制的 USB 设备的托管服务，而这项服务只有某一个云服务商提供（大部分云服务商一般都不会提供）；另一种是拿出一份和传统环境对应的功能实现细节清单，而不是功能需求清单。某些情况下，对

于企业传统环境中的功能及服务，云计算厂商通常能提供与其类似或更具优势的产品及服务。例如，有些企业会要求云服务商提供基于 Nginx 的负载均衡服务，并开放底层 Nginx 配置项等（大部分云服务商提供的负载均衡并不拘泥于这种实现细节，负载均衡属于功能需求，Nginx 属于功能实现细节）。

- **一份服务清单**，涉及外部服务或软件。这些外部服务通常不会在初期被纳入上云规划的过程中，但是建议不要忽略这个部分。表 11-3 给出了一个例子。

表 11-3　外部服务表样例

SaaS 产品名称	系统名称
邮箱（500 员工）	邮箱服务
域名（中文+英文+云解析）	域名解析
加密服务或加密机	加密系统
印刷文字识别（OCR）	图像识别
消息服务（Message Service）	消息推送

随后，企业内部或外部比较熟悉云计算的架构师会开始进行自下而上的映射。映射的第一步是将第一份资源清单中所有的内容全部变成云服务商提供的虚拟云主机资源，并且通过云服务商的界面获得列表价格。如果不是特别着急的话，企业未来云平台的系统和运维部门应当努力承担这个角色，并且在过程中熟悉潜在的供应商的控制台界面，并比较多个云服务商的界面和文档等，评估其友好性。

很多情况下，企业 IT 会停留在这一步，由于种种原因不再往下继续了（通常原因是，企业的上云团队来自于原有的基础设施团队，这个团队本来的工作内容就是提供计算、网络和存储资源，因此认为云计算就是 IaaS）。除非企业对云计算仅仅作为 IaaS 做出了战略上的决定，否则企业的 IT 决策层应当继续推进，云服务商也有责任提醒企业要在 IaaS 之外，继续寻求云计算的价值。

第二步工作需要更多的内部协同，但是对企业上云的长期规划过程而言有更大的价值。第二步的主要工作是标注 PaaS 产品和辅助产品，在第一步之后的清单中，要识别那些需要安装数据库和中间件等产品的资源要求，并且在云计算平台提供的 PaaS 平台上进行对应，获得列表价格。

云计算和传统 IT 环境相比差别最大的方面，应该是网络。云计算提供的网络产品几乎完全基于软件定义（否则就不算是真正的云平台，我们在这里不详细讨论云平台本身如何构建），资源清单一般不会包括网络的规划，这部分容易缺失，因此在这一步中，需要根据云平台的能力确认云上网络规划方案及混合云方案。这可能会增加资源清单中的项目。

安全能力在自下而上的规划过程中往往会被忽略，或者是因为传统环境的安全措施已经很完备，又或者是因为安全相关人员没有参与上云规划过程。由于云上系统往往会面向互联网，而传统环境的 IT 防护措施也并不能完全复制到云环境，因此，第四步是对云上的安全防护产品或防护措施进行列举，增加到资源清单中。

在第五步中，建议对运维和监控等能力涉及的云产品进行考察，这部分通常有免费的方案，也有一些云上收费的平台（例如 APM 类型的产品），资源清单也可以补充一些这方面的内容。建议先使用免费方案，因为收费平台多半也会涉及一些应用改造。

最后一步是考虑一些额外的辅助功能。云服务商通常有很多产品和方案，以至于很多很好的产品和服务都"养在深闺无人知"，这时可以根据企业、合作伙伴或云服务商交流人员的推荐，对一些辅助产品和能力进行了解，补充到清单中。

至此，资源清单的部分已经基本完成，这份清单首先从完整涵盖网络、计算和存储的 IaaS 开始，并就部分功能提供了 PaaS 化的方案，同时对云上的安全和运维等进行了规划，最后就一些辅助平台进行了研究，从而构成一份完整的资源清单。如无意外，这个过程也会输出一份云上资源架构图，如图 11-2 所示。

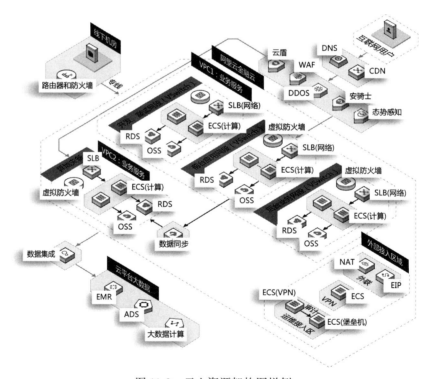

图 11-2　云上资源架构图样例

在上述整理资源清单的过程中，结合过程中的各类评估、需求讨论等内容，也对第二份能力清单进行了部分整理。能力清单中所讨论的内容将在后续选择云服务商时成为比较重要的考察指标。除了在自下而上的过程中考察 IaaS、PaaS、安全、运维等过程涉及的产品能力外，还可以结合企业自身的情况，在这份清单中追加如下内容：

- 咨询、方案讨论的要求。
- 特定产品的性能、扩展性、迁移等能力。
- 云服务商的售后服务能力、事件响应能力。
- 合规和保密等方面的内容。
- 培训、课程或沙龙。
- 商务、价格和财务等方面。

如果上云项目还涉及现有系统的迁移过程，那么上面的资源清单和能力清单还需要包括系统迁移相关的部分内容。

就第三份服务清单而言，如前面 ROI 分析中提及的，可以从云服务商处获得一些建议，主要是其 SaaS 服务是否可以更低成本、更有弹性地承载用户需求，而不用直接买断一个开箱即用的软件。当然，这些往往都是可选项，有合适的方案固然好，否则也不影响原来的选择过程。

无论上述过程是企业自身完成的，还是由外部合作伙伴完成的，都建议在最后进行一次专业的复审。专业复审有两种模式，一种是轻量级方式，在这种模式下，云服务商的架构师、企业上云小组和其他相关团队要坐在一起对这个整体规划的各个环节进行复审，大约用 2 个小时做出初步的决定，形成规划方案建议书。另一种方式是重量级方式，在这种模式下，可以参考传统的招投标流程，由多个云服务商提供相关规划方案建议，随后由企业 IT 团队进行评审，综合考虑多方的情况做出决定。如果没有硬性的企业规定或监管规定的话，可以采用如下这种简单的、经验化的量化衡量：如果上云项目的整体年化费用低于所在城市人均年收入的 10 倍，那么第二种方式就显得沉重了。⊖

11.2.2 上云——自上而下

上一节介绍的通过自下而上的过程完成的整体规划，对于那些迁移上云，或者现有环境已经有系统部署上云的企业而言，可以快速完成规划。整个操作中从第二步开始慢慢脱离传统 IT 知识的范围，并且有可能产生两种错觉，其一是云计算就是提供虚拟环境的平台，其二是云计算似乎有很多额外的支出项目（安全、流量和 API 调用费等）。

对于那些原生云应用（这个概念至今没有找到一个精确的定义，大致上可以理解为，充分使用云平台的 PaaS 和 SaaS 服务，配合 IaaS 资源，完全基于特定云平台能力构建的应用系

⊖ 如果一定要找一个理由的话，一次招标评审大致消耗的内外部人力成本在 3~6 个人月，IT 人员的成本原本就远高于平均收入水平，而云计算所节省的成本也差不多就是这些，等于招投标过程消耗了所有节省下的成本。

统），使用自上而下的规划过程反而可以更加充分地发挥云计算的优势。但其缺点在于，上云团队的技能情况，尤其是对云平台的熟悉程度会对最终结果产生较大影响，同时由于不同云平台 PaaS 的差异性，团队对某个云平台的既有经验将左右企业上云的技术选型。

自上而下的过程与自下而上的过程能产生类似的结果，只是方向不同。（与自下而上方法中类似的部分将不再赘述。）首先，在开始规划前，需要准备好应用架构和业务需求，并没有针对传统 IT 环境的部署资源清单。随后，进行 SaaS 规划（广义的 SaaS 不仅是云服务商提供的那些服务，也包括那些不通过云服务商但是通过互联网/专线提供的服务）。SaaS 规划关注从外部获得的能力。如果一个企业应用可以依赖外部服务的聚合和整合，那么就可以安排大量的资源在其核心竞争力上。我们今天看到的互联网独角兽企业都充分应用了这些能力。例如，百度整合全网信息咨询的能力、阿里构建商业领域各类平台的能力、腾讯以社交为核心的场景整合能力等。在 SaaS 规划中，原生云应用界定了自身的实现边界，考虑到不同的 SaaS 服务有多种选择，也有使用或自建的选择，因此这个边界需要后续进一步议定。

当确认了需要自建的企业系统或模块之后，根据这些系统及模块的能力定义，结合 IT 架构方面的专家，以及企业自身的 IT 能力情况，就可以着手进行 PaaS 规划工作。PaaS 规划通过尽可能寻求云平台提供的开箱即用的服务来取代传统 IT 中需要自行建设的部分，从而使开发、运维、部署成本最小化。PaaS 平台要考虑的要素和上述自下而上的体系中涉及的内容是基本相似的，主要包括数据库、中间件、运维、安全等方面，但也有一些显著的不同点：

- 云平台会提供一些与传统 IT 领域不一样的 PaaS 平台产品，这些产品有更强的云属性和互联网属性，例如常见的对象存储 OSS、特殊的数据库（如阿里云的 PolarDB）。
- 云平台的不同 PaaS 产品之间存在一定的同生或互斥关系，这个无法明确列举，但是通过某个 PaaS 产品文档中的描述，可以了解与之适配的其他 PaaS 产品或服务。
- 一旦使用了云平台的 PaaS，意味着底层运维能力的让渡，这个时候需要多考虑产品成熟度或后续发展情况。
- 有时候，使用云平台的 PaaS 不仅意味着让渡，也意味着绑定。使用 PaaS 会导致系统高度依赖于某个云平台，虽然通常这没有什么问题，就像以前的系统高度依赖于 IOE 那样，唯一的问题是，如果有一天需要迁移云平台，那么应用开发团队会受到影响（比如当企业使用了 A 公司的云平台，但 A 公司后来被 B 公司收购）。实际上，所有企业都想实现"自主可控"，但从来不存在真正的自主可控，所有的可控都是相对的，都是代价的交换。在"新技术引入的思考"章节中，我们已经讨论了这个话题。

在完成 PaaS 的选择之后，剩下的需要自行开发、部署和运维的部分只能继续使用 IaaS

进行，这时候的 IaaS 规划虽然和传统规划没有太多的不同，但是原生云系统的规划过程会充分考虑到云服务商 IaaS 的横向和纵向扩展能力，因此会试图构建一个比较灵活的容量规划体系和与之匹配的财务体系，以便在最初使用少量的 IaaS 资源，并根据实际情况逐步扩展容量，最大化地节约资源成本。

在这个过程中，有两项内容切勿忘记：一是安全防护，原生云平台的团队虽然没有太多传统 IT 知识方面的束缚，但也会因此忽视一些必须考虑的安全问题，建议密切关注云平台提供的安全产品和方案。另一个需要关注的是运维管理的账户和权限，互联网基因深刻的团队最初容易忽略这些体系化和流程化的内容，但是仍然建议从一开始就保持一个适度规范的运维体系，云平台通常对此提供最佳实践说明。

11.3　外部力量的引入

无论是自上而下还是自下而上的过程，都提到了外部力量的必要性，这是因为云服务商的平台发展速度太快，而且根本没有停下的迹象（2018 年，AWS、Azure 和阿里云仍然以每个月两位数的速度在改进产品或提供新的产品服务），任何企业完全依靠自身能力都无法保障其整体规划在上云过程中是最优的。

通过持续的迭代过程和对云平台的不断了解，规划过程中潜在的问题总是可以得到解决，但是，一方面，有些规划问题一旦发生，后续的修正会变得困难；另一方面，某种思维惯性会阻碍对这些问题的识别和修正。企业总是希望其整体规划过程尽可能完美，以减少后续修正，同时通过前期过程也可以尽可能确保企业的上云团队从一开始就做出正确的云上规划。所以，引入一些外部力量有助于这个过程的进行。

在规划阶段，可以从以下几个层面考虑需要引入的外部力量：
- 上云规划的通用性知识。
- 同行业的上云知识。
- 可能遇到的各类问题。

前面两个层面比较容易理解，一般可以通过云服务商的本地服务团队（第一方或第三方团队）针对上云过程的规划进行复审，如果项目足够大或提供费用支持，那么他们可能不仅仅会参与复审，甚至会参与规划过程。

第三个层面是需要动一些脑筋的，无论是让云服务商的本地团队在交流中总结上云项目中会遇到的各类问题，从而在规划过程中予以标识；还是寻求同行业有类似项目经验的团队的帮助，现场了解相关的上云项目执行情况以了解将遇到的问题，都不是通过一般的途径可以完成的。但是，只要企业有心，总可以获得这些内容，对问题的了解和标识越明确，规划过程就不仅仅使产品和方案更完备，还会提升执行的便利性和正确性。

11.4 价格和商务因素

一般而言，云平台服务商都会在官网提供价格列表，但是有些产品的价格体系比较复杂（例如视频产品，因为各种功能收费不尽相同，因此价格体系复杂），有些产品则需要根据实际需求来报价（比如私有云）。按照一般企业的习惯，如果项目有一定的规模，还需要和云服务商的商务代表讨论商务、合同、付款等问题。

目前，云服务商提供如下三类商务策略，这三类策略通常都有其规模边界，即如果一个轻量级的上云项目试图寻求一个重量级的商务策略讨论，可能会无法达到企业的预期。⊖

- **标准化商务模式**：官网标准化购买，价格完全透明，付款模式有多种选择，但一般都是先付款再使用或充值扣款。
- **轻量级商务支持**：通过代理商和服务商购买，由渠道提供一定的服务和商务条件，代理商和服务商有时在财务方面可以提供一些灵活性。
- **大客户商务支持**：直接寻求云服务商客户代表的服务，由云服务商架构师提供直接服务，可以享受一些大规模采购带来的商务优惠。

另外一个有趣的事实是，通常不同云服务商的同一类商务策略的起点不同，如果某个云服务商的起点规模较高，虽然从某种角度来说对企业是不利的，但是从另一个角度来看，也说明该云服务商的产品或服务更加成熟（所以其商务策略更加标准化，需要定制的部分较少），更加受到客户的欢迎（所以其团队规模相对客户的比例较低）。

11.5 由广而深，自下而上

在进行上云整体规划的过程中，"由广而深，自下而上"是可以作为座右铭的一句话。

1) **由广而深**：在"广"的角度上，在考虑上云规划的时候，需要充分考虑企业各个方面的干系方，以及云服务商能够提供的广泛的能力。从"深"的角度，企业需要有一个团队深入对上云规划进行研究和工作，并对云服务商的关键产品进行深入研究。⊜

2) **自下而上**：在"下"的角度上，需要充分考虑执行人员的能力情况，以及实际项目的交付需求，不能将规划工作浮于天际。在"上"的角度，整体规划工作需要站到更高的企业层面去思考，并在规划过程中和更有经验的人员进行探讨。

最终形成的上云整体规划，大致包括以下内容：

⊖ 在2018年，轻量级商务支持的起点大约在年云平台消费10万元左右，大客户商务支持的起点大约在年云平台消费50万元以上，不同云服务商策略有所不同，大客户商务支持和轻量级商务支持的边界不明显，有时会两者同时进行。

⊜ 云服务商的产品已经不是传统的28原则了，大部分云服务商90%的收入都来源于不到10个细分产品，95%的客户使用的产品都限于20个细分产品。

- 云服务商及其选择。
- 云服务商主要产品和能力。
- 企业上云规划的背景说明。
- 上云系统的应用架构和技术架构。
- 云上产品的选择和架构。
- 云产品能力说明和使用方式。
- 安全。
- 监控。
- 运维。
- 售前咨询和售后服务。
- 付款、账单以及对应的财务信息。
- 冗余和灾备方案。

道以明向，法以立本，术以立策，势以立人，器以成事。企业的上云规划是法。实际操作过程中，自上至下、自下至上等是可以或者必须混用的。每家企业都有其特殊性，越发展越有其个性，上云整体的规划可繁可简，预算可大可小，但是一定不能随意。前期规划越缜密，后期所获红利越显著。打个不恰当的比方，上云和用数据库一样，不能走走停停、犹豫不决，否则影响的是业务本身。很多私有云方案即便只是解决了 IaaS 层面的问题，也是有益处的。但如果能从企业应用当前的角度和发展来考虑，则更加完备。

采购和招标等企业 IT 管理中的标准流程，这里就不再赘述了。我们的建议是一定要规划先行，内部梳理，谋定后动，动则雷霆万钧。

云厂商视角

面对的客户越多，越觉得不同客户之间有明显的差异。通常，从客户第一次发来的需求材料，就能判断出客户对云计算的认知，以及客户团队内是否有熟悉云计算的成员。但是，能够让云服务商感觉到客户在上云问题上是做过或准备做规划的企业并不太多，很多企业最初是以尝试性的心态上云的，这对企业而言无可厚非；但是到一定的时候，就需要有一个规划的过程，使上云这件事情体系化。如果第一个项目是探索，那么第二个、第三个项目就应该有所规划。规划过程也不应该停留在企业上云团队熟悉的领域，而是建议整个团队开阔视野，在第一个项目过程中充分和云服务商进行交流，可以试着从云服务商的视角来看待自己的企业。这样做，企业一方面可以从云服务商这里获得更多信息和能力，另一方面企业本身的上云过程也会变得步履清晰，未来在使用云计算的过程中，可以避免再出现过于沉重的历史负担。

当然，云服务商对各种客户都是抱着敬畏和理解的心态的，他们总是希望这些企业能够真正用好云计算，从而发展企业自身的业务。因此，云服务商也愿意将更多的内容总结、分享出来，成为企业上云过程的参考（而不是约束），进而服务好各类企业，帮助企业在残酷的业务竞争和繁杂的 IT 工作中得到各类能力的支撑。

企业视角

具体的技术方案和技术细节很重要，但是技术变化太快，新技术、新名词几乎每天都在出现，乱花渐欲迷人眼。实际上，本书谈的重点就是规划，从各个方面、各个角度考虑，规划对了，具体战术出点小问题无伤大雅；反之，规划出了大问题，就算有个神枪手，这个仗多半还是要输。

要注意的是，规划不能纸上谈兵，不能把结果作为过程，也不能人云亦云，其他企业的一些成功经验可以参考，但很难照搬；厂商的解决方案一般是要兼顾很多情况的，但是厂商的经验很丰富，所以可以在上云之初制订整体方案时多交流，多听取厂商建议。企业内部原有系统、业务发展、人员组织、财务等各方面的一些问题和奥妙之处，云计算厂商是不便过问和介入其中的，所以充分沟通是需要的，有时候说不定一个方案牵扯太大，而另一个方案就能四两拨千斤。开始，企业在上云的经验和团队方面都相对薄弱，在逐渐熟悉了整套上云方法论后，并在实践中经历过种种跌宕起伏，就可以胆子大一些、步子大一些，以致无厚入有间。

Chapter 12 第 12 章

应用系统生命周期的规划

导言：从本章开始，我们将讨论企业应用上云的具体内容。我们先从较为抽象的应用系统生命周期开始，分析传统应用模式和云上应用模式的共通与差异之处，对于持续集成方式和敏捷方式在应用上云或者迁移上云时的问题也将做详细分析。

在应用系统生命周期的不同阶段，面对上云或迁云的计划，会遇到不同的情况。因此，在进行规划时候，必须关注软件开发团队的工作状况。承载应用系统的基础设施，无论是传统的物理硬件还是今天的云计算环境，都无法做到与应用系统的软件充分解耦，或许容器化将成为一个良好的开端，但是目前全容器化的应用系统几乎不存在（或许 Kubernetes 发展太快了，在撰写本书的过程中，使用 Kubernetes 带来的益处让我们很有兴趣和意愿去尝试将一些依赖较少的应用系统整体容器化，未来这应该是一种趋势）。上云是整个公司信息技术领域的工作，因此必须充分考虑软件开发部门的实际情况，避免由此导致应用系统软件出现问题而影响到整个企业。

从本章开始，我们将讨论应用系统如何迁移上云，先从系统的生命周期视角开始，之后的各章会更加详细地介绍从小项目到大项目，从一般部署到单元化部署，以及数据中心等复杂应用的迁移经验。

12.1 传统应用系统生命周期的视角

传统观点认为，应用系统的生命周期包括三个部分：交付前、交付中和交付后。上云计划的提出对处于不同的生命周期阶段的应用带来的影响是显著不同的。

如果在"交付前"阶段就考虑上云，那么无论使用哪种交付模型（瀑布、RUP 或是敏捷），由于已经确定了上云计划，技术架构和基础设施架构工作都可以围绕云计算平台展开。在技术架构的设计工作中会更多地关注云计算平台在 PaaS 层面的能力，在基础设施架构设计中会更多地关注云计算平台在 IaaS 层面的能力。即使企业本身对云计算平台了解不够充分，在这个阶段引入外部资源，也并不会使这两方面的设计过程比传统的设计工程更加复杂。而且，相比传统设计过程，云计算平台能提供两方面特殊能力：

- PaaS 能力：可以简化技术架构设计工作。如果 PaaS 平台基本适用，那么可以简化基础设施架构的工作，直接使用云平台的 PaaS 能力满足要求。
- 弹性能力：可以简化基础设施架构工作，无需精确预估基础设施的容量，从而可以通过云平台的弹性做到基础设施的容量按需使用，而非提前预置。

举例而言，在 2016~2017 年期间，有大量新成立的保险公司选择在云上开业（即包括核心业务系统在内的全部系统都部署在云计算平台上）。虽然他们的应用系统不算是全新的，但是仍然需要做一些定制化开发和部署。对这些企业而言，由于监管要求，必须进行开业验收，在没有完成验收前系统是不能投产使用的，因此这个交付过程可以认为是瀑布式的。这些新成立的保险公司在云上构建系统的时候，就属于在"交付前"阶段考虑上云的案例。图 12-1 给出了其中一家公司的云上整体架构，图 12-2 给出了某一部分系统的设计说明（当时需要同时设计两种分布式框架架构）。

如果上云计划发生在"交付后"阶段，即对现有稳定、很少重新修改或发布的系统进行"迁云"工作，那么关注点将有所不同。在这种情况下，因为应用系统的运维模式已经固定，那么运维团队大多数会避免在这个过程中引入额外的调整，从而确保稳定的系统在迁云过程中依然稳定（这里的系统不仅仅是指应用系统，也包括对应用系统进行保障的信息技术支撑体系）。

在这个过程中，通常很少考虑 PaaS 层面的问题，而是将主要精力放在 IaaS 环境的匹配上。此外，在考虑 IaaS 环境的时候，不仅要对 IaaS 基础设施承载环境进行考量，还要对 IaaS 基础设施运维方式进行考量。目的是确保在实施迁云计划时，软件系统的承载环境和运维环境组成的现有体系最大程度得到保留，并且在保障稳定的前提下尽可能利用好云计算提供的优势。

迁云计划过程中遇到的最大挑战来自三个核心方面：

- **业务连续性**，即如何平滑地进行系统迁移、数据迁移和接口迁移，使得业务中断的时间尽可能地控制在可接受的范围内。
- **环境一致性**，即如何针对现有的基础设施环境搭建一个云上的基础设施环境，这种映射有时候不是一一对应的关系，可能会遇到一些需要调整的地方。
- **运维体系重构**，云平台的运维和传统模式有许多不同之处，运维团队需要重新学习如何运维一个云上的基础设施环境，同时也尽可能避免现有的规范流程。

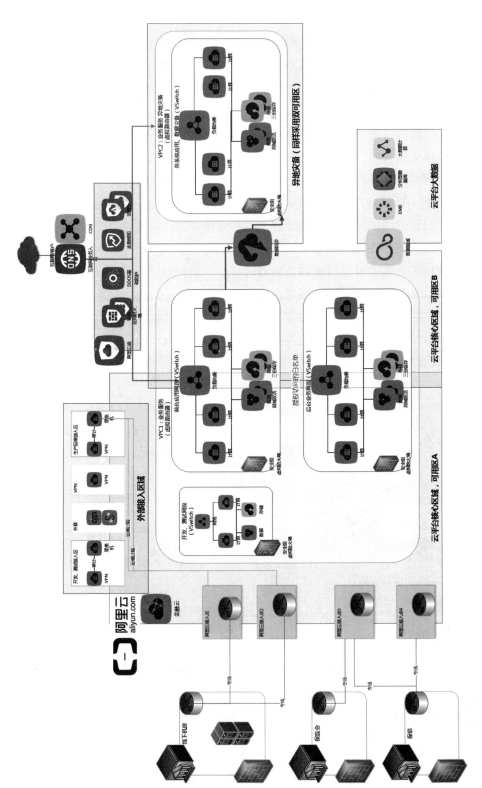

图 12-1 某保险公司云上整体架构

目前的云计算服务商已经尽可能考虑到上述问题（"迁云"是云服务商进入这个市场所必须面对的问题），也有着相当丰富的经验。一个合格的云计算服务商通常会为上述三个问题提供全套解决方案，涵盖的内容从业务连续性支持工具和方案到环境一致性分析和设计，再到运维体系的重构咨询及培训。一般轻量级的迁云项目会提供文档，相对重量级的迁云项目会提供增值服务支持。

图 12-3 是项目在设计阶段提供的迁云步骤示意图，这个项目涉及大规模的服务器迁移工作，但是客户在迁移时候非常理性地和阿里云确认了主要以 IaaS 的模式来进行迁移，尽可能少触碰 PaaS（所以我们可以看到，虽然量很大，但是产品品类很少）。同时，因为虚拟服务器数量非常大，阿里云还提供了增值服务的支持，即有一支驻场团队协助客户完成迁移。

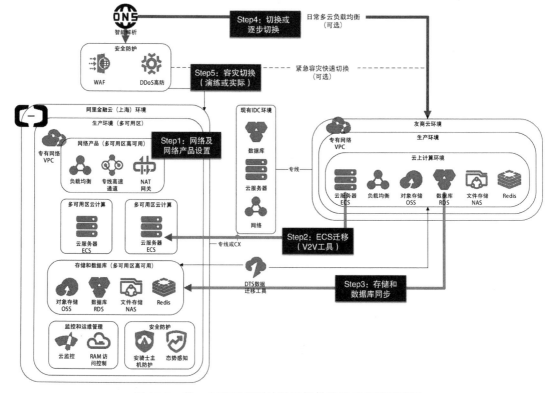

图 12-2 某保险公司部分系统设计说明

图 12-3 某一个项目在设计阶段提供的迁云步骤示意图

最复杂的情况出现在应用系统的交付阶段，尤其是在瀑布交付模式下，在这个阶段引入任何变化对项目本身而言都是弊大于利的。如果在这个阶段（尤其是团队如火如荼地开发和测试阶段）提出上云计划并纳入项目中，那么建议先考虑下面两个问题：

- 站在企业的整体立场，针对这个项目而言，上云计划是否是必须的，更高的决策者是否愿意付出更多的时间和资源以纳入新的技术诉求。换个角度来说，上云是一件重型的武器，我们在前面反复提及，上云和任何改变一样都是有风险的。所以，是否一定要在整个过程中进行？是否可以用 AB 团队的办法来解决？是否可以先通过一些小项目来进行试点，创造一些"云原生"应用？
- 对企业现有的信息技术体系而言，上云是否是一个具有充分经验的过程。如果是，那么企业需要为项目配置有经验的上云支持团队以及为项目流程提供支持；否则，回到上一条。

假如斟酌再三，某个项目还是在交付阶段被要求从熟悉的传统部署模式转换到云计算平台部署模式下，那么项目经理需要立即进行的工作是重启架构设计（包括技术架构，此时会更多地考虑 PaaS；以及基础设施架构设计，会更多地考虑 IaaS）。重新设计的过程可以选择以下两种风格：

- **理想主义风格**：完全根据云计算平台的特征进行重新设计，随后寻求现有设计到新设计的迁移计划。
- **现实主义风格**：根据现有设计寻求尽可能一致的映射，在无法保持现有设计的情况下再进行调整。

无论选择哪种风格，最终的结果不仅仅是一个新的架构设计，还包括如何从现有的已经执行到一半的架构设计迁移到这个新的架构设计上。如果项目有交付时间限制，那么还包括将这个转换过程进行进一步的任务分解，随后"插入"现有的项目计划中，并在最后看一下这个转换过程会带来多大的时间和资源影响。

作为一个理性的项目经理，建议在这个过程中充分考虑潜在风险和已知的问题，及其应对方案。作为一个理性的架构师，建议尽可能寻求额外的资源辅助决策，包括云计算专家和软件开发专家等的帮助。如果有能力，应当为调整交付架构的路线图形成多种可选的路径方案。

如果在交付阶段的迁云策略是确定的，那么建议上述计划最好在保障质量的前提下尽快进行，因为真正交付的内容越多，迁云的过程就越复杂，系统上线不意味着系统进入上述提及的稳定期，不要奢望在系统上线后的短期内就可以用交付后的迁云模式完成迁云。当然，这种想法还会带来另一个重大的负面影响：交付后的迁云往往无法最大化地利用云计算提供的价值，如果错过了交付前通过尽可能符合云计算的设计来最大化利用云计算的价值，那么交付中的阶段是以尽可能小的代价来获得云计算价值的唯一时间点，而且越早决定，遗留的历史问题越少。

一旦计划开始执行，我们有如下建议：
- 通过一个典型的小团队，快速验证目标设计和迁移路径可行性，并形成规范化的 SOP（标准操作程序），有比较详尽的模板和操作手册。
- 一旦 SOP 得到确认和再次验证，项目交付团队应整体迅速切换到新设计上，短平快的过程既可以降低影响面，同时切换也有助于团队内的相互协助。
- 保障项目的整个交付环节（开发、测试和集成）尽可能使用同样的路径尽快迁移到云环境下，确保各个环境一致。
- 如果迁移路径遇到不得不回退的情况，那么应完全回退，重新回到第一步，避免项目整体的架构处于不一致状态。但是，很多时候回退对于交付时间来说会是灾难性的。

如果企业冒着风险，在交付阶段实施转向云计算平台的计划，那么请相信对企业或其信息技术部门而言，这个项目承载的不仅仅是预定的应用系统需求，还有企业通过云计算平台提升其信息技术能力的需求。

这方面的一个例子是专有云（私有云）。有一个大型企业在采购阿里云专有云的同时，正在（并已经完成了一部分）进行影像系统的开发，技术基于传统 Java + NAS 存储。由于未来他们的专有云中包括阿里云的 OSS 平台和分布式中间件，因此当企业确定需要使用阿里云专有云以及其中的 OSS 和分布式中间件来承载这个平台的时候，迅速评估了整体影响。最终，影像系统没有使用分布式中间件技术，但是迅速做出了将存储方式改向 OSS 的决定，并且在极短的时间内，开始使用公共云作为其开发测试环境，在专有云完成部署前就完成了系统修改工作，之后直接在专有云上上线了。

交付中和交付后的系统迁云工作的难度很大，交付后的系统基本都要经历重构，或者至少部分重构的过程（比如，我们有不少应用为了上云而使用了 DRDS，就必须修改业务系统的数据库逻辑，以及不可避免的数据迁移工作）。我们后面也会用相当多的篇幅讨论各类小应用、大应用和数据应用如何迁移，以及相关的组织形式和风险可能性等，还有数据迁移和运维连续性等诸多因素。我们还是建议对于不同类型的应用系统，要在云计算厂商提供的工具和咨询服务的基础上，做出一些模板、工作流程和议事流程，毕竟在一家企业中的应用还是应该有章可循的。

但是，实际问题会更加复杂，因为应用系统是连续的，并不是一次交付就万事大吉了。

12.2　面对持续交付的应用系统

现在，除了一些开箱即用的系统（COTS）⊖和少数关键的核心系统（比如银行和通信等行业的核心系统）外，都无法归入传统的瀑布式生命周期过程。在快速变化的商业环境中，

⊖　参见 https://baike.baidu.com/item/COTS。

其依赖的信息系统往往会跟随这种变化而不断迭代更新，于是企业的信息系统会使用类似于统一软件过程的模式（UP，最著名的是 RUP⊖），在初期上线之后通过一轮一轮的过程去更新和改造系统，使之符合业务需求的调整和变化。

这种模式在面向互联网的企业中应用的非常典型，业内人士将其戏谑为：在一辆快速行进的跑车上，不断地更换轮胎和引擎等组件，但同时继续保持跑车的快速行进。这个比喻还遗漏了重要的两点：更换过程不仅仅要快，还不能失控，也不能影响速度；更换的配件要更好和更优，万一没有换好还能换回去。

这个过程有点像上述提到的传统瀑布模式的交付中状态，但是情况更加复杂。除了上面提及的技术和基础设施架构调整和迁移的各类情况外，关键在于这些系统本身还是处于运行状态，并不会给予相关的项目组足够的时间去停止现有系统运行或停止现有系统的需求开发过程，而先去执行一个交付后的迁云过程。而且，从企业期望值来看，对这样的项目启动改造和迁移过程，是希望尽可能地利用好云计算平台提供的各类价值，而不仅仅是聚焦在 IaaS 层面，用映射的方式做简单的迁移。

如果企业过去没有从事过多次这样的过程以形成固定的经验，那么对最初几个此类项目的要求通常就会很高，其目标不仅仅是成功完成迁移，还包括形成一个云计算平台迁移的可行性实践分析（并不排除失败的可能性）或成功迁移的最佳实践，而最佳实践本身都是由经历了一系列不那么最佳的实践后比较而来。

在当代的信息系统建设过程中，有两个主要的特征会使得这个迁移过程即使对持续迭代发布中的系统而言，也会大大降低难度：

- 从开发、测试、准生产到生产环境的基础设施环境分离。
- 系统的技术架构通常是模块化、集群化的，而不是铁板一块。

上面那个跑车的例子可以在哲学层面上从另一个角度阐述：

"一艘可以在海上航行几百年的船，归功于不间断的维修和替换部件。只要一块木板腐烂了，它就会被替换掉，以此类推，直到所有的功能部件都不是最开始的那些了。问题是，最终的这艘船是否还是原来的那艘船？还是一艘完全不同的船？"

哲学问题的讨论并不重要，重点在于模块化程度足够高。IT 人员有时候会纠结于过程是否完美以及方法血统是否纯正，但我们理解的关键是目标，船的目标是载着理想迎风破浪，因此项目本身所达到的业务目的是最重要的。上云是最近的重大技术变革，上云不是开始，之后也会有更大的技术变革。DevOps 从可持续发展的角度来看，就是为了适应不断的变革而产生的，一个在业务中时时刻刻被锤炼的系统，始终存在着不足，这恰恰是一种过程的完

⊖ 统一软件开发过程（Rational Unified Process，RUP）是一种软件工程方法，为迭代式软件开发流程。RUP 描述了如何有效地利用商业的可靠的方法开发和部署软件，是一种重量级过程（也被称作厚方法学），因此特别适用于大型软件团队开发大型项目（摘自维基百科）。

美。正如有句话说的"所有遗憾都是成全"。

> 忒修斯与雅典的年轻人们自克里特岛归还时所搭的30桨船被雅典的人留下来作为纪念碑，随着时间流逝，木材也逐渐腐朽，而雅典的人便更换新的木头来替代。最后，该船的每根木头都被换过了；因此，古希腊的哲学家们就开始问："这艘船还是原本的那艘忒修斯之船吗？如果是，但它已经没有最初的任何一根木头了；如果不是，那它是从什么时候不是的？"
>
> 亚里士多德认为可以用描述物体的四因论解决这个问题。构成材料是质料因，物质的设计和形式是形式因，形式因决定了物体是什么。基于形式因，忒修斯之船还是原来的船，因为虽然材料变了，但船的设计——形式因——没有变。从这个角度看赫拉克利特的河流问题，则两次踏入的是同一条河流，因为河流的形式因没有变。事物的目的决定了其目的因。忒修斯之船的目的在神话中是装载和运输，在现实中的目的是证明和纪念忒修斯，虽然材料变了，但目的没有变。⊖

企业的上云计划会从一个系统或项目来着手，而一个系统的上云计划则应该从一个模块来着手。在这个模块上云的过程中，可以通过明确的边界划分，并从生产环境之前的各个运行环境开始做云上的运维和部署，将这个过程尽可能按照上述"交付前"的模式进行，从而最大限度地用到云计算平台提供的各类价值。大部分情况下，让一个模块的软件部分适应云计算环境并不困难和复杂，因此也可以承载更多的企业信息技术体系的期待，并形成 SOP 过程。

当一个模块从技术上已经适应云计算环境之后，那么在目前的模块化环境下，通过混合云的方式将这个模块部署在云上，并保持和现有系统各个模块的对接也就不复杂了。对于一些监控和接口等，则可以通过各种方式做到云解决方案和现有解决方案的兼容或并存，大部分云计算服务商在提供方案和产品时已经尽可能地考虑到迁云过程中对现有技术和技能的保护，同时也会提供足够的帮助文档或增值服务。

这个过程其实是可进可退的，因为被迁移的模块在上线切换的过程中，仍然可以回退到现有的状态，这是一条安全的退出路径。一旦有了这样的保底方案，迁移策略就相应地可以激进一些，以便更好地利用云计算，充分发挥其价值。以模块为单位的切换过程是很容易纳入项目的迭代和交付过程的，只有最初的计划尽可能激进地使用云计算提供的价值，才能确保有机会寻求到企业信息技术在云计算模式下的最佳使用实践。我们也建议企业信息技术方面的管理和决策层，在这类项目的早期过程中给予更多的耐心，并允许某种程度上的失败（在可进可退的基础上），因为对大部分企业而言，上云的第一步是很难完全平顺的，尤其是不同企业的信息化诉求不同，通用的方案总是需要针对企业的情况而有所变化（这就是我们反复强调的，并无银弹、并无通用的方法，这里介绍的只是方法论和实践）。

⊖ Wikipedia:https://zh.wikipedia.org/wiki/忒休斯之船。

上述过程唯一的要求在于，有单独的模块可以做部分迁移工作。如果没有这样的条件，系统又处于持续迭代改进的阶段，那么还有两类建议适用于这种情况：

- 如果系统规模不大，那么可以暂停 1~2 周的系统开发需求，在一个确定的版本下进行云迁移过程。
- 如果系统规模较大，那么没有模块的系统本身的设计就有问题。在这种情况下，建议把系统的模块化改造计划一并纳入，在模块化改造的过程中，将新的模块迁移上云。这个过程也有助于在模块化改造过程中进行清晰的边界划分，并使得新模块按照依赖于云计算的架构进行设计。

从我们的工程实践来看，几乎所有选择"外围系统先上云"模式的企业都采用了类似的做法。在外围系统先上云的过程中，有些并非是选择新系统上云，而是选择了一个现有系统上云。这些企业常规的做法就是选择一个相对独立的模块，通过混合云的方式将其部署到云上，从而逐步开始他们的上云之路。如图 12-4 所示。

图 12-4　项目上云流程图

12.3　敏捷开发模式下的视角

现在，有很多企业的软件开发过程采用敏捷开发的模式。在阅读这部分内容之前，建议再回顾一下敏捷宣言⊖及其原则（前面章节也已经提及），以确保不因为现有使用方案的调整而忘记其敏捷过程的初衷。好的方法论在很多领域都是共通的，敏捷过程不仅仅应用在软件

⊖ 敏捷宣言：个体和互动高于流程和工具，工作的软件高于详尽的文档，客户合作高于合同谈判，响应变化高于遵循计划。作者：Kent Beck, Mike Beedle, Arie van Bennekum, Alistair Cockburn, Ward Cunningham, Martin Fowler, James Grenning, Jim Highsmith, Andrew Hunt, Ron Jeffries, Jon Kern, Brian Marick, Robert C. Martin, Steve Mellor, Ken Schwaber, Jeff Sutherland, Dave Thomas。

领域，还有敏捷业务过程，当然，迁云也适合应用敏捷过程。本节将基于 Scrum 介绍如何用敏捷过程的一些工具或策略来进行迁云。如果企业目前还没有敏捷过程的文化，那么并不能通过本节了解所有的敏捷过程，但是可以参考思想和方法。

从组织的角度，一种方式是将迁云作为一个单独的敏捷过程，这种方式比较适合需求压力不大的应用系统场景。以迁云的一般工作量和周期而言，很少会用到这种模式。另一种方式就是将迁云工作整合在敏捷软件过程本身之中，下面主要介绍第二种方式。

1. 团队

通常 Product Owner（PO）不太关心软件系统的上云问题，但如果上云作为一个新提出的特性或要求，Product Owner 就有必要理解并代表迁云的需求方。通常，PO 虽然是一个人，但是代表一系列的需求方，为了确保 PO 在执行"上云"这项工作时提供支持，需要确保给 PO 提供足够的信息和压力，以避免"上云"被无限地拖延下去。

再专业的 PO 也有自己的优先级定义方式，而且通常会更关注实际的业务交付需求，而不是基础设施方面的需求，除非最终的"客户"或"管理层"角色中包含对这部分工作拥有强推动力的成员。

这样的过程对 PO 的能力要求也大大增加了。大部分敏捷项目的 PO 是 BA（业务需求分析）或 PM（项目经理）角色转换而来的，对云计算的掌控能力有限。这时候，可以为 PO 配置相关的助手或咨询顾问，以确保对其工作提供足够的支持。

对敏捷团队的其他成员（如 Master 和团队成员）而言，也有知识技能方面的困扰，因此在推进敏捷项目上云的过程中，有云计算经验的专家、架构甚至团队成员是必备的。

2. 任务

最初上云或者迁云的过程可以作为一个（或多个）Epic 任务存在，以便进行分解。无论是敏捷过程还是统一过程，都强调早期迭代、逐步处理问题并尽快验证结果。

在这个 Epic 下的任务分解原则和敏捷过程其他方面的需求并无显著不同，都要形成一系列任务卡片，并需要进行估点工作。强调这一点的原因在于：上云或迁云过程对团队而言是有投入成本的，而且如果不是在一开始就提供一个所有成员都熟悉的云计算交付环境，那么技能的适配过程会造成开发周期延误。

对于上云或者迁云的 Epic Story 而言，可以简单地说明"在云计算平台上部署整个系统"，也可以适当增加一些功能性和非功能性的描述。

Epic Story 需要继续向下分解为 User Story，敏捷过程中的 User Story 有比较通行的写法，即"作为××××（角色），需要能够××××（行为），以达成××××（结果）"并且明确与之相关的验收条件。在迁云的场景下，这个写法可以继续沿用，只要将需求从业务需求的表述调整为上云需求的表述。下面是一个例子。

> User Story：
>
> 作为一个开发人员，需要能够使用云上的数据库环境，以达成开发和交付过程使用数据库的目的。
>
> 验收条件：
> - 所有数据库均使用位于云上的 MySQL 数据库，版本要求为 5.7。
> - 开发人员可以使用现有工具对接此数据库进行数据处理。
> - 数据库可以回退到 7 天内的某一时间点，RPO 为 1 小时。

通常，敏捷团队聚焦于应用软件层面，对基础设施的依赖往往交给敏捷团队之外的团队来处理，例如企业的基础设施部门。但是迁云过程既然作为一个 Epic 来实现，就需要团队内原本管理基础设施或技术框架接口的人来分解和执行这些 User Story，或者将这些相关人员直接纳入团队中。

Task 的分解和常规的处理方式几乎没有差异，只是执行人通常不是软件开发人员，而是有能力执行的团队成员。

敏捷过程对人的关注度是相当大的，云计算是目前广泛得到认可的一个技术选项，团队中对此有兴趣的成员比例会很高，这其实是相当好的一个状态。这意味着在面对一个相对陌生的技术场景时，有更多的团队内驱力去满足 Epic 所提出的各项要求。这时，要同时考虑专业能力和内驱力，即一些有意愿但是没有经验的团队成员会主动要求承担相关的 Story 或 Task，建议保护这种热情，毕竟团队内的长期成员通常比外部临时加入的成员会更加熟悉项目的实际要求和实际情况，并且坚持使用云计算技术的理想化设计方案。

3. 过程

敏捷过程都通过一个又一个的 Sprint 来完成 Task 或 User Story，在上云或迁云的过程中这方面没有什么变化。需要指出的是：

- 迁云 Epic 在敏捷过程中分解出的是明确的任务，其点数的估算和执行都是需要纳入敏捷过程的，和其他需求并无差别。
- 敏捷过程的交付更加关注"工作的软件"以及"响应变化"，这意味着即使有 Epic，团队一般也会更关注满足短期需求，然后通过迭代来不断完善。
- 如果需要敏捷团队更理想化地使用云计算，避免只考虑短期适用性，那么 PO 或（专门负责云计算方面的）客户代表需要主动提出相关的 Story。
- 最初使用迁云 Epic 的敏捷团队在早期的经验未必丰富，只有当一个系统基本上线后，其沉淀的经验才能够比较有效地帮助其他团队。

4. 回顾

现在有越来越多的偏向互联网的企业在谈"复盘"，这也是敏捷过程一贯倡导的，在每个 Sprint 之后进行必要的回顾是容易被忽略的。

在涉及使用云计算平台的敏捷过程中，回顾时要避免团队对项目中使用云计算并产生的相关任务产生抱怨情绪。因为对不熟悉云计算的团队而言，云计算的应用意味着额外的工作，而这些工作在某些团队成员看来是引入了额外的工作量，并对交付"工作的软件"似乎意义不大。但实际上，没有基础设施平台或技术平台的支撑，软件根本不可能工作，而"工作"的定义不仅仅是功能性的，还有非功能性的，以及需要考虑客户执行迁云计划背后的需求。敏捷团队成员一般不会自发地考虑这些问题，因此客户代表或 PO 要站在客户角度强化使用云计算的正当性，保持战略方向上的一致，细节可以探讨。

使用云计算的方式是多样的，从敏捷过程的角度，只有最适合的，没有最好的。在回顾中还有三类值得注意的地方：

- 在团队云计算经验不丰富的时候，需要在短期的"适合"和长期的"正确"之间不断进行调整和平衡。
- 在初期，涉云方案的反复是很难避免的，随着对云计算的认知的螺旋式上升，会越来越趋向于稳定，这本身亦是一个"敏捷"迭代的过程。
- 回顾涉云方案的时候，内部团队的自驱动需要得到保护，外部专家如果参与，可以建议，但不要干预决策。

在早期，笔者曾经不太同意一种说法：很多团队是打着敏捷过程的标签来实施各种传统的甚至倒退的过程。但在实际过程中发现，不同敏捷团队内部对敏捷过程的认知差异，甚至大于非敏捷过程和敏捷过程之间的差异。敏捷宣言本身并没有规定敏捷应该如何进行，但并不代表敏捷过程是一个可以纳入一切行为的容器。

如果企业并没有相对成熟的敏捷文化，也不那么熟悉云计算，那么直接启动一个既敏捷又涉及云计算的软件系统开发过程显然是不合适的，这个不能强求。

图 12-5 给出了某个企业迁云方案文档目录的一部分。

由于这个企业涉及的系统（设备）非常多，因此这个过程是以敏捷的方式来规划的，即以批次为单位，每个系统都在所在批次对应的时间范围内完成迁移工作。这些系统仍然是在不断持续交付的，但是当进入迁移周期的时候，其敏捷迭代过程中就会纳入一个迁云的项目，并在 1~2 个 Sprint 交付的那一刻将新版本交付到云上。其操作步骤如图 12-6 所示。

云厂商视角

这一章的内容必须结合软件开发、交付方法论和云计算，而不同的企业在这方面的情况千差万别，甚至 A 公司的敏捷和 B 公司的敏捷完全不是一回事。但是抛开应用系统生命周期规划的软件开发视角，从上云或者迁云的角度上讲，还是有一些共通之处的。

图 12-5　某企业迁云方案文档部分目录　　图 12-6　企业系统迁云操作步骤举例

对于没有负担的企业或新系统,可以选择直接上云,上云过程前期可以充分考虑云计算提供的各种便利,这种便利性会导致企业选择外围系统上云、新系统上云这样的模式。

如果是既有系统要迁移到云上,面临的工作就更多一点,也更复杂一点。好的项目经理、技术经理和架构师在这个过程中通常会选择优先保障项目,而不是优先过度使用某种技术,这时可以放弃一些云计算的优势,先确保迁移成功,再进行系统改造。

一旦进入了云计算阶段,那么云计算方案间的迁移(例如自建数据库到 RDS 之间的迁移)相比于云下到云上的迁移要容易得多——一方面是因为云服务商提供更多便利的工具,另一方面是经过云下到云上的阶段,人员也会更加熟悉云计算。

但需要指出的是,上云不是终点,有时候也是起点,上云之后系统仍然会面临交付、改造或迭代的过程,在这些过程中,应用那些过去未使用过的云计算产品、服务的时候,仍然可以视为某种迁移动作,通过这个过程也能够更好地利用云计算不断释放的技术能力。

企业视角

本章与众不同之处就是介绍了很多敏捷的方法论。人自出生就是敏捷发展,符合自然规律。在我们逐渐成长的过程中,或有顿悟,而所有的变化都非一蹴而就,另外一种说法就是量变到质变。故不积跬步,无以至千里,不积小流,无以成江海。上云也好,系统开发也好,忌急,先要通盘考虑,然后逐步进行,中间需要小结和反思,过程中需要及时调整方向。从业务端来说,响应变化是不错的;从技术端来说,则需要对每个环节深思熟虑。IT 部门能够以不变应万变,功夫其实在功夫外了。

第 13 章 *Chapter 13*

小应用上云

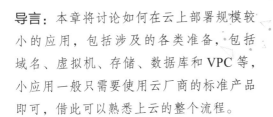

导言：本章将讨论如何在云上部署规模较小的应用，包括涉及的各类准备，包括域名、虚拟机、存储、数据库和 VPC 等，小应用一般只需要使用云厂商的标准产品即可，借此可以熟悉上云的整个流程。

13.1 什么是小应用

一提到上云、私有云和混合云，很多人会觉得这是很大的项目，涉及成千上万行代码，同时开展五六个分支，至少几十台虚拟机资源，数据库中更是有千万条记录，业务会对性能提出很高的要求，运维模式也非常复杂。在企业中，肯定存在不少这样的应用，一般来说，它们和企业的生产活动有着密切的关系，甚至是企业收入的主要来源。但是，在企业中，大应用的数量通常很少，而多数应用其实都是小应用。

首先，我们来说明一下什么是小应用。并不是代码少的应用就是小应用，从业务层理解，就是不属于主营业务系统，但又必须存在的应用。比如，公司的官网、各类内外部站点、各类系统的控台、各种一次性批量脚本和外部厂商提供的工具及服务系统等。这些应用以辅助类型为主，但在有些场景下，重要性和稳定性的要求不亚于主营业务。

这类应用有一些典型的特征：
- 架构比较简单，一般是标准的三层架构。
- 技术栈清晰。
- 内外部关联不多，接口边界清楚。
- 资源使用量不大。

那么这类应用应该如何进行上云迁移呢？其实也存在一些具有共性的方法。

我们方法论的主旨之一，就是尽量不把新技术直接用于核心应用，因为那样做的技术风险太大，所以小应用是非常好的练手机会。小应用因其业务逻辑相对简单，技术特性不会覆盖很多，可以通过尝试多种性质不同的小项目，在多个项目中去覆盖尽量多的功能点，先分后合。

其次，我们来看看小应用上云迁移的需求。从业务层面出发，其本身的价值体系很难体现，那么这类应用在企业内上云的推进力度也会比较低。一般情况下，企业初期选择这些应用作为上云的试点项目，目的就是为了熟悉云上的基本产品，摸清上云流程。但在实践后却发现了一些其他的益处。

大应用、重要应用、小应用和非核心应用是我们从使用和业务角度做出的界定，对于代码、机器和运维流程等来说，其实差异并不大。在一个小应用中使用 Git、Docker、云运维、RDS 和云 DBA 等功能，与在大应用中使用它们是一致的。也正因为其一致性，才能让我们保持一个倒金字塔的模式，越到后来操作越一致，所需要的人员就越少。所以，通过大量小应用上云迁移的改造、实施和运维等工作，可以让这些人员积累丰富的经验，并为大应用的迁移奠定坚实的基础。

13.2 小应用的上云

接下来，我们看看这类小应用上云有哪些共性。虽然是小应用，但麻雀虽小、五脏俱全，其上云过程涉及的产品从基本的路由网关到数据库存储，一个都不会少。具体如下（小应用上云的架构如图 13-1 所示）：

- 域名、SSL 证书、DNS 解析
- CDN
- 存储（对象存储或 NAS 存储）
- 安全产品，如 WAF、DDoS 防护等
- VPC 专有网络
- SLB 负载均衡
- ECS 服务器
- RDS 数据库
- 云监控
- 第三方应用

下面我们分别介绍各个应用组件上云的过程。

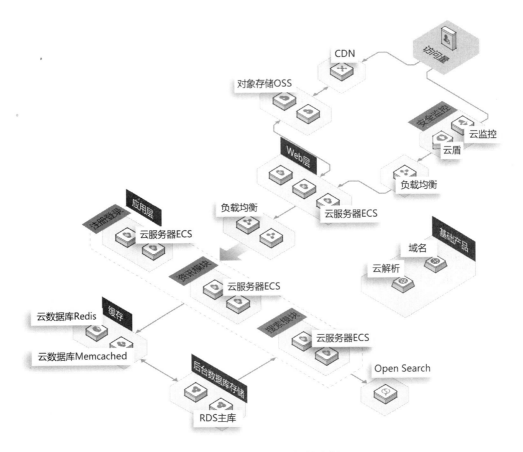

图 13-1　小应用上云架构举例

13.2.1　域名、SSL 证书、DNS 解析

域名想必大家都不陌生，任何暴露在公网上的地址都需要一个域名以方便他人来访问。所以，小应用上云时首先要申请域名，并进行 DNS 解析配置。由于监管方面的规定，指向国内服务器的域名需要做 ICP 备案，如果域名服务商和 IP 地址所在的服务商不是同一个，还需要在 IP 地址所在的服务商（如使用阿里云 ECS，那么就是阿里云）做接入备案。

出于安全考虑，还需要申请一个 https 证书。通常有两种方式，如果企业的目标是全系统上云，并且对云计算厂商比较放心的话，最好申请泛域名证书，例如 *.cloud.com。这种方案虽然在初期费用要高一些，但会大大降低后期扩展的难度。有些企业希望云上业务的证书和自己已有的其他环境的证书能够隔离，那么就需要选择申请独立的域名证书。

不管是混合云还是私有云，不必考虑在域名和证书上节约花费，毕竟价格非常便宜。某些情况下，为了保险起见，至少要为云上的应用申请两个域名、两个泛域名证书，以备在一些线路和部署上的区分。

这里提一下我们在域名证书上遇到的一个技术细节问题。因为 https 证书一般是打在 SLB 负载均衡设备上的，那么后面的 ECS 上部署的 Web 应用服务器端的通信其实采用的是 http 协议，是不带证书的请求，这么做一般是为了减少内部通信消耗。这会导致一个问题，https 请求直接被重定向之后，无法进行 https 转换，请求还是使用 http 跳转，导致出现无法请求的页面 404。这个问题在使用 SpringSecurity 框架做登录时，里面的两个类也会有这个情况，需要自定义去重写。SpringSecurity 中需要重写这两个类，并在 RedirectStrategy 和 LoginUrlAuthenticationEntryPoint 中需要将 forceHttps 设置成 true。

13.2.2 CDN

CDN 是用来做内容分发和网络加速的利器。一般我们的应用用到 CSS、JS、图片、视频、声音等静态大数据文件的时候，都会用 CDN 来进行内容分发，使用户访问离自己最近的 CDN 服务提供的数据。这里要注意的就是分发内容的更新策略，需要提前进行动静分离的工作。CDN 的完整测试难度比较大，如果是比较重要的系统，可以找一些当地的人进行访问，反馈情况。也可以用类似阿里云 PTS 这样的工具来测试，它可以模拟各地的 IP 访问。如果出现这种情况，就要权衡一下，如果这类测试场景不是很多，那么就没有必要专门编写脚本。而且，云计算厂家的 CDN 服务本身的可靠性还是非常值得信任的。

小应用中有很多都是静态内容访问，难度不大，但是如果没有处理好，也会造成很麻烦的问题。曾经我们将一些手机应用的安装包放在自己的 IDC 中，由于业务火爆，上线后的第二天早上，带宽不堪重负，进而影响到其他正常的业务，这样的结果是我们非常不愿意见到的。因此，建议所有非敏感类下载服务都用 CDN，相比自行购置服务器和带宽的成本，CDN 的使用价格是非常便宜的。

实际开发的时候，对于某些场景，比如用户上传很多图片文件，要调用一系列应用，为避免各个开发团队直接使用云厂商的 CDN 服务而带来的管理上的问题，以及不恰当的开发造成图片文件不停地在各个系统中流转、消耗带宽的情况，我们会在 CDN 前面再封装一层，让应用直接使用这一层统一的服务，文件传递都使用一个 Token 来替代，应用不必关心文件到底保存在哪里。对于 vue.js、jquery.js 等则建议企业建立统一的 CDN 路径来加速各地网页打开的速度。

13.2.3 存储（对象存储或 NAS 存储）

在动静分离的情况下，CDN 和 OSS 是一种很天然的搭配，无论是从存储费用、流量费用还是安全保障方面考虑，CDN 和 OSS 都是静态内容存储和分发的最佳选择。

当然，企业存储不仅仅用于静态内容的分发，也包括内部系统使用的存储。在不复杂的场景下，云盘是一个比较简单的选择，IT 人员也很熟悉。NAS 作为共享存储，也被企业 IT

所熟悉和广泛使用。OSS 是另一种面向互联网的存储选择，考虑到其成本低、弹性大，因此在对极限性能要求不高，却对并发要求高的场景下，OSS 是一个很好的选择，只是 OSS 需要一些开发上的调整。

13.2.4　安全产品（WAF 和 DDoS 防护）

一些人可能觉得 WAF 和 DDoS 没有太大用处，也有很多小企业认为，对于企业网站安全问题，大问题可以报警，小问题可以重启，为此花钱不太划算。实际上，报警通常不能解决问题，而且事后处理的成本通常非常高，更不用说官网被恶意篡改所导致的对品牌的影响了。

在预算许可的情况下，还是很有必要设置 WAF 和 DDoS 的。小企业可以购买一些基础性的防护产品为其云上应用保驾护航。特别是公司的官网，万一出现问题，会极大影响公司品牌和形象，因此必须重视。大企业出于合规安全的考虑，毋庸讳言，互联网安全防护是必须要做的，即使在小应用上云的时候，对此也不能马虎。云服务商提供的这些产品都是可以多应用公用的，因此分摊下来的成本也并不高。

13.2.5　VPC 专有网络

VPC 专有网络最重要的特点是强隔离，不同企业对于使用 VPC 还是安全组进行隔离有着不同的看法。原则上，初期先设定两个基本的 VPC 专有网络，按测试和生产进行隔离。至于业务和数据隔离，无论用 VPC 还是安全组都是可以的。如果是本章涉及的小应用，建议用安全组隔离。这个内容将在第 17 章详细论述。

13.2.6　SLB 负载均衡

小应用也要做负载均衡，原则上规定每个应用都必须部署至少两个虚拟机。做负载均衡时要注意，一定要配置健康检查，做好监控和冗余。负载均衡实际上是一个比较复杂的产品，对很多企业的 IT 人员而言需要一定时间来学习，包括其中四层、七层、会话保持和主备服务器等一系列功能。

SLB 几乎是免费的，在做 POC 测试的时候不涉及什么成本，一旦熟悉了这个产品，会发现它的操作便利性远远优于传统的负载均衡。

在我们使用阿里云的 SLB 时，有一个需求无法满足，那就是其所设置的监控是全局的，不能定义二级 context 来单独设置健康页面，这样会导致一旦条件触发服务器摘除，这个域名下所有的服务全部都将被摘除。在使用中也应注意这一情况。

我们的解决方法是 SLB 只做 4 层负载均衡，后面再自行接入 Nginx 产品进行反向代理配置。这是一种折中的解决方法，因为云产品的功能和企业的一些特殊要求往往无法百分之百契合，因此企业使用云产品时经常要做出一些折中的方案。

当然，产品也是在发展的，这样的需求会在阿里云 SLB 后续的开发中不断得到满足。

13.2.7 ECS 服务器

ECS 服务器的最小规格是 1C2G 或者 1C1G，即使是小应用，企业通常也会选择独立部署。但即使如此，对于有些小应用而言，这也是一个稍显奢侈的配置，因为这类应用的 ECS 使用率（CPU、内容、硬盘等）根本无法占满。如果使用最低配置的 ECS 仍然显得过于奢侈，那么改用简单的混合部署或两两交叉会更合理一些。比如，为两个控台类应用申请两台 ECS 服务器，每个 ECS 上部署两个应用，各自交叉，从而达到系统最大化使用，同时满足每个应用双机部署的要求。但这个方法对小应用来说还是有一些弊端的。第一，这样还是会有资源上的浪费，第二，会给发布和运维管理带来一些混乱。因为我们一般会把标签打到每台独立的 ECS 上，如果 ECS 出问题，或者应用出问题，就会定位不准。第三，如果某个小应用的访问量突然爆发，会对其他应用产生干扰。

还是前面提到的问题，如果企业有数量不少的小应用，那么可以采取容器的解决方案，将整个 ECS 都纳入 Docker + Kubernetes 的管理范畴，然后应用以 POD 方式存在。当配置好伸缩策略后，就不用担心刚才这些问题了，既能从总体上节约资源，达成混部的目的，又不用担心应用访问量的突然增加给性能造成压力。不过，应用 Kubernetes 方式意味着要对应用开发和发布做一定的改造，所以对于有很多小应用的大企业来说，推荐采用这种方式。

13.2.8 RDS 数据库

小应用的数据库还是以满足基本功能为准则，需要做好一般防护的备份，所有小应用都用一个 RDS 数据库，也是出于节约成本的考虑，因为云计算厂商 RDS 的 Cloud DBA 等功能非常强大，如果有应用对数据库造成很大压力，监测、拆库和扩容等也会很容易。

很多时候，企业中的小应用可能都使用自己搭建的 MySQL 数据库或者占用了 Oracle 等数据库，前者会带来维护上的问题（数据库太多），后者则可能会影响核心生产应用。从数据库角度，RDS 对于小应用的负载来说肯定是绰绰有余，性价比很高，并且能提高安全性。

除了关系型数据库外，其他 NoSQL 数据库也可以在小系统上云的过程中作为 POC，优先使用云产品，以确认对运维成本的影响。

13.2.9 云监控

虽然是小应用，但监控还是必不可少。上面所说的各类云服务，在云监控内都需要配置指标，再使用钉钉机器人接收必要的报警即可。云监控中有很多现成的监控指标，小应用上云过程中可以先使用这些默认的配置。

13.2.10 第三方应用

关于第三方厂商的一些应用迁移,建议提前跟厂商沟通。有些是因为硬件关系,无法进行云部署,还有一种情况是云厂商和应用厂商之间有协议,需要区别对待。

云市场上也有一些开箱即用的第三方应用,以 ECS 镜像的方式交付,其中很多也都是企业常用的软件产品,有时候不需要做迁移,直接采购部署就可以了。

云厂商视角

小应用上云的工作目标除了要把应用本身上云之外,通常还要为更大规模的上云做准备。在一项任务承担多项职责的情况下,就不能一下子要求太多。对于初期上云的企业,小应用的主要价值在于其"演练"意义,企业可以在可控的范围内,尽量将后续上云所需的关键产品纳入这个过程,不仅要确认需求和产品的匹配度,同时也是磨合和演练团队。

本章并没有特别详细地描述产品,也没有特别详细地表述操作过程,其实熟悉云产品之后,小应用上云是非常方便的。因此,对于希望上云的企业而言,从小应用开始上云是一个很快速和敏捷的动作。考虑到小应用的架构比较简单,很容易做出一个可上可下的规划,即使有些失误的地方,也可以迅速恢复到原来环境。

企业视角

俗话说,万丈高楼平地起。企业上云非一朝一夕之功,要先从小一些的应用开始。麻雀虽小,五脏俱全,别看应用是小的,但是要考虑的因素一点也不少,通过小应用上云来学习和掌握整个上云的过程非常有益。

另外,一些小应用是有可能成为大应用的,这样就有一个架构演进的过程。总体来说,云上架构的水平扩展和垂直扩展都容易一些,特别是一些临时的应用扩展,使用云上资源就会很容易,能够简化系统运维工作。

Chapter 14 第 14 章

大应用混合云单元化部署

导言：本章将讨论企业级的、规模较大的应用如何上云，如何迁移，如何考虑云上/云下技术栈的差异。我们还将通过一个实例说明如何通过云计算资源进行高可用和高性能的设计以及如何进行基本的单元化部署。

上一章我们介绍了小应用上云的技术点和一些常见问题。这一章虽然名字有点拗口，但我们想要的大应用（复杂的、关键的和赚钱的应用）来了。在这一章，你会看到应该如何在云上进行整个项目的开发和构建。

14.1 大应用上云的契机

无论是什么类型的机构，如果存在大应用，那么这个大应用通常也是核心应用（还可能是一个系统群），核心应用要么涉及经济利益，要么涉及社会利益，此类应用必然是关键的且不能出故障。在互联网时代，这样的应用一般意味着有大量的用户使用。因此，此类应用充分具备了上云的意义，可以从使用云计算中获得大量收益。

前面几章介绍了很多云计算的优势，但是企业对于大应用上云还是有所顾忌的。因为大应用的关键性，大部分此类应用都对稳定性有更高的要求，企业也因此更倾向于保持现有的状态。哪怕是一个新设立或者新改造的大应用系统，企业也往往面临着是否沿用目前的开发和运维技术栈及人员的问题，因此没有重要的理由，企业一般不会选择将其贸然上云。

对此类系统引入新技术通常需要一个契机，那么如何寻找这样的契机呢？大多数公司大应用上云的契机可以概括为以下几点：

1）现有技术能力无法支持此类系统的稳定运营，导致被内外部客户投诉。比如，物理机宕机、数据库瘫痪或应用访问专线瘫痪等导致整体服务不可用。

2）现有技术能力无法支持此类系统的实际需求，导致影响了交付过程或管理过程。比如，没有足够的技术储备或足够的设备资源，导致无法交付。

云计算给面临以上问题的企业带来了生机和希望，企业可以在技术上花很低的成本就获得最大的收益。当此类大型应用不得不面临改造和调整时，云计算可以提供更多的技术支撑。尤其是，如果企业已经将云计算作为一个持续的战略计划，在此类大应用系统上云之前，已经经历过小系统上云，有一定的技术能力支撑云上应用的时候，那么开发和运维技术栈的风险和成本也就大大降低了。

抛开云计算给研发方面带来的收益，接下来，我们就运维部署大应用系统上云展开讨论。

14.2 大应用考量指标

大型应用的持续生命周期可以视为一个持续性的项目，大部分企业也是按照项目来进行管理的。对项目管理而言，最重要的三个维度就是时间、成本和质量。对于大型应用系统的部署而言，也适合通过这三个维度考察。

大家都知道，老板从来不关心使用什么技术，但是在服务出现不可用或频繁出现故障的时候，轻则将你的绩效降为零，重则解雇，甚至有可能给你的职业生涯带来污点。即使从这样通俗的角度也可以看出，大应用本身的稳定性至关重要。于是又引出了行业内的一个概念——系统的 SLA（Service-Level Agreement），它是在一定开销下为保障服务的性能和可用性，在服务提供商与用户间定义的一种双方认可的协定。其中，有个衡量其可靠性的标准——X 个 9，X 代表数字 3~5。X 个 9 表示在 1 年的使用过程中，系统可以正常使用的时间与总时间（1 年）之比，例如，99.9 的可靠性大致相当于 8 小时 45 分钟的不可用时间。不要以为这个时间很长，一个大数据库回滚一次差不多就要耗费这么长的时间了。

那么为了完成这个目标，企业在上云过程中需要做些什么呢？下面来总结一下我们实践过的方案、技巧以及踩过的坑。

14.2.1 时间

时间包括两个方面，一个是交付时间，一个是不可用时间。交付时间是云计算的一个显著优势，大部分情况下，通过云计算交付相关资源的时间是按照分钟计算的，包括新购或扩容过程，这一点已经在本书的多个部分进行了说明。不可用时间包括三类不同的情况：由应用故障导致、个别基础资源故障导致和整体故障导致。

应用故障导致的问题在第一时间很难区别，这是因为通常应用运维人员遇到故障的时候，无法甄别故障的原因是基础设施问题还是应用问题。这时候有两个有效的处理方案，首先是通过云服务商提供的监控环境查看故障发生时的监控情况，并征询或了解云服务商当时是否出现过资源故障。与此同时，进行应用相关的日志检查，从而确认是否存在应用问题。

个别基础资源故障造成的问题比较常见，云计算底层也是物理资源，不可能不出现故障。但是，云计算平台的底层冗余一般都能够很快完成故障迁移，保障快速恢复系统环境。此类故障迁移过程会给客户注册的运维电话发送一个短消息通知，而整个系统恢复过程相当于一次重启，因此需要将应用的启动和初始化过程配置到操作系统启动过程中。而且，如果使用了冗余的高可用架构，可以最大程度地避免故障的影响。

出现整体故障的情况比较少见，但是一旦出现就会产生巨大的影响。近年来，主要的云计算平台都出现过此类情况（非主要的云计算平台不是不会出现此类情况，只是往往舆情上一般不关注）。从租户的角度来讲，这个时候其实没有更好的处理方法，因为即使存在一个经过验证可用的异地灾备环境，切换过程通常也需要时间（一般为1~2个小时左右)，而大部分重大故障并不会持续那么久。

本书后面会介绍单元化部署的方案作为参考。这个方案的成本比较高，但可以最大程度地保障在单一数据中心出现整体故障的时候，应用仍然是可用的。

14.2.2 成本

大应用系统的部署成本通常也是很高的，尤其是在需要考虑灾备的情况下。这部分成本通常包括基础设施成本、网络成本和人员成本。

如果说使用云计算可以大幅度降低基础设施成本是一个共识，那么使用云计算技术同时也可以降低网络成本和人员成本。云服务商不同数据中心之间均有高带宽的内部网络连接，这个网络服务一般也是允许客户购买使用的，因此构建异地灾备或混合云或单元化方案的时候，应尽可能利用云服务商提供的跨省（甚至跨境）通信网络（阿里云产品名为"高速通道"，其他主要云服务商也有类似产品）来承载混合云或单元化部署中所需异地数据中心之间的网络需求。

此外，云服务商提供的控制台界面能提供的统一资源管理能力，这也使得管理异地资源变得更为简单，毕竟不再需要运维人员出现在现场处理相关问题了。（云计算平台的机房安全级别通常非常高，不会允许客户方的人员进入。）

14.2.3 质量

大部分情况下，云服务商所提供的资源的冗余度比较高，无论是计算、存储还是网络方面，使用云计算平台提供的冗余能力可以规避一些传统上很难处理的故障。例如，对大部分自建的机房而言，达成互联网入口的能力、不同地域之间的网络能力等并非不可能，但却显得不太现实。这就意味着云服务商通常能够提供更高质量的部署环境。

以下是某一次网络问题的阿里云通告，一般企业是很难获得与之相若的能力的。

【运营商】北京时间 2018 年 8 月 29 日华北部分地域联通网络异常通知

【阿里云】【运营商】【异常通知】

异常概述：监控发现于北京时间 2018 年 8 月 29 日 11:49 左右，华北部分地区联通用户访问非华北的互联网资源（包括阿里云各地域资源）出现异常丢包现象，丢包率最高可达 35% 左右。阿里云已第一时间向运营商报障，会持续配合运营商处理。

有任何问题，可随时通过工单或服务电话 95187 联系反馈。

【异常更新】

北京时间 2018 年 8 月 29 日 12:24

当前进展：阿里云于 2018 年 8 月 29 日 11:52 调整华北 2 地域线路至冗余链路，调整后华北部分地区联通用户访问阿里云华北 2 地域资源的网络延迟将增加 30ms 左右，丢包问题得到缓解。但北京联通线路用户对外访问互联网资源（包括阿里云各地域资源）仍可能有异常，需等待运营商处理。

14.3 混合云和单元化

1. 混合云

阿里云有一位同学很精辟地指出，在当前场景下，混合云不是一朵云，而是一个连接。它的核心词是"混合"，而不是"云"，尤其是现在大部分云下机房还不是"云"环境的情况下。或许在未来网络连接成本更低、效率更高的时候，连接不再是问题，那个时候再强调混合云中云的部分更加合适。

混合云至少有以下四点优势：

- **低成本、便捷管理**：兼顾保护现有基础设施投资，并提供了一套企业上云过程中便捷接入、运维管理简单和价格有竞争力的方案。
- **资源弹性伸缩**：能够以弹性的方式获得前沿技术或高质量技术支撑，如大数据能力、人工智能能力、海量的计算、存储、网络、CDN 和 BGP 资源。
- **多地域优质体验**：以较低的成本提供广泛的连通性，分钟级构建企业级规模的大范围网络，可以支持分支机构就近云接入，享受多地域同质的高速和稳定的网络服务。

- **合规、安全和容灾**：云上基础设施同样通过国家级安全合规审查，提供高等级保障；同时，云上云下可构建一体化安全防护能力；可以快速形成城域级容灾备份。

混合云的解决方案在以下一些场景中得到广泛使用：

- **IDC 上云**：云服务商与运营商合作提供多种本地数据中心高速接入的服务，可以一站式在线申请开通，可为企业的数据中心或办公楼宇提供快速、合规、安全和高质量的网络接入服务。
- **多地域网络互联**：云服务商提供的完善的网络基础设施，覆盖数十个地区，百余个网络接入点（PoP 点），可帮助企业打造稳定、低时延和安全的企业级规模通信能力的云上网络。
- **云上和云下多分支互通**：可为企业的多门店或分支企业提供各分支机构上云及线下多分支互访服务，帮助企业快速构建安全和可靠的混合云方案。
- **云托管服务**：以云服务商的机房标准，提供给企业优质的机房托管资源、云专线网络以及增值服务，并与公有云产品结合，为企业搭建混合云提供基础资源。
- **移动办公接入**：基于 Internet 加密隧道为单个客户端来提供安全、便捷的云连接服务，满足移动办公、远程接入的需要。支持 Windows、Linux、MacOS、iOS 和 Android 等操作系统。
- **管理服务**：通过云服务商提供的或定制的专业易用的混合云管理软件平台。完成从方案咨询到迁移运维，为认证混合云服务伙伴提供专业一站式服务。

2. 单元化

传统的异地容灾方案的核心是异地灾备，这种灾备通常是某种冷备。抛开异地数据容灾这种最基本的方案，大部分异地灾备的目标是在主中心遇到故障的时候，由异地中心的系统接管业务。正如前面说的，这会带来两个问题：灾备中心由于其日常不被使用，因而受重视程度往往很低，于是容易出现需要启用的时候无法正常使用的状态；切换到异地灾备需要一个过程，切换之后切回也需要一些技术补偿机制，这两方面都会消耗一定的处理时间，而现在云服务商的故障处理效率会使上述切换灾备的时间响应略显鸡肋。

单元化是阿里巴巴在长期业务实践中沉淀出的一套应用架构部署方案，并且在蚂蚁金服已经得到大规模的验证和应用。随着很多阿里巴巴同学的布道，类似的架构也越来越得到一些大型企业的认可，被用于一些关键和敏感的系统上。

从本质来说，应用服务从本地服务、远程服务、SOA、微服务，再到单元化，其实系统最终的场景就是单元化部署。单元化部署最大的难点在于集中化存储，其中包括共享内存 Redis、文件存储和数据库存储等。数据库存储的拆分（数据按业务模式拆分）和整合（数据汇总）是单元化部署的最大难点。每个业务系统在同一个机房区域内需要有自己的数据，在某个网络区域内需要有自己的数据库，最终在单个 VM 和 Docker 节点上要有自己的数据，当一个区域出现故障后，数据会自动同步，不会影响另一个区域服务使用。

单元化的核心目标是不把鸡蛋放到同一个篮子里面，通过把业务划分出不同逻辑的单元，将它们放在不同地方，各个系统之间也不会有过强的依赖。当某一个地域出现问题之后，不会影响到其它地方，只需要切换流量就可以了。

同时，可以按照业务的维度，把业务划分成各个逻辑单元。比如，第一个要做单元化的是交易单元，那么就把整个交易链路划分出来，放到各个逻辑单元里面。然后，将应用在水平方向上进行拆分，把数据在水平上做一个区隔。数据不能跨单元使用，以避免出现一些问题（如果系统相对简单，甚至不推荐采用分布式）。比如，对于容灾问题，如果一个单元因故障停止之后，可能不止影响到这个单元，其他单元也会受到影响，那么就完全失去单元化的意义了。如果发生跨单元调用，延时也会比较长，用户使用的体验也会非常差。所以，要遵循单元封闭的逻辑，让每一个单元内的调用关系都封闭在自己的单元内，不要发生跨单元的调用。

单元化的数据拆分和整合处理通常通过两类方向来解决：

1）从业务层面拆分耦合的数据，使其业务能在最小单元内可用。最常用的方法就是通过业务场景，对入口数据进行业务拆分，拆分的手段一般有 Hash 和指定业务数据规则，最终对应的数据以耦合最低的方式落地到可用单元区域。比如，通过登录识别用户所在的区域，然后把业务优先引流到该地区的可用单元区域进行处理。如果用户跨区访问，可以让用户重新登录后再次识别，并同步上次区域处理的数据。对于单元中的数据恢复，则需要建立一个共享中心单元，用于数据在各个单元之间的同步。最后一类是事务强一致性数据（如金融账务数据、电商库存数据），则必须要建立主单元中心。其实，对于强一致性的数据，也可以从业务本身的场景出发，考虑使用弱一致性 + 商户补偿和事后结算等机制。本质上，这还是 ROI 的考量，因为公司达到一定规模以后，对于系统服务的 SLA 指标更高，服务不可用的影响要远远大于产生部分短款坏账或进行库存补贴，后者可能从经济上看更为合算（考量的可能就是品牌效应，股价等因素）。

2）从系统层面，最小化数据同步延迟、最大程度容错处理，就是两地数据库通信加速，加强两地数据的高可靠性。这在硬件层面需要投入巨大的成本。

图 14-1 来自阿里巴巴中间件技术峰会。当单元化模式与混合云连接结合的时候，就出现了一个具有相当高弹性和高可用的架构。也就是说，在混合云的云上云下，或云上多地域进行单元化部署，一旦发现资源不够，只需要创建一个新的单元，就可以把容量扩上去。容灾的问题通过全局路由就可以解决，当某个单元出了问题之后，只要快速把流量切换到另外一个单元。通过一些异步的数据同步手段，所有单元中都可以保留完整的数据副本，即使出现流量切换，也可以确保正常工作的单元能够完整地接管业务。

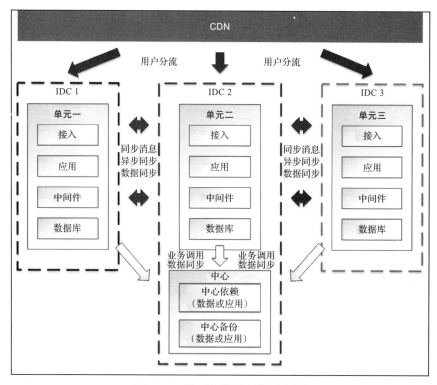

图 14-1 单元化部署架构示意图

14.4 一个大应用的例子

首先，我们简单地列举一下一个大型应用需要哪些服务依赖（以阿里云产品和一个互联网金融企业自研中间件为例子）：

- 域名证书
- CDN
- 安全 WAF、DDoS
- 云下云上专线、银行专线
- VPC 专有网络
- SLB 负载均衡
- Nginx 路由网关（Open Resty+Lua）
- ECS 服务器
- RA 证书服务——验证签名和加解密（CFCA）
- 配置中心 ACM、Aries（企业自研）
- 企业级分布式应用服务 EDAS、Pegasus（企业自研）

- 云数据库 Redis
- 消息队列 MQ
- 硬件加密机
- OSS 文件存储
- DRDS 分布式关系型数据库服务
- RDS 数据库，异构数据库迁移
- 灰度发布
- 分区隔离
- Docker
- DevOps
- 日志服务
- 性能测试 PTS
- 数据迁移 DTS、ETL 服务（基于 Kettle）
- 云监控

看到上面这么多云上产品依赖（其中有很多几乎是不可能自研的），还有企业自研的部分中间件，作为一个技术人员可能都会觉得大应用上云太复杂了。企业不仅需要了解并熟练运用这些产品，并且还要用好这些东西，从而使应用系统支撑的业务的可用率保证在 5 个 9 中。对于一个小规模技术团队而言，这种复杂度是否会令他们望而却步呢？事实是，如果没有云服务商，一个企业自研所有这些产品将投入巨大（参照 AWS 和阿里云每年的投入标准，这些技术的研发成本每年以亿为单位投入，甚至更多）。即使选择各种开源产品进行系统的安装部署，考虑到兼容性和适配性问题，投入的成本也不会低廉。而现在，企业只要会用，并且用好这些技术就能够快速满足自己的技术需求。以很低的成本，就能获得一流的技术支撑，这是一件非常幸运的事情。

下面以某个金融创新公司上云大应用（聚合支付 POS 扫码，即可以扫描多种第三方支付的二维码完成支付，很多便利店可以见到这样的设备）为例，介绍如何在企业的系统使用这些中间件并落地投入生产。

首先来看这个应用的整体部署架构，如图 14-2 所示。

对于这个项目而言，整个业务流量分布在三个机房中：

1）阿里云华东 2（主要业务及流量机房）。这里定义阿里云华东 2 为处理智能扫码应用的主机房，处理 99% 的流量。

2）阿里云华东 1（业务冷备机房）。定义阿里云华东 1 为冷备机房，这里之所以要用 1% 的流量来引入，主要是考虑了冷备验活功能。在很多情况下，冷备机房如果只是更新程序代码，不进行日常流量验活的话，那么等到实际需要启动的时候，可能就无法正常和快速使用了。

3）自建线下机房（原本自建的应用机房）。此处是项目上线初期或长期需要运行的混合云环境,这类机房可能大家都会碰到,有些公司是 IDC 机房,有些是自建机房。这个机房的作用是什么呢?项目初期肯定在云下,鉴于上云周期的限制和安全合规的要求,企业不可能一下子将所有的应用迁至云上,那么云下机房必须有业务存在。

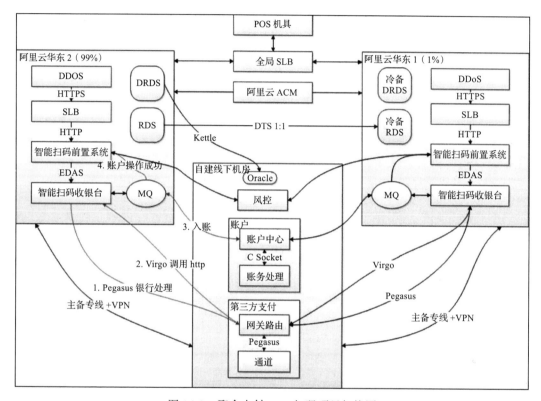

图 14-2 聚合支付 POS 扫码项目架构图

整个机房的规划满足了两地数据中心的要求,但一个数据中心是冷备的。那么为什么不考虑两地三中心方案,将阿里云华东 1 和阿里云华东 2 作为双活的数据中心,进行实时数据同步呢?因为项目中使用了 DRDS 作为解决大数据存储和访问的解决方案,这也导致了DRDS 数据同步带来的困难,在当时这个应用使用 DRDS 的时候,阿里云还没有一个便利的基于 DRDS 的数据同步方案。那么,整个方案采用保守的冷备 + 上线流量验活,数据库在阿里云华东 1 数据中心。RDS 数据冷备的同步策略采用阿里云数据迁移工具 DTS 来完成。

1. 单元化部署

在智能扫码收银台中使用了单元化部署,两个单元分别是:
- 单元 1:阿里云华东 1 单元。
- 单元 2:原先系统的扫码收银台单元。

结合其业务特性,项目中做了数据库层面的隔离,扫码收银台的数据多为流水性数据,基本都是无状态的。但在做单元化部署的时候，也遇到了两个比较难处理的业务场景：

1）退款交易：这个场景通常需要原数据支撑，这时候需要定位数据在哪一方。在这种情况下，采用了两边查的方式，先查单元 1 再查单元 2。

2）对账交易：在这个场景下，也是两边独立进行对账后，更新各自对账状态列表，然后再进行汇总与下游系统银行进行比对。

之后通过给业务来源打上标记，基本能保证某个单元服务出现异常时，另外一个单元的主交易不会受到影响，或者受到的影响最小。对于延时类的业务处理，可以等其异常服务的单元恢复后再进行。

如图 14-3 所示，在最前端 POS 机具中，可以做一层客户端负载均衡，在出现故障的时候轮询可用的机房域名地址。其次，可以在登录的时候，从其中一个机房提供的外部接口获取最新的机房域名地址（如果有更新的话）。

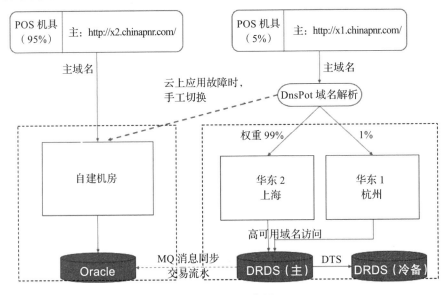

图 14-3　POS 机具和全局 GSLB

全局 GSLB 是通过 DnsPot 来实现专线域名解析、容量控制及简单负载均衡的，因为其本身是 DNS 厂商提供的，在专线之外，所以能避免和机房绑定，防止因机房所在地区的专线中断而导致整个应用服务中断，可以快速切换专线环境以保证服务不中断。

2. 专线

专线也是混合云或者上云初期最重要的设施之一。因为上云不是一蹴而就的，云上云下服务共享是一定会发生的。所以，专线的可靠程度就变得尤为重要。企业需要在自己的机房和阿里云机房开通两条专线。

- 业务通信专线：这条专线分为主线和备线。

- 非业务：如数据库备份、监控、数据同步和日志同步等。

专线一定要定期做主备线切换演练，防止专线出现故障的时候，由主线直接切换到备线不会出现问题。切备线的同时，有可能会发生 TCP 长连接重连，这需要应用具有重连的机制，保证最细粒度的业务影响。

专线的流量监控也很重要，一旦专线流量被打满，就可能出现通信故障。因此，需要及时向运营商进行专线流量升级。专线流量升级是一个相对耗时的过程，需要各种流程和工单，所以要提前对业务使用量进行评估，防止申请延误导致业务不可用，又或者过度导致申请浪费。

3. DDoS 防护

DDoS 防护是阿里云的 DDoS 防护产品，为了防止恶意攻击和 IP 回源，重要系统的 DDoS 防护必不可少。

4. SLB+OpenResty

我们在前面已经说过，因为阿里云的 SLB 本身的职责不是路由网关，是一个负载均衡设备，也不具备路由网关的各项功能，所以在这个应用中，企业使用 OpenResty 来完成最顶层网关路由的灰度发布和区域隔离。

首先我们看看这个企业在使用 Nginx 产品 OpenResty 进行灰度发布时是怎么做的（如图 14-4 所示）。

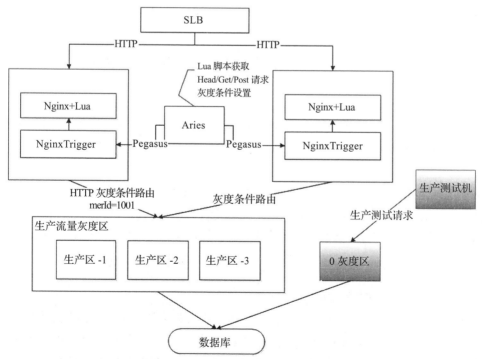

图 14-4　使用 OpenResty 进行灰度发布

通过在 OpenResty 中插入 Lua 脚本，由 Lua 脚本解析 HTTP 请求的 Head/Get/Post 中指定的参数，然后再发给 upstream 做反向代理到后期的服务器集群。这里，企业在 Aries（企业自研的配置中心）中，管理 OpenResty 配置文件，通过发送同步请求给本地 NginxTrigger 来触发 OpenResty 中 Lua 脚本的内存变量，使其动态改变路由规则。在并发低的时候，也可以使用 reload 来重新加载配置。reload 本质上会有一定的阻塞，建议还是不要使用。当然，主流的做法是也可以使用 Lua 脚本语言直接与配置中心管理调度服务（Zookeeper 和 Consul）等对接，直接监听所发生的变化后改变路由。

我们再看看如何进行分区隔离。图 14-5 给出了分区隔离的示意图。

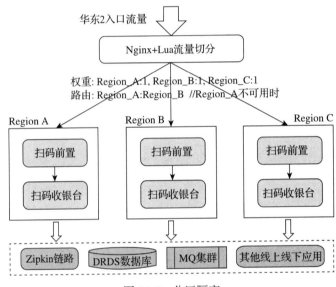

图 14-5　分区隔离

分区隔离本质上还是采用 Lua 脚本参数来控制，但这个参数不是可动态配置的，而是由配置中心在前期进行区域化配置完成的。比如，智能扫码这个项目分成了三个主要的区域。

分区隔离的作用是在某个区域出现故障的时候直接进行路由切换。那么读者可能会问，这与集群化部署有什么区别？区别在于分区隔离时，区域内是严格隔离的，区域内的各种资源是严格独享的，因为很多企业发生过因集群资源服务共享而导致大面积服务不可用的情况。分区隔离技术也是企业自研技术的一大突破，但在成本上比一般的集群开销大。

5. 应用之间的同步通信

应用之间的通信是很多交易依赖型企业上云前考虑最多的一个方面，因为从企业本身来说，有些已经有了自研的 SOA 分布式服务框架，但阿里云上也提供了企业级分布式应用服务 EDAS。EDAS 是一款非常好的产品，在 POC 的时候，我们发现它有很多优点，特别在

RPC 的性能和管理上。但这个产品本身是从阿里内部的 HSF 转化过来的，部分功能还未完全在阿里云上线，所以有时候企业会选择暂时沿用目前的框架。对于没有自研框架的公司来说，选择阿里云企业级分布式应用服务 EDAS 是一种非常好的方式。

我们对分布式应用服务框架做的对比如表 14-1 所示。

表 14-1 分布式应用服务框架对比

功能点	自研框架	EDAS-HSF	Dubbo	Spring Cloud
服务注册中心	Zookeeper	Ali Config	Zookeeper、Redis	Spring Cloud Netflix Eureka、Spring Cloud Consul
服务调用方式	RPC（hessian）、Restful	RPC（hessian）	RPC（hessian、thrift、grpc）、Restful	Restful
多语言支持	RPC 只支持 Java	支持	支持	支持
服务调用方式	sync、callback、future、oneway	sync、callback、future、oneway	sync、callback、future、oneway	sync
通信性能	很好	非常好	非常好	一般
长连接数配置	不支持	不支持	支持	不支持
心跳及重连	支持	支持	支持	支持
假死摘除	支持	支持（只支持自动，不支持界面摘除）	支持	支持
自定义序列化	支持	支持	支持	不支持
NIO	支持	支持	支持	不支持
服务网关	无	无	无	Spring Cloud Zuul
客户端负载均衡	支持（随机权重轮询、流量捅）	支持（随机权重轮询、流量捅、一致性 Hash、最少活跃调用数）	支持（随机权重轮询、流量捅、一致性 Hash、最少活跃调用数）	支持 Spring Cloud Ribbon、Feign（随机权重轮询）
断路器（限流降级）	Netflix Hystrix	只支持 Http 协议，不完善	自带，不完善	Spring Cloud Netflix Hystrix
服务路由（灰度发布）	支持，细粒度动态路由（已整合 Jenkins 和 Aries）	不支持	支持（需要二次整合）	支持（需要二次整合）
服务分区及跨区服务	支持（已整合 Jenkins 和 Aries）	不支持	支持（group 隔离，需要二次整合）	不支持
分布式配置	Aries、Pyxis	ACM（目前支持不是很好，控台上没有，只能支持默认 namespace，配置推送无法支持单笔推送）	无	Spring Cloud Config

（续）

功能点	自研框架	EDAS-HSF	Dubbo	Spring Cloud
分布式追踪	Zipkin（数据收集，监控未接）	EDAS Agent（阿里云监控）	无	Spring Cloud Sleuth
消息总线	无	无	无	Spring Cloud Bus
数据流	无	无	无	Spring Cloud Stream
批量任务	无	无	无	Spring Cloud Task
Spring 集成	支持	支持	支持	支持
Spring-boot Starter	不支持	支持	支持	支持
Reactive Programming	不支持	无	即将支持（Dubbo 3.0 版本）	不支持
分布式事务	无	文档支持（未调研，需要铂金版本，比较贵）	无	无

图 14-6 说明了同步通信框架灰度路由处理的过程。

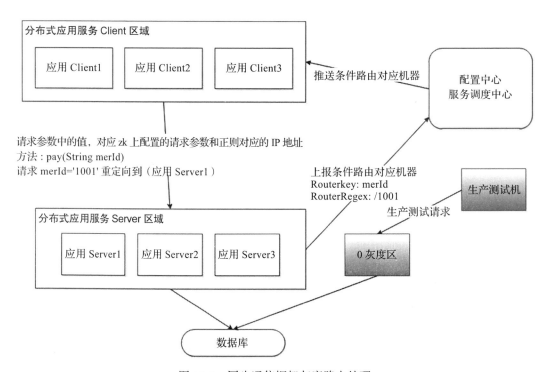

图 14-6　同步通信框架灰度路由处理

大多数分布式应用服务框架在路由选择上都是通过 Client 来解析请求中的参数，其实解析参数部分可以采用类反射机制加入一些深层遍历算法，并且在代码后加入 Annotation 通过 Params 对那些表面基础类的名称进行注释，因为 JDK 代理或 CGLB 会改变其中的基本变量名。然后，通过参数和配置的路由参数对应的值进行比对，命中后选择命中所在的机器进行交易通信。在配置中心可以动态地配置每个服务节点的路由情况，发送到服务调度中心（Zookeeper、Consul、ETCD 等）。这里采用的是正则表达式的方式来适应多变的路由情况（需要注意的是，正则的预加载要在启动后预编译，以免影响性能）。同时，客户端本地要有定时的拉取机制，然后通过时间戳进行版本比对，加上本地 Dump 文件落地后，保存路由信息，这样若配置调度中心出现故障，客户端和服务器之间的通信依然可以正常进行，重启也能读取本地的配置文件进行路由初始化。

6. 应用之间异步通信

企业往往使用阿里云消息队列（MQ）来对异步业务进行系统间解耦。对于新系统，强烈建议使用阿里云 MQ，通过表 14-1 的对比，可以看出阿里云 MQ 在各个方面的性能远超其他 MQ。对于老系统，初期建议先使用云下环境对应的 MQ 消息引擎，因为 MQ 是中间异步通信工具，老系统在初期上云的时候，可能还要跟云下系统进行对接。等系统全面上云后，再换成云上 MQ 消息队列。出于成本考虑，对阿里云 MQ 来说，其计费模式是调用次数越多，价格越便宜，所以这肯定比在自建的 ECS 上搭建 MQ 消息引擎更加划算。从监控上考虑，云上 MQ 的监控一般做得都很到位，具备商业 MQ 各种监控指标。

大家都知道消息队列 MQ 使用的几大基本场景：异步处理、应用解耦、流量消峰、日志处理和消息通信，企业上云使用消息队列 MQ 也无外乎这些场景。

- **异步处理**：发送邮件、短信时候使用。传统的方式有两种，一种是串行处理，一种是并行处理，但都没有有效地解决处理时间上带来的开销，使得主要业务场景的处理时间变得缓慢。

  为了使主交易流程响应的速度更快，可采用消息队列 MQ 来进行处理，原本并行和串行处理的大量开销减少为一个消息队列的通信开销，一般在 5ms 之内。

- **应用解耦**：在电商场景下，订单完成后，扣除库存；POS 扫码支付完毕后，异步账户结算。这两类主要场景下要关注的是用户可容忍的是哪类，那么为了进一步提升系统的可用性，应进行两类操作的解耦。

  在下单时，库存系统不能正常使用，也不影响正常下单。因为下单后，订单系统写入消息队列就不再关心其他的后续操作了，从而实现订单系统与库存系统的应用解耦。

  聚合支付的 POS 扫码支付后，部分功能在短时间内不能使用，也不会影响扫码支付正常请求环节，从而实现了扫码与账户系统的应用解耦。

- **流量削峰**：流量削锋也是消息队列的常用场景，在电商的秒杀或团抢活动中使用广泛。支付场景中的代扣等业务，一般会因为银行通道的限速、限连接数、限额度等原因，导致无法及时处理前端大量交易请求，这时就可以通过消息队列进行流量削峰。在服务器接收用户的请求后，首先写入消息队列。假如消息队列长度超过最大数量，则直接抛弃用户请求或跳转到错误页面。

秒杀业务根据消息队列中的请求信息再做后续处理。交易业务则根据不同的请求信息，选择不同的时间和不同的通道来缓慢处理。

- **日志处理**：日志处理是指将消息队列用在日志处理中。日志作为单向传输载体，更适合使用批量的消息队列进行处理，如 Kafka。
- **日志采集客户端**，负责日志数据采集，定时写入 Kafka 队列，Kafka 消息队列负责日志数据的接收、存储和转发。日志处理应用负责订阅并消费 Kafka 队列中的日志数据。
- **消息通信**：消息通信是指消息队列一般都内置了高效的通信机制，因此也可以用在纯粹的消息通信中。比如，实现点对点消息队列，或者聊天室等。钉钉这款消息通信软件主要就采用了阿里云消息队列 MQ 进行通信处理。

在使用云上消息队列 MQ 时，也有一些技巧。使用云上消息队列 MQ 的时候，首先碰到的问题就是收费机制。因为在企业没有上云之前，消息队列 MQ 的处理可能比较随意，导致消息队列数量的暴增或者消息队列积压。如果使用云上消息队列 MQ，就要为消息队列的产生和积压数量而买单。这时应注意以下问题：

- 直接将一些接口作为 MQ 队列的生成入口。
- 压力测试情况下，后端系统没有激活消息处理监听程序。
- 商户联调试时，请求的 Mock 处理没有屏蔽消息队列。
- 生成 MQ 队列作为测试，却没有立即清除。
- 产生 MQ 队列业务线先上线，消费 MQ 队列业务没有上线，也未任何做控制。
- 生产 A/B Test 的时候，业务后端消费程序没有及时清理新业务产生的队列消息。
- 消息队列的队列名命名规则应当符合意义。例如，对于 Q_NPAY_SMS_TEST，以"_"来区分各个部分，第一部分表示队列的基本属性（P2P 模式还是 PubSub 模式）；第二部分表示系统名称，应该与配置中心的系统名称一致；第三部分表示功能信息，应简明扼要、清晰表达意义；第四部分表示环境名称，从而正确区分消息所处环境。因为在初期，企业购买的消息队列 MQ 可能是被开发、测试、准生产三个场景共用的。
- 生产必然消费。
- 消息本身不宜过大，不要将文件、图片、声音和视频等通过消息队列传输。
- 消息内容存放格式可以采用比较通用的格式，例如 JSON。
- 消费者在收到消息处理时，需要捕获异常并处理，以免触发消息重试机制导致消费过慢。
- 消费者在收到消息处理时,不能执行时间过长的业务(大量的远程调用、数据库批量操作、文件操作等)。因为在 Push 情况下,消息将被推送到内存中,内存会越来越大。如果一定要处理,应开启线程进行异步处理,以免消费过慢,造成消息积压。

表 14-2 给出了消息中间件的比较。

表 14-2 消息中间件比较

功能	消息队列 RocketMQ（阿里云）	Apache RocketMQ（开源）	消息队列 Kafka（阿里云）	Apache Kafka（开源）	RabbitMQ（开源）	Apache ActiveMQ（开源）
多语言支持	支持	只支持 Java	支持	支持	支持	支持,Java 优先
安全防护	支持	不支持	支持	不支持	支持	不支持
主子账号支持	支持	不支持	支持	不支持	支持	不支持
可靠性	同步刷盘,同步双写	同步刷盘,异步刷盘	同步刷盘,同步双写	同步刷盘,丢数据	同步双写	同步刷盘,丢数据
Low Latency	支持	不支持	支持	不支持	不支持	不支持
消费模型	Push / Pull	Push / Pull	Push / Pull	Pull	Push / Pull	Push / Pull
定时消息	支持(可精确到秒级)	支持(18 个固定 Level)	暂不支持	不支持	支持	支持
事务消息	支持	不支持	不支持	不支持	不支持	不支持
顺序消息	支持	支持	暂不支持	支持	不支持	不支持
全链路消息轨迹	支持	不支持	暂不支持	不支持	不支持	不支持
消息堆积能力	百亿级别,不影响性能	百亿级别,影响性能	百亿级别,不影响性能	影响性能	影响性能	影响性能
消息堆积查询	支持	支持	支持	不支持	不支持	不支持
消息回溯	支持	支持	支持	支持	不支持	不支持
消息重试	支持	支持	暂不支持	不支持	支持	支持
死信队列	支持	支持	不支持	不支持	支持	支持
性能(常规)	非常好,百万 QPS	非常好,十万 QPS	非常好,百万 QPS	非常好,百万 QPS	一般,万 QPS	低
性能(万级 Topic 场景)	非常好,百万 QPS	非常好,十万 QPS	非常好,百万 QPS	非常好,百万 QPS	低	低
性能(海量消息堆积场景)	非常好,百万 QPS	非常好,十万 QPS	非常好,百万 QPS	非常好,百万 QPS	低	低

异步通信框架的灰度路由处理如图 14-7 所示。

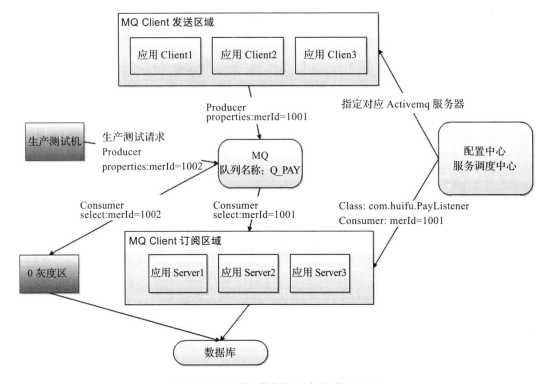

图 14-7 异步通信框架的灰度路由处理

关于 MQ 的路由选择，在 Producer 端发送队列的数据的时候，加入队列属性，然后在 Consumer 端接收的时候，根据条件来配置消费路由，只有属性值一致的消息内容才会被消费。消息生产和消费之间的依赖关系是通过配置中心来进行动态调度分发与落地的。阿里云 MQ 可以根据不同 CID 来决定消费哪一类发送，也可以在消息队列中打入 Tag 来区分。在大量处理消息的时候，如果需要停止服务，要自行加入 shutdownhooks 来销毁连接对象，使消息返回消息服务器，否则会出现异常业务处理的情况。

7. 阿里云数据库 Redis

Redis 是一个高性能的 Key-Value 数据库，早期大家都将它与 Memcached 做比较，也作为高性能缓存系统而出名。企业在项目中使用 Redis 也是因为其确实是进行数据访问加速的一个利器。企业上云前，一般会先购买 ECS 服务器自建 Redis，这一方面是自主可控的要求，另一方面企业的技术团队也有实力来完成这项工作。但经过一些 POC 测试比对后，会发现在用途和性能要求一致的情况下，自己购买 ECS 服务器搭建 Redis 集群比购买阿里云 Redis 集群要贵很多。阿里云 Redis 的产品丰富，能满足各个 Redis 使用的业务场景，性能上优于自行搭建。在管理维护方面，阿里云数据库 Redis 有强大的管理、监控、扩容、备份和迁移功能。

下面来看看 Redis Key 过期策略。

1）命令设置 Key 过期，访问 Key 的时候，Redis 会判断 Key 是否过期并淘汰。

2）Redis 会判断 CPU 空闲时候，定时清理 Key。过期清理 Key 大致有以下算法：

- Redis 配置项 hz 定义了 serverCron 任务的执行周期，默认为 10，即 CPU 空闲时每秒执行 10 次。
- 每次过期 Key 的清理时间不超过 CPU 时间的 25%，即若 hz=1，则清理的时间最大为 250ms；若 hz=10，则清理的时间最大为 25ms。
- 清理依次遍历所有 DB。
- 从 DB 中随机选出 20 个 Key，判断是否过期，过期则从内存中移除。若有 5 个以上 Key 过期，则重新随机选出 20 个并执行，否则遍历下一个 DB。
- 清理中发现超过 CPU 25% 的时间，则清理退出。

3）在处理命令前，Redis 内存满，进行数据淘汰。数据淘汰算法如下：

- volatile-lru：从已经设置过过期时间的 Key 中选出最近最少使用的 Key 进行淘汰。
- volatile-ttl：从已经设置过过期时间的 Key 中选出即将要过期的 Key 进行淘汰。
- volatile-random：从已经设置过过期时间的 Key 中随机选出 Key 进行淘汰。
- allkey-lru：从所有 Key 中选出最近最少使用的 Key 进行淘汰。
- allkey-random：从所有 Key 中随机选出 Key 进行淘汰。
- no-enviction：禁止逐出数据（会返回内存已满错误，需要进行扩容处理）。

使用 Redis Key 时，有以下注意事项：

1）要及时清理垃圾数据，比如测试数据清理、下线业务的数据清理。

2）Key 尽量要设置过期时间，可以使用 Redis 定期清理机制来保证数据有效性，不需要手动清理。

3）单 Key 不宜过大，如果 Key 存放的数据过大，会导致网络传输延迟过高，清理时 I/O 过高。可选择数据压缩和业务拆分来处理单 Key 数据过大问题。

4）公用业务 Key，可以使用逻辑名来拆分，保证不重复使用，清理方便。

阿里云数据库 Redis 因为使用代理模式，因此 2.8 版本无法使用 spring-redis-data 提供的 RedisClusterConfiguration 来建立集群连接。4.0 的集群版本已经可以支持该功能，建议统一使用原生的 JedisPool 连接配置，这样无论单点还是集群模式都可以得到支持。

阿里云数据库 Redis 在使用集群版本的时候，需要特别注意数据倾斜现象。例如，你购买的集群版本为 16G，后面有 8 个节点，其实每个节点只能用到 2G，某个项目当时使用地理位置信息存储，将数据全部保存在了一个节点上，此时虽然 Redis 整体数据量没有超过上限，但由于数据量超过了单节点的容量，依然会导致 Redis 数据写入发生故障。

8. 数据落地及安全存储

DRDS 和 RDS 已经在前面章节进行了详细的讲述，这里讨论下应用数据安全的问题。

数据要进行安全传输，需要使用第三方 RA 证书，现在建议使用的是国家安全部认可的 CFCA。通过 CFCA RA 颁发的证书来进行系统服务接口暴露层面的签名验签和重要参数的加密/解密。对于数据落地，需要使用加密机来保证敏感数据加密存储，这里使用的是阿里云提供的硬件加密机。因为这跟云下应用使用的加密机一致，所以在加密机连接客户端时要做必要的改造，保证加密机使用同一个方式进行连接。在加密机硬件端需要使用相同密钥管理和索引号。

数据落地离不开文件存储，阿里云的 OSS 文件存储可靠性非常高，企业可以在此基础上进行二次封装标准化服务接口，这也是企业自研项目中非常重要的产品之一。结合硬件加密机，对落地文件再进行二次加密，加密密钥使用硬件加密机来管理。

9. 日志服务

阿里云的日志服务非常完善，唯一要做的是日志目录的规划，因为其本身只支持 10 个大节点目录，所以可以按项目或组织架构进行目录细分。

最后再来谈谈上云项目的测试。

测试环节在项目开发中非常重要。企业应用使用云服务之后，不管是纯上云、混合云或专有云，整个公司的测试资源部署应该全部在云上，可以发挥云的资源快速创建和回收的优势，使测试资源的统筹更加灵活，特别是对于性能测试和全链路测试而言，性能测试的资源重用率非常重要。企业没有上云之前，性能测试是比较困难的，资源估计多了很浪费，资源估计少了也无法测试实际场景的性能指标。阿里云也在测试这个环节上提供了测试工具，比如，性能测试工具 PTS 可以模拟各个 CDN 节点发起全方位的测试请求。

测试环境的部署方式就可以将资源的最大利用率作为原则。这时候 Docker 部署变得非常重要，对于功能测试项目，可以合并几个项目在一台机器上，充分应用测试环境的资源。但这对项目本身的部署要求也非常高，需要统一的配置中心、服务注册中心，需要支持服务的动态发现和卸载，项目本身要尽可能实现微服务化。这样一来，整个测试环境就变成一个大的资源调度池。申请测试的时候，可以按要求在大的资源池中选取对应的测试资源。企业上云初期，可以预先规划 5~10 台 ECS 服务器进行测试资源的调配和摸索。随着应用的变多变大，再逐步扩容测试资源，使资源变得更加灵活可控。对于短期 POC 项目，测试完毕后，也可以快速地进行资源回收。

云厂商视角

作为云厂商，其实从这一章可以看到真正的企业用户在云服务商的产品与其现有技术的适配方面存在一定差异。企业既有的业务系统越多、技术能力越强，差异可能会越明显。这使我们感觉到来自四方面的矛盾——企业当前的能力、企业所需的能力、云产品当前的能力、云产品未来的能力。如何处理这种矛盾应该是一段时间内云厂商和企业需要共同思考的问题。在服务大型企业使用云厂商的产品的过程中，作为云厂商的架构师，我也始终在关注这个问题，以期能够有效地弥合四者之间的矛盾，从而使双方在产品层面和使用层面都能够获得更加理想的结果。

企业视角

千锤百炼，终究为了企业级的应用稳定可靠，以及在遇到问题时能够及时应对。随着企业软件架构日益复杂，无论是一般的企业还是互联网巨头，都遇到过软件/硬件线路出现故障，导致服务被迫停止的事故。应用链路长、存在单节点等问题从前对企业来说是很难避免的，因为很多因素企业无法控制，或者投入成本巨大，而现在可以利用云计算厂商的平台或者近云的方式来解决这些问题。混合云、单元化部署需要在项目规划初期就进行考虑才能真正受益。我们觉得这是上云的终极目标之一，但需要花费很大力气，要做好吃苦的准备。

第 15 章 Chapter 15

数据业务上云规划

> **导言**：上云的过程离不开对数据和数据处理类应用的考察。云厂商在 SaaS 和 PaaS 层面的数据应用支撑能力非常强大，本章将分析企业数据中心在数据收集、处理和分析等过程中迁移上云会碰到的一些问题，以及如何使用云计算的能力帮助企业数据中心获得更大能力。

麦肯锡公司曾提出："数据，已经渗透到当今每一个行业和业务职能领域，成为重要的生产因素。人们对于海量数据的挖掘和运用，预示着新一波生产率增长和消费者盈余浪潮的到来。"现在，我们对于大数据价值的讨论已经基本达成共识，大数据对于垂直行业、企业管理、用户分层、金融服务、财务、交通、卫生、工商和民政等都存在着巨大的价值。

对于传统企业，前几年关心的是互联网化和移动平台，最近流行的技术风口叫作 ABCD5G，即人工智能（AI）、区块链（Blockchain）、云计算（Cloud）、大数据（Big Data）、移动互联网（5G），无论从哪个角度来说，数据都是其中关键的部分。本章之所以单独介绍数据业务，是因为当今企业已经接受了"数据资产是企业的核心价值"这一观点，所以在企业上云的过程中，需要单独考虑这部分内容。其中又包括两个方面：使用云计算的时候，数据是否可以安心地上云；使用云计算的过程中，涉及的数据如何处理。

在企业将公共云计算（或者 ABCD5G）作为一种战略考量对象的时候，如果不对这两个方面的问题进行合理规划，将导致企业在数据处理方面产生矛盾。这种矛盾有可能是一种隐含的矛盾，但会像弗洛伊德理论中的潜意识那样，始终影响着企业的上云过程，导致一些外显的不一致性，形成负面的效果。如果类比于精神分析理论，将潜意识的部分挖掘出来，并直面和解决这些矛盾，它们造成的各种外显的问题自然也会迎刃而解。

15.1 传统企业进行数据分析的过程

传统企业在进行数据保存及数据处理时，主要涉及以下几个阶段。

（1）第一阶段

企业数据量在百万级到千万级，数据以自有交易数据为主。大部分情况下，企业是在自建机房部署传统的关系型数据库 MySQL 和 Oracle，业务数据保存在这些数据库中，离线数据以调度程序作为处理方案，实时数据则直接从备库读取。由于数据量较小，因此硬件性能和处理能力都不需要考虑太多，可以满足自由分析为主的业务需求。

如果企业处于这样的阶段，那么其依赖核心是关系型数据库。在进行业务系统上云时，只需要考虑两类方案：

- 完全云化，使用云上的关系型数据库。
- 混合云，即云上应用系统、云下数据库。

采用哪种方案取决于企业对数据上云的安全评估，因为从 ROI 和 TCO 的角度考虑，上云总是更优的方案。在这个阶段，即使是将现有系统迁移上云，代价也是比较小的。

（2）第二阶段

随着业务量的增加，除了自有的交易数据，企业也开始将一些非交易数据接入数据仓库，如用户访问行为的数据、采集到的外部数据等。这时，由于数据差异很大，传统数据库已经不能满足需求，可以考虑 Hadoop 架构和 Greenplum 等数据库作为辅助，或引入类似的数据仓库方案。同时，硬件环境的瓶颈将在这个阶段凸显。比如，集群的硬件规模变得难以确定，若规模估计小了，计算能力的捉襟见肘会成为业务瓶颈；若规模估计大了，则会造成资源浪费。以 Hadoop 大数据平台为例，至少需要安排两名专职人员负责运维和参数调优，才能及时解决上述瓶颈带来的问题。

如果企业处于这样的阶段，那么需要同时考虑应用系统（产生日志等数据）、关系型数据库、大数据平台以及相关的数据交换和集成。当考虑将这样的业务系统上云时，就会形成各种可选的方案，如表 15-1 所示。

表中以斜体字给出的方案要么与本书无关，要么是很少遇到的特殊情况。从企业的决策方向看，数据库是否上云仍然是一个核心问题，这和第一阶段企业面临的问题是一样的。无论数据库是否在云上，数据仓库平台都是可以上云的。

（3）第三阶段

系统整体已经向着数据中心的方向迈进，数据达到几十 TB 级别，自有数据已经完全不能满足需求，需要接入大量外部数据。离线平台性能要求越来越高，实时数据需要进行更多维度的分析。数据很可能以四五个月为一个周期翻倍，这时，硬件瓶颈将越来越明显。而且，随着外部工具的大量使用（一般来说，至少要用到调度 ETL 工具、流式计算引擎、消息队列、内存数据库、日志接入和分析），需要增加大量运维人员，这也会消耗企业的大量成本。

表 15-1 数据仓库解决方案对比

业务系统	数据库	数据仓库	解决方案概述
云下	云下	云下	全云下方案（与本书无关）
云下	云下	云上	云上数据仓库解决方案
云下	云上	云下	独立使用云上数据库，很少见
云下	云上	云上	系统在云下，数据在云上，很少见
云上	云下	云下	使用云上弹性计算资源，数据在云下
云上	云下	云上	混合云，交易数据云下，分析在云上
云上	云上	云下	系统在云上，云下使用已经构建的分析平台
云上	云上	云上	全云上解决方案

从未雨绸缪的角度来讲，如果能够提前对数据的使用做出合理规划，就能有效应对企业在未来可能碰到的问题。但是，对企业来说，很难做出完全有效的预测和判断，或者即使能够预测也会受限于成本等实际情况而不得不做出一定的妥协。

处于这样阶段的企业，通常这部分数据与其互联网业务是明显相关的，企业在技术能力上一般比较精益、技术理念比较开放，因而会综合考虑整体解决方案的合规、安全、成本、效益和效率等方面。在这样的情况下，数据上云是一个合理的解决方案。

对于企业而言，如果各类应用较多，那么可以对不同的应用予以区分，从而确定系统处于上面三个阶段中的哪一个。但是，正如本节开头所写到的，企业对于三类数据应用的上云策略应该是一致的，处于同一个阶段的系统如果要上云，其数据策略也应当与之基本一致。

企业数据上云时还要考虑的一个问题就是数据提供的服务。作为数据服务本身，计算节点应该考虑离业务最近的节点，这样能更好地提供数据的计算服务。类似于 FaaS 的理念，这也是云原生独有的无服务功能。

15.2　数据上云的顾虑

很多人对于数据上云会有一些顾虑，首先是安全性问题。安全问题通常又被细分为两个问题：一是数据能否做到100%可用（可用性和可靠性问题）？二是数据能否不被第三方看到（数据隐私和安全问题）？

对于数据可用性，我们是这样理解的：云计算平台的任何单一产品肯定都不可能承诺100%可用，即使不上云也无法确保100%可用。所以，企业需要在条件允许的情况下对产品充满"不信任"（故障驱动的基础设施架构设计），应用以下措施来确保数据的可用性：

- 数据需要多维度异地备份。
- 应用不可布置在单一节点上。
- 数据库和磁盘考虑冗余和备份。

- 核心敏感数据（用户身份证、银行卡）需要加密存储。

绝对不能仅仅把云服务当成托管机房来使用，应该一方面考虑到企业数据在云平台上的安全存储，一方面利用云服务商提供的各类数据安全措施。

以阿里云为例，这方面的服务包括：

- 利用廉价的 OSS 保存备份数据。
- 服务器的快照。
- 主备版本的数据库。
- 加密服务。

这些都是提升数据安全性很好的解决方案。

首先，在数据隐私和安全保护方面，企业最担心的是数据是否会被第三方看到，这里第三方包括云服务商和其他第三方。对于云服务商而言，获得企业的信任是所有云厂商的安身立命之本，任何一家云厂商如果有这方面的漏洞，一定会遭受毁灭性的打击。关键在于，云服务商能够给企业提供怎样的信任。

一般而言，通常数据问题不是云服务商导致的，而是企业自身上云的系统存在安全漏洞而导致的。云服务商再怎么安全，也无法防范企业自身的安全漏洞，因此企业一方面要充分研究和应用云服务商提供的各类安全服务、安全产品，另一方面要做好核心数据（也就是那些如果泄露会给公司带来巨大负面影响的数据）的加密，同时要做好这些数据的脱敏以及确保它们不能被破解。

其次，企业关心的是上云价格，这取决于企业如何理解价格。就像之前说的，云能够解决很多冗余和安全问题，极大地降低运维的人力成本。我们之前做过一份上云计划的预算，出乎意料的是，运维的人力成本占总成本的 60%。相比之下，云端的学习成本和运维人员的人力成本则经济得多，同时也能有效推行良好的开发规范，有助于提高企业在开发方面长久发展的健壮性。

这部分内容可以参考 ROI 分析的章节，以及企业根据自身情况所做的 TCO 分析。一般而言，上云的综合成本应该更低或能带来某方面更优的选择，否则云平台会就会失去其存在的价值。

有些企业会说成本不是其考虑的主要方面。确实，有些企业并不在意多花一些成本来构建云下的数据中心，但是数据中心的成本不仅仅是服务器的成本，而是一个综合性的成本（包括对未来的扩容的储备成本）。另外，企业投入数据中心的资金是否有更优的投资方向，这也是战略上需要确定的。（像苹果这样的企业自建其数据中心显然是毫无问题的。）

有些企业还会顾虑上云意味着严格和云厂商绑定，将导致后续"上云容易下云难"。上云现在是个大趋势，技术的绑定对 IT 行业而言总是相对的。目前来看，因为上云造成的技术绑定而衍生出的复杂性并没有超过企业使用其他技术遇到的复杂性，而且云上的优势已经越来越被企业认可，所以这个顾虑并不应该成为一个大问题。如果企业需要考虑"下云"或"多云"的问题，那么在选择产品时要做一些更加细致的工作。记住，上云代表着选择了一种新的技术栈。

最后，数据上云的代价还涉及一些动态的因素，包括人员技能和现有数据的问题。关于这两点，云服务商通常都会提供相应的解决方案。针对人员技能问题，云服务商会提供各种学习资源和培训，包括文档、社区、线下培训、视频和认证考试等；针对数据，云服务商会提供数据集成工具，能够帮助企业平滑和高效地完成数据上云工作。

15.3　数据上云的步骤

随着公司业务量的进一步增大，业务部门也需要更多外部数据进行建模分析。在传统的托管机房模式下，我们总是会担心数据存储、数据计算能力。比如，Hadoop 存储空间已经达到 70%，是不是要提前申请扩容集群？磁带机的备份空间也不够了，是否需要一起采购？采购硬件需要 2~3 个月的时间，而采购集群后，托管机房还有没有机架？交换机的端口够用吗？业务部门要求每天 3 点前给出数据，是不是要更换一些 SSD、万兆网卡和交换机？Spark/Hive 是否有新版本升级了？怎么做兼容性测试？怎么升级？等等。

这些问题曾经深深地折磨着我们的系统工程师，直到我们确定了上云策略，这些问题才迎刃而解。上云并不是简单地将云当成托管机房，而是能解放我们在基础运维上的枷锁，扩容、硬件升级和软件升级等工作在云上都是可以无感知完成的。

上云前我们要做一些准备。首先需要估算上云的数据规模，这可以帮助我们决定在云上使用什么产品作为基础存储。如果还有一些生产节点会在云下产生数据，那么为安全起见，我们建议使用专线的方式进行同步。专线的传输质量稳定，能避免断线重连或者链路不稳定的情况，从而确保可靠地往云上更新数据。另外，还需要评估每天增量的数据大小，这对带宽和存储的设定都是一种约束。

其次，要明确涉及运算的数据量和规模有多大，这决定了云上架构以及适用的产品范围。也就是说，解决了网络和存储问题之后，还需要估算一下计算的要求。如果从成本角度来看，计算要求越高，可以选择的范围就越小，因此一定时间内计算量的要求决定了云上产品的选择。

最后，要完善云上的迁移计划，这涉及云上云下是否并行、并行期间如何分割数据、何时切换、何时关闭云下节点等。这和传统的机房迁移有所不同，传统机房迁移通常是物理迁移，而数据上云的迁移通常都是逻辑上的迁移。如果数据应用涉及的因素比较多，那么在迁移时还需要考虑业务连续性问题。

我们强烈建议对云上的产品做 POC，要对产品的优缺点以及能否满足后续要求做到心中有数，具体 POC 内容将在后续介绍。以下是以阿里云为例的数据上云规划样例。

第一步：了解云上数据产品。 阿里云提供了从 RDS（MySQL 和 SQL Server 等）、分布式数据库 DRDS、混合型数据库 Greenplum、大数据平台 MaxCompute 到自研的分析型数据库 ADS 等多种数据库选择，每种产品都有自己的优势和劣势（后文将会详细分析）。在数据规模较小的情况下（即处于第一阶段的企业），建议先从 RDS 上手，后续需要数据分析的时候，再逐步过渡到其他方案（如 Greenplum 和 MaxCompute）。在这种方式下，学习成本较为平滑。我们再次强烈建议在这个过程中对各种数据库进行一次 POC 测试，一定要对其优缺点做到心中有数。

第二步，了解云上各种分析工具。阿里云提供了一套从数据分析建模到呈现层的完整的工具。以离线分析来说，可以使用 DataWorks 作为 ETL 工具完成数据处理和清洗。对于实时分析工作，Datahub + Flink 提供了完整的流式分析引擎和计算能力。这些工具在阿里云上都提供简化版的使用方案，能够降低用户的学习成本。企业数据上云后，一般会使用 DataV 和 QuickBI 进行数据结果的展现。

经过之前的 POC，基于自身的情况，企业可以得到完整的云上数据建设方案。对于数据迁移，我们要做的最后一步是确认数据迁移和切割的方案，选择一个有效的工具对云上和云下的数据进行迁移。DataWorks 可以做到自定义的批量数据同步，但是这个工具依赖于手工配置，如果有几百张表，那么配置工作量会比较大。DTS 基于 binlog 方式同步，也提供了基于 OGG 的插件，但是对于数据迁移工程（不是数据同步过程）中源系统的表结构变更，需要手工修改目标表结构。

第三步，在云上的环境搭建过程中，线上线下数据需要保持同步并完成互相验证，从而确保云上数据是正确的。这一点对于所有数据业务的迁移都是一样的，只要数据应用更换了平台，就需要一定时间的并行来进行验证。有时候验证会出现不一致的情况，未必是新系统出现了错误，有可能是老系统中长期未发现的错误造成的。

15.4 数据上云过程中的思考

本节将总结在数据上云过程中对一些重要问题的思考。

- **上云的最大挑战是什么？**

上云的最大挑战是决心，是颠覆传统架构的勇气，是对拥抱未来无限可能的态度！

- **什么时候上云合适？**

我们建议在建立数据中心之初就进行上云步骤和规划。如之前所说，上云最大的优势是能极大节约运维人力成本，同时对业务扩容有极强的兼容性。开始时，可以在云上使用小规模的节点和简单的工具，比如，利用 DTS + RDS + DataV 就可以满足基本的离线和实时分析，并呈现结果。我们不需要在一开始就追求高大全，而是可以在不断迭代的过程中找到适合自己的使用方法和使用模式。再次强调："不要把云简单地当成 IDC。"

- **上云可以为企业带来什么？**

上云主要节省了三方面的投入：硬件运维人员成本、灾备设施成本和冗余的硬件成本。上云能够降低软件升级、硬件迁移和更新换代、机房迁移的成本，减少采购部署工作量。同时，上云可以为数据中心带来能够无限扩展的平台，使数据计算和数据获取方式不再受限于技术架构，数据体系可以先于业务完成部署，为后续业务发展带来无限可能。

- 上云的主要困难点在哪里？

在 POC 过程中，我们看到了阿里云大量的数据库和大数据产品，也经过了非常长时间的讨论才做出取舍的决定。关于云上云下的数据同步和最终切割方案，我们面临着需要两边同步进行并互相校验的局面。比如，迁移到阿里云的同时，内部数据中心也会收到相同的开发需求，这就意味着阿里云和内部需要同时进行开发，且结果要保持一致。由于业务相对复杂，这个过程中也面临非常多的问题。因此，需要双方逐步摸索。

云厂商视角

在企业上云过程中，数据上云是绕不开的话题。实际上，除非不上云，否则上云之后总是有数据在云上（广义上的），因此云厂商确实需要取得客户的信任，客户也要认真评估云厂商是否值得信任，这个互动对整个云服务市场都是有利的。

在 IT 领域，数据资产和应用服务资产是同样高优先级的核心资产，应用系统上云能够获得价值，数据应用上云也一样能够获得这样的价值。对于一个企业而言，上云意味着能够突破原来的数据分析的能力上限，即使是线下系统迁移到云上，也意味着云上有能力收集、保存、分析和呈现更多的数据。

如果说云服务最初是以计算、网络和存储为核心的 IaaS，那么目前云服务商已经成为以数据为核心的 PaaS，服务商已走到了一般企业需求的前面。通过使用云服务商提供的各类数据服务，能够大大降低企业的 IT 成本（尤其是处于第二、第三阶段的企业，这个时候数据已经是业务价值的一部分，数据应用的投入未必会少于应用系统开发），其安全性也已经得到了广泛的认可。

当然，企业在各种情况下会有各种不同的考虑，将思考的问题和当前的答案明确出来，无论最终决定是否上云，对企业 IT 而言都是一种负责任的态度。

企业视角

上云是为了得到能力，毋庸置疑，云计算厂商在数据业务方面的能力非常强大，因为国内的云计算厂商的能力无不来自其自身多年的技术积累。比如，阿里云的能力来自淘宝天猫电商的积累，腾讯云的能力则来自 QQ、微信庞大的社交场景下的积累，它们对于数据的处理、应用都有非常丰富的经验，远远超过一般的企业和独立软件公司。对于云厂商来说，欠缺的可能是产品化的能力和整体服务的能力。

对数据业务上云：第一，要有规划；第二，要有业务场景；第三，要有想象力。数据技术和前面说的业务系统有所不同，场景和架构不是那么显而易见，Hadoop 诞生至今也不过短短十余年，这还是一个很年轻、在持续变化的技术细分领域，需要我们不断尝试、不断学习，使用云厂商在这方面的能力恰好可以平衡不断演进的需求和不断发展的技术。

Chapter 16 第 16 章

容灾策略

导言：本章将讨论企业为什么要考虑容灾、容灾的边界和策略以及云计算平台可以提供哪些工具来进行容灾保证。此外，我们还将分享实战中的容灾经验。

为何要将容灾和安全放在一起考虑？从云计算相关项目的角度讲，大部分企业的容灾和安全是由同一个团队来处理的；如果云计算项目或公司的 IT 团队分工还没有那么细致的话，这两个部分往往是最容易被忽略的。

如果进行深入分析的话，这两个主题可以单独写成一本书。因此，我们将在这一章和下一章说明容灾和安全在 IT 环境中的内涵和外延，以及在云计算的环境下，如何快速构建一个基本的容灾和安全体系。同时，说明如何应用云计算以较少的成本构建出传统环境下需要大量投入的容灾和安全体系。

如果不考虑容灾和安全，大部分用户会觉得云计算在 IaaS 层提供的能力似乎和传统环境没有太大差异；当加上这两个因素后，用户就能体会到云计算提供了完全不一样的能力，即使用"领先传统 IT 基础设施环境整整一个时代"这样的说法也不为过。

16.1 容灾

容灾，即灾难恢复（Disaster Recovery，也称为灾备），包括一系列策略、工具和流程，以便在发生自然或人为灾害后，能够恢复或延续关键基础设施或系统的运行。灾难恢复主要关注那些支持关键业务的 IT 环境或技术平台。业务连续性则关注无论面临何种重大破坏性事件，均应保持业务功能的所有基本方面正常运行。因此，灾难恢复可以被看作是业务连续

性的子集。㊀

这个定义中有如下几个关键点：
- 容灾不仅是一个 IT 问题，而是应当从项目整体的角度思考。
- 容灾是一个过程，需要完整的流程保障。
- 容灾范围的边界是模糊的。
- 容灾是一个信息技术与管理概念。
- 工具是容灾的重要组成部分。

容灾听起来比较抽象，我们可以用家里的卫生间作为例子，因为其中应用了不少容灾相关的技术。家里常用的台盆侧面有一个孔，用于在下部的排水孔出现堵塞的时候及时排出盆中的积水，以免发生水漫金山的情况。如果侧面的孔也不能满足容灾要求，卫生间的地漏会将溢出的水继续排出。卫生间内外的地面通常有高度差或门槛，能够在其他排水措施失效的时候，在一定的时间内防止溢出的水流到卫生间外面。

通过这个容灾系统的例子，我们可以对应到上述五个要点：
- 整体上，这个系统需要确保当出现龙头故障（天灾）或忘记关闭龙头（人祸）的情况时，卫生间外的房间不受影响。
- 容灾过程基本上是全自动的，不需要人工流程保障。
- 针对的是卫生间这样一个关键业务场景，并尽可能避免蔓延到卫生间以外的关键房间。
- 采用了多种技术（虽然不是信息技术），并在规划和设计时就予以考虑和管理。
- 多种工具同时使用，形成正常功能外的三道防线。

在面对信息系统的容灾时，我们也同样需要考虑这些方面。

首先，需要确定在出现意外情况（不仅是天灾人祸，也包括一些预料之外的场景，例如秒杀请求超过预期）的时候，需要保障哪些关键 IT 平台或业务系统。如果把场景局限在信息系统的部署和运维方面的话，首先需要确定容灾的应用系统范围。

以第三方支付公司为例，整个支付通道（从收单到扣款到入账）是关键业务，涉及的系统都是关键系统，这个系统必须能提供 7×24 的高可用性，所以需要考虑容灾。其中，容灾相关的指标有两个：RPO（Recovery Point Objective，即复原点目标，是指当服务恢复后，恢复得来的数据所对应的时间点）和 RTO（Recovery Time Objective，即复原时间目标，是企业可容许服务中断的时间长度），这两个时间都要尽可能短。对与之相关但并不那么关键的系统，如查询系统、账单系统和对账系统等，就没有那么苛刻的要求。

㊀ 参见 https://en.wikipedia.org/wiki/Disaster_recovery，这个简洁的定义避免了在定义中就限定了所谓数据、应用、异地等词汇。

再以电子商务公司为例，整个购买流程是关键业务，从商品展示、下单、付款到生成订单是关键业务，涉及的系统就是关键系统，需要考虑容灾。而卖家上新、购物车同步等业务相关的系统就没有那么关键。

其次是流程和技术的可行性，这是一个关键问题。如果要实施一个确保业务连续性的系统容灾方案，就要考虑哪些技术目前是可用的、哪些流程是需要与之匹配的。在上述第三方支付公司的场景下，如果没有现代的光纤和网络技术，那么同城双中心和结算通道双线冗余的技术就不可能实现，这是一类技术可行性。如果出现了数据库故障并自动完成了容灾切换动作，但是需要对一些数据不一致问题进行补偿和处理，那么就涉及流程问题（选择系统流程还是人工流程是一个实现问题），完善的流程是容灾正确实施的重要保障。

大量的技术公司都提供了各种各样、与时俱进的容灾方案，企业需要持续了解这些方案涉及的技术，以便切实改进关键系统的容灾方案。例如，在千禧年前后，基于域名解析的全网负载均衡技术尚未商业化，这使得当时火爆的国内券商的行情、交易系统在采用多点部署以提升用户体验和容灾能力的时候，需要客户自行选择接入点，这个模式被沿用到了今天。但是，今天的银行和支付公司在设计全国范围的多活方案时，更多的会使用单元化结合全网负载均衡，新技术的应用改善了用户的体验以及运维人员的容灾切换过程。

最后是成本。IT容灾的成本同时受到可用性、可靠性、RPO和RTO四个指标的影响，这四个指标的要求越高，成本就会越高，而且成本投入并非线性，一般认为，可用性从99.9%提升到99.99%，需要投入的成本差不多是10倍左右，其他三个指标的计算也是类似的。这也可以解释为何在金融行业去IOE是如此困难，因为金融行业对这四个指标的要求极为严苛。而在此前，只有IOE体系才能保障这些指标，因此即使这些产品价格贵，企业也只能接受。

在进行容灾规划的时候，需要结合业务连续性的价值来考虑成本投入问题。大部分商业领域都是可以量化考虑的，如果一个容灾方案成本高昂，但所解决的业务连续性问题带来的收益小于容灾的投入，那么这种行为是不值得的（就像在上述卫生间的场景中，如果雇佣几个专职管家7×24关注是否漏水，对一般家庭而言是得不偿失的）。但是，随着技术的发展，利用先进技术就可能在大幅提升这四个指标的同时，降低投入的成本（例如，通过IoT技术，就可以在出现漏水时给主人发送一个远程的告警）。

本章接下来的部分会对基于云计算平台的容灾方案进行介绍。就目前来看，云平台释放的与之相关的技术能力已大大降低了容灾的成本。

16.2 容灾的云平台工具保障

根据不同的关键性业务场景需求，容灾可分为四种类型：

- **数据灾备**（相当于数据冷备）：当出现灾难性事件的时候，确保数据不丢失，可以在事件得到处理之后，恢复因故被停止的业务。
- **系统冷备**：即保持一个完整的关键性 IT 系统环境（基础实施及应用系统）备份，在发生灾难性事件的时候，启用备份环境进行业务承载。
- **系统热备**：一个关键性 IT 环境有多个同时工作的单元，在其中一个单元遇到灾难性事件的情况下，其他单元仍可以继续提供服务。
- **多点多活**：在业务量非常大、地区分布广泛的场景下，热备会遇到瓶颈，这时候需要考虑多点多活能力，其容灾效果和热备一致，但是实现方案有所不同。

基于此前笔者实际参与和执行的多个项目的情况，在传统 IT 环境下实施其中任何一种方案都是成本很高的行为，而且要满足上述四个指标（可用性、可靠性、RPO 和 RTO）的高标准要求对 IT 人员而言专业性要求极高。如果从商业利益的角度看，容灾会导致 ROI 相当低下，但是如果考虑到一些关键行业（如金融场景）的社会意义，容灾又是必须实施的，因此各个金融监管机构将容灾及其指标设定为行业一系列必须的标准。

在云计算环境下，实现上述四种类型的容灾方案，能够在较低的成本下满足较高的标准。下面我们介绍主要的实现模式。

1. 原生云平台的备份措施

以阿里云为例，云原生平台主要使用分布式存储，文件被分割成许多数据段分散存储在不同的设备上，并且每个数据片段存储多个副本。分布式存储不但提高了数据的可靠性，也提高了数据的安全性（因为单个物理设备上只有数据片段而不是完整的数据）。

虚拟机（如阿里云的 ECS）提供快照与定义镜像功能。快照可以保留某个时间点上的系统数据状态，用于数据备份，以便用户快速灾难恢复。用户可以使用系统盘快照创建自定义镜像，将快照的操作系统、数据环境信息完整地包含在镜像中。快照使用增量的方式，两个快照之间只有数据变化的部分才会被拷贝。

与之相若，数据库等其他涉及数据持久化的产品也提供类似的能力，包括数据备份和日志备份。

云平台提供的上述能力的应用成本一般非常低，其使用体验也相当友好。作为云平台的用户，建议在设计云平台方案之初就考虑应用这方面的能力，同时在预算中考虑相关的成本和技术投入。

2. 云平台的备份方案

对于仍然运行在传统数据中心的 IT 系统，利用云平台的节点和资源优势可以快速形成低成本的远程备份方案。相比自建灾备中心，也有相当可观的成本优势。混合云容灾服务（Hybrid Disaster Recovery，HDR）可以为传统数据中心提供企业级应用的本地备份与云上容灾的一体化能力，能够同时解决以下三个核心问题：
- **本地备份**：在数据中心本地备份服务器整机镜像以及重要数据，便于应用的快速备份和恢复，这种方案需要硬件支持。
- **异地备份**：将备份数据实时上传至云平台，保证数据资产安全。云服务商不仅会提供云资源支持，也会提供一系列辅助工具和方案。
- **业务持续性**：当数据中心故障或长时间系统维护作业时，在云上可以快速恢复应用运行，缩短业务停机时间，尽可能减少损失。

混合云灾备有两种方式，一种简单的模式是，当现有数据中心和云平台形成混合云连接后，将云平台中的计算、网络、存储视为现有数据中心的一个扩展，利用现有的工具或云服务商提供的工具，将现有数据中心的关键 IT 资产在云平台上形成一个备份。例如，在数据库场景下，可以通过 ETL 工具或云平台提供的数据迁移、同步工具（如阿里云的 DTS）将本地数据库备份到云平台上。

如果完全使用原生云平台进行部署，那么异地灾备则更为容易，因为云服务商会提供大量的原生工具，利用其内部数据中心间的网络链路高效地完成此类异地灾备（例如上述的数据库迁移、同步工具以及对象存储的异地复制能力等）。

另外一种模式是使用云服务商提供的混合云灾备硬件，这种硬件整合了云平台提供的各类灾备能力，部署在数据中心的本地，既可以视为一个本地设备，又能提供透明的云上备份能力。图 16-1 给出了一个阿里云的混合云灾备方案。

以阿里云的混合云灾备一体机为例，这是一个部署在用户数据中心内的混合云灾备一体机或混合云容灾网关，也是一个兼具本地备份恢复与备份复制上云功能的服务器。它可以根据指定策略对指定的物理、虚拟服务器，以及服务器内的数据进行备份，并能够将备份数据进行重删、压缩、加密后，存储在本地硬盘，同时根据不同过期策略管理备份数据。它还可以将备份数据按照预设策略上传至云灾备库，并根据云上过期策略管理云灾备库内备份数据。这些数据既可用于云上容灾恢复，也可以用于本地恢复。

3. 云平台的冗余（热备）

云服务平台本身提供的虚拟资源因为大量采用了软件定义的模式，其本身自带很好的冗余能力。例如，对于云服务器，它部署在宿主机（承载云服务器的物理服务器）上，宿主机可能因性能异常或者硬件原因导致故障。当检测到云服务器所在的宿主机发生故障时，系统会启动保护性迁移，把云服务器迁移到正常的宿主机上，恢复实例正常运行，从而保障应用的高可用性性。这使得云服务商可以规避底层硬件可用性较低的问题（相对企业的 SLA 需求而言），从而提供企业级所需的更高可用性的虚拟资源。

类似的措施也应用于几乎所有的云平台关键设施上，例如，负载均衡通过集群机制保障，数据库产品通过主备机制保障等。

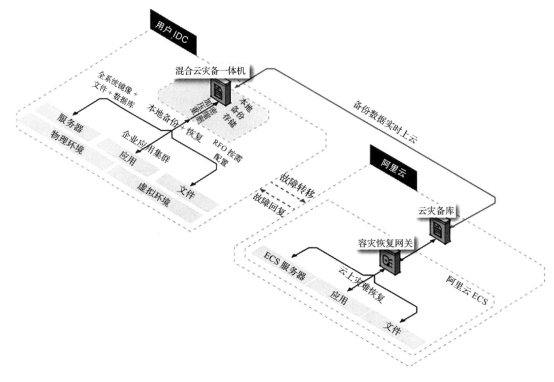

图 16-1 混合云灾备方案

但是，上述机制未必是足够的，因为宕机迁移情况的存在，云平台一般对单个资源的可用性保障通常在 99%～99.95%。对于要求 7×24 高可用的平台而言，这个指标仍然是难以接受的，更不用说在一些场景下，要求不停机发布和更新，这就要求在出现部分服务器故障的情况下，仍然保持业务连续性，尤其是关键业务系统（这种系统的发布过程通常也是漫长的）。

目前这方面的方案已经非常成熟，图 16-2 给出了阿里云同城冗余方案。

- 所使用 VPC 是地域（Region）级别产品，支持跨可用区，满足同城容灾使用多个可用区的需求。但是，需要提前确认所选择的地域含有多个可用区，不同的可用区是电力和网络互相独立的物理区域。
- 通过多可用区 SLB 实例进行负载均衡，同时避免单个可用区的机房级故障导致的负载均衡不可用情况。
- 在不同可用区部署多台应用服务器形成集群环境，从而提供高可用的应用环境。
- 通过多可用区数据库产品 RDS，可以避免单个可用区的机房级故障导致的负载均衡不可用情况。

这个过程和传统机房内通过集群模式来构建高可用系统架构的理念几乎是完全一致的，但是云平台提供了低成本实现此类方案的能力，即不仅提供了技术可能性，还降低了方案采用成本。

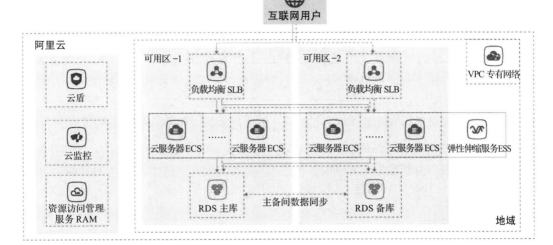

图 16-2　阿里云同城冗余方案

4. 云平台的多点多活

一个简单的多点多活场景是上述热备场景的扩展，如图 16-3 所示。

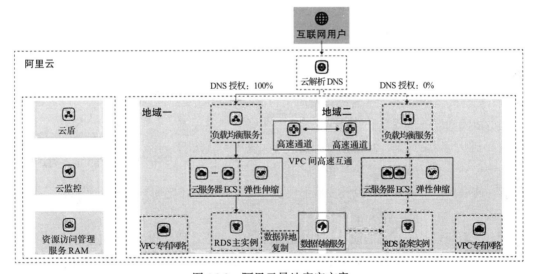

图 16-3　阿里云异地容灾方案

其中，原本顶层的多可用地域负载均衡被 DNS 服务商提供的 GSLB（全局负载均衡）取代，全局负载均衡服务可以监控主机记录下的 IP 地址。当 IP 地址对应的业务出现宕机中断时，解析会暂停。如果一条解析线路下所有 IP 地址都宕机，全局负载均衡服务会根据切换策略切换至其他正常解析线路。

在每个地域都按照上述热备的方式构建。在不进行数据同步的情况下，单个地域的系统出现故障，将不会引起全部业务故障，其中并不依赖于数据持久化的业务系统甚至可以保持全网可用的状态。

某些情况下，为了保障在某个地域的系统出现全面故障的情况下，另外一个区域能够接管业务，就需要将持久化的数据进行同步，这时候可以使用云平台提供的数据同步工具，或自行构建数据同步过程。

类似的方案也适用于本地数据中心和云上数据中心构建多中心多活机制。

在更为复杂的情况下，构建多活系统环境会带来更大的业务和技术挑战，这部分内容建议参考后续关于混合云及单元化方案的内容。

16.3 过程保障

限于本书的篇幅，关于容灾的过程保障的内容无法展开介绍。不同的企业、不同的业务，其业务连续性保障的要求差异很大，因此，作为业务连续性保障中的组成部分，IT 系统容灾保障的过程也显著不同。当然，不同企业对于这部分能力的内部要求也有所不同（有些企业觉得这就是一个过场，应付的是管理层，内心希望不要发生此类情况。但是，根据墨菲定律，该发生的总是会发生的，所以容灾的工作还是需要落到实处），对于支付公司这样的企业而言，容灾是安全线，也是生命线。

如图 16-4 所示，整体的容灾计划是一个闭环，其中最关键的部分是"演练/应用"和"复审/调整"两个环节。很多企业（包括汇付这样的企业）在业务规模体量增大到不能承受单个数据中心的故障对业务造成影响的时候，策略、工具和实施过程都会被提到台面上。但是，真正重要的是演练和复审，就像军队的演练那样，所有的策略、工具和实施过程都需要通过演练

图 16-4　闭环的容灾过程保障

的过程才能真正了解其效果，以及发现那些没有覆盖的问题和场景，随后再次复审，再次调整，形成一个"可用的""活的"容灾方案。

而且，只有进行过真正的演练，业务连续性保障过程才能够得到真正落实。这不仅仅是信息技术层面的过程，也包括业务上的配合。以下是一个触发容灾方案的数据中心故障问题发生时，理想状态下的场景：

- 故障发生（真实故障或演练触发）。
- 获知故障信息（来自于系统告警，或者业务上的告警，最好不是来自于客户的投诉）。
- 定位故障情况，确认是否采取容灾方案。
- 确认采取容灾方案，业务侧开始通过各种方式通知受影响的内外部干系方，降低业务影响。

- IT 介入，实施容灾方案（自动过程或人工标准流程）。
- 确认业务恢复情况，以及尚未恢复的部分，业务侧按需通知干系方。
- 对于无法快速恢复的部分或数据，进行标注，并予以善后。
- 故障恢复，决定是否复原到原来的 IT 架构（部分情况下，主备中心也可以因此互换）。
- 所有系统恢复如初，完成 IT 补偿方案（系统侧）即业务补偿方案（客户侧）。

仅仅是写出关键点，整个过程已经显得很复杂了，所以对于一个真正需要容灾的企业而言，其工作远远不像在台盆边上打个孔那么简单。

16.4 经验分享与探讨

对于核心系统来说，用户都希望最好无故障，即使出现故障，也最好能够快速恢复，影响面越少越好。但实际情况是故障和灾难无法避免，随着科技的发展，传统 PC 服务器硬件的处理能力越来越强，但其可用性、可靠性和过去的小机箱相比确实不能同日而语，在经过一段时间的使用后，有可能在某个时间点大批量地爆发同类型的硬件故障。由此可见，容灾所要面对的不仅仅是突发的局部系统故障，还可能是致命性的大面积故障。因此，规划合理的架构和利用云服务商提供的高可靠的云上资源会简单很多。

使用云计算平台的企业无外乎两种，一种是初创型公司，它们无历史系统负担，第二类是已有在用系统的企业。这两类企业均想通过云计算平台赋能，提升 IT 管理和技术能力并减少固定成本投入。

那如何应用云服务商的特点优势取长补短呢？回答这个问题前，我们先解释一下如何做到高可用。如图 16-5 所示，高可用性问题可分解为以下方面。

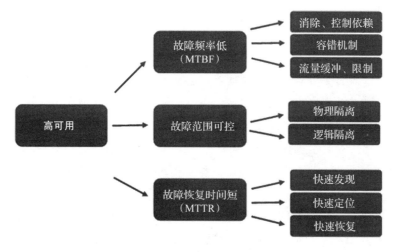

图 16-5　高可用需求分解

判定影响的因素主要包括两项：时间和范围。通过合理的云产品和服务，可以规避部分故障、缩小故障范围及减少故障修复的时间。利用云平台自身的优势，可以规划出一个物理和逻辑可自定义的，并且是隔离的、内网流量无限制的平台。结合云服务商的中间件产品服务，可以实现故障点快速拆除和快速定位，全面提升基础架构的高可用。云平台也可以作为现有机房（如果有）的弹性资源扩展区和隔离应用资源区，同时为主要业务系统和第三方系统等提供基础服务。

再来看看故障恢复时间（MTTR）等要点。故障的快速发现和定位均要依赖健全完善的监控体系才能达成，监控项目不但要包括系统资源、设施，还有各类业务指标和应用日志等，以及各类的触发器和监控项，这样才能做到第一时间发现故障、及时通知并精准定位故障点和影响面。即使通过 Zabbix ELK 这类成熟的开源框架，要自建这样的体系并达到目标要求也需投入大量的时间精力以及有资深的专家配合，这对于很多企业是无法承受的。但是，借助云平台的成熟的产品解决方案可以快速达成所需的监控体系。

相比较而言，按照我们内部的实施经验，如果是在传统环境下，大约1000个监控节点（5万个触发器）投入的时间约3~4个人月才能基本达成。基于云平台则只需不到1周，如果使用默认配置，1~2天即可完成。

在应用快速恢复方面，方案比较传统，通常与云产品无关（毕竟应用都是企业自己开发部署的），大多需要在应用层面和架构层面解决。通过蓝绿发布、自动健康检查的路由切换、自动拆除、自动补偿结合数据库分库、泳道和分片等架构规划实现故障快速自愈。

关于如何在阿里云这样成熟的云平台上建立高可靠的容灾架构，根据一些知名的互联网公司的经验，目前比较主流的方案是在不同的区域申请 ECS 虚拟资源，数据库采用 RDS/DRDS 的模式，并且参考阿里云提供的各类解决方案文档，以及选用合适的云产品。

云厂商视角

容灾是业务连续性过程中非常重要但是容易在初期被忽略的部分。如果一个企业的 IT 团队能够从初始阶段就考虑到容灾方面的问题，那么可以说这是一个成熟的团队。对于企业通用的容灾需求，云服务商提供了大量的产品、服务和方案，一方面是因为云服务商所承载的互联网业务（尤其是那些本身有互联网业务的云服务商）本身形成了这种能力，另一方面是云服务商从容灾方面也可以快速切入 IT 团队的痛点的需求（建立一个同城双活、异地灾备的数据中心方案本来是大型机构才能负担的），从而提供更有性价比的平台。

对企业而言，利用云平台所提供的产品和服务，结合云服务商遍布各地的数据中心，可以极大改善企业自身 IT 系统的业务连续性能力。对于新的上云系统而言，获得这些优势能力的成本相比自建同等的能力所付出的成本是大大缩减的，这种成本的降低，也能够使得企业有余力将容灾真正落到实处，在必要时发挥其应有的作用。毕竟，在这个互联网时代，大量 7×24 的系统对于企业的业务而言，已经高度敏感，容不得半点闪失了。

> **企业视角**
>
> 中国的大部分企业并不是很重视容灾,业务连续性实施的难度比想象中大很多。很多年前,参观道富银行在杭州的 IT 中心时,我发现他们的办公座位空着一多半,问询之后得知这是备用工作地点,假设杭州的另一办公地点因灾害或其他意外情况不能使用,可以保证人员到这个办公室尽快开始工作。言者无意,听者有心,可见容灾从广义上来说是一个需要巨大投入来保证的命题。
>
> 好在云计算打开了一扇窗,让我们可以用各种技术手段,在一定性价比的前提下实施各类容灾方案。

第 17 章 Chapter 17

安全策略

导言：本章将讨论近几年来的热门话题之一——安全。我们将介绍在互联网应用时代企业面临的安全挑战以及云厂商可以提供的安全产品，这些产品基本可以覆盖企业上云部署中的每个环节。最后，我们将介绍安全领域的一些新的产品形态。

2017 年 6 月 1 日，《中华人民共和国网络安全法》正式实施，其中提及国家实行网络安全等级保护制度。网络运营者应当按照网络安全等级保护制度的要求，履行相关安全保护义务，保障网络免受干扰、破坏或者未经授权的访问，防止网络数据泄露或者被窃取、篡改。这明确要求网络运营者（互联网业务提供者）应当按照网络安全等级保护制度进行安全建设。

目前国内信息系统在安全保护方面的主要依据是《信息安全等级保护管理办法》，该办法对信息系统的安全保护等级，以及不同级别的监督管理进行了定义。信息系统的安全保护级别分为五级，大部分企业的系统一般会定级为二级和三级。

此外，各个企业可能还有一些自己的安全要求，如果涉及跨境业务，也会涉及他国的安全法律法规要求。

17.1 互联网安全环境及挑战

互联网在带来前所未有的便利的同时，也使传统的系统安全保障措施面临着挑战。因为传统的系统处于一个封闭的网络中，数据中心受到的最严重的攻击往往来自病毒入侵（使用外部存储介质的时候被感染），或是内部人员及系统在有意或无意情况下发动的攻击。对于上述威胁，传统安全厂商都提供了很好的解决方案。因此，本章不再重点介绍传统环境下的安全问题和措施。

自从系统打开了通向互联网之门，开启了企业间系统互联的链路之后，传统的方案看起来就是一种静态防护，因为缺乏对外部不断提升的互联网攻击模式的动态防御，所以面临的问题往往超过传统方案的防护预期。

国家互联网应急中心发布的《2017年我国互联网网络安全态势综述》中提到，目前的安全威胁主要集中在以下六个方面：

1）恶意程序，包括计算机恶意程序、移动互联网恶意程序、联网智能设备恶意程序。
2）安全漏洞，包括安全漏洞收录情况、联网智能设备安全漏洞。
3）拒绝服务攻击。
4）网站安全，包括网页仿冒、网站后门、网页篡改。
5）工业互联网安全。
6）互联网金融安全。

从实际工作来看，互联网安全问题依然严重，有些问题随着物联网和工业互联网等新技术的发展开始凸显，有些问题（如网站安全）趋于平稳，有些问题（如恶意程序等）甚至有所恶化。

就汇付这样的第三方支付公司而言，其业务是无法脱离互联网环境的，传统的第三方支付公司之所以在短短几年时间内就被支付宝和微信拉开了巨大的差距，主要原因就在于低估了互联网金融业务的发展速度。当金融业务拥抱互联网的时候，就产生了既要满足互联网业务需求、又要保障金融安全、还要实现高效率低成本这样充满挑战的目标。当然，我们不能因为有挑战就放弃互联网方面的业务，这个时候必须深入分析互联网金融行业面临的问题（这里主要讨论安全问题），并形成解决方案。

在研究了行业案例，并和友商、云计算厂商等进行了深入交流之后，我们认为目前金融行业面临以下五个关键互联网安全问题：

1）攻击：国内500强金融机构半年来遭到600次DDoS攻击，近三成为CC攻击。
2）漏洞。
- 99%的已知漏洞依然可以被利用。
- 互金行业"非常容易被利用"的漏洞达57%。

3）泄露。
- 全球累计泄露用户信息已超过100亿条。
- 金融机构对信息泄露的敏感度远大于其他行业。

4）仿冒。
- 89%的热门应用被仿冒。

- 55%仿冒应用具有恶意行为。
- 某银行30多个仿冒应用全部具有短信劫持。

5）羊毛党。

- 70%～80%的促销优惠被羊毛党获得。
- 机器刷单、下单导致业务瘫痪。

在选择云平台的时候，我们特别关心三个安全方面的问题：

6）云平台上是否能够提供类似于传统线下基础设施环境的安全防护能力。

7）云平台是否能够针对互联网环境提供全面的安全保障能力。

8）在混合云环境下，上述方案和能力对现有数据中心环境的影响（正面或负面）。

17.2 安全方案

在进行云平台选择的过程中，我们发现，各个云服务商都将安全产品及解决方案作为一个重要的内容呈现，其中阿里云有两点比较值得关注：

1）阿里云提供了一个安全产品和方案的聚合页面（如图17-1所示），有助于全面了解其安全能力和方案。

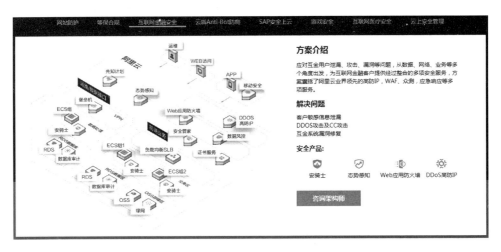

图 17-1　安全方案概览

2）阿里云信任中心中提供了一份安全白皮书，对安全责任、其内部安全、安全产品、各个产品的安全等都进行了详细描述，如图17-2所示。

对用户而言，云产品的安全信任始终是一个非常关键的问题。我们最初上云的时候，首先提出的不是云服务能否满足基础设施需要的问题，而是安全方面的问题。我们在很多交流中发现这是一种共性。

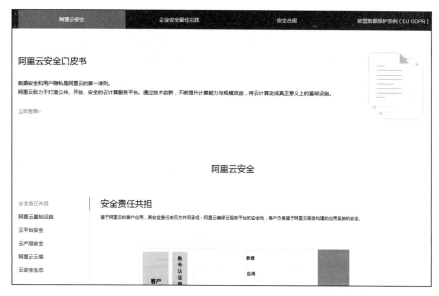

图 17-2 云服务商合规和信任中心

本章不再重复之前已经介绍过的阿里云技术，而是强调以下几个关键点：

- 安全是有层次的，当前的安全解决方案是一套完整的、分层的解决方案，需要全方位进行考虑。如图 17-3 所示，即使是私有数据中心，也可以参考这样的架构对安全能力进行全面复审。

阿里云安全架构 Alibaba Cloud Security Compass				
业务安全	防垃圾注册	防交易欺诈	活动防刷	实人认证
安全运营	态势感知	操作审计	应急响应	安全众测
数据安全	全栈加密	镜像管理	密钥管理	HSM
网络安全	虚拟专用网络（VPN）	专有网络（VPC）	分布式防火墙	DDoS 防御
应用安全	Web 应用防护	代码安全		
主机安全	入侵检测	漏洞管理	镜像加固	自动宕机迁移
账户安全	访问控制	账户认证	多因素认证	日志审计
云产品安全	ECS 安全	OSS 安全	RDS 安全	MaxCompute 安全	云产品安全生命周期
虚拟化安全	租户隔离	补丁热修复	逃逸检测	
硬件安全	硬件固件安全	加密计算	可信计算	
物理安全	机房容灾	人员管理	运维审计	数据擦除

图 17-3 阿里云安全架构

- 使用云平台不是安全问题的"银弹",但确实提升了实施互联网时代整体安全的效率,并且降低了成本,说云平台更安全也不是没有依据的。不过,仍然有一部分安全责任需要企业自身来承担,或通过购买相应的服务来保障的,云平台无法包办一切,如图 17-4 所示。

图 17-4　上云应用责任共担

- 安全是无价的,安全产品是有价的,但这并不意味着需要购买所有的安全产品。应当在尽可能满足安全要求的同时,适当具备前瞻性(产品方面或方案方面)。例如,图 17-5 中列出了阿里云的各类安全产品,但汇付在实际中仅使用了一半左右,各个企业也可以根据自身的实际需要选择不同的产品。
- 有一些安全产品对于互联网场景是极为重要的,因此在预算有限的情况下,应该进行分析或讨论,形成企业自身关于安全产品和方案的观点。例如,对于互联网金融而言,Web 应用防火墙几乎是第一优选的产品,而且在选择产品规格的时候,应优先选择功能覆盖较完整的版本(在阿里云产品体系内,可以考虑 Web 应用防火墙企业版)。
- 部分产品和现有数据中心机房提供的安全产品功能类似,基本上能够覆盖所需的安全能力,但是不同云服务商的安全产品差异比较大,必要时需要企业安全架构师和云服务商的安全架构师进行讨论和确认。
- 打铁还需自身硬。云服务商提供的安全产品只是安全方案的一部分,企业自身需要有安全评估能力、监控能力、防御能力、实施能力等方面的储备,尤其是在应用安全方面,毕竟软件开发不是云服务商的主要服务范围。

第 17 章 安全策略

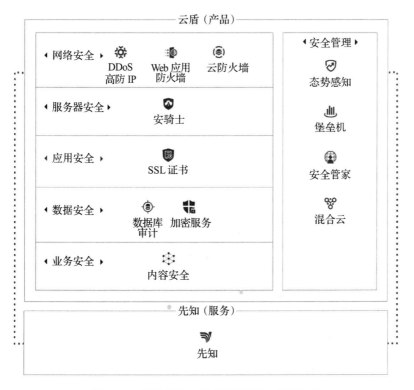

图 17-5 安全服务立体化产品解决方案大图

对于现有的数据中心机房中已经实施的安全策略、工具等，在面对互联网安全环境的时候，我们进行了评估，并作出了如下一些决定（以下仅供参考）：

- 现有数据中心的安全能力能否满足防御的要求？答案为是，那么在不考虑互联网环境的情况下，传统方案就可以满足要求；如果是新设立的数据中心，可以整体考虑云服务商提供的私有部署的安全方案。汇付目前还没有向云服务商要求提供私有部署的安全方案，而是依托于云服务商提供的互联网防护方案和产品。
- 现有数据中心和互联网业务的边界是否清晰，边界上是否有防护？答案为是。我们明确地界定了属于数据中心的系统范围和数据互联网的系统范围，并且将两者用防火墙进行严格隔离，这样实际上是将传统的互联网 DMZ 外置到了云上，并通过云服务商的方案保护整个互联网 DMZ，同时将属于数据中心的系统彻底封锁在一个严格定义的防火墙内。
- 云服务商是否能够提供一些额外的安全能力？经过多次交流，我们发现云服务商提供的安全能力大大超过了我们的预想，尤其是一些 SaaS 方面的安全相关产品拓展了我们的视野，这部分将在 17.4 节详细介绍。

17.3 安全产品的选择

不同行业面临的安全问题是不同的，比如：

- 对于一个关键的"静态页面宣传网站"而言，被挂马或者被篡改是非常严重的问题。
- 对于一个充分竞争的、依赖于互联网入口的行业而言，DDoS攻击几乎是必须面对的问题。

因此，在选择云产品的时候，首先企业要明确，对本企业而言最大的安全威胁是什么？分析信息的来源包括三个部分：根据历史情况，有哪些安全问题是必须关注的；当前本行业的安全情况和主要方案是怎样的；未来哪些安全问题可能会成为关键性的问题。综合以上因素来进行云产品的选择。

如果进行上述分析存在一些困难，现在有了一个更好的办法可以快速地构建企业自身的安全能力，这就是本章开始提到的《信息安全等级保护管理办法》。可以参照这个办法对安全方面的要求以及这些要求所对应的安全防护措施来选择合适的云产品。很多企业通过进行等保评估而大幅度提升了安全防护能力（无论是云上部分还是云下部分）。

表17-1是一张简单的对应表格（此表格假设使用阿里云来提供虚拟资源服务，因此可以复用阿里云在物理和环境安全方面的等保测评结论）。

表 17-1 云产品和安全要求对应表

层 面	类 别	阿里云产品
物理和环境安全		直接复用阿里云等保测评结论即可
网络和通信安全	网络架构	VPC 云防火墙 / 安全组
	通信传输	云盾 – 证书服务 VPN
	边界防护	VPC+NAT 网关 云防火墙 / 安全组
	访问控制	云防火墙 / 安全组
	入侵防范	云盾 – 态势感知 云盾 –DDoS 高防 IP 云盾 –Web 应用防火墙 云盾 – 绿网
	恶意代码防范	云盾 –Web 应用防火墙
	安全审计	云盾 – 态势感知
	集中管控	云监控 云盾 – 控制台 云盾 – 态势感知

(续)

层面	类别	阿里云产品
设备和计算安全	身份鉴别	堡垒机
	访问控制	堡垒机
	安全审计	堡垒机 云盾 – 数据库审计/RDS-SQL审计
	入侵防范	云盾 – 先知 云盾 – 安骑士
	恶意代码防范	云盾 – 安骑士 防病毒
	资源控制	云监控
应用与数据安全	身份鉴别 访问控制 安全审计 软件容错 资源控制	主要功能需要应用系统开发商解决 Actiontrail审计 阿里云控制台操作 云盾 – 先知
	数据完整性	KMS服务/云盾加密服务/系统开发商实现 云盾 – 证书服务 云盾 –Web应用防火墙（防篡改）
	数据保密性	KMS服务/云盾加密服务/系统开发商实现 云盾 – 证书服务
	数据备份恢复	RDS（异地容灾实例）或其他异地备份措施
	剩余信息保护 个人信息保护	主要功能需要应用系统开发商解决

一般的互联网场景优先选择的产品和解决方案如图17-6所示。

其中关键的产品选择和评估说明如下（以阿里云产品为例）：

- **DDoS高防IP**：防御DDoS攻击和CC攻击的网络安全产品。如果有过被攻击的先例，建议购买；如果没有被攻击的先例，可以关注安全控制台提供的DDoS攻击信息，先利用云服务商提供的免费DDoS能力（如果有），并提前规划在紧急情况下的购买+防护预案。
- **Web应用防火墙**：网站必备的一款安全防护产品。通过分析网站的访问请求、过滤异常攻击，保护网站业务可用及资产数据安全。这几乎是互联网金融领域必备产品。
- **安骑士**：轻量级的主机安全产品，集安全配置核查、漏洞管理、入侵防护于一体，让攻击无"门"，服务器稳定运转。如预算许可，则尽量购买，否则可以先使用免费版，并每日关注告警情况。

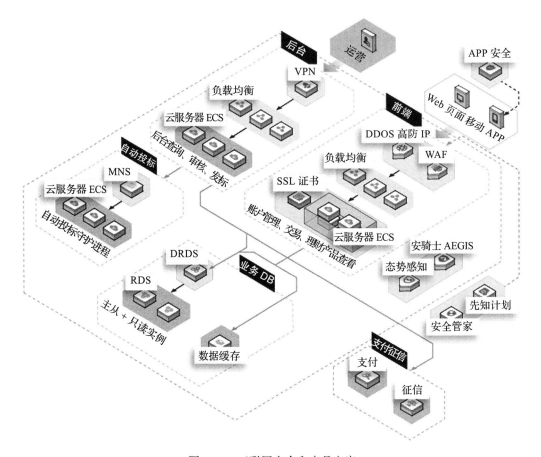

图 17-6　互联网安全和产品方案

- **SSL 证书**：在云上签发各品牌数字证书，实现网站 HTTPS 化，使网站可信，防劫持、防篡改、防监听。互联网金融交易类场景必备。
- **内容安全**：智能识别文本、图片和视频等多媒体的内容违规风险，如涉黄、暴恐和涉政等。如果没有论坛和客户评价等情况，可以按照项目 / 产品需求采购。
- **态势感知**：安全大数据分析平台，通过机器学习和结合全网威胁情报，发现传统防御软件无法覆盖的网络威胁、溯源攻击手段，并且提供可行动的解决方案。如果预算有限，可以先使用免费版。
- **堡垒机**：基于协议正向代理实现，对 SSH、Windows 远程桌面、SFTP 等常见运维协议的数据流进行全程记录，再通过协议数据流重组的方式进行录像回放，达到运维审计的目的。如果在混合云场景下，线下已经有堡垒机，可以使用已有的堡垒机；如果线下尚无堡垒机，对于超过 5 人以上涉及维护和使用云资源的企业，建议购买。

- **安全管家**：基于阿里云多年来的安全最佳实践经验为云上用户提供的全方位安全技术和咨询服务，为云上用户建立和持续优化云安全防御体系，保障用户业务安全。如果企业完全没有安全管理团队，或安全管理团队刚刚组建，建议采购。
- **先知**：提早发现业务漏洞及风险，对于互联网业务较为依赖的企业，建议选择先知的部分产品进行使用。

云服务商提供的安全产品的适配和应用过程相对简单，因此对于那些尚未采用的产品，可以预先了解，以便于在日后需要时可以快速采购和应用（例如，对于DDoS高防产品，平时由于不太会遇到DDoS类攻击，但遇到的时候很令人抓狂，那么在预算不足以包年包月购买的情况下，可以在需要的时候就快速完成购买和部署，从而尽量减少影响时间）。

17.4　广义的安全

随着互联网业务的发展，安全的范围比过去有所扩大。曾经一个企业的信息技术安全部门只需要保障系统不被入侵或攻击即可，现在面临的问题则远远超过了这些传统范围。例如此前提到的，在进行营销活动的时候经常出现的羊毛党薅羊毛的问题[一]，对于一些企业付出真金白银的营销活动，有组织地恶意地薅羊毛行为会大大降低营销活动的价值。此外，金融业务相关的风控有时候也被纳入广义上的安全范畴。

我们一直说一个企业的信息技术部门需要更多地展现其"信息"部分的能力，用"技术"服务"业务"，因此，关注和应用这些广义的安全能力也是信息技术部门提升其价值的重要一环。

目前，云服务商的趋势是尽可能寻求传统IT技术以外的商业机会，或聚合与信息技术相关的各类生态环节，因此国内的主要云服务商大多通过安全产品、安全方案或生态化体系来提供上述广义上的安全产品。以下是汇付所应用的产品的例子：

- 在通过互联网进行金融服务的时候，如果能够准确证明"客户就是他本人"，就可以减少人工审核或客户临柜的环节。曾经的互联网环境是无法知道对面的操作人员的身份的，但是在目前情况下，"实人认证"技术可以帮助解决这个问题。于是，在移动APP内，通过整合云服务商提供的"实人认证"产品，可以对客户的身份信息、操作时的身份鉴别等进行控制，大大减少了线下审核工作。
- 在一些比较关键的时间段（如大型活动、会议等敏感时期），企业的安全团队无法快速扩张，需要借助外部力量完成这段时间的全面安全保障，并能够更快地响应问题、解决问题。这时候云服务商所提供的"安全保障服务"就显得很有用，相当于外包了特定时间段的云服务商的安全专家，以提供全面的安全保障能力。实际效果还是相当令人满意的。

㊀ 在互联网上有意或无意、有组织或无组织地对金融机构或各类商家开展的一些优惠活动进行搜集、传播、参与。

- 有一些安全、风控相关的数据信息是通过企业传统模式收集的,无论是质量还是效率都比较差。以往寻找这些数据信息的供应商是通过同业介绍或供应商主动上门,有了云服务商之后,即使云服务商无法提供这样的数据服务,也有一些数据服务商会将类似的 SaaS 服务提供在其生态市场内,由此扩大了评估和选择面。对于这样的一些服务,由于 SaaS 服务的成本较低,还可以通过多个服务商的信息比较来避免单一服务商的数据失真问题。

广义的安全方案当然不只是上面三项,云服务商提供了一个相对聚合的场所,使得这些场景、方案和产品能够比较透明和快速地在领域和行业内得到周知和应用,从而帮助企业的安全或相关团队快速获得相关能力,支持业务发展。

17.5　安全的 SaaS+ 的优劣

目前,"信息安全"已经不再是一句空话,上到互联网企业、下到实体企业都将安全建设提上日程。由于安全治理横跨很多领域,导致企业在建设过程中难以在众多需求中区分优先顺序,因此很多企业都会困惑:"如何建设才能保障安全?"这个问题其实也是困扰信息安全工作者的一大难题,成本和资源的投入是否可以达到预期效果?如何在短时间内构建一套体系来避免"木桶原理"中的安全短板?这些问题随着 SaaS+ 模式的出现得到解决。

所谓 SaaS+,即 SaaS+ 专家服务,就是通过 SaaS 的方式为云化基础设施提供系统、网络和数据等维度的安全保障(云服务商提供的安全服务大都是 SaaS 模式)。由于 SaaS 平台自身具备较高的可操作性和体验度,可以降低安全建设过程中的门槛,为原本处于"裸奔"状态的企业添加一层"防护罩",在安全建设初期就可以具备基本的防护能力。基于完善的设施再结合长期的内部运营经验,SaaS 安全服务中的专家服务也可以作为咨询服务对外输出,从而打造 SaaS+ 专家服务的新模式。

例如,阿里云提供的安全重点保障服务和一些安全产品就充分体现了 SaaS+ 的特点,把阿里内部的安全技术和大数据对外输出,各类企业(不论是创业初期还是金融百年老店)都可选择适合自己的服务套餐,既经济又实惠,对新一代互联网企业而言是不二选择。

对于创业初期的中小型公司,SaaS+ 专家服务可以有效解决企业建设的成本效益问题,但受限于云平台的安全产品局限性,目前产品线在某些方面还无法与安全领域的独角兽公司竞争,主要是由于云服务商更多的考虑互联网场景以及通用场景,在线下数据中心整体安全防护所需的功能、精细化和定制性等方面和传统设备相比存在差距。从长远来看,云服务商安全产品在定制化能力上,需要向同类独角兽公司的产品靠拢,这将成为安全云 SaaS 平台必须面对的问题,也造成目前在混合云模式下企业需要同时考虑云平台的方案和传统的硬件方案。

云服务商(以阿里云为例)SaaS+ 专家服务模式有如下优势:

1）**专家支持服务**：阿里云通过长期内外部的运营经验及数据积累，结合现有的 SaaS 平台所能提供的安全产品，能够解决大部分场景下的安全问题。同时，为企业安排专家支持团队，提供 7×24 小时的技术支持，能够帮助企业定位、分析、解决相应的安全问题。

- SaaS 产品满足信息安全的主流需求，覆盖大部分的安全场景。
- 产品自带的保障功能（预置策略）比较完善，由专业的安全团队负责产品的更新维护。
- 满足企业对产品高可用、稳定等方面的需求。

2）**重保服务模式**：通过提供一对一的专家驻场或远程模式，可直接参与到企业重要时期内的日常保障工作中，提升企业安全事件处理、分析、响应的能力。

- 驻场或远程人员由阿里云专家组成，他们对各类安全事件有丰富的处理经验，可以帮助企业提升安全运营及响应能力，并且可以大大节省公司的自由资源。
- 驻场或远程专家可以和企业安全核心团队直接交流，了解最迫切的安全需求，通过 SaaS 平台的数据管理能力提供必要的统计数据或威胁分析。

3）**大数据能力输出**：阿里安全团队拥有很多难以计算的数据，这些数据不单单是为了常见的业务服务，在安全领域也有超乎想象的作用。在一些特殊场景和安全需求上只有阿里这样的互联网公司能提供这样的利器！

云服务商（以阿里云为例）SaaS 模式与安全独角兽的产品相比，劣势在于：

1）SaaS 化安全产品由于体量和受众群体的限制，致使功能的精细化方面与单一领域的信息安全产品相比没有明显优势，甚至在部分场景中存在差距，导致有特殊安全需求的企业无法通过 SaaS 平台得到精细化的服务。

2）SaaS 产品的功能迭代受通用需求的左右，因此在功能迭代、行业定制化、产品体验度等方面受到影响。对于在具备一定安全能力的企业提出定制需求的情况下，可能无法发挥预期的效果。

3）服务本身会受产品成熟度、支持团队的人员配备和流程规划化程度的影响，云平台也由于服务对象众多导致精细化程度不足、对特殊行业的业务理解有限。另外，一些全新推出的安全服务/产品有待实践的检验。

不过，在和云服务商的团队合作的过程中仍然受益颇多，他们提供了很多安全构想和比较成熟的解决方案，在技术交流上也保持开放的态度，并不仅仅站在自身产品的角度，而是可以从企业整体进行考虑，这让我们佩服不已。如果要想把安全做好，又不想投入太多人力财力，云服务商的安全 SaaS+ 绝对是个不错的选择。

云厂商视角

由于互联网实际上也可以看作"云"，也就意味着接入互联网之后，为企业打开了一扇未知的大门，这不仅仅反映在业务上，也成为技术部门面临的挑战，尤其是安全方面。他人就是地狱——对于没有踏入社会的学生，恐怕很难想象象牙塔之外的纷纷扰扰；没有将敏感业务放到过互联网上的企业，恐怕也很难想象互联网带来的安全挑战有多大。当一个企业因为其业务层面对于互联网的渴望而带来潜在的安全风险时，其 IT 团队承担的责任是相当大的。

曾经有公司提供了一个平台级别的"白帽子黑客"服务，我是对这项服务可以说又爱又恨。说爱它，是因为至少当时我可以尽快知道所服务的系统有没有互联网安全漏洞，虽然需要付出一定的代价去修复这些漏洞。问题一旦暴露出来，实际上已经解决了一半了。可是，目前已经没有这样的平台了，因此很多企业的互联网业务不再是安全的了，而是在裸奔，这就不难理解近期发生的很多客户数据泄露事件了。

在这种情况下，云服务商的服务就是一种补充，可以有定制的入侵检测服务，也有完善的安全防护方案，这些方案经过他们自己的实践证明，可以非常有效地用于企业互联网应用的安全防护，而且从价格和能力的角度来看，提供了多种选择方案以满足不同企业的需求。面向互联网的安全也是少数云服务商可以直接应用到非云上的 SaaS 服务，因此在日常和客户的交流中，也发现这是客户 IT 关注的非常重要的点。我们希望所有企业的 IT 能够像建筑工程一直强调的那样，将"安全第一"始终放置在一个醒目的位置上。

企业视角

安全的严峻程度可能超乎大家的想象。每一次安全漏洞发布，都意味着会有安全不过关的企业被黑产扫描到；每一次拖库事件都让人担心自己的信息是否被泄露，财产是否受到损失。所以，企业是有义务和责任去做好安全防范的，企业的压力在于要防范的安全问题太多了，从办公环境到网络环境、从软件开发到各类线上系统，都靠企业自己的力量难免会力不从心。比较合适方案之一就是将这部分工作交给云计算厂商和专业安全厂商。我们认为安全问题并不会因为上云而变得严重，但是如果不做防范的话，也是一种裸奔。

Chapter18　第 18 章

组织最佳实践

导言：前面各章从架构和产品角度分析了企业上云的主要环节，本章致力于介绍上云过程中如何通过组织的力量来保证上云项目的顺利进行。我们将分享企业在实际工作过程中如何组织、运作上云项目团队，以及跟踪进度等方面的经验。

在前面的各章中，我们介绍了上云的理论和方法。如果把云产品看做新型的武器，那么现在我们已经掌握了这些武器的最佳使用方法。但仅达到这个程度还远远不够，因为企业上云和打仗一样，不是一个人能完成的，而是需要一个组织、一个团体的共同努力。除了掌握武器的使用方法，还要知道如何挑兵点将、排兵布阵，如何做好支援和保障等。本章将结合我们的实践介绍上云组织以及组织上云的最佳实践。

18.1　什么是组织

组织，根据词性的不同，一般有两种含义：当组织作为动词时，就是有目的、有系统集合起来，如组织群众，这种组织是管理的一种职能；当组织作为名词时，指按照一定的宗旨和目标建立起来的集体，如工厂、机关、学校、医院、各级政府部门、各个层次的经济实体、各种社会团体等，这些都是组织。从名词上说，组织还可以分为广义的组织和狭义的组织。㊀

㊀　什么是组织，参见 https://wiki.mbalib.com/wiki/ 组织。

18.2 上云组织

18.2.1 组织构成

上云,也就是指 IT 系统上云。从技术角度来讲,上云并不是一件全新的事情,但在形式与流程上却有很多不同。上云之初,笔者所在的公司并没有任何一个团队可以顺利接手这项工作,多多少少都有其不足之处。比如,系统团队对网络结构、基础设施这些 IaaS 类的产品比较熟悉,但对中间件以及大数据开发套件这些 PaaS 类产品把握能力较弱。同样,架构团队对于云上产品的把握也不够全面。

为了更好地推进这项工作,我们重新建立了一个虚拟团队:上云小组。考虑到上云本身是一个技术类的任务,所以最初的上云小组成员基本上涵盖了公司所有的技术团队,从最基础的系统团队、运维团队、生产发布与配置团队、性能测试团队、功能测试团队、架构团队、QA 团队,到各个业务开发团队,每个团队安排 1~2 名核心成员或者团队负责人参与。由于上云小组在最初建立的时候只考虑到要将相关的人都加进来,结果形成了一个有 30 多人的虚拟组织。

随着上云流程的逐步完善,上云小组的成员也在不断调整。后来,小组人员的数量基本控制在 10~15 人。在上云小组的成员控制方面,我们遵循如下原则:

- **精简**:一个团队人员越多沟通成本就越高。对于一个 30 人的团队,若开会时每个人发言 5 分钟,每次会议也要 2.5 小时,这是一个很恐怖的数字。30×2.5=75 个小时,转换为人/天的话就是 10 人/天。所以,团队一定要精简。
- **全面**:精简是为了减少沟通成本,全面则是为了减少沟通次数。这两者在某些方面有些矛盾,但是一定要找到一个合适的平衡点。
- **动态**:动态原则其实是服务于上面两个原则的,如果某个阶段的工作涉及的人员较多,那么为了减少沟通次数就要扩大小组规模,将相关人员都加到团队里。但是过了这个阶段,就要根据精简的原则缩减团队规模。

18.2.2 组织内的角色与分工

前面提到,上云小组是一个跨多部门的虚拟组织,每个人都是在原有的工作基础上"拉壮丁"拉过来的。为了组织能够有序地开展工作,小组内部有两位重量级的领导:产品与信息中心副总经理,另一位便是本书的作者。有领导在,任务安排自然是比较顺利,又好在小组内的每个人都对上云报有极大的兴趣,分配到手头的工作也都能积极开展。

为了组织能够有序开展工作,组织内除了有领导角色以外,还要有一个项目管理员/联络人角色。

表 18-1 给出了各个角色以及角色要承担的任务,我们将逐一详细介绍。

表 18-1 角色的定义

角色名称	角色描述	成员	特征
导师/领队	推进整个项目，提供解决问题的思路，艺术化的领导能力，关注团队中的个人	中高层	隐形知识传递能力
知识团队	在各自的专业领域有特定的目标	开发负责人、架构师	在特定的知识领域内执行工作（显性知识）
项目经理	在技术层面进行协调	项目经理	获得组织成员的信任并传播和沟通信息
组织管理员	维护虚拟组织形式中各项事务	经验丰富的员工	执行力较强，文档能力较强

1. 导师/领队

领导的作用显然就是在出现问题的时候做出决策，当然在上云小组里还承担周会的主持工作。在上云的后期，大家的能力都提升上来的时候，领导的角色会逐渐向导师的角色转换。那时，对于大多数任务，导师只需提供一个思路，给出一个方向，经过团队成员的研究与沟通，最终得出一个最佳的方案。

2. 组织管理员/联络人

组织管理员/联络人主要负责组织每周的会议，以及记录会议纪要，并在会后对讨论的事项进行跟进。对于一些跨部门的任务，组织管理员/联络人还要作为牵头人，组织与协调各相关人员去开展任务。

3. 知识团队

知识团队主要负责在特定的知识领域内执行工作。按我们技术部门的职能，大致划分为以下几个领域。

1）**系统**：系统管理人员在整个团队中担任云产品管家的角色，负责公司云服务商账号的管理，以及各种云产品的开通与审核，同时负责云上 IaaS 产品的研究与维护，以及应用上云的系统架构方案的设计等。

2）**运维**：运维人员主要负责云监控产品的研究与维护，给所有在使用的云产品与云上应用配置监控，并进行日常的运维等。

3）**生产发布与配置**：配置管理员主要负责上云应用的配置与发布，制定与维护应用上线发布流程，同时负责云上相关产品的研究与维护。

4）**性能测试**：性能测试人员主要负责上云应用的性能测试，同时负责云上相关产品的研究与维护。

5）**功能测试**：功能测试人员主要负责上云应用的功能测试，同时负责云上相关产品的研究与维护。

6）**架构**：架构师主要负责上云应用的架构设计与改造，同时负责云上 PaaS 类产品的研究与维护。

7）**QA**：QA 人员主要负责上云流程的制定与维护，跟踪每个上云项目的流程与进度，积极推进项目的上云。

4. 项目经理

项目经理主要针对自己负责的项目进行上云相关的具体工作。在项目上云过程中遇到问题时，可以先从内部定期整理的上云资料汇编中寻求答案，其他未收录的问题则可以在每周的上云周会上提出，由知识团队中的成员进行解答或者通过共同探讨出的最佳时间方案进行验证。

在这个过程中，上云小组也形成了一些既符合公司整体文化、又有个性的组织文化，这些文化包括但不限于：对互联网技术的好奇和敏感、对技术的热情探索及亲自实践、讨论问题过程中的开放和理性、对新技术在现实中落地的前瞻和审慎等。虽然这些文化并没有被落实成文，但是在小组中不断被强化和传承。

18.2.3 每周例会

每周例会可以说是上云小组最重要的事情之一。例会一般是在每周固定的时间和地点举行，比如我们固定在每周一的 13:30～14:30 举行例会，会议时间 1 个小时左右。这个会议定在每周一其实也是有讲究的，最初有很长一段时间例会时间都是不固定的，导致每次会议都很难做到全员参与，总有部分同事与别的会议冲突，进而造成每次都会有部分问题无法在例会上及时确认，需要在会后单独沟通。固定时间和地点以后，可能前几次也会出现同样的问题，但是到第三次或者第四次后就基本上可以做到全员参与，坚持了一年之后，出现了一个有趣的情况，有一次我们忘记订会议室，但我们常用的会议室并没有被其他同事抢去，而是在我们的周会时间段自觉留空了。

对例会而言，以下几个方面是很重要的：

1）**会议通知**：为了提高会议质量，节约会议时间，会议通知不仅要告诉与会者时间和地点，还要告诉与会者本次会议主题、要讨论的内容，以及与会者要关注的问题等。我们通常还会将上次会议遗留的待跟进问题放到会议通知里，在每周五的下午发送会议通知（如图 4-4 所示）。

2）**会前准备**：会前需要准备的事情并不多，主要是汇总待跟进事项进度并打印作为会议材料提供给与会人员。会议材料一般不会很多，基本上一页 A4 就够了。

3）**会议内容**：例会内容主要是跟踪上次会议遗留的问题以及讨论本次新增的问题。整个会议由领导主持，会上对问题只是讨论一个大的方向，并不会讨论具体的细节，以控制会议时长。具体细节由事项相关人员召开小型会议单独沟通，汇报结果即可。

4）**会议纪要**：用来记录例会上沟通的事项，涵盖会上确定的方案，以及后续需要跟进的事项。每周例会是一个必须且非常重要的事项，一个好的会议纪要能在很大程度上决定本次会议的质量。图 4-5 给出了一个会议纪要示例。

18.2.4 任务开展

陆游有诗曾言"汝果欲学诗，功夫在诗外"。这句话原来是陆游在他逝世的前一年，给他的一个儿子传授写诗的经验时写的一首诗中的一句。诗的大意是说：他初做诗时，只知道在辞藻、技巧、形式上下功夫，到中年才领悟到这种做法不对，诗应该注重内容、意境，应该反映人民的要求和喜怒哀乐。陆游在另一首诗中又说"纸上得来终觉浅，绝知此事要躬行。"所谓"功夫在诗外"，就是要强调"躬行"，到生活中广泛涉猎，开阔眼界。引申到我们的工作，就是每周例会主要的作用是提出和小结问题，解决问题放在平时。

在上云的过程中，通过虚拟的上云小组串联起各个开发部门、系统部、安全部、生产配置部、运维部和测试部等，基于上云的迁移过程和上云项目进行流程修改，借鉴一些新理念的东风做更多改进。

比如，我们需要对云厂商的 API 包一层接口、做一些项目的二次开发，甚至就算直接上云也会带来一些开发工作，这些项目都是通过跨部门小组的形式，由上云小组的成员作为项目经理来驱动。在这个过程中，专家、项目经理和产品经理的角色会有重叠，这是一件很好的事情，能够让大家感受不同角色的要求，并且能够带领其他部门同事进行一些项目的开发管理，从而提升沟通能力和项目能力。

对于新知识的学习，定期的资料汇编、分享无疑是一种非常好的方式，虚拟组织中的很多同事都是公司内部各个方面的专家。因此，他们总结的资料要比云厂商的帮助中心更接地气。为什么要定期进行汇编呢？因为认识和努力是有阶段性的，我们的实际操作是每两个月做一次资料汇编为宜，这样每次都会增加和更新不少内容。

对于培训和分享，每个人的关注点不尽一致。为了避免出现盲人摸象的情况，要定期进行培训和分享过程，并保持这个过程的严肃性和仪式感，可以使整个团队形成一种互帮互助的氛围。

组织中还有一个非常重要的问题，就是除了上云小组成员以外，在推广上云的后期，开发团队中会有越来越多的同事参与，这时会带来组织形式上其他一些风险，比如方法论的不一致。我们的经验还是加强培训、加强文档管理，从技术架构上，对于上云与否尽量模糊，这本身也是应用迁移应该做到的。上云小组通常被视为一个"种子"团队，而种子必然需要通过推广过程来开枝散叶，使得上云战略可以推广到位。

18.3 组织上云

经过了前面的"挑兵点将",相信这时候你也已经有些按捺不住想要上"战场"了,但还是请你不要着急,先来看看我们"兵法",好让你能用巧"兵"打胜"仗"。

18.3.1 上云流程

兵法中有很多排兵布阵的阵法,同样,上云也有一套"阵法",那就是上云流程。如图18-1所示,我们制定的上云流程包含8大步骤:

1)**上云评估**:根据应用的实际需求进行评估,得到是否满足上云的条件。

2)**立项**:由项目经理召集相关方,发起上云项目立项。

3)**方案设计/系统改造**:根据云平台特性,为应用设计新的系统架构和改造计划,对于云上、云下和云上云下不同场景和业务性质设计不同的技术框架标准。

4)**功能测试/性能测试**:对改造后的系统进行功能和性能测试,并依据性能测试报告来评估资源配置;完善基于云的测试环境、全链路压测环境。

5)**资源申请**:根据性能测试报告进行资源申请,并符合阶梯审批规则;以提升ROI为原则,进行资源使用情况持续监督,包括升降级、混合部署、释放等。

6)**上线**:项目上线需提供运维配置和系统配置规则,由配管进行生产发布。

7)**验收**:生产上线后进行生产测试和产品验收。

8)**Double Check**:QA团队跟踪整个上云过程,并在最后对项目的整个上云流程进行检查。

18.3.2 上云流程相关表格

本节给出的是与上云流程相关的一些表格。如表18-2所示,给出了上云检查表;图18-2给出了资源申请表示例。

表18-2 上云检查表

编号	检查项	是	否	不适用	备注
	网络 & 安全				
1	是否使用自有机房到云上专线?存在哪些使用场景,如1)生产专线(生产应用);2)非生产专线(监控、发布、数据备份、运维等使用)?				
2	是否使用对外域名暴露接口?是否使用HTTPS?使用方式?是否符合域名规范?				
3	是否使用CFCA等安全证书对对外暴露接口进行签名?是否对敏感信息进行加解密?				
4	是否使用SLB,选择哪种SLB负载均衡策略?				

（续）

编号	检查项	是	否	不适用	备注
5	是否实现灰度发布，采用哪一种方式进行灰度发布？				
6	是否具备健康检查页面？				
7	是否进行外网访问？是否已申请访问出口权限？是否已申请商户白名单？				
8	是否需要特殊的 WAF 安全策略和 DDOS 流量配置？				
服务器					
1	是否已申请 ECS 数量、型号？是否适合对应的场景？				
2	是否申请使用 SSD 硬盘？是否适合对应的场景？				
应用					
1	属于哪类应用类型：1）批处理应用；2）接口应用；3）网站控台；4）手机 SDK；5）其他？				
2	批处理是否支持重跑？				
3	是否制定合适的定时调度策略？				
4	是否使用 Docker 发布？				
5	若为 Java 应用，maven 打包命令是否有特殊脚本？				
6	是否考虑 JDK 版本？				
7	是否单独设置 JVM 内存使用最大、最小值？或者其他 JVM 参数调整，并适合其使用场景？				
8	应用中间层是否支持灰度发布？				
9	应用在高并发关闭的时候，是否支持优雅下线，不丢交易？（涉及阿里云消息队列 MQ 关闭）				
10	日志是否进行文件日期和大小分割？				
11	是否进行合适的应用日志归档和日志查询方式？				
12	是否使用应用配置中心？				
12.1	上线配置参数是否考虑周全？是否存在动态配置项参数？				
13	是否设置同步接口方式（HTTP、RPC）超时时间，具体超时时间为？是否考虑超时处理机制？				
13.1	接口服务是否具备幂等性？何种使用场景？是否支持灰度发布？				
基本中间件					
1	是否使用阿里云数据库 Redis、Memcache？				
1.1	是否考虑使用场景、Key 大小、是否存在 Hash 产生数据倾斜问题？				
1.2	是否考虑每秒并发量，集群方式？				
1.3	是否需要进行白名单申请？				
2	是否使用阿里云消息队列 MQ？				
2.1	是否考虑其使用场景、队列名、队列大小、最大并发数，以及灰度方式？				

(续)

编号	检查项	是	否	不适用	备注
3	是否使用阿里云加密机,并考虑其使用场景、并发数?				
文件					
1	是否进行文件上传和下载?是否使用 OSS 或其他文件存储服务?				
2	是否考虑使用场景、最大文件大小、预计一天文件总量多少、并发数?				
3	是否在上传下载文件内包含敏感信息?是否进行加密存储?				
4	是否有大的 CSS、JS、图片、视频、音频静态文件,并考虑其压缩、是否暴露在公网?				
5	是否使用阿里云 CDN 进行加速?				
6	是否实现静态文件发布版本管理?				
数据库					
1	数据库连接池使用 HicariCP 还是 Druid?	—	—	—	—
1.1	是否考虑使用场景,最大/最小连接池数是多少?	—	—	—	—
2	是否使用云数据库 RDS?是否有版本要求?	—	—	—	—
2.1	是否考虑使用场景、预估最大表可能记录数?大表数据归档方式是什么?	—	—	—	—
2.2	是否对查询语句检查过执行计划?	—	—	—	—
2.3	是否使用读写分离?微服务场景下是否能使用独立的 Schema,以方便后期维护?	—	—	—	—
3	是否使用分布式关系型数据库 DRDS?				
3.1	是否考虑使用场景、分库分表 Key 和规则?				
3.2	是否考虑单表最大记录数?拆分多少张表?是否有跨拆分表 JOIN 查询?是否有 Where 不带拆分键的查询?相关索引是否有创建?				
3.3	DRDS 上生产前必须要进行压测?预计扩容计划是什么?				
4	是否使用 MongoDB?是否有版本要求?				
4.1	是否考虑使用场景?是否使用 Sharding 分片还是副本集?查询语句是否有创建合适的索引?				
5	是否为迁移项目?是否具有迁移方案?				
5.1	数据是否同步回云下普天?数据中心是否需要 ETL?抽取方案是什么?是否需要云上灾备?				
5.2	数据是否需要云上灾备?				
监控与运维					
1	是否配置应用对应系统规则、业务监控?监控名单是什么?				
2	是否知道阿里云堡垒机使用方式?				
3	是否提供后期运维方式?是否明确运维期间(高峰时间段、7×24H)、运维 Owner,报警联系人?	—			
4	是否配置日志监控、日志归档、接入日志服务?	—			

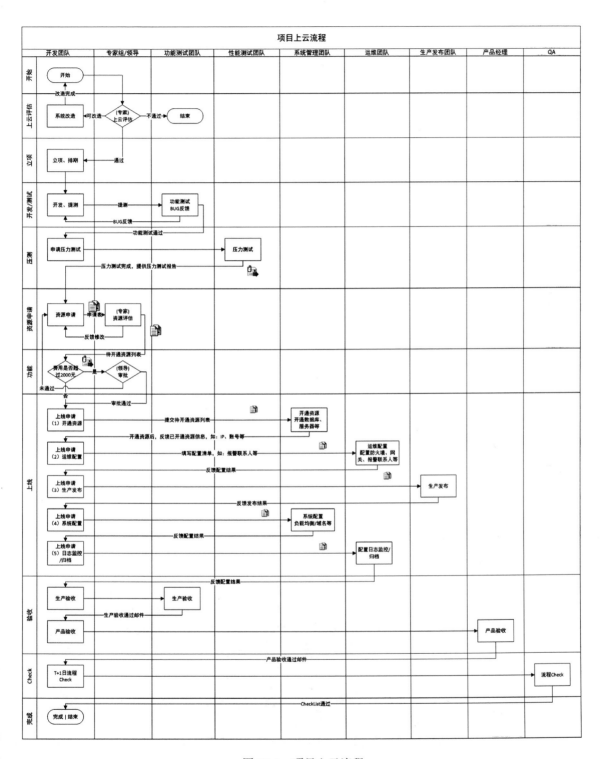

图 18-1 项目上云流程

阿里云资源申请表

文档编号：table_res_n006

序号	环境类型	数据库	应用	应用账号	项目	机器类型*	外挂盘	NAS盘	快照/镜像	网络出口	数量(台)	地区	价格
1													
2													
3													
4													
5													
6													
7													
8													
9													
10													

*机器类型：a1：2C/4G； a2：2C/8G； a3：4C/16G； 其它：_____；

申请人：_____   日期：_____   费用结算方式： □月付 □年付

审批人：_____   日期：_____

操作人：_____   日期：_____   预计开通日期：_____

复核人：_____   日期：_____   实际开通日期：_____

备注：
1. 申请人无需填写地区和价格相关项
2. 申请人填写申请单后请递交到操作人处评估价格

图 18-2　资源申请表示例

云厂商视角

有一种说法，在两军对垒的时候，有组织战胜无组织，有主义战胜无主义。企业上云如果成为战略中的必须，那么组织保障和形式保障这两个方面同样重要（当然最重要的还是上云这件事情本身）。做好这两个保障可以大大提升上云过程的效率，并充分体现出企业自身上云的意志，更好地应用技术武器。

从已经接触到的客户看，对于企业上云过程而言，通常一个全新的空降的组织者并不能够起到颠覆性的效果，反而会对企业原有的业务造成困扰。但是，如果工作本身不能相对独立地交给一个有技术追求的组织者和团队，又容易陷入穿新鞋走老路的泥潭。

非常幸运有这样一些企业，它们从文化上能够对新技术有渴求，组织内也有这样现成的人才，使得他们能够站在企业的角度来思考、分析和处理上云的整体过程，又不失个人的特质。作为我个人而言，在支持这些企业的过程中，也获得了很多思想上、经验上的积累，同时有了很大的成就感。

企业视角

组织形式是一个简单又复杂的课题，上云会涉及IT中心及相关的很多部门，如何在本来就忙碌的工作之余见缝插针，平衡各方面的诉求和利益，从而完成上云工作是一门学问。

在一年多的经历中，感触颇多，溢于言表。

一言概之，核心思想是要平衡好公司目标、团队目标、个人目标，制订好明确的里程碑，及时评估效果并进行修整。虚拟团队是一个非常有趣的尝试，作为虚拟团队的带头人，要做好导师，协调各方面资源，相信团队中的每个成员，充分授权，鼓励为主。上云过程中会接触到很多的新技术，可以根据项目需求和个人能力做好资源分配，多创造一些交流机会，使团队和个人迅速成长。从某种程度上来说，这也是进化到学习型组织的必由之路。

因为是新事物，所以从组织形式、各类申请流程、方案制订计划等都要可以遵循敏捷原则，先使用、后完善，循序渐进。

能用众力，则无敌于天下矣；能用众智，则无畏于圣人矣。

第 19 章 Chapter 19

培　　训

导言： 本章将继续分享企业在上云实践中的经验，探讨如何针对上云过程以及企业的可持续发展战略构造上云的培训体系，培养人才，包括外部培训和内部培训，最后将介绍阿里云的认证体系。

现代企业的竞争实际上是人才的竞争，而人才的竞争在很大程度上依赖于企业的人力资源。上云在大部分时候使用的并不是很新的技术，但应用这些技术的方法对于企业来说却是全新的。上一章曾提到，在上云的初期，我们并没有任何一个团队能够独立接下"上云"这项工作。面对这样的困境，我们并没有聘请一个专业的上云团队，而是从内部创建一个虚拟的组织，并安排相关人员参加培训，培养出我们自己的专业的上云团队。这样做既满足了公司对人才的需求，同时也增加了员工对公司的黏性和归属感。

是否要用一个外部的专业化服务公司，向来是仁者见仁的。法无定数，顺其自然。大多数情况下，外部专业化服务公司对于专业领域的理解要超过企业，且比较客观，问题是对于企业内部的一些复杂和微妙不能感同身受，而上云项目牵涉面未必不广，这中间的平衡把握最好还是由内部团队进行为宜。

19.1　上云培训

根据项目的新旧，上云可以分为旧项目迁移上云和新项目直接上云。对于这两种上云方式而言，显然后者要简单一些。对于新项目，只需了解云上产品的特性，结合项目的情况，使用云上产品设计一个适合项目的架构基本上就可以了，不需要考虑云上云下产品的兼容问题，以及不兼容的改造问题等。企业在上云的过程也会优先选择一个全新的项目，把上云的流程先跑一遍，去踩踩坑，即使遇到重大问题也不用担心会对业务造成很大影响。在有了一定的经验以后，就可以尝试将老的项目迁移上云了。

在各类技术准备的过程中，上云培训穿插在其中，主要分为外部培训和内部培训。外部培训主要是在项目上云的初期和应用某个新的云产品的前期开展，让上云小组的成员去云厂商指定的机构参加培训，也包括参加各类主题会议，包括阿里云的云栖大会。内部培训主要是在项目上云的后期，由项目参与者总结经验进行内部分享。

19.1.1 外部培训

目前，大多数企业采取的培训方式是从企业外部聘请人员或机构对员工进行培训。首先，企业认为外部培训可以将外部一些好的经验和理念带进企业，拓展员工视野；其次，企业可以省去时间和精力组织内部培训机构，只需要支付一定的培训费就可以解决问题；最后，对于有些培训项目，企业内部不具有相应专业技能的培训师，所以不得不从企业外部获取培训资源。上云作为一个专业性很强的工作，在初期还是非常需要经验丰富的专业人员来进行相应的培训的。

上云的外部培训主要有两种方式："请进来"和"走出去"。

"请进来"是指邀请云厂商内部有经验的架构师或者相应产品负责人来公司进行相应主题的培训。为了保证培训的效果，我们一般会要求参加培训的人员提前准备好问题，并整理成问题列表发给云厂商的服务对接人。对接人根据问题情况安排相应人员准备相关主题的培训，并在培训过程中解答我们事前提出的问题。图 19-1 是某次培训前整理的问题列表。在上云初期，这样的培训基本上每周都会有一次。为了保证培训质量，每次与会人员也都会控制在 10～15 人。我们极力避免泛泛的沟通，没有准备的沟通可以偶尔为之，当沟通频率提高到一周 1～2 次甚至更多的时候，就需要比较完备的准备、过程控制和小结。

Dear [redacted],

经整理，目前我司系统上阿里云有如下问题需请教：
如有问题或疑问请联系我。

1. 数据库迁移 Oracle -> RDS for MySQL
目前在使用的Oracle迁移至RDS，有哪些需要注意的事项，以及如何优化SQL?

2. 较大数据表优化
目前较大数据表在700万，每月增量100万，需要迁移到RDS，如何优化?

3. Service 使用微服务方式实现
关于交易系统迁移上云，我们这里计划将交易系统与底层账务系统的所有交易请求都改成异步，做到两个系统之间的解耦。
现在情况是并不是所有用户都希望自己的交易处在中间状态，部分用户可能是希望返回处理失败的结果让他们可以继续操作。
典型的场景就是用户充值，假设账务系统宕机后，用户可以接受失败，但是希望重复再试，而不是将交易hold在中间状态，过10分钟通知他充值成功。
对于类似的场景，请问支付宝在这方面是怎么设计的? 能否介绍一下阿里内部项目是怎么完成解耦和微服务化的?

4. 异构云对象存储数据同步问题
对于对象存储有没有必要做数据同步? 如果要做数据同步，如何实现?

图 19-1 培训问题列表示例

"走出去",从字面上来看就是安排相关人员去外面接受培训,但是可参与的形式是多种多样的。有比较标准的云计算培训课程,也有比较开放的云计算技术沙龙(如图 19-2 所示),或者是云厂商组织的大型技术会议,如云栖大会等(如图 19-3 所示)。

图 19-2　云计算技术沙龙通知

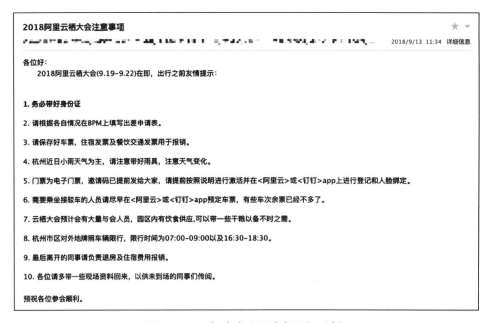

图 19-3　云栖大会企业内部组织示例

19.1.2 内部培训

尽管从外部获取培训资源具有一定的优势，但是企业构建自身的内部培训具有不可替代的作用。首先，企业有时候对自己领域的专业技能更为专业，开展的内部培训更有针对性和实际意义；其次，内部培训者更加了解企业运营状况，能针对本公司的具体情况设计更为合理的培训；第三，通过有针对性的培训，可直接传授实用性技能，不会出现走马观花的情况，培训效果可能大于外部培训；最后，内部培训费用较低，且培训时间和方式更为灵活。

上云的培训也同样如此，比如公司的某业务系统 A 成功上云，该业务系统在自身架构和底层通道上与公司其他的业务系统有相似之处，因此该系统的上云经验完全可以复制到公司内的其他系统。每当公司的上云项目有阶段性进展，我们都会邀请该项目负责人或者负责该项目的架构师来分享该项目上云过程中遇到的问题或者是积累的经验，参与分享的人员主要是后期有计划上云的项目组成员。上云的内部培训除了项目经验的分享以外，还有企业上云的好处与意义、云计算常用知识等培训。这些培训面向公司全体员工定期举行。

从我们的观察来看，大部分人都是非常愿意进行这样的分享的！

19.2 技术认证

就像我们上学需要考试一样，培训同样需要认证。2016 年夏季，思科与 Illuminas 调查公司合作进行了一项调研，旨在了解技术经理是如何认定技术认证当前和未来的价值。调研对象是那些负责培养现有技术员工和招聘新技术员工的技术经理。此项网络调研共收到了 300 位美国高级技术经理的回复，他们广泛就职于多个重点行业的大型企业，且均负责指导现有员工和招聘具有技术认证的新员工。

调研结果显示，拥有技术认证的员工在多个领域都具有非常大的影响力并直接促进了价值的提升。在查看调研结果时，可从三个方面排列这些影响力领域：效益、效率和员工满意度（如图 19-4 所示）。㊀

19.2.1 阿里云认证

阿里云针对不同产品类别、用户行业、用户成长阶段精心打造了不同的认证考试。对于个人而言，通过阿里云认证可以证明你在对应技术领域的专业度，能够基于阿里云产品解决实际问题，获得更多阿里云生态下的就业机会。对于公司而言，通过阿里云认证培养和挖掘专业人才，能够提升公司的云上技术能力，并获得更多阿里云生态项目的机会。㊁

㊀ 技术认证的影响和重要性参见 https://www.sohu.com/a/161344947_689642。

㊁ 阿里云认证参见 https://edu.aliyun.com/certification。

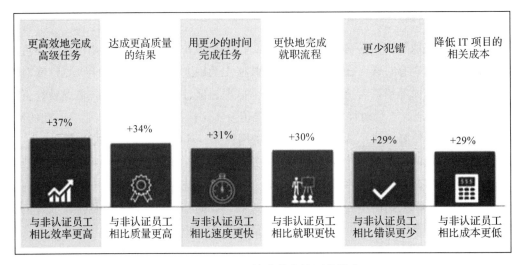

图 19-4　IT 经理认为技术认证的影响

19.2.2　阿里云认证体系

阿里云的认证体系如下。

- ACA 级别——助理工程师认证（Alibaba Cloud Certified Associate）：获得此认证证明你可以进行阿里云基础产品的使用和管理。
- ACP 级别——工程师认证（Alibaba Cloud Certified Professional）：获得此认证证明你可以基于阿里云产品解决企业的基本业务问题。
- ACE 级别——高级工程师认证（Alibaba Cloud Certified Expert）：获得此认证证明你可以基于阿里云产品进行架构设计并解决业务发展中的主要问题。

ACP 认证目前按专业方向又分四种：①云计算，主要对应阿里云基础架构产品；②大数据，主要对应阿里云大数据系列产品；③云安全，主要对应阿里云云盾系列产品；④企业级互联网架构，主要对应阿里云企业级中间件系列产品。

目前主流的认证是阿里云云计算 ACP 认证，其适用范围最广、考试难度较小，是面向使用阿里云云计算产品的架构、开发、运维人员的专业技术认证。大数据、安全和企业级互联网架构这三个认证各侧重于一个方向，适合该方向的从业者考取。阿里云 ACP 证书如图 19-5 所示。

19.2.3　考试组织

为了提升公司的上云技术能力和团队专业水平，以及为了挖掘人才，我们从上云开始就组织人员参与阿里云认证考试。在考试组织上采取鼓励和自愿的原则，并不会强制要求哪些人一定要通过阿里云认证，而是对于认证通过的人员在绩效上给予一定的奖励。经过一年多的组织推进，我司已有 10 余人通过阿里云云计算专业认证（ACP）。我们发现，大部分通过认证的都是一些工作年限较短的且比较年轻的员工，这无疑也给了新人更多的机会。

参与 ACP 考试的整个过程是可以带动大家学习云计算相关知识的，对于一些原本不太有经验的员工是一个非常好的过程，可以带动个人和团队一起成长。

图 19-5　阿里云 ACP 证书举例

企业视角

IT 技术的迅速发展使知识的保质期越来越短，加上企业内部各类系统、流程、方法的演进，企业对 IT 部门的员工要有完整的培训计划，员工个人也需要尽快适应这样的变化。企业内部的培训体系的建立和完善，对于系统性地引入新技术体系非常有必要。新技术并不是拿来就能用，在经历了前期调研、POC 等过程后，如何进行有效的内部推广，并且富有效率，需要做一些设计。如文中所言，要外训和内训结合，学习和实战结合。我们更加看好内部培训，这对于培养企业中的技术领头人、更好地创建学习氛围、根据企业特点进行技术的裁剪等都有好处，也利于以点带线、以线带面，利于从一个小项目拓展到诸多大项目，从摸索到经验沉淀，从几个人掌握到广泛普及。

同时，云厂商的认证体系也是一个不错的桥梁，可以在一定程度上进行有效的知识评价，当 MVP、ACP、企业兼职讲师等聚集在一起的时候，从"要我学"到"我要学"再到"我们一起学"。这种由内及外的力量，对企业来说也更有生命力！

云厂商视角

培训对于上云而言确实是必不可少的，无论云计算厂商如何将产品和传统 IT 对应，还是会有很多新东西的（否则也不用写这本书了）。而有些云计算的理念也是超越传统IT的。云计算厂商提供的文档可以说是一个宝库，里面不仅仅有大量的云计算内容，也有很多最佳实践，甚至传统IT的最佳实践。现在还有很多视频类、体验类的课程，可以从中了解到很多细节、要点甚至技术趋势。熟练地使用这些免费的培训资源，从这些文档中寻求帮助，可以缩短很多复杂问题的解决周期。阿里云目前在工单提交界面智能化地关联了很多帮助文档，能让客户更快、更好地解决自身的基本问题，这一点也让客户觉得非常高效。

Part4 第四部分

云之数据

> 心理史学的研究对象并非个人,而是人类群体。换句话说,它是研究群众(至少数十亿之众)的科学。它能预测群众对于某些刺激的反应,精确度不逊于初等科学对撞球反弹轨迹的预测。虽然直到目前为止,没有任何数学能够预测个人行为,数十亿人口的集体反应却另当别论。
>
> ——《银河帝国2:基地与帝国》 阿西莫夫 著

在阿西莫夫创造出心理史学的概念几十年后,人们正在开足马力向下面这个目标前进:存储所有的数据,存储所有的行为,做出分析和预测!

现在已经很难想象用纸作为存储介质的年代怎样检索、怎样从资料中产生价值。我们已经习惯那些看不见的大数据在生活工作中的力量:从视频网站电影的推荐到出行时交通路况的预测,以及我们对家庭智能音响发出指令的时候,仿佛整个世界都藏在其后面。在这个过程中,数据产生、存储、流转并创造价值。

数据库技术是最近几十年中出现的一项与众不同的技术,是人类智慧的结晶。在这部分,我们将介绍云上的关系数据库和分布式数据库,这是企业IT应用的重要基础。通过分布式数据库,应用软件可以拥有强大的数据水平扩展能力。而数据仓库和大数据具备天生的云属性,基于大数据的数据分析、预测、机器学习等能力能大大降低企业的试错成本。无厚入有间,上云于无形。

第 20 章 Chapter 20

数据库 RDS

导言：从这一章开始，我们将详细讨论云计算中的数据部分。企业的数字化转型离不开应用和数据，数据至少包括业务系统产生的数据和从内外部获得的数据。我们将讨论基本的关系型数据库、分布式数据库、数据仓库，以及最近十年热门的大数据平台。本章先从历史悠久的关系型数据库如何迁移、如何选择开始讨论。

20.1 概述

数据库是所有应用开发的基石之一，不管是像淘宝这样的超大型电商网站，还是个人博客这样的小规模网站，以及各种类型的企业级应用，几乎都要使用数据库作为应用数据的持久化载体。年长一点的开发人员都学过如何在不使用数据库的情况下进行结构化数据的持久化操作，因此对使用数据库带来的便利会深有感触。

在数据库中，关系型数据库尤为重要。目前，大部分企业的数据还是维护在关系型数据库中，而且数据库的开发人员对关系型数据库的 SQL 语言尤为熟悉。相对于不同关系型数据库之间（比如 Oracle 和 MySQL）的差异，关系型数据库和非关系型数据库（NoSQL，如 MongoDB、HBase）的差异则大很多。

回到企业应用迁移上云的问题，业务和技术的连续性及总体成本控制始终是我们要考虑的，因此，一般情况下不建议将数据从关系型数据库迁移到非关系型数据库中。对于关系型数据库的迁移，也同样要以连续性和总体成本控制为考虑的核心。

从企业的角度来说，我们始终不相信有"银弹"存在。绝大多数情况下，不存在一种神秘武器能够彻底解决问题，而是需要综合运用各种方法来解决问题，包括开发整体的管理之道等。近年来，高级语言、各类框架和技术概念风起云涌，让开发者忽略了编程本身的重要性。上云同样不是银弹，如果原来没有解决的问题通过上云得到了解决，那只能说明原来的问题还不够严重。上云可以获得更大的收益，而不是替代性地解决某个技术问题。要充分发挥云的性能，不管是修改还是重构，总是要做一些改变的。数据库方面亦是如此。

前几年 NoSQL 数据库曾经大热，Redis 和 Memcache 等缓存数据库在特定的领域为应用性能的提升提供了很大帮助。对于非结构化数据而言，MongoDB 和 HBase 提供了更好的解决方案，它们也总是兼容标准的 SQL（或者至少和 MySQL 和 Oracle 兼容），这几乎已经成为必需的配置了。

对于企业技术团队而言，关系型数据库的选型、企业原先的 SQL 代码如何向云上迁移，数据库中的数据迁移，数据库备份，数据在云上的安全，数据库本身的高可用、高可靠和高性能架构都是必须要考虑的问题，其中有些问题颇为棘手，稍有不慎就会出现解决了一个问题却引发了更复杂的问题的情况。

一般来说，企业会选择一个相对统一的数据库底层，比如 Oracle 集群和 MySQL 集群，开发人员申请资源就可以使用，由数据库管理员（DBA）来完成统一的部署、运维和日常管理。有些情况下，DBA 还会细分为两个角色：负责搭建、部署并制定标准数据库底层标准的系统 DBA，以及负责具体系统中开设、使用和优化数据库的应用 DBA。

本章将以几乎所有云服务商都提供的 MySQL 数据库为例，详细介绍企业上云过程中的数据库迁移上云部分应该注意的各类事项。对于其他类型的数据库，处理方式也是类似的。

因为数据库在一个系统中的关键地位，容不得出现半点问题，所以上云的时候，针对数据库实践上云方法论时要格外小心，企业必须严格遵循既定的上云流程，并且通过所有测试案例的回归测试。

简单而言，上云过程中会经历以下步骤：

1）一个全新的应用，全部上云部署，并使用云上的 MySQL，以此来获得一个云上数据库的能力概览。

2）多个现有应用，全部上云部署，但是不涉及云上的数据库，相关数据库连接通过专线对接回到原来的数据库环境，以此来熟悉上云的应用层方面的知识，包括系统运维等。

3）对多个应用进行上云部署和迁移，包括使用云上的 MySQL。之后，继续积累经验，并不断复制此方案。

4）一个现有应用，使用云上的分库分表技术（详见后面关于分布式数据库的部分），逐渐提升经验。

5）对不同的应用采用不同的策略，对那些有需要的应用则采用分库分表技术，并将经验复制到其他项目。

分库分表相关技术将在后面进行深入讨论。如果说计算、网络和存储对企业上云而言是基础中的基础，那么看似简单的数据库（如 MySQL）能否成功上云，很大程度上可以体现企业 IT 在上云过程中的战略是否合适、技术保障是否充分并将决定上云的项目进展是否顺利。

20.1.1 新项目如何选择数据库

我们建议企业先用一些比较独立的新项目来完成上云的整个流程的验证性过程，而不是一开始就做老应用迁移，在数据库部分尤其如此。

通常，架构师和 DBA 要考虑的问题是：

- 数据库信息量和 IOPS 是否能承载业务项目的压力？
- 数据库是否安全且方便管理维护？
- 数据库是否方便使用，开发团队是否能快速上手？

从关系型数据库来说，可以考虑选择 Oracle、MySQL 和 SQL Server 等，如果是新项目直接上云，推荐直接使用 MySQL。一方面，一些商用数据库往往涉及许可证带来的额外成本；另一方面，这几年比较流行开源关系型数据库（如 PostgreSQL），其带来的新特性和 MySQL 的稳定性、学习成本和人力资源储备相比，性价比并不高。除非有技术延续的需要或特定功能的依赖，MySQL 总是一个性价比较优的选择。同时，一些能够完全兼容 MySQL 的云数据库服务也值得考虑，接入时需要考虑其兼容性并评估其使用体验。图 20-1 是 2018 年 9 月的全球数据库排名，前六名的顺序近几年基本没有发生变化。

Rank			DBMS	Database Model	Score		
Sep 2018	Aug 2018	Sep 2017			Sep 2018	Aug 2018	Sep 2017
1.	1.	1.	Oracle	Relational DBMS	1309.12	-2.91	-49.97
2.	2.	2.	MySQL	Relational DBMS	1180.48	-26.33	-132.13
3.	3.	3.	Microsoft SQL Server	Relational DBMS	1051.28	-21.37	-161.26
4.	4.	4.	PostgreSQL	Relational DBMS	406.43	-11.07	+34.07
5.	5.	5.	MongoDB	Document store	358.79	+7.81	+26.06
6.	6.	6.	DB2	Relational DBMS	181.06	-0.78	-17.28
7.	↑8.	↑10.	Elasticsearch	Search engine	142.61	+4.49	+22.61
8.	↓7.	↑9.	Redis	Key-value store	140.94	+2.37	+20.54
9.	9.	↓7.	Microsoft Access	Relational DBMS	133.39	+4.30	+4.58
10.	10.	↓8.	Cassandra	Wide column store	119.55	-0.02	-6.65
11.	11.	11.	SQLite	Relational DBMS	115.46	+1.73	+3.42
12.	12.	12.	Teradata	Relational DBMS	77.38	-0.02	-3.52
13.	13.	↑16.	Splunk	Search engine	74.03	+3.53	+11.45
14.	14.	↑18.	MariaDB	Relational DBMS	70.64	+2.34	+15.17
15.	15.	↓13.	Solr	Search engine	60.20	-1.69	-9.71
16.	↑18.	↑19.	Hive	Relational DBMS	59.63	+1.69	+11.02
17.	↓16.	↓15.	HBase	Wide column store	58.47	-0.33	-5.87
18.	↓16.	↓14.	SAP Adaptive Server	Relational DBMS	58.04	-2.39	-8.71
19.	19.	↓17.	FileMaker	Relational DBMS	55.30	-0.75	-5.69
20.	↑21.	↑22.	Amazon DynamoDB	Multi-model	53.34	+1.69	+15.52

图 20-1　DB-Engines 发布的 2018 年 9 月的全球数据库排名

MySQL 原本是一个开放源代码的关系型数据库管理系统，原开发者为瑞典的 MySQL AB 公司，该公司于 2008 年被昇阳微系统（Sun Microsystems）收购。2009 年，甲骨文公司（Oracle）收购昇阳微系统公司，MySQL 成为 Oracle 旗下产品。

MySQL 在过去由于性能高、成本低、可靠性好而成为流行的开源数据库，被广泛地应用在中小型网站中。随着 MySQL 的不断成熟，它也逐渐用于更多大规模的网站和应用，比如维基百科、Google 和 Facebook 等。非常流行的开源软件组合 LAMP 中的"M"指的就是 MySQL。

被甲骨文公司收购后，甲骨文公司大幅调涨 MySQL 商业版的售价，且甲骨文公司不再支持另一个自由软件项目 OpenSolaris 的发展，导致自由软件社区对于 Oracle 是否还会持续支持 MySQL 社区版（MySQL 之中唯一的免费版本）有所隐忧，于是 MySQL 的创始人麦克尔·维德纽斯以 MySQL 为基础，成立了分支计划 MariaDB。而原先一些使用 MySQL 的开源软件逐渐转向使用 MariaDB 或其他数据库。例如，维基百科已于 2013 年正式宣布将从 MySQL 迁移到 MariaDB 数据库[⊖]。因此，大家就可以理解为什么一些数据库引擎会声称自己是兼容 MySQL。

综上，对于新项目上云而言，MySQL 通常是首选项。云服务商通常提供的云上数据库平台中也会包括 MySQL（或者说兼容 MySQL）。

在图 20-1 中，第二梯队的领导者 PostgreSQL 始于 20 世纪 80 年代，在 UC Berkeley 的迈克尔·斯通布雷克带领下完成研发和创建，因为灵活的 BSD 风格许可证，吸引了很多人对其做出贡献，最终成为当今最好的开源数据库管理系统之一。PostgreSQL 拥有强大的各类数据库功能，对开发者也非常友好，支持所有主流编程语言。

Greenplum 数据库基于 PostgreSQL 开源技术。从本质上讲，它是让多个 PostgreSQL 实例一起充当数据库管理系统，其架构是针对大型分析型数据仓库和商业智能工作负载专门设计的。借助 MPP 这种高性能的系统架构，Greenplum 可以将 TB 级的数据仓库负载分解，并使用所有的系统资源并行处理单个查询。（由此，我们可以看到开源技术的力量，能够在一个有着宽松证书的开源产品上诞生另外一个强大的新产品，同时具有良好的商业模式。）

在特定的情况下，云上的 PostgreSQL 也是一个选项。相比 MySQL，企业需要考虑的是 PostgreSQL 能否带来企业必需的特性，以及企业是否有足够的 PostgreSQL 技术人员。

目前企业对数据库的使用，在应用层面绕不开 ORM 框架的问题。关于这个问题，我们在内部的 Java 和 Python 开发团队做了小规模调研，发现大多项目都会使用 ORM 框架。但是，Java 开发团队并没有 100% 使用 ORM 方式，很多业务逻辑还是通过自己拼接 SQL 语句完成的，这是因为 ORM 框架对于大型企业应用而言，总是或多或少地会遇到性能和可维护

⊖ 维基百科已于 2013 年正式宣布将从 MySQL 迁移到 MariaDB 数据库，参见 https://zh.wikipedia.org/wiki/MySQL。

性问题，不得不采用一些传统的非 ORM 行为。在这样的情况下，如果涉及数据库变更（比如从 Oracle 迁移到 MySQL），则要做一些改造。如何从 Oracle 迁移到 MySQL，已经有很多资料，去 O 这个话题不在本书的讨论范围内，这里不做赘述。不管用什么方式，代码修改和回归测试会带来非常大的工作量。数据库是应用的核心底层，替换数据库是大项目。

  Python 团队在应用中使用了纯粹的 ORM，转换数据库方面可以做到完全无缝对接。即便如此，数据迁移和服务停止还是一个问题。这里涉及一个理念问题：复杂的逻辑是交给数据库还是由后端代码来解决，在开发设计中要特别关注这一点（行业内对此看法不一，目前的倾向是由代码解决。但是，对大型企业应用而言，很难说这是一个必须恪守的规定）。

  对于新项目而言，建议优先在代码中使用 ORM 框架来进行数据操作，同时将相对复杂的逻辑放在代码而不是数据库中处理，尽最大可能遵循上述原则。

20.1.2 老项目数据库直接迁移

  对于历史遗留项目，更多需要考虑稳定性，所以最简单的办法是直接在云上安装相同版本的数据库，因为是同构，所以数据迁移也比较容易。当云服务商并没有对使用的数据库提供开箱即用的 PaaS 平台（有时候这部分也称为 DaaS）的时候，就只能自行安装了。

  在云上购买高性能服务器价格不菲，因为自主搭建数据库环境要求的机器数量非常多，后期维护成本大大提升，扩容也不方便，基本享受不到云的优势。这和传统的 IDC 方式并无太大区别，而且需要专业的数据库架构师和 DBA 来进行部署和维护，即便这样还是很难完全拥有云上自有 RDS 带来的好处。所以，除非万不得已，不要采用云上的虚拟机或者硬件服务器来自己搭建数据库服务器并管理的方案。

  对于像 MySQL 或 SQL Server 这类云服务商提供的数据库服务，通常云服务商也会提供完善的数据迁移方案，大致包括以下几种主要的迁移方式：

- 基于导入/导出的逻辑数据文件或物理数据文件的方式进行迁移（需停机）。
- 基于数据库迁移工具，以一种平滑的方式进行全量和增量迁移（通常无须停机迁移）。
- 企业自身通过 ETL、程序或第三方工具完成迁移（按需，方式多样，但操作比较复杂）。

  这几种方式的关键点在于数据的迁移方式及系统是否需要停机迁移。

  如果一定要在云上使用云服务商非开箱即用的数据库方案（即需要自建数据库），例如大部分云服务商都无法提供的 Oracle，又不想自己搭建的话，那么建议选择一些高度兼容 Oracle 的数据库（如阿里云数据库 PPAS 版，它全面支持 Oracle 语法，兼容现有的程序和工具，不必对应用做修改），或寻求熟悉云上部署的服务商的协助。

  以 PPAS 为例，PPAS 基于开源 PostgreSQL 数据库（又是它！）。对于数据迁移来说，系统会先进行一次 Oracle 的全量数据上云，再将持续增量的数据源源不断地上传到云端。开发人员可以在云端验证数据的完整性及查询性能，并进行优化。当确认数据无误，同时调试完所有的业务系统软件后，选择一个时间点，通过最短的业务下线时间完成系统从云下 Oracle 到云上 PPAS 的数据库的切换及应用接割。

用户可以通过外部表的方式将 OSS 云存储中的 CSV 格式化文件作为本地数据表使用。这种方式支持与本地数据表进行 JOIN、支持数据读写，从而能借助 OSS 的能力，使数据库的存储空间可以扩展到任意大小，满足企业用户对冷热数据生命周期管理的需求。

基于 HybridDB 强劲的 OLAP 数据仓库 BI 能力，Oracle 数据库系统迁移到云平台后，可以方便地实现 OLTP+OLAP 的业务联动，不仅完成了"去 O"的工作，还能提高业务功能及性能。

不过，这个基于 PostgreSQL 的 PPAS 的性能相比于原生 Oracle 要差一些，如果企业应用对数据库性能有很高要求的话，还是需要慎重考虑并进行评估的。

20.1.3 云和 IDC 的混合部署

在混合云部署方案中，公司自主维护的 IDC 机房和公有云之间使用专线打通；在数据库层面，可以实现应用在云上、数据在云下的方案，这也是大型企业上云的一个常见方案。这个方案需要机房供应商和云厂商之间互联，整体过程初始周期略长（通常需要 1 个月左右）。如果异地灾备也采用同样的专线方案，可能涉及的机房（承载数据库）、运营商（承载专线）等不止一家，初期接入成本及后期的维护成本都会比较高。

一般企业可能不需要这么复杂的网络结构，但是对于金融企业来说，一是对账户系统要求较高，于是现有系统可能选择了商业可靠度比较高的数据库（如 Oracle）；二是监管机构对一些系统（尤其是其数据库）还没有部署在公有云上的先例，所以混合云对于金融行业比较核心的业务系统而言，也是比较好的一种解决方案。

使用这种模式的混合云，首先应该尽可能排除 VPN 这种连接模式，毕竟对于核心系统而言，应用和数据库之间的连接需要保持绝对稳定；其次，对于存在多个线下机房的企业而言，使用哪个 IDC 机房承载其线下的主数据库尤为关键。如果是采购一个全新的数据中心托管服务，可以考虑那些与云服务商机房非常近（甚至是在同一栋楼内）的机房服务商，以获得最近的距离和最可靠的连接；如果已经有了线下机房，那么主数据库机房也应该靠近云上机房，这样从可靠度和访问速度两方面都具有较高保障。在异地扩容方案中，可以根据云上机房所在区域购买 IDC 机房服务，为数据中心实现异地灾备。

20.1.4 使用云厂商提供的数据库

企业如果选择使用云厂商提供的数据库，应该遵循以下几个原则：

- **选择知名云厂商**：知名云厂商在产品的选择度及后期维护上更健全，切勿贪图便宜而选择不可靠的厂商，否则往往一次系统故障就可能导致数据丢失。
- **选择成熟数据库**：通常来说，应选择一种比较成熟的数据库作为数据存放载体。成熟数据库产品覆盖的领域更多，技术也更为成熟，后期的更新维护也更方便。
- **开发人员尽量只选用一种数据库方案**：在一种数据库能满足业务场景的情况下，切勿选择多个类别的不同数据库，从而导致需要大量的维护工作。OLAP 和 OLTP 的选择在大多数产品中具有明显的倾向性，所以，从具体业务角度进行数据库选型的评估就显得非常重要了。因为云资源计费的灵活性，必要时可以在云上搭建测试环境进行测试。
- **成本考虑**：应选择性价比高的数据库。云上数据库品种非常多，因为适用场景不同，背后的技术差异也很大，有时候会让人眼花缭乱。如果有多种可选项，需要考虑成本方面的因素。
- **从团队开发和 DBA 维护角度来选择**：使用有较强指导的数据库，从而兼顾数据库的管理、监控、备份、安全以及 CAP。
- **就近原则**：选择一个比较中心的云上区域作为主数据中心。这里的"中心"是以企业的业务为驱动，一般为一线中心城市区域，靠近企业或者主要的企业客户。

20.2 基于云服务商数据库服务的数据迁移

20.2.1 RDS 云数据库简介

根据我们项目所选定的云服务商（阿里云）的文档定义：

阿里云关系型数据库（Relational Database Service，RDS）是一种稳定可靠、可弹性伸缩的在线数据库服务。基于阿里云分布式文件系统和高性能存储，RDS 支持 MySQL、SQL Server、PostgreSQL 和 PPAS（Postgre Plus Advanced Server，一种高度兼容 Oracle 的数据库）引擎，并且提供了容灾、备份、恢复、监控和迁移等方面的全套解决方案。

这段话对企业而言非常有吸引力的是三个部分：稳定可靠、可弹性伸缩、全套解决方案。RDS 中最常用的就是 MySQL，因此我们主要基于 RDS for MySQL，从 IT 治理和项目规划角度进行讨论，也会略涉及一些技术操作层面。

20.2.2 数据库迁移的要点

如果企业上云使用了云数据库 RDS for MySQL，面临的最大问题就是数据的迁移，这甚至会决定项目的成败。

数据库迁移包括两种类型。一种是数据库类型迁移。以阿里云为例，提供的是数据库和应用迁移服务 ADAM，这个工具可以帮助企业将 IT 系统从原有的运行环境迁移到阿里云，尤其在把传统 IT 架构改造成互联网架构方面（比如从 Oracle 体系迁移到 MySQL 分布式体系）具有优势。

另一种是同类数据库之间的数据迁移。以阿里云为例，提供的是数据传输服务（DTS），它类似 Oracle 的 OGG，支持 RDBMS（关系型数据库）、NoSQL 和 OLAP 等多种数据源之间进行数据交互，并提供数据迁移、实时数据订阅及数据实时同步等多种数据传输能力。通过数据传输可实现不停服数据迁移、数据异地灾备、跨境数据同步、缓存更新策略等多种业务应用场景。

对于老项目上云，一般需要考虑两种数据迁移环境：

1）上云以后，数据在云上和云下同时存在。这类环境下，系统处理方式比较便捷，尤其是数据解耦部分做得很好，或者项目本身对数据可能不太敏感，那么可以稍后考虑数据的迁移/合并、两边共存。

2）上云后，系统投入生产，数据必须放在云上。如果企业的单元测试和自动化测试做得足够充分，可以考虑通过阿里云的 DTS 进行数据同步，完成生产迁移。如果在前期系统上云时担心测试过程无法充分覆盖所有业务场景和用例，那么可以使用两个流量双写方式，逐步验证，等系统稳定后，再寻找合适的时间点切换到云上数据库。

在仅仅考虑数据迁移（而不是数据库更换+迁移）的情况下，通过使用类似阿里云数据传输服务（DTS），可以实现 MySQL 数据库的结构迁移、全量迁移和增量迁移。另外，云数据库 MySQL 版还支持通过物理备份文件和逻辑备份文件两种途径将云上数据迁移到本地数据库。适用场景包括：将本地数据库迁移到云数据库 MySQL、将 ECS 上的自建库迁移到云数据库 MySQL、将其他品牌的云数据库迁移到阿里云云数据库 MySQL、RDS 实例间的数据库迁移、单个 RDS 实例内的数据迁移、将 RDS 数据迁移到本地 MySQL 数据库等。⊖

其中，使用 DTS 将 Oracle 迁移到 RDS 是最常见的企业迁移应用场景，其要点如下：

- DTS 会将本地数据库的结构定义迁移到目标实例。目前，DTS 支持结构迁移的对象有表、视图、触发器、存储过程和存储函数。
- DTS 会将本地数据库迁移对象的数据全部迁移到目标实例。如果用户还选择了增量迁移，那么全量迁移过程中，为了保证数据一致性，无主键的非事务表会被锁定。在锁定期间，这些表无法写入，锁定时长依赖于这些表的数据量大小，在这些无主键非事务表迁移完成后，锁才会释放。

在进行增量迁移时，会将迁移过程中发生的数据变更（DML）同步到目标实例上，但是如果迁移期间进行了 DDL 操作，那么这些结构变更不会迁移到目标实例。

⊖ 更多内容可以参考 https://help.aliyun.com/document_detail/64548.html。

20.2.3　从应用环境角度选择 RDS

应用环境一般包括开发、测试、性能测试、准生产和生产（生产联调环境和生产运行环境）几类，如果为每个环境都购买一套 RDS，会产生较高成本。根据实际情况，一般可以将开发、测试和准生产三个环境合并，通过命名来区分项目环境，如使用数据库名后缀 DEV 表示开发环境、TEST 表示测试环境、PRE 表示准生产环境。

性能测试环境是比较特殊的环境，其指标不亚于生产环境。在企业上云初期成本预算充足的情况下，也可以购买等同生产环境的 RDS 实例。在成本预算不足的情况下，可以使用测试环境来替代，但测试环境的 RDS 性能指标要相对提高。好在性能测试往往是按需进行的，按需购买一个 RDS 环境就可以充分利用云计算的优势，降低测试成本。

生产联调环境可以认为等同于生产环境，可以独立选取一个 RDS 作为生产联调环境。如果企业的整个部署框架支持生产 A/B Test，可以合并到生产环境一起使用。

生产环境 RDS 的选取需要考虑是否购买只读实例来降低 RDS 的查询负载。在初期可以考虑先不购买，到后期再进行扩展的方案。但在使用的时候，需要对 RDS 连接进行选择（使用读写分离连接方式）。

下面给出一些基于实践经验的建议：

- **开发、测试、准生产**：使用一个 RDS（初期可以考虑，这样性价比较高）。
- **性能环境**：使用一个 RDS（可选，初期可以考虑性能环境和测试环境合并，后期可以按需购买）。
- **生产联调环境**：使用一个 RDS（可选，初期可以考虑，后期有灰度发布时可以考虑和生产环境合并进行 A/B Test）。
- **生产环境**：使用一个 RDS，一个只读实例（可参考业务的连接数和 IOPS 来选取）。

对于多个系统是否交叉使用一个 RDS，我们有如下建议：如果是将老系统迁移上云，而老系统对企业来说非常重要的话，建议独享 RDS 库，并可以考虑读写分离，选择性能合适的只读库。如果是新系统上云，初期从成本考虑还是可以共享的，因为如果需要，之后在 RDS 之间进行迁移也是比较方便的。

20.2.4　性能指标

性能的主要指标为连接数和 IOPS。

- **连接数**：与传统企业线下使用连接池连接的情况相同，企业需要考虑当前数据库的最大连接数作为选取生产 RDS 时的指标。
- **IOPS**（Input/Output Operations Per Second），即每秒进行读写（I/O）操作的次数。在进行性能测试时，通常将数据库产生的 IOPS 作为选取生产 RDS 的指标。

注意，这里只阐述生产环境，因为对于其他环境，初期只需要购买最便宜的 RDS 服务器即可。在开发测试的时候，尽量控制连接池的连接数，如果发现容量或性能不足，可以考虑扩容。

因为只读实例的使用频率通常比主库更高（既要同步主库所有操作，又要负责大量只读查询），所在选取只读实例的时候，其性能应该不弱于主库。

20.2.5　MySQL 大表问题

一般来说，我们不建议 MySQL 中的单张表超过 500 万行（如果超过，请参考下面介绍的分布式数据库）⊖。毕竟 MySQL 成名于 LAMP 时代，当时还是 Web 1.0，互联网的发展刚刚起步，单张表在 500 万行左右已经是很大规模了。很多年过去了，MySQL 这方面的性能一直为人所诟病。目前，云服务商经过大量的优化，单张表规模已提升到 2000 万行左右，但是仍然必须注意，当单表数量超过一定阈值的时候，性能的下降是断崖式的，而不是线性的。

在本章中不会过多涉及如何设计数据库，但数据表的大小肯定是要考虑的首要问题，因为数据表的遍历可能带来巨大的性能下降，这在数据库结构设计阶段就要考虑清楚。上云的话，通常单个 RDS 的最大存储容量为 2TB，所以不建议存储过大，否则会造成备份和恢复缓慢。虽然这些限制在未来可能会调整，但是企业应该避免过度依赖于此。如果业务逻辑肯定会产生大表，那么我们建议使用分库分表的方案。

MySQL 的大表优化需要考虑很多方面⊖，至少包括以下几点：

- **字段和索引的优化**：常规工作，根据表的设计结构，DBA 应当提前进行优化，并进行跟踪和改善。
- **查询 SQL 的优化**：常规工作，一般会根据数据库 SQL 的统计信息，由 DBA 给出意见，由开发人员进行优化。
- **引擎的选择**：不同的数据库引擎会有不同的特点，通常建议选择最新的引擎。
- **系统调优参数**：云上 RDS 仍然有不少可以调整的参数，DBA 根据需要调整这些参数，提供更有针对性的优化。
- **升级硬件**：通常情况下，性能瓶颈都可以通过资源升级解决，云上 RDS 升配和扩容都比较便利，是一种常用的手段。
- **读写分离**：根据系统情况，对于读请求非常大的应用，可以使用读写分离。大部分 RDS 产品提供了直接生成只读实例的能力。

⊖ 阿里巴巴 Java 开发手册中提到单表行数超过 500 万行或者单表容量超过 2GB，才推荐进行分库分表。如果预计三年后的数据量根本达不到这个级别，请不要在创建表时就分库分表。

⊖ 更多信息推荐参考《MySQL 大表优化方案》，https://yq.aliyun.com/articles/580385。

- **缓存**：部分 RDS 产品（如 RDS for MySQL）提供了设置查询缓存的能力，可以降低 CPU 使用率、减少响应时间、提升吞吐能力。
- **表分区**：DBA 可根据应用需要，在数据量特别大的情况下，进行表分区的操作。
- **垂直拆分和水平拆分**：DBA 可以根据应用需要，协助开发人员对数据量特别大的表进行垂直拆分和水平拆分。

20.3 迁移到 RDS MySQL 的注意事项

20.3.1 使用限制

通常，我们可以认为 RDS for MySQL 就是一个完全兼容 MySQL 的数据库，但是考虑到数据库的安全性和稳定性，在使用上有一定限制，所以建议上云评估的时候务必按表 20-1 做一下检查。

表 20-1 RDS 使用限制表

操 作	使 用 约 束
修改数据库参数设置	大部分数据库参数须使用 RDS 管理控制台或 API 进行修改，同时出于安全和稳定性考虑，部分参数不支持修改
数据库的 root 权限	不提供 root 或者 sa 权限
数据库备份	可使用命令行或图形界面进行逻辑备份。仅限通过 RDS 管理控制台或 API 进行物理备份
数据库还原	可使用命令行或图形界面进行逻辑数据还原。仅限通过 RDS 管理控制台或 API 进行物理还原
数据迁入	可以使用命令行或图形界面进行逻辑导入。可以使用 MySQL 命令行工具、数据传输服务等方式迁入数据
MySQL 存储引擎	目前支持 InnoDB 和 TokuDB 两种引擎。由于 MyISAM 引擎的自身缺陷，存在数据丢失的风险，新创建实例的 MyISAM 引擎表会自动转换为 InnoDB 引擎表。不支持 Memory 引擎。如果创建 Memory 引擎的表，将自动转换成 InnoDB 引擎的表
搭建数据库复制	RDS for MySQL 提供主备复制架构的双节点集群，无须用户手动搭建。其中主备复制架构集群的备（slave）实例不对用户开放，用户应用不可直接访问
重启 RDS 实例	必须通过 RDS 管理控制台或 API 操作重启实例
用户、密码管理和数据库管理	MySQL 默认需要通过 RDS 管理控制台进行用户、密码和数据库管理（包括创建、删除、修改权限、修改密码）。同时，MySQL 也支持用户通过创建高权限账号的方式来自行管理用户、密码和数据库
普通账号	不可以自定义授权。控制台有账号管理和数据库管理的界面。支持创建普通账号的实例也支持创建高权限账号。MySQL 5.7 基础版实例不支持创建普通权限的账号

(续)

操　　作	使 用 约 束
高权限账号	可以自定义授权。RDS 控制台上账号管理和数据库管理的界面消失，相关操作只能通过代码或数据管理 DMS 进行。开通高权限账号后无法回退。MySQL 5.7 基础版实例默认开通高权限账号
网络设置	MySQL 5.5/5.6 实例的访问模式是高安全模式，禁止在 SNAT 模式下开启 net.ipv4.tcp_timestamps

注：以上是在本书撰写时，阿里云产品的一些限制，随着技术的发展，这些限制可能发生改变，并且不同的云服务商的限制也不尽相同。可以关注 RDS for MySQL 官方帮助文档了解使用限制详情[⊖]。需要注意的是，使用云服务商提供的数据库服务，企业务必对这些限制予以充分的了解和评估。

20.3.2　RDS 使用中的注意事项

本节将给出 RDS 使用中的一些注意事项。

1. SEQ 与 MySQL 中自增主键的替换

我们分两种场景来阐述 SEQ 的使用。

1）自增主键为非关键性主键，不做表关联，非分布式表，而且无序：这种情况下，表通常为系统表、配置表或者业务常量表等，可以直接使用 MySQL 中的自增 auto_increment 来替代。

2）自增主键是关键性主键、有序或者分布式表主键：这种情况下表一般为业务表，主键一般为业务特性 + 自增键，那么可以使用 Redis 直接生成或者使用 DRDS 分布式关系型数据库自带的 SEQ 来支持。[⊖]

2. 存储过程和函数的替换

对于新系统来说，尽量用开发语言来完成业务逻辑的处理，避免使用存储过程。对于老系统来说，最好用开发语言来翻译处理存储过程。

3. Oracle 常用函数与 MySQL 中函数对应关系以及 Oracle 字段类型与 MySQL 字段类型的兼容

需要注意，Oracle 和 MySQL 终究是两种不同的数据库，对于这种迁移中的对应关系，可以从网上获取比较详尽的文档。由于涉及一定的操作和改造工作，企业在更换数据库（尤其是既有的应用）的时候，需要格外谨慎地进行评估工作。

4. JDBC 连接池的注意事项

RDS 暴露的连接地址其实是代理地址，连接池所对应的最大 / 最小连接数也是针对代理产

⊖ RDS for MySQL 官方帮助文档的使用限制参见 https://help.aliyun.com/document_detail/26125.html。
⊖ DRDS SEQ 的更多介绍可以参考 https://help.aliyun.com/document_detail/29675.html。

生的。例如，生产环境中对应一个 RDS、一个只读实例，那么如果设置 5 个最小连接数，其实在 RDS 代理上只有 5 个连接，后端代理到 RDS 主库是 5 个连接，到只读库也是 5 个连接。

RDS 原则上兼容主流的 JDBC 连接池，如 HikariCP、Druid、DBCP 和 C3P0 等。

RDS 云数据库 MySQL 连接池方面，可以选择的有 HikariCP 和 Druid 两款连接池。

HikariCP 在性能上表现优越，目前已经被 Spring-Boot 2.0-Release 作为默认连接池，但对 JDK 敏感，目前只支持 JDK1.6 以上版本，并且 JDK6、7、8 和 9 的 Jar 包引用也不一样。对于老项目需要慎重考虑使用升级问题；对于新项目来说，以性能为前提的条件下，还是不错的选择。

Druid 连接池是阿里巴巴开源的连接池，在阿里、京东等企业广泛使用，性能表现也不错，特别是集中化数据库监控是其他连接池不具备的特点，而且对 JDK 也不敏感。根据近几年阿里对开源社区的投入来看，Druid 对于一般企业来说是比较可靠的选择。

20.3.3　索引优化过程

索引优化过程属于 DBA 工作的范畴，这里仅给出一些简单的说明，以明确索引优化对于云上 RDS 数据库是必不可少的。

对于关系型数据库，数据查询的索引优化是非常重要的。随着数据库中的数据越来越多，索引的优化对于数据库数据性能表现尤为重要。通常，在数据库查询慢的情况下，加入索引可以立竿见影地改善性能，可谓是数据库优化方面的一服万能药。但是，在数据库负载较高的时候，不恰当的索引会带来性能的急剧下降。

由于企业在使用索引初期，无法明确地判断数据库的分布和增长，因此索引的设计和持续优化环节在初期和后期都必不可少。企业上云选择 RDS 后，在索引优化方面是否有特殊的方式、是否能更好地管理数据索引、用索引来提升数据访问的性能显得尤为重要。

关于如何建立好的数据索引机制，在《Relational Database Index Design and the Optimizers》一书中提到的，如何设计一个"三星系统"可作为参考：

- 相关记录和索引放在一起，获得一星。
- 相关记录查询的顺序和索引中排列的顺序一致，获得二星。
- 查询中所有的数据列全部包含在索引中，则获得三星。

遵循以上三点，基本上就能建立好的索引优化。特殊场景下，还可以使用更新删除状态来替代真实的 Delete 语句删除，因为在删除数据的同时，索引的数据结构也会发生变化，导致索引性能下降或失效。小表或数据类型单一的表不适合索引，大部分情况下，简单全表扫描会更高效。

通常对于企业来说，云服务商能够提供的 RDS 诊断报告、资源分析、SQL 分析和专家服务在一些场景下是性价比较高的服务（部分甚至是免费的），用户可以根据优化建议并结合

自身的应用对数据库进行优化或者申请专家服务。㊀

20.3.4 RDS 读写连接地址选择

一般企业在云下使用读写分离的时候，通常建立两个 JDBC 连接地址，一个主实例地址，用于读写事务；一个只读实例地址，用于高频读查询。这种选择对代码的侵入性比较强，开发人员需要对数据库有深入的了解，而且只读实例的扩展也不方便，需要改动代码。只读实例的负载肯定比主实例高，因为要同步主实例的所有操作，而且只读实例无法通过负载均衡策略来负担压力。当只读实例越来越多的时候，客户端的 JDBC 连接并发成为瓶颈。当主实例发生主备切换的时候，客户端的连接会断开，并会发起重连，业务会出现异常。

在选取 RDS 读写连接地址的时候，RDS 根据事务标签自动切换只读实例，有事务标签的查询切换到主库，非事务标签的查询切换到只读实例。而且，在多个只读实例中，自动实现负载均衡策略，分担压力。在代码层面，应注意事务标签的正确使用，防止未加事务标签读到只读实例，产生脏读（因为 RDS 只读实例同步数据是准实时，通常情况下在 0.2 毫秒左右）。

20.4 RDS 的日常管理与维护

使用云数据库 RDS 的最大好处是使管理和维护工作更加高效便捷，大大减少了 DBA 的日常维护的工作量，同时能提高数据库管理的质量，对数据库进行精准监控，以便及时发现数据库性能和 SQL 语法问题，实现数据备份和恢复全自动化，其扩容和迁移也非常便捷。

我们认为这是上云的重要优势之一，所以前面建议企业不要自己在云上虚机安装数据库，也是出于这个原因。

20.4.1 数据库管理

云下自建或者 ECS 自建数据库对 DBA 的要求非常高，同时，DBA 的日常工作压力非常大。比如，很多 DBA 每天都在关心数据库系统的稳定情况、慢 SQL 语句有哪些、索引是否正确等，而且在数据库出现问题的时候，DBA 常常要通宵加班处理问题。云数据库实际上接管了 DBA 的很多工作，数据库的大部分日常管理工作可以通过控制台完成，数据库底层的运维压力也转移给了云服务商，DBA 从原先的系统 DBA 转变成应用 DBA，可以帮助开发团队更精准、更高效地使用数据库。

㊀ RDS 性能优化的更多内容可参考 https://help.aliyun.com/document_detail/26204.html。

云数据库提供了多种管理手段，包括设置维护时间段、迁移可用区、切换主备实例、修改数据库同步方式、开通读写分离并设置读写分离关键属性、账户管理、数据库DDL/DML/DCL，这些工作都能在控台上完成，可以说是所有DBA向往的管理环境。在横向比较云服务商的时候，如果涉及数据库上云，对DBA工作的支持也是必须考虑的一个方面。

20.4.2　监控与报警

关于监控与报警，我们在使用云下自建的数据库集群时，有过惨痛的教训，往往是DBA在IM或邮件上通知数据库出现性能问题时，基本上已经没有任何缓冲的余地，业务已经受到了重大影响。

自建数据库与云数据库RDS在监控报警上有本质区别。自建数据库往往是DBA或业务人员遇到相应问题后才进行报警；而云数据库RDS则是针对各种可能出现的问题预设好报警，可以说，你能想到的数据库监控指标已基本包含在内。自建的报警可能会忽略一些关键指标，导致业务发生问题的时候，已经来不及处理了；而云数据库可以规避此类问题，这也是我们建议企业上云时尽量包括数据库部分，并尽可能使用云服务商提供的数据库服务的重要理由之一。对于企业来说，很难培养出许多精通数据库运维的人员，而是需要将更多精力花在业务逻辑的实现上，云数据库则可以解决企业在这方面的困难。

在云数据库的各类报警中，我们觉得非常有用的是慢SQL报警，该功能可以对SQL的执行时间阈值进行调整，根据业务的不同情况进行报警，报警后云数据库RDS还提供简单的SQL性能优化方法。对于一些复杂的优化，可以借助于云服务商提供的一些工具（例如阿里云的CloudDBA）来完成。

云数据库RDS在报警的方式上也（应该）有多种选择，比如支持IM工具（如钉钉、微信之类）、邮件、短信等主流报警方式。

下面是我们某次RDS报警的例子：

【阿里云监控】应用分组-生产RDS-1个实例发生报警，触发规则：RDS_mysql_CpuUsage 20:35 华东2(上海)- 云数据库RDS版<生产只读库>,CPU使用率（80.8>=80.0），持续时间2分钟，实例详情。目前共有1个问题实例，详情查看故障列表。

虽然使用云数据库RDS之后并不意味着可以高枕无忧，但是有效的预警体系会为我们赢得宝贵的处理问题的时间。

20.4.3　性能优化

云数据库RDS在性能优化方面提供诊断报告、资源分析、SQL分析和专家服务四大功能。

上云初期使用云数据库 RDS 提供的各类诊断报告（包括资源分析、SQL 分析等内容）已经能解决很多问题。其中包括实例规格、系统状态、数据库问题和处理建议、SQL 分析和性能曲线（资源利用率）等。

如果一些企业云下的 DBA 服务能力比较弱，可以使用专家服务。比如，阿里云提供原厂专家服务和阿里云合作伙伴专家服务，涉及数据库紧急救援、数据库健康诊断、数据库优化、数据库护航、数据库培训等。

20.4.4　数据备份与恢复

云数据库 RDS 在备份方面基本都是全自动化的，而且可设置的条件维度较多，能够支持全量和增量方式。可以通过设置备份策略调整 RDS 数据备份和日志备份的周期来实现自动备份，也可以通过手动方式备份 RDS 数据。实例备份文件占用备份空间，空间使用量超出免费的额度将会产生额外的费用，因此需要合理设计备份周期，以便在满足业务需求的同时，兼顾备份空间的合理利用。

云数据库 RDS 在恢复方面支持通过克隆实例恢复到主实例、直接恢复到主实例等操作。大部分情况下，克隆实例是首选。克隆实例可以按指定的 RDS 实例批量复制出与原实例一模一样的新实例，复制的内容包括实例数据和实例中可设置的参数（如备份设置、参数设置的参数）。对于需要批量创建相同实例的用户，可以使用克隆实例功能，在一个现有实例上快速复制出多个实例。

20.5　CloudDBA

CloudDBA 是阿里云上监控和管理 RDS 实例性能及运行状况的服务，在 RDS 控制台的实例管理页面中可以使用（撰写本书的时候，还只适用于 MySQL 类型的实例）。针对 SQL 语句的性能、CPU 使用率、IOPS 使用率、内存使用率、磁盘空间使用率、连接数、锁信息、热点表等，CloudDBA 提供了智能的诊断及优化功能，能最大限度地发现数据库存在的或潜在的健康问题。CloudDBA 的诊断基于单个实例，该诊断会提供问题详情及相应的解决方案，可为用户的实例管理带来极大的便利。

我们一直说，上云其实是在很大程度上使用了云服务商的能力，CloudDBA 就是一个典型的例子。在实际 DBA 操作中，使用 CloudDBA 能够大大简化很多枯燥的、繁复的工作，从而提高效率。⊖图 20-2 和图 20-3 分别给出了 CloudDBA 智能优化和问题诊断功能的截图。

⊖ 更多 CloudDBA 的内容可以参考 https://help.aliyun.com/document_detail/59980.html。

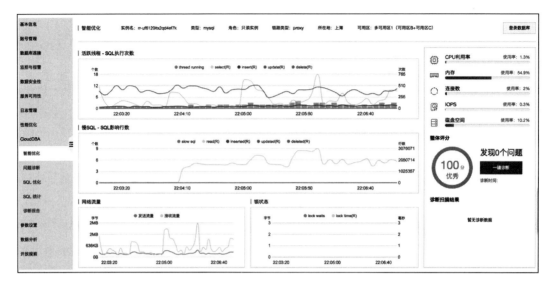

图 20-2　CloudDBA 的智能优化功能截图

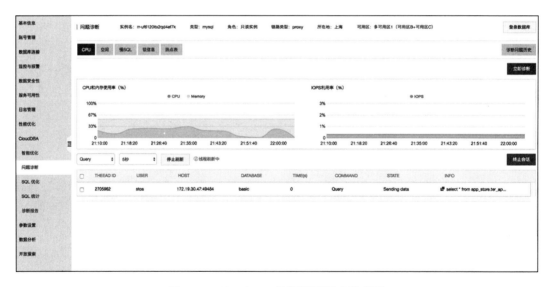

图 20-3　CloudDBA 的问题诊断功能截图

如果要详细介绍这个堪称 MySQL DBA 神器的工具，需要很长的篇幅。与其苍白地阅读使用说明，远不如实际操作一下更有收获。对于使用阿里云 RDS for MySQL 的读者，建议实际使用一下 CloudDBA 来了解相关的功能。

云厂商视角

从云服务商的角度看，更加推荐企业用户使用 RDS 而不是自建，这也是为什么在云服务商的 RDS 产品中，几乎尽可能罗列了所有常用的数据库以满足各类企业的要求（有些热门数据库产品无法提供，往往是因为涉及许可证之外的问题）。

RDS 被认为是一种双赢的选择。对企业而言，上云不仅意味着计算、网络和存储，云服务商试图提供更多的标准化产品来降低企业的上云周期和成本。对云服务商而言，获得的不仅是一个统一的数据库集群带来的能力复用，同时，在自建的数据库遇到问题时，通过服务和排查的过程很难界定问题的原因，而提供端到端的服务降低了服务成本。

为了让企业客户能够更好地使用云计算服务，云服务商的 RDS 数据库服务提供了更多与其他服务之间的无缝对接能力，也提供了更多相关的配套设施，如监控、客户端、备份方案和数据集成方案等。

在选择云服务商的数据库服务的时候，建议企业注意以下几个要点：

- 具体的数据库版本，以及数据库运维的兼容性（部分涉及底层的数据库参数调整可能不会授权给用户，不同的服务商开放的能力不同）。
- 数据库的容灾能力，如单机、同城主备、多副本集群等，需要在容灾能力和成本之间加以平衡，大部分情况下，主备是比较常见的选择。
- 迁移、监控、备份、审计、安全等运维和运营能力，因为企业让渡了自主安装数据库所带来的灵活性，云服务商提供的这些能力可以当成一种补偿。
- 性能和可扩容能力，RDS 会有不同的规格，不同的规格会带来不同的性能，一个性能得到保障并且易扩容的 RDS 可以大大降低企业的投入。

企业视角

数据库的性能问题很容易被人诟病。企业的很多应用软件是按照自身需求开发的，而数据库是买来的，这时候我们就希望数据库是一个完美、强大的支撑点，可惜由于种种原因，事不如人愿。

在企业业务连续性上，不同应用的干扰造成的损失小于数据库自下而上造成的整体影响。一个应用的 bug 只会让这个应用出问题，但是数据库出问题可能会造成一大堆应用出问题。

于是，激进的观点之一就是将数据库全部迁移到云上，用云厂商的数据库来扛住几亿条的大表、复杂的跨表查询等。但企业复杂的软件系统的效能提升是一个综合问题，而不是单点问题。这样做短期内未必解决问题，而且会带来更加复杂的同步运行、数据回流等问题。长期来说，如果应用整体架构不做调整，上云可能是事倍功半。

但是，我们还是建议企业尝试数据库迁移上云，这块硬骨头一定要啃。注意方法的同时，也要循序渐进。现在，大型公有云厂商的数据库产品非常丰富，如果不是构造数据中台、数据仓库这些应用的话，建议使用 MySQL，因为对于企业应用而言，稳定压倒一切，并且如果由于种种原因应用要迁移回来，其改造工作量也最小。数据库方面尝新的事情可以交给其他相对边缘和后端的场景。

第 21 章 Chapter 21

分布式数据库 DRDS

导言：本章将介绍企业在数据库方面面临的压力，由此引入分布式数据库基本原理的介绍，之后分析阿里云的分布式数据库产品 DRDS 的基本功能，以及企业从传统数据库迁移到分布式数据库时的注意事项。

21.1 云上分布式数据库应用

21.1.1 数据增长给企业 IT 带来的压力

2013 年，作者所在的公司成立数据中心，因为要采购一个列式数据库产品，需要对数据容量进行估计。几年之后的今天，我们发现，数据存储量已经是当时的几十倍，当时大着胆子写的估计值现在来看也已经不算什么了。

随着互联网的迅猛发展和普及，互联网计算已渗透到各行各业，应用系统越来越多，除了我们平时作为消费者常用的那些应用服务以外，还有数量为几百倍甚至上千倍的应用在企业内部运转，数据也因此出现爆发式增长，从之前的 GB 增长到 TB 级别，再到更大规模的 PB 级别，这早已远远超出单台服务器的数据存储能够承载的容量和性能。企业发展带来的数据激增，对于存储、应用、运维等各方面都会产生影响，因此企业需要有一定的前瞻性考虑。

这里要讨论的分布式数据库，更多的还是对于业务应用层而言。除了从传统架构沿袭而来的数据库以外，还有最近几年方兴未艾的 Hadoop 等应用（后面还会详细论述）。这些面向大数据的数据库和应用用途主要还是在全量分析、建模和预测等领域，并且可以存储各类结构化和非结构化的数据。

如果公司业务能够一直保证数据表不超过 500~2000 万条记录这个数量级，那么可以考虑不使用分布式数据库，而且一个精确设计的数据库是可以降低 DBA 压力的。但是，由于互联网、物联网、移动应用、4G/5G 的迅猛发展，单表过亿且需要复杂的跨表 JOIN 的业务场景会越来越多，关系型数据库在开发领域具有非常好的基础，并不是所有问题都可以交给内存数据库和 Hadoop 的。

在应用中，查询是最常使用的功能，也是最耗费资源的。我曾经见到过企业内某应用由于无法满足查询带来的数据库压力，将用户可以查询的日期范围从一年逐步缩减到半年、三个月、一个月、七天……当所有的招数都用尽，数据查询还是不能满足业务的需求，那么 IT 部门将陷入被动。

当单机数据库不能满足需求的时候，一定要使用分布式数据库么？当然不是。限制单机数据库性能的因素主要是 CPU、内存和磁盘等，所以提升 CPU、增加内存、使用更快更大的 SSD、使用更加高速的网络、升级到最新版本，以及进行开发优化，这些手段都可以帮助我们提升数据库性能。目前，商业数据库软件还有很多新技术可以用于提升性能、增加稳定性。那么问题出在哪里？为什么我们不鼓励企业使用这些方法呢？

记得第一次见到阿里云时任总裁孙权（胡晓明）的时候，他就提到淘宝为什么要去 IOE。之所以要去 O，最主要的原因就是成本太高了。如果不去 O 的话，以当时淘宝业务发展的规模，之后的大部分利润就要交给数据库厂商了。新技术的应用不是为了替换旧技术，而是为了使企业投资最大化、更快更好地推动企业发展，遵循这一原则，我们就可以在令人眼花缭乱的新技术、新产品中迅速找到适合自己企业的选择。

不管老板怎么承诺要对 IT 增加投入，但他心里总是希望"既要马儿跑，又要马儿不吃草"的，所以 IT 投入对于业务增长的支持是每一个企业决策者真正关心的。企业管理层可以接受对 IT 的投入没有立刻产生效果，但是肯定不能接受长期对业务没有作用，更不能接受 IT 投入曲线比业务增长曲线更加陡峭。

从技术层面面临的现状可能是：技术人员习惯了现有技术，但是现有技术在可预见的未来或许无法适应当前业务要求，而研究新技术的成本从目前来看是较高的，至少要投入人力，还存在机会成本问题。可是，要等到技术真的不适应业务的时候，再切换到新方案就来不及了，而这个时间点又很难估计（企业的业务发展也不可能那么一帆风顺）。

一般认为，可以通过项目管理方法的革新和对新技术的预见来找到这个时间点，这几者之间复杂的平衡我们另外展开讨论，先来看看数据库扩展问题。它可以进一步细化成下面的问题：

- 如果业务规模持续发展，当前的数据库架构是否可以满足业务持续增长带来的压力？是否能够应对业务井喷带来的压力？

- 在业务应用升级改造过程中,数据库的改造会是时间最长、风险最大的,企业是否为此准备好足够的时间和资源缓冲区?(因为业务是有连续性的,故停机窗口时间越短越好。)
- 是否预估了因单一数据库受到意外因素影响而对企业业务造成的影响?
- 对于传统的数据库架构扩展来说,购买硬件和软件的费用是否已经从 ROI 的角度进行过分析?

从 IT 的项目演进角度来看,具体的风险点如下:

- 当前数据库技术架构是否可以适应未来 3~5 年的应用规模发展,比如业务量增加 10 倍、20 倍甚至更多?
- 是否有足够数量的能够适应未来 3~5 年数据库应用变化的程序开发人员和 DBA?
- 是否对当前技术栈有备份,比如 Oracle 的备份是使用 MySQL 还是 Greenplum?
- 以上的新技术栈是否有专人跟进研究,并且通过 POC 项目来实践?
- 在 DevOps 流程中,是否评估了所有和数据库相关的变化的影响程度,包括各类测试环境部署和自动发布等?
- 数据迁移的能力如何?
- 业务应用的数据中台规划如何?
- 业务数据和数据仓库的规划如何?
- 对于数据湖(Data Lake)的理解有多深?企业是否需要开始准备数据湖来应对大量的数据应用场景?

21.1.2 为什么要使用分布式数据库

面向对象开发模式下,关系型数据库的特点就是根据 E-R 关系,在不同的表之间进行对象的关联,自然在设计上会发生多表关联得到数据的场景。在单表数据量比较多的情况下,进行关联查询有时会导致时间呈几何倍数的增长,导致查询效率变得很低。面向互联网场景时,表数据量变得相当大,此时对开发人员的 SQL 编写能力要求会变得很高,容易形成慢 SQL,进而拖垮整个数据库性能。

大多数关系型数据库本身在集群扩容上有很多弊端:会占用大量资源,且成本巨大、消耗的时间很长,在互联网业务快速发展的今天,可能已经导致失去先机或对业务持续性产生致命问题。

在某些场景下,如果传统的数据库已经无法提供企业所需的能力,那么就需要选择一个能够满足场景需求的数据库方案,但留给企业的选项其实不多。目前,解决这一问题的主要手段就是使用分布式数据库技术。虽然从理论上而言,只要有足够的时间和资源,企业依靠其自身技术能力是有可能解决大部分问题的,但是企业在其迅速发展过程中,有时候恰恰是因为"快"而不能什么事都自己去尝试，特别是基础层面的架构。

企业迁移应用上云的要点之一，就是要在成本可控的情况下，使用云技术来解决企业自身难以解决的一些问题。云服务商提供的分布式数据库方案相当于额外提供了一种选择，使企业可以有更多的备选方案，尽量采用成熟的开源技术框架或者云厂商提供的解决方案可以有效提升效率，降低研发成本。

1. 什么是分布式数据库

为了满足用廉价的数据库存储来实现更多数据存储和更好的访问性能的需求，分布式关系型数据库应运而生。我们先来看看 Wiki 百科上对分布式数据库的定义：

分布式数据库是用计算机网络将物理上分散的多个数据库单元连接起来组成的一个逻辑上统一的数据库。每个被连接起来的数据库单元称为站点或节点。分布式数据库由一个统一的数据库管理系统进行管理，称为分布式数据库管理系统。

分布式数据库的基本特点包括：物理分布性、逻辑整体性和站点自治性。从这三个基本特点还可以导出的其他特点有：数据分布透明性、按既定协议达成共识的机制、适当的数据冗余度和事务管理的分布性。

分布式数据库按照各站点中数据库管理系统的数据模型的异同分为异构型分布式数据库和同构型分布式数据库；按照控制系统的类型分为全局控制集中型、全局控制分散型和全局控制可变型。

目前，分布式数据库有两大体系。一类是以中间件的方式提供分库分表能力，这种方案脱胎于传统手段，从人工写代码来进行分库分表转为用一个中间件实现分库分表，底层仍然是传统的数据库，典型例子就是淘宝的 TDDL。另一类是直接通过分布式技术实现一个新的数据库，这个数据库本身就是集群化的，从而能够提供超高的性能和超大的容量，这是一种颠覆，但是在使用层面仍然兼容目前的语法，典型例子就是蚂蚁金服的 OceanBase。考虑到 OceanBase 产品还处在产品的早期阶段，因此这里会基于第一类体系的代表产品进行介绍。

既然是通过中间件来访问数据库，由这个中间件和传统的数据库来实现包括物理分布等在内的分布式数据库特性，因此其维护相对于单机数据库也更复杂。我们不建议在云上用虚拟机来搭建数据库集群，不建议单独自建 MySQL 数据库，更不建议自建分布式数据库，其主要原因还是数据库性价比和维护工作方面的考虑。

当然，企业也可以选择私有云的分布式数据库，不过其成本会比直接使用云上的分布式数据库要高，还要投入额外的硬件成本等。不过在有些情况下，采用这样的方案还是有必要的，比如为满足一些行业监管的要求。

使用分布式解决方案时，一定要注意 CAP 定理。在理论计算机科学中，CAP 定理（CAP theorem），又被称作布鲁尔定理（Brewer's theorem），它指出对于一个分布式计算系统来说，不可能同时满足以下三点：

- 一致性（Consistence）：等同于所有节点访问同一份最新的数据副本。
- 可用性（Availability）：每次请求都能获取到非错的响应，但是不保证获取的数据为最新数据。
- 分区容错性（Network Partitioning）：以实际效果而言，分区相当于对通信的时限要求。系统如果不能在时限内达成数据一致性，就意味着发生了分区的情况，必须就当前操作在 C 和 A 之间做出选择。

根据定理，分布式系统只能满足三项中的两项而不可能满足全部三项。理解 CAP 理论的最简单方式是想象两个节点分别位于分区两侧。允许至少一个节点更新状态会导致数据不一致，即丧失了 C 性质。如果为了保证数据一致性，将分区一侧的节点设置为不可用，那么又丧失了 A 性质。除非两个节点可以互相通信，才能既保证 C 又保证 A，但又会导致丧失 P 性质。

2. 产品比较

国内最早提供云上商用分布式数据库的就是阿里云的 DRDS，因此我们在选型的时候主要参考这个产品来进行分析和比较。表 21-1 给出了我们在最早选型 DRDS 时候做的比较，仅供参考。在我的技术观念中，任何技术点都是要有 Plan B 的，如果底层过度依赖某一厂商，会带来巨大的风险。

表 21-1　DRDS 和 Oracle 特性对比表

项　　目	DRDS+RDS 云数据库 MySQL 集群	Oracle RAC 集群
成本	低	非常高
动态扩容	简单	难度高
数据容量支持	百亿	百亿
数据迁移	容易	难度高
两地三中心	支持	不支持

表 21-1 已经是充分简化的版本了，因为最终的比较仅限于 DRDS 和 Oracle 之间，在此之前，关于数据库方案已经有了大量的讨论和商议，最后把方案集中在这两个产品上。

21.1.3　什么是分库分表

简单而言，分库分表的作用就是化整为零，也就是通过对数据库及数据表的拆分，将大规模的数据集拆分成较小规模的数据集。小规模的数据集可以被现有的数据库能力所完全承载，因此有更好的性能；将对大规模数据集的操作拆分成对小规模数据集的操作，同时利用服务器集群的并行能力，再将这些小规模操作结果整合起来，逻辑上和直接处理大规模数据集的结果一致。这样的"化整为零"操作，在现有数据库上的操作主要是针对表或者库进行的，因此通常称之为分库分表。

MySQL 由于其良好的开源特质，已经诞生了很多分库分表（Sharding）的方案。⊖ 比如官方的 MySQL proxy、Youtube 的 Vitess、淘宝的 Cobar 和 TDDL 以及基于 Cobar 的 MyCAT、金山的 Kingshard、360 的 Atlas、京东的 JProxy 等。

Sharding 就是数据切分，可以是垂直切分，也可以是水平切分。垂直切分就是分库；水平切分就是分表。当然，也可以都分，就是分库分表，或者叫做联合切分。上面说的这些 Sharding 方案，其实都是在 MySQL 的前面通过各自的中间件来完成分库分表，包括读写分离等各类特性。

这里再次重申上一章中提到的建议：单表行数超过 500 万行或者单表容量超过 2GB 才推荐进行分库分表。如果预计三年后的数据量达不到这个级别，就不需要分库分表了。使用云服务，需要避免过度的设计，盲目采用一段时间内无法产生价值的技术去实现企业不需要的功能，同时会增加云平台运维的复杂度，使得企业的云成本大幅提高（当发现云计算的成本比自建整个环境更高的时候，需要审视一下是否有这样的情况）。

1. 垂直拆分

垂直拆分就是以表为单位，把不同的表分散到不同的数据库或主机上。这种方式的规则简单、实施方便，适合业务之间耦合度低的系统。垂直拆分的优点包括：

- 数据库的拆分简单明了，拆分规则明确。
- 应用程序模块清晰明确，容易整合。
- 数据维护方便易行，容易定位。

垂直拆分的缺点包括：

- 部分表关联无法在数据库级别完成，需要在程序中完成。
- 对于访问极其频繁且数据量超大的表仍然存在性能瓶颈。
- 事务处理相对复杂。
- 拆分达到一定程度之后，扩展性会受到限制。
- 过度拆分可能会带来系统过度复杂而难以维护。

2. 水平拆分

水平拆分是指将某个访问极其频繁的表，按照某个字段的某种规则来分散到多个表之中，每个表中包含一部分数据。通常是以行为单位，将同一个表中的数据按照某种条件拆分到不同的数据库或主机上。

水平拆分的优点包括：

⊖ 关于 MySQL Sharding，可以参考 http://blog.sina.com.cn/s/blog_821512b50101hyc1.html。

- 表关联基本能够在数据库端全部完成。
- 不会存在某些超大数据量和高负载的表遇到的瓶颈问题。
- 应用程序端整体架构改动相对较少。
- 事务处理相对简单。
- 只要拆分规则定义合理，基本上不会遇到扩展性限制。

水平拆分的缺点[注]包括：

- 拆分规则相对复杂，很难抽象出一个能够满足整个数据库的拆分规则。
- 后期数据的维护难度有所增加，手工定位数据困难。
- 应用系统各模块耦合度较高，可能会对后面数据的迁移拆分造成一定的困难。

3. 混合拆分

在实际的应用场景中，除了那些负载并不是太大、业务逻辑也相对简单的系统可以通过上面两种拆分方法之一来解决扩展性问题之外，其他大部分系统业务逻辑更加复杂，系统负载较大，它们都无法通过上面任何一种数据拆分方法来实现较好的扩展性，因此，需要将上述两种拆分方法结合使用，针对不同的场景使用不同的拆分方法。

混合拆分的优点包括：

- 可以充分利用垂直拆分和水平拆分各自的优势，避免各自的缺陷。
- 让系统扩展性得到最大提升。

混合拆分的缺点包括：

- 数据库系统架构比较复杂，维护难度更大。
- 应用程序架构更加复杂。

21.1.4　图书馆的例子

如果读者对上面这些术语难以有直观的理解，我们举个例子来说明一下分库分表。

假设有一个小小的图书馆，小到只有一间屋子和一扇门。每天都会有一些书籍送进来，也会有人来查询这些书籍并决定是否要借阅。门口有个人负责把新书放到房间、回答用户有没有某本书并向用户借出书籍，姑且称他为张师傅吧。

一开始，书增加得不多，查询和借阅的人更少，那么把书从屋子里开始向外堆，并按照时间顺序排列即可。（这是最原始的数据库存储形态。）

后来，每天增加的新书越来越多，借书、还书、查询都开始增加，张师傅有点忙不过来了，于是会记录一下书的名字和书的位置，并且将书按照书名的拼音排序，这样搜索的速度

[注] 注意，这个传统意义上的垂直拆分和水平拆分与本章后面要详细介绍的阿里云 DRDS 略有不同，DRDS 这里基本上没有传统的垂直拆分概念，而水平拆分也是将表作分表处理后放在不同的数据库中。

就快多了。因为有很多会员来借书，张师傅还建立了会员卡，记录着会员借过什么书、什么时候还的等信息。（这时用到了数据库索引，表也开始增加了。）

但是，书籍增加的速度越来越快，于是，张师傅找了另外一个房间存放从来没人过问的旧书。他在这个新房间里装上新书架，按照书名的拼音顺序排列旧书。（数据库的表结构重新设计，并做了数据归档，增加了 CPU 和内存。）

随着书籍继续增加，借阅、查询的人越来越多，张师傅忙不过来了。于是又租下隔壁的房子，将书籍和会员资料分别存放在两个房间，同时又增加了一个李师傅。张师傅管书，李师傅管会员的事情，这样张师傅不用兼管会员的事情了，效率有提升。（垂直分库。）

书太多了，现在的空间难以容纳，所以又租了隔壁的房子存放图书，按照书名的拼音顺序将书平均分配到不同房间，再请个王师傅负责新租的房子。（水平分表、数据迁移。）

这样维持了一段时间，直到相邻的房子都借不到了，这时大麻烦来了。书籍的仓库不能相隔太远，否则取书时间太长，用户体验不好；会员的人数也增加了很多，一个房间放不下了；所有工作人员每天下班后要检查借书和库存、确认哪些会员逾期未还书等。

假设有一个很大仓储基地，里面的房间资源足够充分，那么张经理（张师傅升级版）按照书名字母顺序可以划分得更细，书籍进库和借阅的效率就能更高。假设按书名每个字母占一个房间，那么需要 26 个人管理所有书籍。业务可以随需而变，很容易进行扩展，并且效率不会降低，这样自然可以服务更多用户。

当然，这只是个例子，试图形象地说明分库分表的原理，以及使用本地资源的瓶颈和云上资源的便利。

这个例子里面已经涉及分库分表的一些原则，后面还会提到，在这个例子中，按照书名做分表的确不错，不过如果有读者来查询某作者有写过什么书，特别是如果这个作者著作繁多的话，张经理只能让 26 个师傅一起找了。因为某个作者如果著有很多书的话，完全有可能被分散到很多的分组。这就是大表查询问题了，按照目前举例的规则，查询效率会很低。

说到这里，我们可以理解分布式数据库产品在云产品中属于中间件，其实真正的数据操作还是在后面的数据库实例中进行。我们需要某种角色来判断书应该放到哪个书架上，所以用分布式数据库的目的是增加了处理环节。由此带来的 SQL 解析和路由的开销与实际数据库节点的处理性能相比，不会产生瓶颈。所以，增加数据库节点、提高 SQL 处理的性能是可以提高整体数据库的性能的。

理论上来说，瓶颈总是在后面的数据库实例。分库分表有点像企业管理，再厉害的老板也不可能一个人管理有成百上千员工的公司，管理层就可以视为中间件。

21.1.5　DRDS 简介

我们实际使用的是阿里云的 DRDS 产品，即分布式关系型数据库服务（Distributed Relational Database Service，DRDS），这是阿里巴巴致力于解决单机数据库服务瓶颈问题而自主研发的分布式数据库产品。DRDS 高度兼容 MySQL 协议和语法，支持自动化水平拆分、在线平滑扩缩容、弹性扩展、透明读写分离，具备数据库全生命周期运维管控能力。DRDS 前身就是淘宝 TDDL（TDDL 当年在淘宝内部据说被戏称为"头都大了"，最初这个产品更像是个开发工具而不是数据库中间件）。

DRDS 在后端将数据量较大的数据表水平拆分到后端的每个 RDS 数据库中，这些拆分到 RDS 中的数据库称为分库，分库中的表称为分表。拆分后，每个分库负责一份数据的读写操作，从而有效地分散了整体访问压力。在系统扩容时，只需要水平增加分库的数量，并且迁移相关数据，就可以提高 DRDS 系统的总体容量。DRDS 提供一个完整的数据库使用接口，用户无需考虑底层实现，方便简洁。

DRDS 作为分布式数据库有以下特点：

- 分布式：数据读写存储集群化，不受单机限制。
- 弹性：数据服务可升降配，数据存储扁平化 scale-up 和 scale-out，读写分离能够线性提升读能力。
- 高性能：分库分表经典方案让操作聚焦于少量数据，多种拆分方式适应数据特点。通过后端的多个 RDS 数据库以及数据表的水平拆分，真正做到分库分表、分布式！

DRDS 兼容 MySQL 协议和大部分 MySQL 的 SQL 语法，对业务基本可以做到非侵入式改造，当然运维和监控的平台功能也一应俱全。

从企业角度，需要考虑安全和产品的成熟性，DRDS 支持完整的类单机 MySQL 账号体系，提供具备授权/鉴权的 Open API 能力到业务管控中，产品服务支持体系化。产品成熟度高，参与过阿里巴巴全部的双十一活动，是阿里巴巴集团接入关系型数据库的标准。

使用了 DRDS 中间件之后，应用端的 SQL 执行方式如下：

- 调用端发起 SQL。
- DRDS 解析 SQL，生成执行计划。
- 将 SQL 下发到各物理 RDS。
- 物理 SQL 执行结果返回。
- DRDS 整合 SQL 执行结果。
- 将执行结果返回调用端。

从技术角度，DRDS 将带来如下变化：

- 实现分布式数据存储，分库分表处理可以帮助系统提高数据处理量和效率。
- 可以通过更改 DRDS 相关配置实现读写分离，应用端无需修改。
- 可以对底层存储做平滑扩容，业务无感知或少感知。
- 方便的慢 SQL 定位和分析，容易排查和定位问题，帮助系统优化和提升性能。
- 降低了数据库的使用成本，完善的监控和报警处理等优化了数据库运维工作。

21.1.6　DRDS 是否能够解决企业的数据库问题

再来看看前文提到的企业在发展数据库时要考虑的风险，其实这些问题也是一直困扰我们的，先做一些简单的说明。

- 当前的数据库技术架构是否可以适应未来 1~3 年的应用规模发展，比如业务量增加 10 倍、20 倍？

一般的企业其实很难做这样的技术储备，复杂的设计带来巨大的开发成本，并且很难明确未来的技术发展趋势，有很大的试错成本。如果使用云上数据库包括相关技术，就不需要为未来做太大的投资，将技术路线的风险"转嫁"给云厂商了。

- 是否有足够数量的适应未来 1~3 年数据库应用和变化的程序开发人员和 DBA？

如同在 RDS 章节中阐述的，DBA 可以更多地偏向业务，而不是纯底层的维护，这些工作可以交给云厂商，DBA 只需通过 CloudDBA 等工具进行维护。

- 是否对当前技术栈有备份，比如 Oracle 的备份是使用 MySQL 还是 Greenplum？

同样，这个问题我们可以用更小的成本来进行尝试。在云上可以选择的数据库技术有很多，我们可以根据企业业务的类型，用很小的代价来进行测试，从而确定技术栈的备份。

- 以上的新技术栈是否有专人跟进研究，并且通过 POC 项目来实践？

从项目管理角度来说，无论是迁移应用上云还是自身发展，都需要有资源跟进新技术，并进行评估等，还需要通过合理安排资源来进行 POC。在引入新技术的章节中我们已经做过更详细的讨论。

- 在 DevOps 流程中，是否预估所有和数据库相关的变化的影响程度，包括各类测试环境部署、自动发布等？

对于业务来说，使用 DRDS 对业务是有侵入的，可迁移性也不是很好，就像俗话说的"上了贼船可就下不来了"。技术架构（主要是中间件中的灰度实现、配置中心、业务监测等）的实现方式都和基础数据库技术有一定关联。DRDS 的水平扩展能力很强，如果数据量扩大 10 倍左右，基本是毫无压力的。DRDS 的使用可以减少开发人员在数据库优化方面的压力，对于 DevOps 来说也是加分的。测试环境部署和自动发布可以使用配置较低的 DRDS 和 RDS 实例，所以无论是在云上还是以私有云方式使用 DRDS，都会对 DevOps 锦上添花。

- 数据迁移的能力如何？

数据迁移从来不是一件轻松的事情，一般来说，云厂商会提供数据迁移的工具，但工具总是不那么完美的，所以数据迁移计划是要详细设计和反复测试的。对于一些不能停机或者停机窗口时间要求为几分钟的情况，计划会变得更加复杂。在实际中，我们使用了 ETL 工具 Kettle，这在无法使用云服务商的标准化方案情况下是一个不错的选择。

- 业务应用的数据中台规划如何？业务数据和数据仓库的规划如何？

业务中台和数据中台的概念是阿里提出的，在古谦的《企业 IT 架构转型之道》一书中有精辟论述。我们将这两个问题合并在一起讨论一下。企业上云从某种程度上来说一直是一个中间状态，也就是数据会在云下、云上同时存在，如果业务链较长的话，数据会在云上／云下不停地流转，这对于数据中台来说是一个巨大的挑战。我们目前的想法还是分而治之，对于云上的 DRDS，可以用 DTS 等方式流转到数据中台或者数据仓库，然后对于云上／云下的数据连续性和一致性规划要在项目初期尽早确定。数据中台采用实时数据的原则，数据仓库先用 T-1 的原则。IT 要区分生产数据库、数据中台和数据仓库的边界以及应用场景，前面已经提及企业的压力就是数据查询的需求非常高，以及由此对数据库产生的压力，这恰好是 DRDS 的强项。DRDS 在数据仓库上没有太大的优势，所以主要考虑的是 DRDS 和数据仓库之间的数据同步问题。无论是数据中台或者数据仓库，都不可避免的对于生产系统有回流的影响。

21.2 DRDS 技术实战

21.2.1 企业如何使用 DRDS

如果企业下决心要使用 DRDS，那么需要做些什么呢？本节的内容会涉及一些技术细节，主要还是为了说明分布式数据库和传统数据库的差异。DRDS 内容繁杂，建议参考阿里云帮助中心的产品文档了解具体内容。

使用 DRDS 不是个小事情，越是基础应用，越要谨慎。企业上云时，我们强烈建议采用敏捷思想，每次不要引入太多新变量（这些内容在上云方法论中已经做了详述）。首先还是要做 POC。分库分表的数据库设计能否实施成功是预研的关键点，当重构数据表结构之后，原来应用的修改还是不小的。这里，我们不建议使用新项目，而是选用在性能临界点附近的项目作为尝试。我们推荐的最佳实践方式如下：

- **老项目 POC**：数据表不太大，比如在 200～300 万条，有增加的趋势，业务逻辑不太复杂，用这样的项目做 DRDS 的 POC 可以熟悉 DRDS 的概念及熟悉整个流程。
- **新项目 POC**：新项目没有负担，可以在一开始的设计中就纳入对于分布式数据库的支持。如果有了老项目 POC 的经验，在选择新项目的时候要注意，不要选择过小的项目，我们反复强调分布式数据库是有其应用场景的，而新项目开始的数据量并不大，这就存在"杀鸡用牛刀"的情况，并且带来 IT 投入的损失。
- 运行一段时间后，小结整个项目过程中的经验体会。
- 进行更复杂项目的实践。

我们目前主要的交易数据存储在 Oracle 中，不少业务的交易表已经超过 2 亿条，这时候在 Oracle 中进行单条查询或者关联查询已经很艰难，对程序员的 SQL 质量有相当高的要求。

虽然可以通过升级 12C 等方式来解决，但我们还是在一些业务系统中尝试了 DRDS。

评估应用是否适合使用 DRDS 非常重要，这里再小结一下：

- 应用主要处理业务操作，SQL 较简单，没有大批量的数据操作或者非常复杂的 SQL 查询。
- 至少 1 张或几张数据库表在当前或可预期的未来容量将大于 500 万条，并对其有持续存储及访问需要。
- 对于大表，很容易找到它的分库 / 分表拆分依据键，在查询 / 更新表时总能（或大部分能）给出分库 / 分表键值，且分库 / 分表键值不会在业务操作中被更新。（这一点非常重要，如果不能做到，就没办法进行分库分表。从我们在几个业务系统中的实践来看，基本是可以做到的。）
- 如果和其他应用在数据库层面耦合严重，需要做解耦处理，这是有开发成本的。
- DRDS 不支持自定义函数、视图、存储过程等，如果用到，需要考虑改造。
- 相比 Oracle 数据库，需要检查是否使用了 MySQL 不支持的函数和数据格式，如 to_char、timestamp 等，这点和 RDS 迁移中要注意的一样。

对业务数据进行分库分表，数据存储从原本的单库单表变成多库多表，这时面临的最大问题是：在执行数据库事务操作时，在异常和高压情况下，将出现事务无法回滚和数据脏读。原本使用单表数据唯一键判断数据一致性的场景，在多库多表中也无法进行。库下表数据和多库多表下的数据，在进行表数据关联、子查询、排序、分组、游标等操作的时候，会因数据分离和索引失效，可能会出现无法处理或性能异常缓慢的后果。

企业在进行 DRDS 分库分表前需要做以下准备工作：

- 找出业务大表，观察业务表数据分布情况，一般情况下可以按时间维度来统计。
- 找出业务大表相关的增加、删除、修改等 SQL 语句，判断是否有事务操作，如有可以开启 DRDS 分布式事务。检查是否通过表唯一键来判断业务特征，如果是，则可以使用 Redis 来替代。
- 找出业务大表相关的查询、关联等 SQL 语句，若关联表改动频率不大，如配置表、省份城市、商户表等，可以采用 DRDS 的小表广播来复制库表内容。
- 找出业务大表关联后的输出字段，关联表字段如不会改动，可以采用宽表形式来冗余表字段。
- 找出业务大表关联批处理需求，可以避开这类查询，或者使用数据抽取手段预先合并后处理。

21.2.2 DRDS 主要的技术点

本节将从 DRDS 的整体生命周期对其使用做一些技术上的说明，因为分布式数据库通常是企业上云之后才会应用到的，大部分企业此前都没有这方面的经验。虽然这部分技术内容可能是本书中介绍得最为细致的部分，但是仍然无法做到面面俱到，在具备一定的知识基础之后，在实际使用中还要与云服务商的产品、文档进行结合，才能获得更多的企业生产应用所需的能力。

另外，阿里云在分布式数据库方面的演进速度非常快，所以具体内容以官方帮助中心或者阿里云支持人员的回复为准。

1. 创建 DRDS 数据库

开始使用 DRDS 之后，创建 DRDS 数据库时需要注意以下几点：

- 首先需要若干个 RDS 数据库作为基础，并且要求其类型为 MySQL、状态为运行中、所在区域和 DRDS 所在区域匹配。
- 同时需要 RDS 的 DBA 权限，所以一般 DRDS 由企业 DBA 来管理比较合适。
- 创建 DRDS 的时候可以选择两种模式：
  - **拆分**：即分库分表，将数据按照拆分规则分拆到多个库表中，由 DRDS 代理 SQL 执行。拆分涉及数据导入 / 导出、SQL 功能 / 性能测试和改造，对应用功能和性能会有一定的影响。
  - **非拆分**：将已有的 RDS 数据库交由 DRDS 进行代理访问，实现读写分离的功能。无需进行数据导入，无需修改程序代码，修改数据库连接串和用户名密码即可。
- DRDS 默认会在 1 个 RDS 上创建 8 个物理库，总的物理库数量为选择的 RDS 数量乘以 8。

2. DRDS 分库分表

DRDS 的原理前面已经介绍过了，在后端将数据量较大的数据表水平拆分到每个 RDS 数据库中，这些拆分到 RDS 中的数据库称为分库，分库中的表称为分表。拆分后，每个分库负责一份数据的读写操作，从而有效分散了整体访问压力。在系统扩容时，只需要水平增加分库的数量，并且迁移相关数据，就可以提高 DRDS 系统的总体容量。实际系统设计的时候，比如我们可以按照商户来分库，按照交易日期来分表。

拆分键即分库 / 分表字段，因此分为分库键和分表键。拆分键暂时只支持单个字段。

- **分库键**：DRDS 根据分库键的值将数据水平拆分到后端的每一个 RDS 分库里。键值相同的数据，一定会位于同一个 RDS 数据库里。
- **分表键**：每一张逻辑表都可以定义自己的分表键，键值相同的数据，一定会位于同一个 RDS 数据表里。

图 21-1 给出了 DRDS 分库示意图。

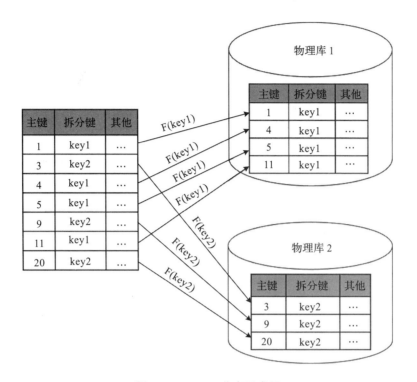

图 21-1　DRDS 分库示意图

注意：在执行带有 WHERE 条件的 UPDATE、DELETE、SELECT 语句时，如果 SQL 语句中没有使用拆分键，或者虽然指定了拆分键但是范围太广，会导致 SQL 语句被分发到所有分库上执行（即全表扫描），且执行结果会在 DRDS 中进行合并。这会造成全表扫描响应较慢，因此在高并发业务场景中应尽量避免使用。

21.2.3　DRDS SQL 路由

在分库分表模式下，DRDS 会根据拆分键（即拆分字段）以及 SQL 语义把 SQL 语句分发到底层的各个存储的分表执行。执行结束后，DRDS 会将各个分表上获取的数据合并，返回给用户。

在分库分表过程中，DRDS 按照指定的拆分键，加上特定的算法进行计算，根据计算结果将数据存储到对应的分表中。拆分键是 DRDS 中数据分布和 SQL 路由的凭证。

当用户发起执行 SQL 语句的请求时，DRDS 会理解 SQL 语句的含义，然后按照拆分键的值和执行策略将 SQL 路由到对应分区进行执行，如图 21-2 所示。

如果一个 SQL 语句被路由到多个分表执行，DRDS 会将各个分表返回的数据按照原始 SQL 语义进行合并，并将最终结果返回给用户。如图 21-3 所示。

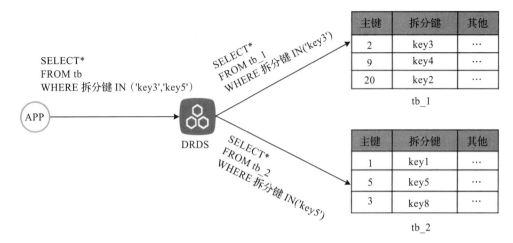

图 21-2　RDS SQL 请求处理路由

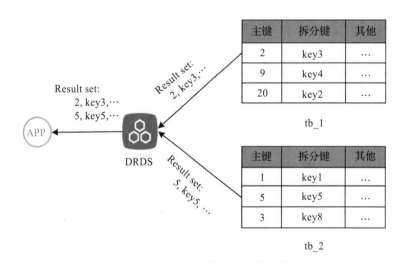

图 21-3　RDS SQL 结果返回处理路由

21.2.4　DRDS 读写分离

在主实例的读请求较多、读压力比较大的情况下，可以通过 DRDS 读写分离功能对读流量进行分流，减轻 RDS 主实例的读压力。DRDS 的读写分离功能是对应用透明的设计。应用在不修改任何代码的情况下，只需要在 DRDS 控制台中调整读权重，即可将读流量按配置的比例在主 RDS 实例与多个 RDS 只读实例之间进行分流；写流量则全部送到主实例，不做分流。

设置读写分离后，主 RDS 实例的读取是强读，即实时强一致读，而只读实例上的数据是从主实例上异步复制的，存在毫秒级的延迟，因此只读 RDS 实例的读取是弱读，属于非强一致性读。个别需要实时性、强一致性读的 SQL 可以通过 DRDS Hint 指定到主实例上执行。

在非拆分模式下，也可以用 DRDS 做读写分离，不做水平拆分。在 DRDS 控制台上创建 DRDS 数据库时，在选定一个 RDS 实例的情况下，可以将该 RDS 实例下的一个数据库直接引入 DRDS 做读写分离。此时不需要做数据迁移，但同时该 DRDS 数据库中的表也不能做水平拆分。

读写分离仅对显式事务（即需要显式提交/回滚的事务）以外的读请求（即查询请求）有效，写请求和显式事务中的读请求（包括只读事务）均在主实例中执行，不会被分流到只读实例。

属于读请求的常见 SQL 语句包括 SELECT、SHOW、EXPLAIN、DESCRIBE；属于写请求的常见 SQL 语句包括 INSERT、REPLACE、UPDATE、DELETE、CALL。

21.2.5　DRDS 测试环境到生产环境的迁移

看到本节的标题，读者可能会有疑惑：为什么会有测试环境到生产环境的迁移的情况？这其实是我们在最初使用 DRDS 的时候，因经验不足而出现的一次规划失误。好在整个迁移过程比较顺利，并且这种迁移可以延伸到生产的扩容迁移，因此在这里做一个总结，希望对读者有所帮助。

实际上，这样的迁移在企业应用数据库的过程中虽然并非经常发生，但是总有可能遇到。无论是因为规划失误造成的，还是因为数据库要进行不同环境间的完整迁移，这个过程对于传统数据库而言已经有比较标准的流程，这里给出针对 DRDS 的一个参考流程。

1. 场景说明

如图 21-4 所示，迁移前，A 应用在申请生产环境的 DRDS 的时候，公司内部只有一台 DRDS-测试实例，DBA 在开通 C 应用生产数据库的时候，选择后端生产 RDS 后，就直接在 DRDS-测试实例上开通了一个数据库，提供给 C 应用生产环境使用，从而造成测试和生产共用同一个 DRDS 实例，访问的 IP 地址也是相同的，但后端 RDS 是分离的。

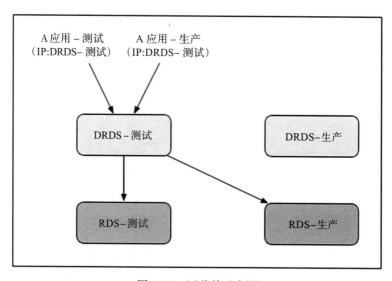

图 21-4　迁移前示意图

经与 DBA 讨论，在这种情况下，如果有人用这台 DRDS 做压力测试，就有可能会影响生产环境，因此就有了本次的迁移决定。

2．迁移过程

整个迁移过程分为两步，这两步都需要请阿里云后台人员介入。第一步是从迁移前到中间状态；第二步是从中间状态到迁移后。下面将分别介绍这两个步骤。

第一步：如图 21-5 所示的中间状态，与图 21-4 相比，这里多了两根线：A 应用－生产 2 到 DRDS-生产的线、DRDS-生产到 RDS-生产的线。这里的操作是将 A 应用－生产数据库挂载到 DRDS-生产实例上，由于后端的 RDS 是分离的，无需做数据迁移，因此过程很快，只需几秒钟即可完成。这一步实际上就是将 DRDS-测试中 A 应用－生产数据库的相关配置克隆到 DRDS-生产中，使这两个实例可以同时访问 A 应用－生产数据库，过程前后并不影响线上应用。

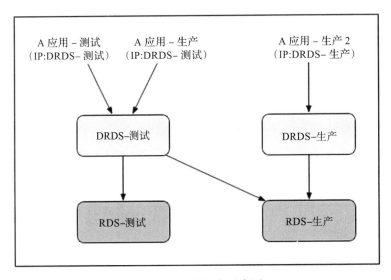

图 21-5　中间状态示意图

第二步：如图 21-6 所示，迁移后，与第一步相反，这里其实是断开两根线：A 应用－生产到 DRDS-测试的线、DRDS-测试到 RDS-生产的线。这步操作是将 A 应用－生产数据库从 DRDS-测试实例上卸载。这里的卸载操作就是将 DRDS-测试中 A 应用－生产数据库的相关配置删除。

3．注意事项

在第二步的卸载工作前，要确保应用的生产环境已经将全部的连接地址切换到了新的地址，且可以正常运行。

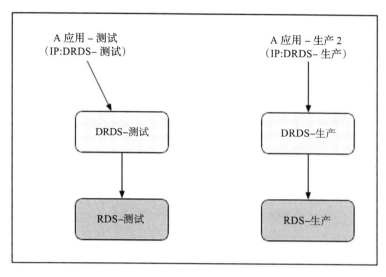

图 21-6 迁移后示意图

综上，在 DRDS 的实际使用中，为了节约资源，可以考虑多应用使用同一台 DRDS 实例（这里要求后端 RDS 是分离的）。如果监控到 DRDS 实例压力较大，可以及时迁移，应用方只需做连接地址的切换，无需做数据的迁移。

21.2.6 DRDS 平滑扩容

当逻辑库对应的底层存储已经达到物理瓶颈，需要进行水平扩展。比如，如果磁盘余量接近 30%，那么可以通过平滑扩容来改善。

平滑扩容是一种水平扩容方式，即把分库平滑迁移到新添加的底层存储上。在实现上是通过增加 RDS 实例的数量来提升总体数据存储容量，将分库迁移到新增的 RDS 实例，从而降低单个 RDS 实例的处理压力。平滑扩容的原理如图 21-7 所示。

21.2.7 DRDS DDL 拆分语法

DRDS 的分库分表能力依赖于在进行表结构定义的时候，明确其拆分规则。DRDS 提供了多样的拆分规则，包括分库、分表、小表广播等，同时也涉及 Sequence 的特殊应用方式，这里做一些简单的介绍。具体操作过程中，建议多参考相关官网文档，并进行实践，以符合企业的实际应用要求。

1. 简单举例

数据拆分是 DRDS 的核心功能，即通过特定的条件，将存放在同一数据库的数据拆分后存放到多个数据库中，用来分散单台物理数据设备的压力。

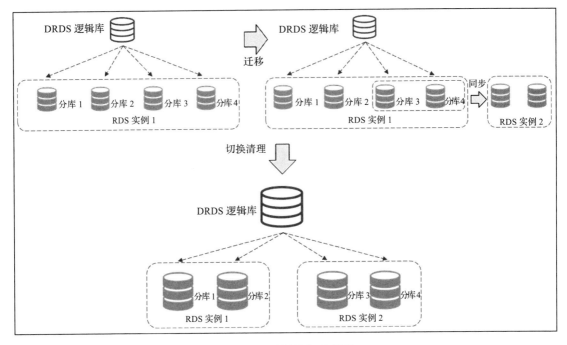

图 21-7 平滑扩容示意图

当单个数据库性能无法满足业务要求的时候，可以考虑进行水平拆分，水平拆分理论上可以达到无限水平，但现实场景中存在连接性能瓶颈，因为每增加一个数据库，都会产生数据库连接的开销。

下面通过一个例子来说明。我们在进行 DRDS 的 POC 时，有一个称为 jc 的应用，该应用部署在阿里云环境，使用的是 RDS，主要用于记录业务系统调用某接口的流水记录。在改造 DRDS 的过程中，拆分的表是 trans_log（交易日志信息，包含约 300 万行数据），拆分规则如下：

```
dbpartition by hash(B_USER_NAME) tbpartition by hash(DATE) tbpartitions 8
```

即按照业务名 BUSERNAME 拆分到 8 个 RDS 库，每个库上又按照流水日期拆分为 8 张表。

在实际生产环境，8 个 RDS 库共用一个 RDS 实例，整个系统的业务压力并不大。拆分后一周的监控显示，逻辑 QPS 基本在 4 以下，数据库 RT 平均为 1.2ms，最长为 4ms；活跃连接数维持在 1 左右；数据操作基本都可以落在一个库上，跨库操作较少。

从实际来看，jc 这个项目的数据在 RDS 库上的分布并不均匀，但在表上的分布比较均匀。按照现有增长速度，估计该设计至少能满足未来 5 年的数据存储需求。

在 DRDS 中，一张逻辑表的拆分方式是由拆分函数（包括分片数目与路由算法）与拆分键（包括拆分键的 MySQL 数据类型）共同定义的。

只有当 DRDS 的分库函数与分表函数相同并且分库键与分表键也相同时，才会认为分库与分表使用了共同的拆分方式。这样的方式可以让 DRDS 可以根据拆分键的值唯一定位到一个物理分库与一张物理分表。

当一张逻辑表的分库拆分方式与分表拆分方式不一致时，若 SQL 查询没有同时带上分库条件与分表条件，则 DRDS 在查询过程会产生全分库扫描或全分表扫描的操作。

2. 分库分表的拆分逻辑

通常，可以使用哈希函数进行分库分表的拆分。例如，要建一张表，既分库又分表，每个库含有 3 张物理表，分库拆分方式为按照 id 列进行哈希，分表拆分方式为按照 bid 列进行哈希（先根据 id 列的值进行哈希运算，将表中数据分布在多个子库中，每个子库中的数据再根据 bid 列值的哈希运算结果分布在 3 个物理表中）。

```
CREATE TABLE multi_db_multi_tbl(
    id int auto_increment,
    bid int,
    name varchar(30),
    primary key(id)
) dbpartition by hash(id) tbpartition by hash(bid) tbpartitions 3;
```

在较为复杂的情况下，也可以使用双字段哈希函数进行拆分，此时拆分键的类型必须是字符类型或数字类型。其路由方式为：根据任一拆分键后 N 位计算哈希值，以哈希方式完成路由计算。例如，对于 RANGE_HASH(COL1, COL2, N)，计算时会优先选择 COL1，截取其后 N 位进行计算。COL1 不存在时按 COL2 计算。注意，两个拆分键皆不能修改。插入数据时如果发现两个拆分键指向不同的分库或分表时，插入会失败。

```
create table test_order_tb (
        id int,
        seller_id varchar(30) DEFAULT NULL,
        order_id varchar(30) DEFAULT NULL,
        buyer_id varchar(30) DEFAULT NULL,
        create_time datetime DEFAULT NULL,
        primary key(id)
    ) ENGINE=InnoDB DEFAULT CHARSET=utf8 dbpartition by RANGE_HASH(buyer_
        id, order_id, 10) tbpartition by RANGE_HASH(buyer_id, order_id, 10)
        tbpartitions 3;
```

3. 广播表

广播表是 DRDS 的一大特色功能，企业在对数据进行分库分表以后，数据会散落在各个数据库的各个表中，此时常用的一些关联表数据就变得难以查询，那么这类数据就需要用到广播表功能。广播表是指将这个表复制到每个分库上，在分库上通过同步机制实现数据一致，有秒级延迟。

这样做的好处是可以将 JOIN 操作下推到底层的 RDS（MySQL），从而避免跨库 JOIN。需要广播的表一般要满足以下要求：

- 表的数据一般不会进行修改和删除。
- 进行表数据修改和删除的时候，不会影响业务交易。

子句 BROADCAST 用来创建广播表，语法如下：

```
CREATE TABLE brd_tbl(
    id int,
    name varchar(30),
    primary key(id)
) ENGINE=InnoDB DEFAULT CHARSET=utf8 BROADCAST;
```

4. DRDS Sequence

DRDS 全局唯一数字序列（64 位数字，对应 MySQL 中 Signed BIGINT 类型，以下简称为 Sequence）的主要目标是生成全局唯一和有序递增的数字序列，常用于主键列、唯一索引列等值的生成。

DRDS 中的 Sequence 主要有两类用法：①显式 Sequence，通过 Sequence DDL 语法创建和维护，可以独立使用，通过 select seq.nextval; 获取序列值，seq 是具体 Sequence 的名字；②隐式 Sequence，在为主键定义 AUTO_INCREMENT 后，用于自动填充主键，由 DRDS 自动维护。注意：仅拆分表和广播表指定了 AUTOINCREMENT 后，DRDS 才会创建隐式 Sequence。非拆分表并不会创建 Sequence，因为非拆分表的 AUTOINCREMENT 的值由底层 RDS（MySQL）生成。

DRDS 支持两种不同的 Sequence 特性：

1）Group Sequence 特性：全局唯一的 Sequence，产生的值是自然数序列，但是不保证连续和单调递增。

2）Simple Sequence 特性：仅 Simple Sequence 支持自定义步长、最大值和循环/非循环利用。

两种不同的 Sequence 特性比较如表 21-2 所示。

表 21-2　两种 Sequence 对比

项　　目	Group Sequence	Simple Sequence
全局唯一	是	是
连续	否	是
单调递增	否	是
同一链接内单调递增	是	是
单点	否	是
数据类型	所有整型	所有整型
可读性	好	好

关于表 21-2，有几点说明如下：
- **连续**：如果本次取值为 n，下一次取值一定是 n+1，则是连续的；如果下一次取值不能保证为 n+1，则是非连续的。
- **单调递增**：如果本次取值为 n，下一次取值一定是一个比 n 大的数，则是单调递增的。
- **单点**：存在单点故障风险。

21.2.8　DRDS 分布式事务

在分布式关系型数据库进行分库分表之后，大多数开发人员关心的是，是否还能满足单体数据库事务最基本的 ACID 特性，因为很多业务场景下，事务的 ACID 特性是评估是否选取分布式关系型数据库的重要指标。

DRDS 分布式关系型数据库将各个节点上的 RDS 数据库作为独立节点，其本身能满足事务的 ACID 特性，但是各个节点的运行相互独立，节点与节点之间相互透明。

如果想让一个落在不同节点上的操作请求保证数据一致性，那么要么每个节点的请求都成功，要么每个节点的请求都失败。同时，还要解决数据节点与节点之间相互不干扰、不等待，在客户端访问透明的情况下来满足这些特性。

DRDS 可以配合阿里云全局事务服务 GTS 来实现多个分库下的分布式事务。

在 DRDS 上，可以将事务分为两类：

1）**单机事务**：所有的事务操作都落在同一个 RDS 分库。

2）**分布式事务**：事务的操作涉及多个 RDS 分库。DRDS 目前默认支持单机事务。若需要使用分布式事务，可以申请开通 DRDS 的跨库事务的功能。

需要开启 GTS 分布式事务的 DRDS 实例必须是专享实例（共享 DRDS 实例暂不支持开通 GTS），并且创建至少一个 DRDS 数据库。DRDS 所属区域需要在 GTS 支持的范围内。目前 GTS 支持的区域包括华北 2、华东 1、华东 2、华南 1。

在申请分布式事务成功后，就可以配置 GTS 接入了。配置 GTS 接入分为两种情况：

1）**单个 DRDS 实例的 GTS 接入**：对于单个 DRDS 实例的 GTS 接入，只需要在客户端代码中需要开始分布式事务的地方加上 select last_txc_xid() 语句，即可开启分布式事务。之后的使用方式和传统单机数据库事务完全一致。

2）**多个 DRDS 实例的 GTS 接入**：如果需要将多个 DRDS 实例接入 GTS，则需要在第一个 DRDS 实例中加上 select last_txc_xid() 语句，再将其他 DRDS 实例和第一个实例的 txc-xid 进行关联。

下面以两个 DRDS 实例（datasource1 和 datasource2）的 GTS 接入为例进行说明。多个实例的接入方法类似。

在 datasource1 上执行 select last_txc_xid()，接入 GTS，并得到 xid；在 datasource2 上

执行 set txc_xid=xid，其中 xid 为 1 中获取的 xid。通过以上两步就可以把 datasource1、datasource2 放到一个分布式事务里了。

完成上述 GTS 配置之后，DRDS 的多个分库中的数据会保持强一致，根据用户业务代码的配置，要么同时提交，要么同时回滚。

DRDS 目前已支持原生分布式事务（柔性事务）[⊖]，这样可以更好地保证分布式数据库的数据一致性。

21.2.9　DRDS 的管理和维护

关于 DRDS 的管理和维护，阿里云提供了非常完善的工具和详尽的文档，我们就不赘述了。简言之，至少包括下列方面（具体内容可以查看阿里云帮助中心）：

- 查看规则和节点拓扑类语句。
- SQL 调优类语句。
- 统计信息查询类语句。
- 高危类 SQL 自动保护。
- DRDS 升级配置和扩容。
- DRDS SQL 优化及慢 SQL 排查。
- DRDS 数据备份及导入导出。

21.2.10　应用小结

在使用中，需重点关注以下问题：

- **数据迁移**：老系统改造时，应提前规划数据迁移，尤其是对于目前使用 Oracle 数据库的系统，数据迁移是非常重要的问题。
- **跨库事务**：对于必须使用事务的逻辑，需要保证事务中的几张表的分库/分表键相同，并且拆分算法相同，避免跨库事务的出现。
- **分库/分表原则以及拆分键的确认**：表拆分的主要目的还是优化业务，如果不加考虑地进行拆分处理，反而会为开发增加没必要的复杂度。应根据业务逻辑寻找最适合的拆分键，而不是凭想象选择。
- **避免跨库操作**：如果分库和分表键是同一个，在需要与其他表做 JOIN 或者在同个事务中处理时，为避免跨库操作，拆分函数应使用 uni_hash 而不是 hash。
- **广播表的使用**：对于数据量不大，可能经常与其他表发生 JOIN 操作的表，可以建立广播表。广播表会把这个表在每个 RDS 上都复制一份，以空间换时间。

⊖ 在 2018 年 4 月 27 号新版（V5.2.6-1606682）中已支持柔性事务。

关于 SQL 优化，应注意以下几点：
- 尽量把 SQL 优化成能下推到 RDS 分库中执行的语句。
- SQL 语句尽量带有分库 / 分表键，减少全库全表扫描。如果使用 IN，IN 中的参数应尽可能少。
- 在用到 JOIN 的情况下，如果都是大表，JOIN 条件必须都是分库 / 分表键，并且拆分算法相同；如果有小表，需要设为广播表，并且把它放在 JOIN 的左边。
- 对于常用的查询项，可以考虑做适当的数据冗余，减少 JOIN 操作。
- 如果有复杂 SQL，最好把它变为简单 SQL，逻辑层则在代码中实现。

DRDS 作为分布式关系型数据库，在项目初期的时候考虑是否使用它尤为重要，这可以让原本复杂的大数据存储和访问不再成为企业业务的瓶颈，为业务发展打下扎实的基础。

云厂商视角

阿里云在早期针对 MySQL 容量有限的问题，提供了多种解决方案。需要突破 2TB 数据库存储的客户面对的往往是一个典型的互联网业务场景，数据量空前庞大（某个案例下，数据库只滚动保留最近 7 天的数据，但仍约有 10TB 的数据量），在当时提供的多种方案中，最终胜出的往往是 DRDS，而不是其他方案。

这是因为 DRDS 相比其他方案（例如 OceanBase），并不是一个"先进"的分布式数据库技术，甚至可以认为是一种过渡方案，但是，它最大的优点在于，DRDS 的解决方案本身是基于传统方案向前迈出了很关键的一步，既能解决问题，又不会有太大动静。DRDS 对于大部分 DBA 而言并不是非常难以理解的技术，因此在接受度上优于那些颠覆性的数据库技术。

对于 OceanBase 这样的下一代数据库，在它所擅长的金融领域有无可比拟的优势，但是对于大部分商业用户而言，因为要使用云服务商的公共云服务，同时要兼顾现有 DBA 的使用习惯，还要控制成本，所以 DRDS 就成为公共云用户最好的选择。

就 DRDS 本身的使用看，了解其原理显得很重要，这也是为何本章用了较大的篇幅来陈述其分库分表的方案和逻辑的原因。因为在了解其原理之后，无论是数据库的设计、使用、优化，还是扩容、问题排查，都能够很快找到关键点。而且，相比于数据库底层原理，DRDS 本身的原理并不复杂（虽然从工程学角度，形成商业化产品也不是一件容易的事情）。

在选择 DRDS 方面，一般对客户的建议如下：如果一年内就有超过 RDS 承载能力的数据量，建议直接使用 DRDS，哪怕最初只挂载一个 RDS（扩容还是很容易的）；如果一年内大概率不会超过 RDS 的能力，建议先使用 RDS，当 RDS 确实快要成为瓶颈的时候，再启动迁移 DRDS 的计划。

🎯 企业视角

相对而言，DRDS 迁移风险小，基于以前淘宝的 TDDL，各个大厂在这方面的技术路线从中间件层面来看相差不大。从老应用的业务逻辑迁移到 DRDS，主要修改是分库分表和程序中的 SQL 语句，这个代价和换取得到的性能提升相对于未来水平扩展带来的好处而言，还是非常明显的。

我们鼓励应用在中小规模向大规模发展的过程中使用 DRDS，由于在技术角度很难判断业务发展的速度，所以需要未雨绸缪。

DRDS 背后还是 RDS，企业对于 MySQL 的应用能力储备是需要的，从 LAMP 概念诞生到现在，不管是否上云，都需要对 MySQL 有比较深入的了解。对于 Oracle 和对于云厂商的依赖其实都会有隐患，企业发展到一定规模，还是要熟练掌握一些核心技术，这样在应用层面才有更多话语权，反而更加自由、能上能下。

DRDS 是超越常规武器的，不像虚拟机、OSS，因为分布式数据库真正代表了云计算的能力，当我们拥有一个稳定、松耦合、可扩展的底层数据库时，才可以更多地将精力放在业务逻辑上。

从本地数据库到 RDS，再到 DRDS，务必循序渐进，且各个业务系统之间的联系因为云上/云下带来的问题，会比想象中复杂。企业的几十上百个系统不可能一夜之间都上云，甚至有很多在很长一段时间内不会上云，那么系统之间的交互、异构数据库之间的关系等都要进行设计和规划。

上云过程中，越是底层的技术，越能够带来巨大的生产力爆发，但是也会影响更多的方面。

第 22 章

数据仓库

导言:本章将介绍企业数据库仓库建设的基本概念、数据仓库如何上云,并介绍阿里云提供的 ADS、MaxCompute、Greenplum 等数据仓库产品。

22.1 企业的数据仓库建设

数据仓库是大数据技术的核心,它承载了从数据存储、数据计算,到向数据应用提供数据的全部功能。

传统数据库主要承担的是联机交易类的业务,性质更偏向于 OLTP(On-Line Transaction Processing)。OLTP 数据库更强调数据的一致性和单个事务的高速处理能力,同时需要满足高并发和高安全性的需求,偏重于同时对成百上千条事务进行处理。

数据仓库则更偏重于 OLAP(Online Analytical Processing)。OLAP 数据库更强调对大量数据的分析能力,在速度上并不需要做到实时,在并发性上也没有过高的要求,甚至有部分 OLAP 数据库完全放弃了一致性要求来换取更强的数据处理能力。

数据仓库分为三层,如图 22-1 所示。
- 源数据层(ODS 层):源表数据,尽可能用和原始数据表一样的结构存储数据。
- 模型层(DM 层):给予不同主题和模型,在原始数据上做数据聚合和归类。
- 应用层(APP 层):和外部应用绑定,按业务要求存储数据。

在图 22-1 中,数据本身产生者的特征自下至上逐渐减少,越来越贴近业务需求。

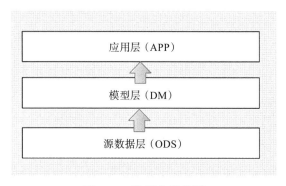

图 22-1 数据仓库分层

以汇付为例，我们在 2013 年建立了数据仓库。当时面临的问题是公司不同业务的数据散落在各自的生产系统中无法有效收集，且数据报表口径众多，经常出现同一份报表数据相差极大的情况。当时，我们认为数据仓库是生产数据的复制加上报表的集合，它要承担的是将生产上不同数据进行归类和打通的工作，同时还需要提供数据上传和修改的能力，从而为后续报表做准备。为了不影响生产系统的性能，我们基于 Oracle 的独立备库结合 BiRac 和 BIEE 建立了一套数据仓库的雏形。这套系统通过 shell 调度的方式，从各个业务中将数据抽取到一个统一的 Schema 下，在这个基础上按不同的业务需求出具各种报表，同时提供一个数据上传的窗口，可以对数据进行补充。但这套系统运行了大概 3 个月后，我们发现生产系统的数据质量存在一些问题，于是又增加了一些 Shell 调度来清洗数据。正是这套系统和处理方式使汇付实现了数据从十万级到百万级的跨越。

2014 年，随着业务系统的增多和数据量的增长，这套系统存在的问题逐渐暴露。BIEE 的处理性能在数据量达到千万级别后急剧下降，此时通过 JOIN 方式进行关联查询经常会出现无法获得结果的情况。同时，BIEE 界面开放度不够，难以自定义界面。最令人头痛的问题是随着业务系统的增加，数据表结构不可避免地会经常修改或新增，修改 Shell 调度极为麻烦且容易出错，加之数据量变大导致计算速度缓慢，曾经在 2 个月内连续出现数据无法正确完成批处理任务的情况，甚至春节期间也需要安排人员值班来监控。为了解决这些问题，脱离完全人工处理的苦海，我们尝试在数据仓库中引入一些新的东西。

- **列式数据库 Vertica**。Vertica 是 HP（现在是 MicroForcus）开发的列式内存数据库，它的千万级大表关联查询的速度是 Oracle 的数十倍、支持 JDBC&ODBC，同时 SQL 语法支持功能完善、商业化程度很高，部署监控也较为容易。
- **调度工具 Kettle**。Kettle 是一个图形化的 ETL 工具，包含丰富的程序库。我们充分利用 Kettle 界面化、自定义能力强的优点，将脚本化的 Shell 调度改为 Kettle 的 job，并制定调度规范，加入前置表的完成标签以及后续的失败通知和失败重跑机制。虽然牺牲了一小部分调度性能，但换取了更高的处理效率。

2015~2016年，除了持续优化系统、扩大数据仓库集群、完善数据接入机制外，我们还使用 Hadoop 记录非结构化数据。而且，我们意识到，数据仓库不应该仅仅是生产数据库的镜像，还应该包含更多不适合记录在生产系统中但是对分析有价值的数据。所以做了如下调整：

- 在 HBase 中记录爬虫获取的数据，通过分析引擎将数据导入 MySQL 供应用方调用。
- 在 Hive 中记录用户行为信息，为后续分析用户流失和用户行为提供依据。
- 统一数据仓库对外的数据访问接口，提供基于 HTTP API 的同步和异步访问并进行权限控制。

2016 年底至今，我们开始引入流式计算，真正将数据从产生、计算到展现的时间间隔控制在 1 分钟以内。同时，尝试应用机器学习的文本情感分析和文本分类对数据仓库中的数据进行分析，但这项技术还处于探索阶段，有待进一步完善。

在整个数据仓库的建设过程中，硬件方面最早只有两台实体机，一台部署了 BiRac，一台部署了 BIEE；中间升级为 3 节点的 Vertica 集群和 3 节点的 Kettle 集群；后期更新到 6 节点的 Vertica 集群、10 节点的 Hadoop 集群和 3 节点的 Kettle 集群。期间还经历了一次数据库硬件的全面升级。但是，我们也发现了一些问题：

- **硬件升级和维护**：目前，硬件升级换代时间大概是 3~5 年，所以要按一定周期对硬件进行升级。为了保证应用的可用性，每次升级前需要做大量的准备工作，比如，要考虑数据怎么备份、是不是要安排备份环境。硬件维护上，如果日常硬件发生问题，还需要联系硬件厂商处理。
- **集群扩容**：需要采购新的硬件进行硬件上架部署，还需要更新或部署新的数据库软件。这个工作往往是以数个月为周期的。
- **日常运维**：数据仓库的运维和生产系统的运维还有一些区别，需要安排独立的运维人员。

22.2　为什么数据仓库要上云

数据仓库是大数据技术的核心，如何部署数据中心使它保持高可扩展性和高容错性就成为一个很重要的问题。2013 年，我们的数据量大概在 10GB 左右，2015 年底增长到了 3TB，而到了 2017 年，总数据量大概在 70TB 左右，数据量增涨了 700 倍。在这个过程中，我们经历了 2 次数据仓库硬件升级，第一次在 2015 年，最终将数据仓库的服务器规模增加了一倍。整个迁移方案及后续实施经历了 3 个多月，系统停机 30 小时。第二次升级在 2017 年，由于数据仓库的服务器整体到期，所以更换了全部服务器，整个过程从硬件采购开始进行了 5 个月，为了保证中间停机时间尽可能短，我们准备了大量的备份方案和应急预案，当天停机时间为 20 分钟。

随着数据量的增长和硬件的更新换代，可以预见这个工作在未来会一直持续，所以，我们希望上云可以帮助我们解决硬件更新换代和资源扩容的问题。

此外，以下几个原因也推动了我们上云的进程。

- Vertica 在大量数据多表 JOIN 查询的表现良好，但其对于并发的支持不佳。当有大量小型 SQL 连接发起时，即使每个连接都只有短暂的查询时间，数据库也会出现明显的卡顿和堵塞现象。业务部门的反馈也反映了需求的演进：既提供秒级的查询结果，又提供处理大量短 SQL 高并发的能力。
- 传统数据库与以 Hadoop 为代表的分布式环境差异很大。很多企业无论从技术上、开发习惯上，还是投入产出比上都很难一步到位迁移成功，而云上数据仓库产品前进而不激进，演变而不突变，是一种相对缓和的选择。同时，结合 DTS 和 OSS 等服务，能与其他上云项目联动，将企业数据上下游全链路整合起来。

22.3 云上的数据仓库

除了企业在云上利用 IaaS 能力构建自己的数据仓库这种解决方案外，云上的数据仓库通常有两种选型的方向。

1. 选型方向一

利用关系型数据库（RDBMS）作为数据仓库的底层，采用传统的数据仓库模式（即 ETL+RDBMS + BI 工具）来构建一个数据仓库。云服务商提供的 OLTP 数据库对于大规模的数据仓库而言通常不是特别合适，这时可以考虑那些对数据仓库友好的 RDBMS，例如阿里云提供的两类 HybridDB 服务：HybridDB for PostgreSQL 及 HybridDB for MySQL。同时配合云服务商的 IaaS 服务和一些 PaaS 工具来构建自身的数据仓库平台。

这个模式和传统的数据仓库在技术栈上是基本一致的，区别仅仅在于使用了一些云服务商的 PaaS 服务来取代原本自建的数据库、数据集成工具、大容量存储方案等。

例如，在图 22-2 中，虽然使用 HybridDB，但仍然依赖于原本的 ETL 工具，或云服务商的数据传输工具。

而在图 22-3 中，云服务商提供的 BI 工具降低了企业购买和部署 BI 应用的成本。

2. 选型方向二

利用服务商提供的全套云上数据仓库方案，这个方案中通常集成了云服务商提供的大数据平台以及相关的工具，由于大数据平台的能力通常覆盖了数据仓库的所需，因此这种解决方案对于企业而言是一种一站式的解决方案。

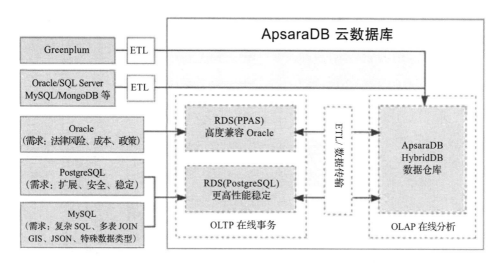

图 22-2　HybridDB 服务

这个模式通常会导致企业数据仓库的技术栈和传统方案有所不同。以阿里云的 MaxCompute 为例，这个产品对 ETL（Extract、Transform、Load）工具的依赖度非常低，除了在 E 和 L 阶段需要用到 ETL 工具外，T 的过程是在 MaxCompute 内完成的，而不是在 ETL 平台上完成的。

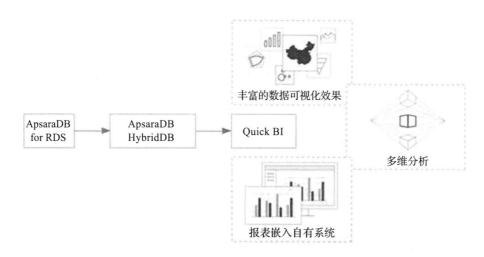

图 22-3　HybridDB 服务

图 22-4 是基于 MaxCompute 的云上数据仓库架构，其中涉及数据集成、数据处理和最终的结果展现。

对于一些轻量级的数据仓库需求，云服务商也会提供一些其他方案。例如，阿里云的分析型数据库（AnalyticDB，原 ADS）就是这样一种实现方案。ADS 是一种高并发低延时的

PB 级实时数据仓库，全面兼容 MySQL 协议以及 SQL:2003 语法标准，可以在毫秒级针对万亿级数据进行即时的多维分析透视和业务探索。

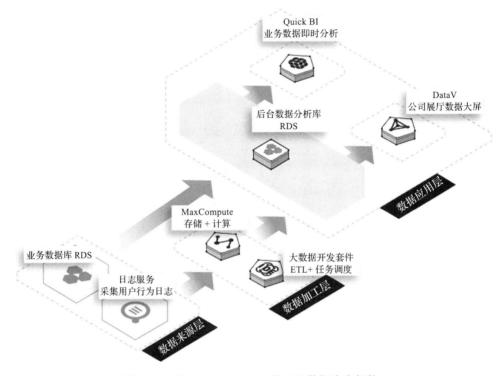

图 22-4　基于 MaxCompute 的云上数据仓库架构

ADS 实际上是对标第一类方案中的 OLAP 或混合型数据库的，因此如果抛开云上的其他服务能力单独使用 ADS，相当于选择了一个云服务商的 OLAP 数据库，并使用传统的 ETL+RDBMS（这里换成了 ADS）+ BI 工具的模式。对于那些只是面向 BI 分析的数据仓库且没有潜在的大数据要求的场景，仅仅使用云服务商的 OLAP 数据及其配套方案，而不使用云服务商完整的大数据平台，也是一种理想的选择。

22.4　数据仓库的技术选型

从数据仓库的作用来看，如何有效存储和分析结构化和非结构化数据是一个长期的话题。数据库在这个过程中经历了较大的演变，从传统的关系型、事务型数据库中分离出一系列数据库，它们对数据的装载和处理能力更强，能兼容多种数据格式，提供更多的数据处理方式，同时也会牺牲一些事务处理能力和速度。这类数据库可以归类为分析型数据库。

常见的分析型数据库如下：

- **Greenplum**：世界上第一个开源的分布式大数据平台，能够提供 PB 级的数据存储和分析能力。它采用 MPP 架构，对于各节点的数据可以快速加载，横向扩展能力强。
- **Hive**：基于 Hadoop 的数据仓库工具，可以将结构化数据映射成一张关系表。它可以使用 SQL 读取、写入和管理数据，提供命令行工具和 JDBC 驱动程序。
- **Vertica**：一个真正的纯列式数据库，采用 MPP 架构。内存计算出色，拥有高性能、高压缩性、高健壮性的特点。
- **clickHouse**：开源的分布式列式数据库，自称性能超越目前面上所有的列式数据库。

分析型数据库的选型和使用对于数据仓库来说非常重要，需要考虑三个方面：

- **性能**：除了要具有常见的查询、分析功能，对于越来越复杂的数据分析需求也应提供支持，同时还要面对未来可能出现的数据爆发性增长，因此需要优秀的扩展性。
- **功能**：对 SQL:2003 语句应有良好的支持性，能满足 SQL:2003 标准，并且加入更多的自身数据库特性。
- **对外接口**：需要提供基于 JDBC、ODBC 连接方式。

除了数据库选型，数据仓库在上云过程中，还需要考虑如下几点：

1) **存量数据的导入**：数据仓库的数据往往以 PB 级计算，应使用什么方式将存量数据传输到云上？

2) **增量数据的加载**：如果业务系统不在云上，增量的数据如何快速加载进数据仓库？

3) **数据仓库的调度的迁移**：选型完成后，如果云上数据库的特性与原数据库的特性无法完全一致，如何迁移数据调度脚本？

基于以上考虑，我们在第一次设计后得到如下方案：云上数据库考虑使用阿里云 ADS。数据仓库的上云流程如图 22-5 所示。

22.4.1 ADS

阿里云 AnalyticDB 是一套实时 OLAP 系统，其数据存储模型采用自由灵活的关系模型存储，基于云计算技术，拥有强大的实时计算能力，是一种高并发低延时的 PB 级实时数据仓库。它全面兼容 MySQL 协议以及 SQL:2003 语法标准，可以针对万亿级数据进行毫秒级的即时多维分析透视和业务探索，可以使用标准 SQL 对现有的商业智能 (BI) 工具和 ETL 工具经济高效地分析所有数据。

ADS 的使用场景如下：

- 海量数据下的 CRM\DMP 业务。
- 报表型大数据产品。
- AD-HOC 类大数据产品。
- 需要频繁交互和分析的内部 BI 系统。

- 将海量数据直接对接业务系统的应用。
- 替换传统企业内部的 OLAP 系统。

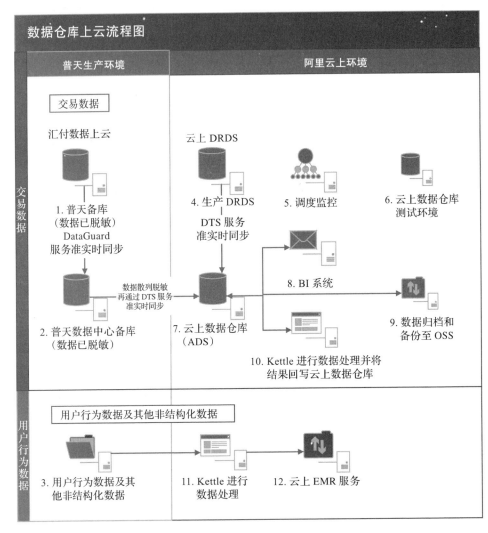

图 22-5　数据仓库上云流程图

ADS 具有以下优势：

- 快——AnalyticDB 运用新一代超大规模的 MPP+DAG 融合引擎，采用行列混存技术、自动索引、智能优化器，在瞬间即可对千亿级别的数据进行即时的多维度分析透视，快速发现数据价值。AnalyticDB 对复杂 SQL 的查询速度比传统的关系型数据库快 10 倍。此外，AnalyticDB 还可以快速扩容至数千节点的超大规模，进一步提升查询响应速度。

- 灵活——AnalyticDB 具有极度灵活的存储和计算分离架构，可以随时调整节点数量并动态升降配实例规格。AnalyticDB 同时支持在大存储 SATA 节点和高性能的 SSD 节点灵活切换。例如，可以从 8 个 C4 升到 12 个 C8，或从 12 个 C8 降到 8 个 C4，使企业真正做到灵活控制成本。
- 易用——AnalyticDB 作为云端托管的 PB 级 SQL 数据仓库，全面兼容 MySQL 协议和 SQL：2003，通过标准的 SQL 和常用的 BI 工具以及 ETL 工具平台即可轻松使用 AnalyticDB，从而帮助企业降低实时数据化运营的建设门槛。
- 超大规模——AnalyticDB 是全分布式结构，无任何单点设计，数据库实例支持 ECU 节点动态线性扩容至数千节点。它可以通过横向扩容来大幅度提升查询 SQL 响应速度并增加 SQL 处理并发度。
- 高并发写入——写入能力可以从最小规模的 10 万 TPS，通过横向扩容节点提升至 200 万 +TPS。实时写入数据后，约 1 秒左右即可完成查询分析。单个表最大支持 2PB 数据，十万亿记录。传统的数据仓库通常是离线 Load 数据模式，不具备实时高并发写入能力。正是由于 AnalyticDB 具备实时写入能力，才使得其数据分析时效性非常高。

22.4.2　MaxCompute

阿里云大数据计算服务（MaxCompute，原名 ODPS）是阿里云提供的一种安全可靠、高效能、低成本、GB/TB/EB 级别按需弹性伸缩的大数据计算服务。MaxCompute 提供了大量的大数据开发工具、完善的数据导入/导出方案和多种经典的分布式计算模型，能够最快速地解决海量数据计算问题，降低企业大数据平台的总体成本，提高大数据的引用开发效率，保障数据在云计算环境中的安全性。

如图 22-6 所示，MaxCompute 系统由三部分组成：Reader、Writer 和 Channel。Reader 负责从数据源抽取数据，Writer 负责向目标源写入数据，Channel 用于数据传输。抽取与写入由单独的模块负责，便于扩展。独立的 Channel 使异构数据交互变得更加容易并使传输的稳定性更有保障。

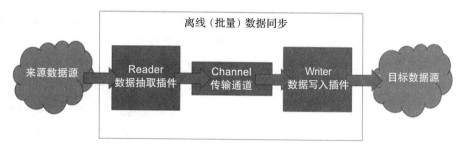

图 22-6　MaxCompute 系统组成

MaxCompute 有几个明显的特点：开通就用、规模效应带来的高性能低成本、数据安全可靠、满足多种数据场景、提供了多种接口和第三方工具。

作为阿里集团统一的数据平台，MaxCompute 提供了包括淘宝、天猫等业务的数据整合与打通功能。同时满足高性能（PB 级数据处理，超越类似产品）、高可靠（多点容灾，集群调度）、多功能（离线运算与实时运算，多种非结构化数据及其转化）、高扩展性（单机群过千，10+ 地理位置），高安全（资源隔离，多租户细颗粒度权限管控等）方面的要求。

MaxCompute 与 Hadoop 的高可用架构类似，但能实现额外的功能，包括 SQL 支持、异构文件存储计算、列级颗粒度访问控制等，还能提供高性价比的存储和计算服务，再加上搭配使用的一些周边系统，是用来替换原有传统企业数据分析平台的较好选择。

需要注意的是，MaxCompute 适用于实时性要求不高的场合，它的每个作业的准备、提交等阶段都要花费较长时间，因此要求每秒处理几千至数万笔事务的业务是不能用 ODPS SQL 完成的。

MaxCompute 常用的接入方式有三种，分别是：

- MaxCompute 自带的 Tunnel 工具：用于全量数据的首次导入。
- Dataworks 数据同步组件：用于离线数据的接入，支持关系型数据库、NoSQL 数据库、FTP 方式的文件接入及 OSS 等。
- Datahub 组件：用于实时数据接入，支持关系型数据库、通用日志接入组件（flume/logstash 等）。

Tunnel 既可以部署 MaxCompute 客户端通过命令行进行数据导入，也可以通过 Tunnel 提供的 SDK 自行编写 Java 工具。客户端提供的方法是基于 Tunnel SDK 进行的二次开发。企业可根据应用场景选择合适的方法。

Dataworks 数据同步组件支持多类数据源。导入/导出功能可覆盖大部分应用场景，接入的调度可与 Dataworks 调度组件无缝集成，使用便捷、有容错机制。Dataworks 作为公有云组件在数据接入时需根据实际情况选择网络环境。

支持的数据源包括：文本存储（FTP/SFTP/OSS/ 多媒体文件等）、数据库（RDS/DRDS/MySQL/PostgreSQL 等）、NoSQL（Memcache/Redis/MongoDB/HBase 等）、大数据（MaxCompute/AnalyticDB/HDFS 等）、MPP 数据库（HybridDB for MySQL 等）。数据集成组件支持大部分数据类型，但也存在不支持部分类型的情况，使用过程中需要注意。

Oracle Reader 和 MaxComputer Writer 支持的数据类型如图 22-7 和图 22-8 所示。

MaxCompute 数据同步任务有两种开发模式：向导模式和脚本模式。向导模式基于图像化页面完成数据的抽取与写入。脚本模式根据组件内部规则编写 JSON 格式脚本完成数据的抽取与写入。需要注意的是，向导模式可转换成脚本模式，转换后不能再转回向导模式。

类型分类	Oracle 的数据类型
整数类	NUMBER、RAWID、INTEGER、INT、SMALLINT
浮点类	NUMERIC、DECIMAL、FLOAT、DOUBLE PRECISON、REAL
字符串类	LONF, CHAR, NCHAR, VARCHAR, VARCHAR2, NVARCHAR2, CLOB, NCLOB, CHARACTER, CHARACTER VARYING, CHAR VARING, NATIONAL CHARACTER, NATIONAL CHAR, NATIONAL CHARACTER VARYING, NATIONAL CHAR VARYING, NCHAR VARYING
日期时间类	TIMESTAMP, DATE
布尔类	bit, bool
二进制类	BLOB, BFILE, RAW, LONG RAW

图 22-7　Oracle Reader 针对 Oracle 类型转换表

类型	MaxCompute 的数据类型
整数型	bigint
浮点型	double，decimal
字符串	string
日期	datetime
布尔型	Boolean

图 22-8　MaxCompute Writer 支持 MaxCompute 中的数据类型

MaxCompute 的优势如下：
- 完全托管的 GB/TB 级数据仓库解决方案，性能优异。
- TB 级的数据导入 / 导出速度较快，且速度可扩展性高。
- 列式存储，能节约空间。

MaxCompute 的劣势如下：
- 计费价格与查询挂钩。
- 不支持事务 / 索引 /Update，语法区别较大，并有一些限制。
- 只支持从阿里云提供的客户端来登录。

MaxCompute 其他相关注意事项如下：

1）MaxCompute 客户端是阿里云自研的，无法使用常见的数据库软件。

2）Project 是用户管理数据和计算的单位，也是计费的主体（类似 Hive 的 use db）。

3）导入数据的方式有 Tunnel 命令（阿里云特有）、Kettle 的 MaxCompute 插件和 Sqoop 等。

4）查询语句上的限制需要参考帮助文档。

22.4.3 Greenplum

Greenplum 是一个面向数据仓库应用的关系型数据库，它基于流行的 PostgreSQL 开发，具有良好的体系结构，在数据存储、高并发、高可用、线性扩展、反应速度、易用性和性价比等方面有非常明显的优势。

从本质上讲，Greenplum 是一个关系型数据库集群，它实际上是由数个独立的数据库服务组合成的逻辑数据库。与 Oracle RAC 的 Shared-Everything 架构不同，Greenplum 采用 Shared-Nothing 架构，整个集群由很多个数据节点（Segment Host）和控制节点（Master Host）组成，其中每个数据节点上可以运行多个数据库。

Shared-Nothing 是一个分布式架构，每个节点相对独立。在典型的 Shared-Nothing 中，每一个节点上所有的资源（CPU、内存、磁盘）都是独立的，每个节点只包含全部数据的一部分，也只能使用本节点的资源。基于对 Shared-Nothing 分布式架构的分析，Greenplum 高效处理 I/O 数据吞吐和并发计算的过程如下：需要存储的数据在进入数据库时，将先进行数据分布的处理工作，将一个表中的数据平均分布到每个节点上，并为每个表指定一个分发列（Distribute Column），之后便根据 Hash 来分布数据。

基于 Shared-Nothing 的原则，Greenplum 的处理方式可以充分发挥每个节点的 I/O 处理能力。在这一过程中，控制节点（Master Host）不再承担计算任务，而只负责必要的逻辑控制和客户端交互。I/O 瓶颈的解决为并行计算能力的提升创造了良好的环境，所有节点服务器组成一个强大的计算平台，能够实现快速的海量并行运算。Greenplum 在数据仓库、商业智能的应用上，尤其是在海量数据的处理方面性能极其优异。

进入大数据时代以后，Greenplum 的性能在 TB 级别数据量上表现非常优秀，单机性能相比 Hadoop 快好几倍，在功能和语法上要比 Hadoop 上的 SQL 引擎 Hive 好用很多，普通用户更加容易上手。

Greenplum 具有完善的体系，不需要像 Hive 那样花太多的时间和精力进行改造，非常适合作为一些大型数据仓库的解决方案。

Greenplum 能够方便地与 Hadoop 进行结合，直接把数据写在 Hadoop 上，并且能够直接在数据库上写 MapReduce 任务，同时配置简单。

Greenplum 的优势如下：

- 开放弹性架构：Greenplum 具有真正无共享的海量并行处理架构，采用工业标准的 X86 平台，云服务器资源按需分配，按需使用集群、按需缩放集群规模。
- 简单易用：Greenplum 兼容 NoSQL，用户可直接使用 SQL 操作 JSON 和 XML 类型的数据。它通过 PostGIS 插件支持空间数据类型和相关的空间函数，实现精确的地理定位；它支持多种插件，用户可以轻松地通过插件满足各种应用场景的需求；支持 OSS 云存储扩展，可实现存储空间无限扩展。它能够与阿里云的其他主流产品无缝集成，使用户轻松实现复杂的业务功能。

- 性能卓越：Greenplum 支持行列混合存储。在 OLAP 分析时，列存储的性能相比行存储最多可提高 100 倍。它支持高性能 OSS 并行数据导入，可避免单通道导入的性能瓶颈；采用基于成本的 SQL 查询优化器，多表关联查询性能比 MySQL 高数倍。
- 在线线性扩展：在 Greenplum 中，增加节点可线性增加存储、查询和加载性能。同时，它支持在线扩容，扩容期间保证系统继续对外提供服务。
- 拥有成本可控：Greenplum 的成本按节点数线性成长，企业初期投入和后续扩容的成本可控。
- 海量并行处理：Greenplum 支持 PB 级的数据处理、存储和访问。在数据加载、处理、访问等各个环节能够最大化发挥并行处理能力。
- 优秀混合负载：Greenplum 能够按需分配资源（CPU、内存、IO）、智能定义规则、动态调整资源。
- 极速智能分析：Greenplum 深度整合高级分析模块，如 SAS、Madlib 等。同时，与 Hadoop 无缝集成，专为传统商业智能分析和大数据分析进行应用优化。
- 平台持续可用：Greenplum 通过数据镜像、硬件冗余等多种容错技术保证系统高可用，故障切换和恢复对用户透明、扩容期间可持续对外服务。
- 安全稳定：Greenplum 支持分布式 ACID 数据一致性，能实现跨节点事务一致。所有数据通过双节点同步冗余，SLA 保障 99.9% 可用性；采用主备架构，实现用户无感的故障转移和容灾备份；采用分布式部署，实现计算单元、服务器、机柜三重防护，提高重要数据基础设施保障；支持 SQL 审计，身份隔离深入到字段级别；支持 IP 白名单防 DDoS 攻击。
- 易于管理维护：Greenplum 具有直观的图形化界面，能实时进行状态监控，最大限度减少管理员的日常管理和维护工作。

现在使用的 Vertica 需要相对昂贵的软件 License 费用，按容量计算的 License 费用与企业的数据爆炸现状形成了主要矛盾。而云上 Greenplum 基于开源 Greenplum 版本，没有 License 费用，可以将节约的费用用于提升服务器性能上。

云上 Greenplum 具有标准的多活结构，没有单点故障的节点。同时，云上 Greenplum 的运维是由阿里云团队统一负责的，在排除故障的经验和处理效率上要远优于公司内部运维人员，因此可以节省运维费用，也不用担心复杂的 Greenplum 运维问题。

云上 Greenplum 支持弹性伸缩。若企业发现购买的实例数过多、性能空闲时，可以提交工单进行实例的收缩，此时服务并不会中断，因为是基于多活节点的接管，因此无需服务中断，可进行自由的伸缩服务。

云上 Greenplum 可选择高性能的 SSD 盘作为存储节点，在此基础上，读写的速度是普通磁盘的 4～10 倍，能够提供低延迟的读写体验。用户可以将历史数据保留在 OSS 的廉价磁盘上，通过外部表来进行访问，在控制成本的同时提供很好的性能。

下面分享一下关于 Greenplum 的测试过程。我们对 Greenplum 的测试相对来说比较顺利。

首先，阿里云 Greenplum 是对传统 Greenplum 进行定制化而成的一款云上数据仓库产品，没有异步处理时的不一致问题。很多功能（如 JSON 支持、GIS 地理分析支持等）与我们现有的埋点和 IP 归属场景相契合。

其次，数据导入的速度比较理想，采用 copy 文件导入的方式，速度在每秒 20 万条左右，远高于现在的 Vertica/Oracle 导入速度。copy 也有较为完善的错误处理机制，排错相对方便。但是对于 Kettle 的表输出功能支持较弱，输出速度较慢，需要将现有的表输出改为插入语法，因此开发量非常大。

最后，在多表 JOIN 方面，在算力充足的硬件支持下，结合良好的表结构设计和关联条件设计，Greenplum 能够提供不亚于 Vertica 的高效率多表 JOIN 输出能力，虽然在单表统计上还达不到 Vertica 秒级的速度，但是这类需求相对较小。

如果用 Greenplum 替换数据仓库环境，会带来以下问题：
- 部分的 SQL 重写，表可以不重构，但可能造成查询时性能下降。
- Kettle 的表输入/表输出功能受限，大量数据的输出要使用 insert into。
- 现有的查询工具 DB Visualizer 在某些场景下会出现界面不正常的情况，推荐使用 PGadmin3。
- Greenplum 还不支持 DRDS 数据直接导入，需要 SDK 封装；也不支持 Oracle 到 Greenplum 的数据实时同步。暂无计划加入 DTS 同步。
- 需要定时进行系统空间 vacuum 回收（每日进行，不影响读写，会使资源使用率上升）和 reindex 重分布（每周进行，会影响当前重分布的表和索引，会使资源使用率上升），否则性能会有所下降。

云厂商视角

目前，在企业中强调大数据平台比强调数据仓库更为流行。而实际上，对于大部分企业而言，数据仓库的重要性要大于大数据平台，因为数据仓库在绝大部分情况下是大数据应用的数据基础，如果一个企业连数据仓库都无法正确建立，那么很难设想它能够做好大数据平台。

由于传统的数据仓库大多依赖于传统的数据库技术，而云上的数据库技术在早期并没有顾及到这部分，因此企业数据仓库（尤其是一个已经构建好的数据仓库）在上云过程中，除非采用基于弹性计算自行构建的模式（这也是不推荐的上云模式），否则总是会面临很多问题，这些问题会覆盖数据仓库生命周期的整个过程。

如果数据仓库平台需要迁移上云，并且希望使用云服务商提供的方案，那么一种合理的模式是收集云服务商提供的各类数据仓库解决方案，并且进行有针对性的测试和验证工作。如果企业没有那么多的资源来进行这项工作，那么另一种较为简便的方案是由云服务商的售前工程师根据实际业务情况推荐 1~2 个方案，从推荐的方案开始验证，并根据实际测试情况调整数据仓库的应用方案，使用一些外围手段来规避云服务商产品和需求之间的差异。

由于云服务商提供的数据库种类和数据仓库解决方案比较多样，一般而言在完成 ROI 分析之后，使用云服务商提供的方案整体上 TCO 会更低，这种更低有时候意味着一些原本要投入到数据仓库扩容、优化、建设等方面的成本，可以部分转移给数据仓库应用的开发团队来调整其技术栈，这就需要企业内部进行更加充分的评估和协调。

企业视角

数据仓库不是一个新名词，但是过去数据仓库和大企业、耗时长、投资高等名词联系在一起，让开发人员望而生畏。随着数据时代的来临，不管企业规模如何，在整个商业活动中都会产生大量数据，因此数据仓库的建立越来越平民化。企业对自己的数据要有一个清晰的策略。数据仓库也远不是一个报表工具的后端，而是企业所有数据的汇总，用现在时髦的名词来说，就是"数据中台"，其建设、使用和发展的策略、方法与传统报表中心、数据仓库等有很大区别。

云厂商在数据仓库能力上有天然优势，因此累计和输出了许多相关产品。企业可以直接使用云厂商这方面的基础能力，根据自己的业务模型来进行构建。建立数据仓库时，要对数据的时间采集窗口、重要数据的加密/脱敏、数据一致性保证、数据可回溯性、数据的访问压力等很多问题做出清晰的规划，然后再选择相关技术进行实施。数据仓库的建立既是一个复杂的技术项目，更是一个业务项目，理论上，它应该连接所有产生数据和使用数据的产品。可想而知，在一个动态的企业 IT 环境中，这个难度有多大。但难度大，才有挑战！

第 23 章 Chapter23

大数据平台

导言：本章将回顾大数据的基本概念，介绍云上大数据平台。同时，我们会探讨数据仓库、人工智能和大数据之间的关系，并给出使用云上大数据平台的一些建议。

23.1 企业的大数据建设

> 从数据的类别上看，"大数据"指的是无法使用传统流程或工具处理或分析的信息。它定义了那些超出正常处理范围和大小、迫使用户采用非传统处理方法的数据集。
> ——城田真琴《大数据的冲击》

每个人对大数据都有自己的看法，业界普遍认同的大数据定义如下：

大数据（Big Data）是指"无法用现有的软件工具提取、存储、搜索、共享、分析和处理的海量的、复杂的数据集合。"业界通常用 4V（Volume、Variety、Value 和 Velocity）来概括大数据的特征，即数据体量巨大、数据类型繁多、数据价值密度低和数据处理速度快。（有些说明中还会增加一项真实性（Veracity），成为 5V。）

对于企业来说，大数据可以带来一场巨大的商业变革。

> 人们不再认为数据是静止和陈旧的。但在以前，一旦完成了收集数据的目的之后，数据就会被认为已经没有用处了。比方说，在飞机降落之后，票价数据就没有用了（对谷歌而言，则是一个检索命令完成之后）。
> ——维克托·迈尔-舍恩伯格《大数据时代》

我们可以在洞察数据的基础上，对信息进行分析。和传统数据相比，大数据有以下几点不同：第一，可以带来更多可分析的数据，甚至可以分析与某一现象相关的所有数据，而不是通过随机采样分析。第二，由于数据量极大，以至于我们不再追求精确度。第三个不同是前面两个不同促成的，我们不再追求因果关系。例如，对于电商的商品推荐系统，在没有大数据的时候，会根据消费者的浏览记录、购买记录为他推荐商品，但这种推荐往往是不精准的。利用大数据，电商可以从消费者的年龄、性别、地域、爱好、聊天记录、浏览记录、历史上网记录等信息中发现消费者可能感兴趣的商品，并生成推荐，从而大大提高准确度。有的企业现在甚至能通过大数据做出预测，提供智能投资顾问功能，给投资者提供详细的投资操作建议。

虽然在大数据建设中，数据仓库的建设是极为重要的一个部分，一个优秀的数据仓库可以为大数据平台提供完善的数据储备资源，使得大数据项目迅速得以开展。但是，大数据平台和数据仓库是不同的，企业即使已经构建了数据仓库，也并不意味着可以平滑地转变为一个大数据平台。

现在关于数据仓库和大数据平台的书籍已经有很多了，这里并不想赘述这两者的概念和技术，但是如果企业在构建大数据平台的时候有上云的计划，那么这方面工作仍然有其独特之处。

23.2 大数据平台的选择

对于一个中等规模的企业，在不考虑上云的情况下，选择一个大数据平台是非常容易做出的决定，通过 Hadoop 生态就可以实现（如图 23-1 所示）。这个开源大数据生态体系没有什么 License 成本，对服务器的要求也不那么高，相关的资料很丰富，也容易从市场上招募到相关能力的技术人员。如果企业要构建一个规模不太大的大数据平台，通过 Hadoop 是很容易构建的。

在构建好这样一个大数据平台之后，通常会遇到两类问题：一类问题是，Hadoop 生态往往比想象的复杂，最初招募的技术人员往往更熟悉平台的安装和搭建，而不是真正进行大数据开发，而要做面向业务的大数据开发就需要继续扩展这个大数据平台，引入更多的组件。虽然组件基本上都是开源的，但是平台复杂度、对 IT 基础设施资源的要求、对人员的要求等会造成项目难度升级。

另一类问题是，大数据平台不是孤立存在的，需要其上游系统提供大量的数据来支撑大数据平台的应用，同时要对接各类下游应用以发挥大数据的价值，这就使得大数据平台周边的企业系统生态也要随之变化，因此同样会对平台复杂度、IT 基础设施资源、人员产生更高要求。

图 23-1　Hadoop 生态示意图

我们观察到在很多情况下，企业通常很难做好一个大数据平台。虽然有一些精英化的团队能够构建起一个相当不错的大数据应用，但是企业级的大数据平台总是因为最初的设想过于简单和理想化，导致实际应用的时候，理想和现实无法匹配到一起。这是上面两类问题所造成的，企业不能过于关注大数据平台本身，而忽略它需要的满足业务需求，以及与系统生态进行对接。

23.3　云上的大数据平台

近几年，企业在构建其大数据平台的时候，会同时提到云计算。早期，云服务商总是将云计算和大数据放在一起讲，使得两者之间的关系深入人心（其实两者之间的关系没有那么密切）。于是，企业在大数据平台的选型过程中，自然会想到是否使用云计算技术作为大数据平台的底层技术设施，或者构建一个特定用途的大数据云。

一般而言，可供企业选择的云可以用表 23-1 来概括。

表 23-1　企业大数据平台的选择

	专有云 / 私有云	公共云 / 公有云
开源体系	各类基于 Hadoop 的大数据云平台	基于 Hadoop 的公共云大数据平台
商用平台	特定服务商的大数据平台，部署在客户机房	特定服务商的云大数据平台，云服务方式

企业在一种情况下更容易选择专有云 / 私有云的方案：企业的实际生产数据主要落在线下 IDC 机房，同时又有足够的资源储备（资金、人员等）来构建自有的大数据平台。

关于云计算平台提供的弹性能力在这里不再阐述，企业一般可以在遇到以下两种情况时会选择使用云上的大数据平台：

- 第一种情况：企业的主要系统在云上，不再投入资源建设 IDC，因此使用云上的大数据平台和应用系统维持相同的云计算平台。
- 第二种情况：企业的主要系统虽然在云下，但是需要利用云上的弹性能力，因此采用公共云平台的大数据服务，通过多种模式进行数据云上 / 云下的数据集成。

现在的云计算平台提供的大数据计算服务通常有两种方案。

（1）开源体系，也就是 Hadoop 生态下的方案

这种方案下，云平台提供 IaaS 资源，并为企业安装好整个 Hadoop 体系，企业主要针对 IaaS 资源付费，又能享受到 PaaS 的服务，从而节省前面提到的平台搭建和部署的成本，将更多的资源投入到大数据应用的过程上。在阿里云的体系下，这个方案对应的产品是 E-MapReduce，它是一种基于开源生态，包括 Hadoop、Spark、Kafka、Flink、Storm 等组件，为企业提供集群、作业、数据管理等服务的一站式企业大数据平台。

其购买控制台如图 23-2 所示。

图 23-2　E-MapReduce 购买示意图

这样的方案和企业自己用 ECS 来搭建 Hadoop 平台所需成本类似，但是另一方面，除了云服务商提供的额外服务能力外，云服务商还提供了一些产品之间的集成，例如阿里云

的 E-MapReduce 集群基于 Hadoop 的生态环境来搭建，同时可以和阿里云的对象存储服务（OSS）、云数据库（RDS）等云服务进行无缝数据交换。其他服务商也是类似。

（2）云服务商特有的大数据平台

不同的云服务商有各自的产品，在国内，阿里云的 MaxCompute（原名 ODPS）推出比较早，相对比较知名。由于阿里巴巴集团和蚂蚁金服使用同样的技术来做大数据平台，因此该产品是比较稳定和持续的。目前，MaxCompute 的生态从官网、社区，再到外部各类内容的分享，已经比较完整。从能力上来说，2017 年 10 月 12 日的杭州云栖大会上，BigBench 数据规模首次扩展到 100T；流计算 2.0 每秒峰值达到千万 QPS，整体链路延时在亚秒级；E-MapReduce 与同类产品平均性能相比提升了 3 倍，也能证明其强大之处。

如果将 Hadoop 比喻为智能手机操作系统中的 Android，那么各个云平台的大数据服务就像是大家都在争取构建一个 iOS 了，这样的平台强调的是其超越开源架构的强大计算能力和完整、有序的商业生态。是否选择这样的平台，一方面取决于企业对云平台的信任关系和依赖关系（长期使用某个服务商的云平台，并且相对满意的话，再使用其大数据平台往往效果会很理想）；另一方面取决于企业的 ROI 分析，目前，云服务商提供的大数据平台比基于弹性计算的 Hadoop 方案更具有弹性，与自身的产品整合较好，费用上也会更加节省；最后也是最重要的一点是这个平台的技术成熟度，如果一个平台有大量的成熟案例可供复制，那么这就是开源体系所无法提供的能力。

当然，使用这样的平台一定会被诟病存在某种技术绑定关系。使用任何技术平台（包括开源平台）都是一种绑定，从 Android 与 iOS 的例子看，两种模式都可以生存得很好，关键看应用场景。在目前这种技术相互依赖的体系下，企业能够快速从外部获得能力有时候更为重要（否则很难解释 Oracle 为什么那么畅销，尽管与 Oracle 的绑定某种程度上已经成为很多企业的痛点）。如果担心平台的绑定问题，那么可以更多地考虑兼容性的情况，即仔细查阅云服务商的自研大数据平台与其他体系的兼容性，如果兼容性较好，那么至少更换平台的代价并不大（正如即使使用 Oracle，如果规范地使用 SQL 语句，那么更换带来的负担也并不重）。

从图 23-3 中阿里云对 MaxCompute 的说明来看，显然强调了这个平台的两大特征：一个是 MaxCompute 作为一站式大数据方案的核心，也是整个生态的核心；二是这个平台与其他阿里云产品的整合能力。所以，如果企业的整个系统都基于某个云服务商的产品，那么建议在考察大数据平台时优先考察该云服务商提供的平台。

23.4 控制台、开发工具和数据集成

如果企业选择了云上大数据平台，那么接下来就面临管理控制台、大数据开发工具和数据集成三个方面的问题。

图 23-3　MaxCompute 说明图

如果使用开源方案，那么在管理控制台方面，一般需要使用云服务商提供的管理控制台。这种一站式控制台相比自建的 Hadoop 的管理界面功能更为强大。如果再加上与云平台其他资源共享的能力，如子账号、费用结算、工单等方面的考虑，显然云服务商的管理控制台比自建的平台能力更加完善。

对于开源体系，除了提供一些便利的控制工具之外，通常云服务商不会提供额外的开发工具，企业可以仍然使用 Hadoop 体系对应的开发工具，使用方式与云下并没有本质的差异。

但是，通常在数据集成方面存在一定的不同，常规的数据集成手段依然是可用的，这一点和自建没有什么区别。云服务商一般会保持其 Hadoop 平台与其他产品之间的无缝对接，使数据集成的过程更为容易（如图 23-4 所示）。

在混合云模式下，如果企业选择云上的 Hadoop 平台，从技术角度来看，可以比较容易地保持云上/云下的一致性。通过专线或 VPN 的方式，云上的业务数据和大数据处理结果可以传输到 IDC 中，反之亦然。虽然最佳做法是云上的业务系统和大数据平台直接互联，但是如果企业看重云计算平台提供的各种能力，将云下数据传输到云上进行计算也是常见的选择。

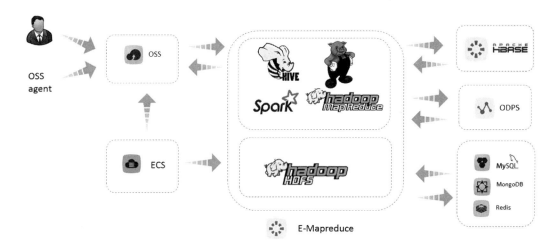

图 23-4　阿里云产品对接 Hadoop

企业选择 Hadoop 平台通常意味着企业有这方面的专家，所以上面表述得比较简单。实际上，如果企业选择云服务商提供的自研大数据平台服务，那么情况会比预期更好、更理想。

前面提到过，云服务商能提供一个自研的大数据平台，但如果没有这个平台相关的丰富的生态，这个平台也很难存活下来。一个能够一直提供对外服务并有着大量案例的云服务商的自研大数据平台，意味着它已经广泛地被企业、开发人员和市场认可，能够提供比开源方案更优的内容。

从管理控制台的角度，这样的平台控制台会致力于覆盖这个平台的绝大部分管理功能，并在一定程度上体现这个平台的各种理念。对于企业的大数据应用人员而言，熟悉这个管理控制台通常需要一些时间，而云服务商或其生态链提供大量的帮助和入门文档，甚至实际案例，因此企业最好在评估平台的同时，适配一些现有的项目，从而比较全面地了解云服务商的自研大数据平台。

这样的平台一般会将管理控制台和开发工具绑定在一起作为配套服务，因此开发工具的适应过程也和上述描述基本一致。从开发工具角度，以阿里云的产品为例，除了少量 Web 控制台上的操作外，其大数据平台的主要管控是直接基于其配套的开发工具 DataWorks 的，DataWorks 的介绍如下：

新一代智慧大数据研发平台 DataWorks（数据工场，原大数据开发套件）是从工作室、车间到工具集都齐备的一站式大数据工场，助力您快速完成数据集成、开发、治理、服务、质量、安全等全套数据研发工作。DataWorks + MaxCompute 在 2018 年获得著名分析评测机构 Forrester 的 Cloud Data Warehouse 云数据仓库世界排名第二的成绩，是唯一入选的中国产品。DataWorks V2.0 在 DataWorks V1.0 的基础上新增业务流程、组件的概念，完善数据研发体系，支持双项目开发，隔离开发和生产，保证数据研发规范，减少错误代码。

就像我们说 iPhone 是买 iOS 送手机，云上大数据平台提供的操作环境和工具的能力有时候比硬件提供的算法和算力更为重要。

这样的大数据平台能够提供的云服务整合能力通常更高，为了保障其对企业的友好，无论是混合云模式下的云上大数据平台（在这里不谈论云服务商的大数据平台的私有部署的话题，这样的场景对企业而言一般不是最适合的场景），还是云上系统对接，使用原生的数据整合能力通常会得到云服务商更多的支持和帮助。以阿里云的 MaxCompute 为例，专门提供了一个工具（数据集成，如图 23-5 所示）来完成数据集成的工作，同时也还和另外 11 个云上产品和服务做了无缝对接。

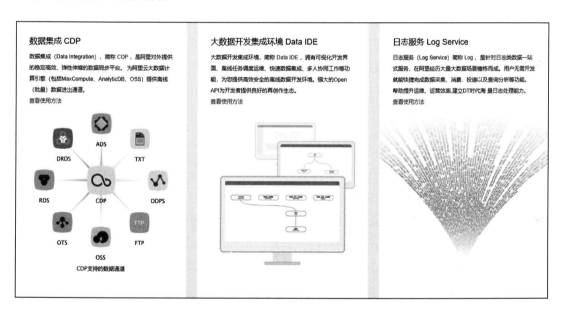

图 23-5　MaxCompute 的数据集成

23.5　数据仓库、大数据和人工智能

在前一章，我们讲到了企业对于数据仓库的选型，本章主要介绍大数据，虽然本书不会详细介绍人工智能，但是对于三者之间的关系有必要做一下澄清。

所谓数据仓库（Data Warehouse），更多是指一种架构设计而不是一种技术，传统的数据仓库其实可以视为数据库（Data Base）的扩展，因为数据量比较大，所以对于数据仓库引用过程的数据建模的要求会更高，但是二者的架构差异不大，针对的也主要是结构化的数据。

大数据平台更多是指一种技术，是对大数据的 4V（或 5V）能力的一种实现，大数据平台处理的数据超越了传统数据仓库的结构化数据，而是"任何数据"（结构化的和非结构化的），可以认为大数据平台是对数据仓库的一种技术扩展。

人工智能是最近几年才得到逐步应用的一个能力，如果说大数据平台对数据仓库能力的扩展主要体现在数据的存储、管理、使用、计算能力等方面，那么人工智能实际上提供了更多算法层面的能力，帮助数据仓库和大数据平台呈现更多的价值。

目前，云服务商提供的人工智能平台逐渐丰富，比如阿里云提供的人工智能能力如图 23-6 所示。

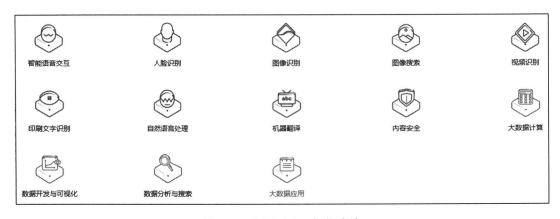

图 23-6　阿里云人工智能清单

对企业而言，云服务商提供的人工智能服务通常由两大类组成：

1）企业能够开箱即用的人工智能服务，通常是某种 SaaS 服务或软件部署服务。

对企业而言，在合适的场景使用这样的服务，在 ROI 上很有优势。云服务商提供的按量计费能力使得企业获得某种人工智能能力的成本更加低廉，如各类语音智能、图像智能、视频智能、自然语言处理能力等。

这种服务的一个缺点在于，企业无法对这类人工智能能力进行定制，这相当于企业雇佣了一个外部的人工智能功能，云服务商提供怎样的能力，企业就只能使用怎样的能力。但是，由于这种方式的启动速度快，如果企业面临业务的快速启动，那么这种服务是有巨大的成本优势和效率优势的。

图 23-7 给出了阿里云目前提供的 SaaS 服务。

2）人工智能开发框架，通常是某种 PaaS 服务，作为云服务商提供的算法服务能力。

对企业而言，如果需要自行构建人工智能平台，那么搭建、部署等成本确实非常高，一般要花费超过半年的时间才能构建出这样一个平台。使用云服务商提供的人工智能和机器学习平台，企业虽然需要将底层基础设施资源的管理权让渡给云服务商，但能获得开箱即用的人工智能能力，对于确实需要定制人工智能能力的企业而言，有绝对的成本优势和效率优势。

智能语音交互	机器视觉	自然语言处理	视频智能
录音文件识别	图像搜索	自然语言处理	视频审核
实时语音识别	图像打标	商品评价解析	视频DNA
一句话识别	场景识别	地址解析	视频多模态内容理解
语音识别模型优化工具	图像鉴黄	机器翻译	智能封面
语音合成	人脸检测定位		
语音对话平台	人脸属性识别		
	人脸比对		
	人脸查找		
	通用型卡证类		
	行业文档类识别		
	行业票据识别		
	视频类文字识别		

图 23-7　阿里云 SaaS 服务列表

目前，云服务商基本都提供了人工智能方面的能力。以阿里云为例，提供的机器学习平台数加·机器学习 PAI，这个平台深度整合了其 MaxCompute 的能力，官方介绍如下：

机器学习指机器通过统计学算法，对大量的历史数据进行学习从而生成经验模型，利用经验模型指导业务。目前机器学习主要在以下方面发挥作用：

- 营销类场景：商品推荐、用户群体画像、广告精准投放。
- 金融类场景：贷款发放预测、金融风险控制、股票走势预测、黄金价格预测。
- SNS 关系挖掘：微博粉丝领袖分析、社交关系链分析。
- 文本类场景：新闻分类、关键词提取、文章摘要、文本内容分析。
- 非结构化数据处理场景：图片分类、图片文本内容提取 OCR。
- 其他各类预测场景：降雨预测、足球比赛结果预测。

机器学习笼统地讲可以分为三类：

- 有监督学习（supervised learning）：指每个样本都有对应的期望值，通过模型搭建，完成从输入的特征向量到目标值的映射，典型的例子是回归和分类问题。
- 无监督学习（unsupervised learning）：指在所有的样本中没有任何目标值，期望从数据本身发现一些潜在的规律，例如一些简单的聚类。
- 增强学习（reinforcement learning）：相对来说比较复杂，是指一个系统和外界环境不断地交互，获得外界反馈，然后决定自身的行为，达到长期目标的最优化。其中典型的案例就是 AlphaGo，或者无人驾驶。

阿里云机器学习平台是构建在阿里云 MaxCompute（原 ODPS）计算平台之上，集数据处理、建模、离线预测、在线预测为一体的机器学习平台。阿里云机器学习平台封装了阿里巴巴集团内成熟的算法，为机器学习用户提供了更简易的操作体验，真正做到让人工智能触手可及。

从整体的 ROI 分析和 TCO 分析来看，如果说在大数据平台上，开源和云服务商的自研平台还各有优势的话，在人工智能 SaaS 和 PaaS 方面，目前云服务商所能提供的能力会远远超过企业通过开源体系构建同样的平台。

23.6 学习路径

本节的内容不涉及开源体系的大数据平台或人工智能的学习路径，而是特指云服务商提供的大数据或人工智能平台的学习路径。在进入这个学习路径之前，企业最好对其大数据平台或人工智能算法平台（不是人工智能 SaaS 服务）的需求能够有一定的预期，从而避免在学习过程中"脚踩西瓜皮，滑到哪里是哪里"。因为这方面的学习资料和内容确实比较多，如果没有一个预设的目标，那么是很难控制学习进度的。

以阿里云的 MaxCompute 为例，很多企业受限于原本的 DataBase+ETL+BI 工具的思维（比如著名的 SQL Server 数据仓库三件套），如果直接深入 MaxCompute 的使用过程，会觉得很多方面和传统的做法不一致。这毕竟是一个互联网公司开发的平台，要是和传统模式一致，那才是一件奇怪的事情。这种差异不在这里详细描述，有兴趣的读者可以自行体验一下。

对此，我们通常给出如下建议：

- 由企业的多名技术人员分别查看平台的概要介绍材料，包括公开的产品说明、帮助文档中的介绍部分、视频等，各自对这个平台形成一定的认知，并且充分讨论，必要时进行汇报，以期在保持好奇心的情况下，有一个初步的了解。
- 企业设定一个任务或者工作，技术人员通过实际的操作去完成这项任务。这个时候就可以按照一些实操性的资料动手操作了，这里的任务可以是云服务商的某个已经完成的 Demo，也可以是与企业的实际要求相关的任务。
- 在上述过程中，可以充分评估大数据或人工智能平台从能力、文档到服务的所有方面，建议在这个过程中先使用所有的正常渠道（官方的 IM 支持群、工单、搜索引擎等）解决问题，将过程中无法解决的问题列举清楚。
- 如果觉得这个平台基本合适，那么可以继续下一步的行动，即努力寻求获得云服务商对遗留问题的解答和支持，从而确保企业能够全面应用这一平台。

越是优秀的平台，完成上述四个步骤的过程也就越快，这个过程其实也在考察平台的生态是否健全。以阿里云的 MaxCompute 为例，图 23-8～图 23-10 是其生态的一些体现。

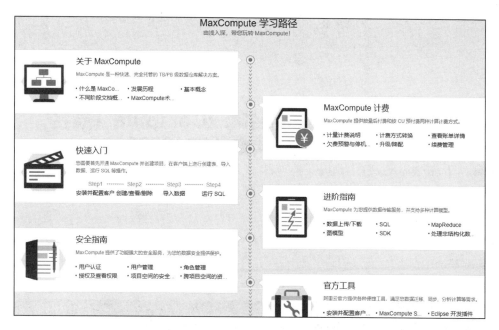

图 23-8　MaxCompute 学习路径示意图

图 23-9　阿里社区

云厂商视角

对于数据仓库、大数据、人工智能，真正能够完全理解三者及其差异的企业并不多。只能说技术发展太快，留给管理者和技术人员的时间总是太少。决策者们总是希望企业能够在这些词汇的加持下促进业务的发展。所以，往往企业的相关语言的所指和被广泛接受的这个词汇的含义有相当大的差异（我们不认为目前有真正正确的"定义"，只能说"被广泛接受"），导致交流的过程不那么顺利。

图 23-10　MaxCompute 支持文档

好在语言的定义相对于企业所需的结果而言只是一个过程或符号，云服务商目前都认为 IaaS 市场是个红海，大数据、人工智能等领域则可以算是一个蓝海——毕竟国内能够自建这种平台的企业并不多，自建的成本也非常高。从企业的角度来说，如果没有一定的 IT 预算，那么使用云服务商提供的大数据和人工智能功能在 ROI 上是比较明智的选择，我们见过不少企业为了自建相关平台购买了大量服务器，最后却落得长期吃灰的结局，让人对这种浪费唏嘘不已。

企业无法完全依赖云服务商提供的数据服务的心结在于数据安全方面。其实，在数据仓库面向的 BI 以及大数据面向的分析、人工智能等平台上，即使对此有无法消除的顾虑，现在也有很多解决办法。对敏感数据（如客户的姓名、身份证号码、手机、银行卡号）等进行脱敏，就是一个被广泛接受的方案，这些敏感数据通常和大数据所需要处理的内容完全无关，脱敏的代价不太大，但是使用云平台节省的成本是很可观的。

企业视角

Hadoop 发展到现在已有十多年了，已经成为一个比较标准的技术栈，大部分企业知道什么时候要用关系型数据库，什么时候需要用大数据技术。与其他技术相比，从头建立大数据平台非常耗费资源，一方面是硬件资源，Hadoop 集群不到一定规模是体现不出效果的；另一方面，Hadoop 中绝大多数产品都是开源的，所以各个软件的安装、磨合工作量很大，往往一个基础的大数据平台还没有到应用层面，就已经耗费了很多时间和金钱。这时，使用云计算资源的好处就立刻显现出来了，所以企业无论是投石问路，还是系统性地建立大数据应用，使用云厂商的大数据产品都是一个不错的选择。

最近几年，机器学习的发展也离不开大数据，大量的训练数据，特别是非结构化数据，也使得机器学习和大数据的关系日趋紧密。数据存储和处理的弹性伸缩能力也必将成为企业科技能力武器库中的重要一员。

Part5 第五部分

云在计算之外的能力

我认为就在我们这个星球上,最近出现了一种新型的复制基因。它就在我们眼前,不过它还在幼年时代,还在它的原始汤里笨拙地漂流。但它正在推动进化的进程。速度之快已为原来的基因所望尘莫及。

……我们需要为这个新的复制基因取一个名字……meme(觅母)

调子、概念、妙句、时装、制锅或建造拱廊的方式等都是觅母

——《自私的基因》 道金斯 著

云计算还处于进化的早期阶段,远远称不上智慧和成熟。在云计算的原始汤里,已经沉淀下了一些概念(IaaS、PaaS、SaaS)和一些基础的产品(计算、网络、存储),就像生命进化的早期,已构造了一些基本的进化要素。云计算一直试图通过不断的进化来发展出更丰富的产品、更多样的功能,通过"适者生存"的方式保留这些趋于稳定的要素,并且不断传承下去。这一部分的核心就是介绍那些云计算脱胎于传统计算之外发展出的能力,有成熟的,也有萌芽的。它们显得如此不同,因为它们是云计算发展进化树中不同的分支,相信未来云计算也会发展出更多新的枝桠。

第 24 章　Chapter 24

PaaS 和 SaaS

导言：在本书最后，我们将用五章的篇幅来介绍一些传统云计算之外的能力。其中，有些是对云计算能力的扩充，有些则能帮助用户更好地使用云计算。本章将介绍一个热门的话题：PaaS 和 SaaS，读者将会了解除了基础设施以外，什么是平台和服务的能力、企业如何评估和使用这些 PaaS 和 SaaS 产品来获得更强的能力。

在目前主流的云计算模式（IaaS、PaaS 和 SaaS）中，IaaS 的接受度是最高的，也是与传统 IT 的使用方式最为接近的。而 PaaS 和 SaaS 则不然，云厂商一般只提供"有限"的 PaaS 能力和"少量"的 SaaS 服务。这里的"有限"和"少量"是相对于整个 IT 的比例而不是绝对数量而言的，因为从绝对数量上看，云服务商的 PaaS 和 SaaS 的数量可能并不少于 IaaS 产品。

站在整个技术栈的角度，越偏向应用端，变化和差异就越大，业务逻辑的复杂性也体现在这里。

另一方面，这三种模式之间的区别也非常模糊，很多云厂商的产品都难以明确具体处于哪一个层次（例如，云上的对象存储其实属于 PaaS，但是大部分情况下被归类在 IaaS），或者一个产品兼顾了两个层次（例如 MQ 服务既是一个 PaaS，又是一个 SaaS）。

上述这两个方面导致了上云的企业一般会面临以下三个非常纠结的问题：

- 到底什么是 PaaS 和 SaaS 服务？
- 是否使用云厂商的 PaaS 和 SaaS 服务？
- 如何选择 PaaS 和 SaaS 服务？

本章将在 ROI 分析一章的基础上，对上述内容做进一步的展开，我们提供的不是一个答案，而是企业在上云过程中寻求答案的基本路径。

24.1 PaaS

根据第 1 章的介绍，PaaS（Platform as a Service，平台即服务）是"消费者不直接管理或控制底层云基础设施，但可以控制部署的应用程序，也有可能配置应用的托管环境"。其中，Platform（平台）的概念在 IT 领域从来都不清晰。大致上，如果一个云服务产品提供的不是计算、网络或存储的底层基础设施平台，同时又不能以 API 或者界面方式直接获得所需的应用和业务结果，使用者需要利用这个平台进行二次开发或应用，从而实现自己的业务逻辑，那么就可以称之为 PaaS。

Google App Engine 是典型的 PaaS 平台，但是 Google 基本不提供 IaaS 方面的能力，Google App Engine 也是它提供的唯一的 PaaS 平台。这里的重点关注是，针对那些同时提供 IaaS 和 PaaS 的云服务商，应如何合理选择 PaaS。

在 Google Cloud 的官网上是这样介绍 App Engine 的：

在完全托管的平台上构建和部署应用。无缝扩展应用（从零到全球级规模），而不用费心管理底层基础架构。借助零服务器管理和零配置部署，开发者可以专注于构建出色的应用，省去管理开销。App Engine 支持多种主流开发语言以及各种开发者工具，可帮助开发者提高工作效率和灵活性。

Google 的这个概念其实是非常超前的（2008 年 4 月发布了第一个 beta 版本），时至今日，本书所论述的很多关于企业云上 / 云下的观点还是基于传统的 IaaS 理念为基础的技术架构。Google 当年推出 App Engine 的时候，只要上传代码，不需要考虑服务器的配置，可谓石破天惊；但是实际使用的时候，却发现其对于程序代码的限制不少，太前卫的技术或许能够体现 Google 卓尔不群的实力，但对接受度却是一个很大的挑战。因为其架构原因，App Engine 刚推出的时候只支持 Python 语言，今天，App Engine 在 Python 2.7 开发上的限制依然存在，对于文件系统的访问和网络连接等一些框架只提供有限的支持，这就意味着使用 Google App Engine 的代码面临着适配性的重构。⊖

但是，现在的云服务商基本上都不会只提供 PaaS 产品，通常在提供大量 IaaS 产品之外，也提供 PaaS 产品，甚至 SaaS 产品。以阿里云为例，RDS 云数据库、E-MapReduce、企业级分布式应用服务 EDAS 等产品都可以视为 PaaS 服务。随着企业对云计算的不断认可，PaaS 也被不断认可，云服务商也在不断提供新的能力。一方面，企业会合理选择 PaaS 平台

⊖ Google App Engine 对于 Python 3.7 版本终于放开了所有限制，其官网称 Second generation Python 3.7 beta runtime capable of running any framework, library, or binary。

来直接构建其应用，而不再考虑完全基于 IaaS 部署其开发的应用；另一方面，PaaS 产品在整体云服务商产品中所占的比例也不断提高，阿里云的 PaaS 产品已经超过 30%。

24.1.1　PaaS 带来了什么

在介绍 ROI 分析时，我们已经对为何使用 PaaS，以及使用 PaaS 所带来的收益和需要付出的成本都做了详细的表述。

如果云计算服务商提供了一个与当前技术栈兼容的 PaaS 方案，或者提供了一个对当前应用系统需求而言高度适用的 PaaS 产品，那么选择 PaaS 平台产品无疑是一个非常理想的开端。即使同样的平台并非不可自行部署和运维，但对于大多数以满足业务迫切需求为主要目标的企业信息技术部门而言，当务之急不是证明其拥有部署一个平台的能力，而是具有交付一个应用的能力。

退而求其次，当发现了一个具备大部分理想能力的 PaaS 平台，但是这个平台与现有的技术栈不同，或存在部分能力缺口，这时候选择 PaaS 平台至少可以显著降低研发成本，通过应用一部分 PaaS 服务，再通过一定的开发工具配合 IaaS 层面的部署工作，从而满足应用端的需求。

在进行快速技术验证或快速业务试错的情况下，PaaS 服务还能够大大降低前期投入，迅速获得所需的验证结果，更快、更有依据地做出决定。从某种意义上说，参考一个现有的 PaaS 服务，也能为研发企业自己的平台提供借鉴。

正如前面所述，PaaS 服务和 IaaS 服务的边界并不清晰，了解 PaaS 服务的最佳渠道是采用一个反向的过程，即从云服务商官网产品列表中去除明确知晓的属于 IaaS 的具体产品（虚拟计算、基础网络和底层存储），剩下的基本属于 PaaS 或 IaaS 产品，且 PaaS 产品占主要部分。除此之外，PaaS 往往是体量较大的云服务商重点推广的产品，因此关注其产品推广会议或产品推广页面也能获得大量 PaaS 信息，这些信息通常会阐明在什么场景下可以使用哪个 PaaS 产品，应如何使用以及会带来怎样的效果。

另外一种方式是，如果有云服务商的架构师提供咨询的话，在交流中尽量表述技术需求而不是资源需求，就可以得到大量的 PaaS 推荐。企业得到的推荐产品的数量，某种程度上可以成为考量这个架构师的专业能力或者这个云平台的技术能力的一种指标——PaaS 能力越弱，架构师及其代表的云平台服务商的能力越弱。

在迁移上云或新系统上云的技术架构的确认过程中，通过了解云服务商的 PaaS 能力，能够在可能的情况下加速应用系统的开发和部署过程，或为应用系统的交付提升质量及能力，因此，这是技术评估中非常重要的环节。这个环节中尤其重要的一点是，即使最初的方法是 IaaS，也不要遗漏这个过程。

此外，在有些情况下，云服务商的 PaaS 平台具备提供本地化部署的可能性。这也意味着并不需要做系统迁移上云的战略决策，就能在现有 IT 环境内应用云服务商提供的 PaaS 能力。在有需要的情况下，可以向云服务供应商咨询这种可能性和相应的成本。

这里以 ROI 分析中提及的 MQ（消息队列）产品为例来说明这个过程：
- MQ 产品即使自行安装，难度也不大，常见的企业内系统都会自行安装 MQ。
- 在迁云过程中，通常提供给云服务商的需求是关于 MQ 部署用的服务器，而不是 MQ 的技术需求。
- 当明确向云服务商代表提出 MQ 的技术需求后，预期得到使用 MQ PaaS 服务的响应。
- MQ 的 PaaS 服务通常应用成本远远低于自建，并能够提供多种 MQ 协议的支持。
- 基于云服务的 MQ 提供比自行安装更多的持续服务能力。
- 高级版本的 MQ 还能提供自行安装的开源版所不具备的附加能力。
- 部分云服务商可以提供 MQ 本地部署的服务。

一个 PaaS 服务的 MQ 涵盖的功能如图 24-1 所示，不仅提供的功能更多，而且成本更低、运维更方便。

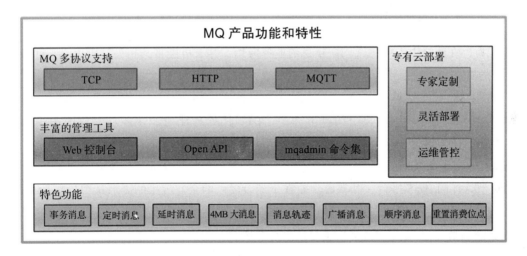

图 24-1 MQ 产品功能和特性

24.1.2 四类 PaaS 产品

正如本章开头所说，相比于目前市场上几百种各种用途的 Platform，单个云服务商提供的 PaaS 数量是相当有限的，提供的 PaaS 服务与云服务商主攻的行业也有天然的一致性，因此了解云服务商是基于什么原因提供某类 PaaS 服务，对于合理选择和应用有一定的借鉴意义。

虽然定义 PaaS 已经不太容易，但是这里还是要把云服务商提供的 PaaS 服务做进一步的细分。如果有能力判断 PaaS 服务属于哪种类型，将对 PaaS 服务有更好的前期认知，从而在选择时做出准确的判断。

- 提供通用能力的 PaaS 平台

此类 PaaS 服务通常和自行在云服务商的 IaaS 平台上安装所需的成本和能力非常相似，云服务商一般会提供一些额外的服务，或者部分情况下仅仅是一个一键式安装的过程。借助这个过程，云服务商简化了用户的安装和基础配置过程，接管了一部分运维工作，推动用户更多地使用其 IaaS 资源。

典型的例子如云服务商的 EMR（E-MapReduce）平台，它是以云服务器为基础，快速完成一个 E-MapReduce 的标准化平台部署。云服务商额外对组件版本和服务器架构等做了约束，同时也与其自身的网络及存储做了更好的对接。

使用此类 PaaS 服务通常不需要太多判断，如果企业有能力或足够的费用自行构建所需的平台，那么可以自行安装，否则使用云服务商的平台会更加轻松和省力。

- 提供专属能力的 PaaS 平台

一些能力可能是某些云服务商所独有的，其竞争对手不具备这样的能力。因此，这些能力也很少能够以软件包的形式获得，虽然有替代品，但是用户通常会选择云服务商提供的 PaaS 能力，在此能力上优化或创新自身的业务应用，并有可能将其相关的应用服务迁移到云服务商的 IaaS 平台上。

典型的例子就是对象存储，这是当今云服务商的能力标配，能为用户提供特殊的互联网对象存储能力、按量收费的容量和一定的媒体处理能力，在涉及大数据量和非结构化数据上云的场景下，云服务商的对象存储的 PaaS 能力将决定用户最终会选择哪个云服务商。

对于这样的 PaaS 平台，其核心判断在于契合度，即企业应用的需求是否与此 PaaS 平台提供的能力相吻合。例如，企业对消息队列的特殊需求（顺序消息、分布式事务消息、定时消息等）就直接与某些云服务商的消息队列产品吻合。

如果企业需求比较特殊，只有某个具有专属能力的 PaaS 服务能够满足，通常意味着企业只能靠自研；另一方面，对于某个需求，如果有多个 PaaS 可选（例如普通的消息队列可以选择 RocketMQ、RabbitMQ 或 Kafka），那么就需要根据情况对契合度进行逐项确认。

- 提供低成本服务的 PaaS 平台

有些服务能力可能是一些场景下的刚性需求，这些能力如果由客户自行构建，成本较高，而使用统一的 PaaS 服务，则企业成本就会大大降低。从云服务商的角度，一方面可以通过此类 PaaS 服务的高性价比推动客户使用云计算技术，另一方面可以通过服务过程推动此类能力在不同场景下的应用和能力扩展。

还是以 MQ 为例，通过集群化的 MQ 平台提供统一的服务，使基础资源的利用率得到了极大的提升，客户的应用成本和运维成本都显著降低。有需求的客户在此类应用场景下使用云计算的性价比显得极高。

当存在此类 PaaS 服务的情况下，优先推荐使用云服务商提供的产品代替自建，即使有少量的不合意之处，也可以通过其他方式弥补。

- **提供共享资源服务的 PaaS 平台**

有些能力从单一客户的角度，采购和使用不仅费用较高，运维复杂度也很高，如果这些能力对云服务商自身也有价值，通常会对此类服务提供 PaaS 平台，相当于将自身剩余的能力通过 PaaS 服务的方式释放出来。对于单一用户而言，云服务商此类能力的容量几乎是无限的，通过 PaaS 就可以直接使用。

例如，在国内目前的环境下，构建一个大规模的 DDoS 清洗中心成本极高，云服务商自身的安全需求会推动其构建自身的 DDoS 能力，而这些能力反过来也会通过 PaaS 服务的方式提供给客户选用，从而形成双赢。

这一类 PaaS 服务在很多场景下，需求并不显得急迫，因为传统模式成本很高，所以这类需求往往不在需求列表中，但是一旦应用，企业在某一方面能力的提升将是此前无法想象的。

24.1.3 技术栈绑定的两难（含特性需求提出）

目前，企业在使用 PaaS 服务问题上，"防御性悲观"占据主流地位，即除非有明显的性价比差距，否则自建会成为优先的选择。这一方面是因为 IT 行业往往对自身的能力或能力建设过程更加乐观，另一方面也是担心 PaaS 服务会造成对特定技术的依赖性。

对于前者，一般而言，具备某项能力并不代表需要事事亲历亲为。在 IT 分工已经如此细化的今天，选择云服务本身已经让渡了一部分能力以获取更为敏捷的 IT 过程，而选择 PaaS 服务仅仅是在此基础上更进一步地将宝贵的资源投入到业务实现上。在大部分理性的场景下，放弃使用 PaaS 服务往往是评估后的无奈，而不是最开始就拒绝。如果某项关键技术平台对企业而言确实有其不可或缺的价值，那么此时，PaaS 也可以作为一种参考和备份的机制，甚至有能力成为企业自身的技术输出。

需要注意的是，使用 PaaS 服务不仅让渡了控制权，还让渡了一部分技术演进和平滑迁移的能力，也就是说，此技术平台未来的发展取决于云服务商，并且很可能难以迁移到其他环境中。如果理性地看待这两个能力，就会发现，实际上任何一个 IT 能力的选择都会有这两种隐患，选择一个数据库或一个中间件所带来的代价与之是类似的。这和云计算前期太偏重于 IaaS 层面的策略有关，也和云计算服务商尚未提供足够可信任的品牌价值有关。

因此，在考察使用一个 PaaS 服务是否意味着绑定某种技术栈的时候，主要看这个技术的绑定会给企业自身带来多大的影响：

- License 费用。
- 特定业务场景的特殊性，导致不期待支持。
- 多云战略或多平台战略。
- 厂商的重视程度。

由于云服务商提供的 PaaS 需要从传统软件框架下争取市场，因此上述问题通常在主要云厂商提供的 PaaS 平台上都可以得到比传统方案和自研方案更优的结果。

24.1.4　评估和迁移

针对 PaaS 平台的迁移，对应用开发人员而言是一项重大的工作。企业上云是在稳定、敏捷和成本三者之间的平衡过程，一般情况下也是稳定 > 敏捷 > 成本。所以，对 PaaS 平台的应用评估过程基本上符合下面的判断过程：

- 评估功能覆盖度情况，应从整个系统生命周期的角度考察，而不是从单点来角度。
- 评估应用系统的生命周期情况，是新设系统，还是最近需要架构改造，又或是处于维护期。
- 评估引入的成本，包括 PaaS 的采购成本、人力成本和应用系统交付/改造成本。
- 评估迁移成本，包括改造的影响、改造后带来的优势和改造过程带来的风险。

调整 PaaS 平台和调整 IaaS 平台是很不一样的，IaaS 平台因为要尽可能兼容现有的 IT 实践，对应用系统的影响不大。这个过程相当于搬家，房子几乎一样大，甚至更大、更灵活。PaaS 调整有点像在一个航行中的舰船上进行升级，当从中国出发环球航行后再回到中国的时候，已经从木制帆船变为当代舰船。这个比喻无论是对于使用 PaaS 平台的人员，还是系统都是适用的。只有在少数极为幸运的情况下才会出现新系统使用新的 PaaS 平台，且使用人员都就绪的情况。

因此，对于迁移到一个新的 PaaS 平台的过程，我们建议的方案是逐步迁移，也建议向相关的服务供应商进一步确认迁移到新的 PaaS 平台的平稳过渡方案。像 MQ 这样的平台，可以实现新老平台的冗余和并行，就像应用中间件，可以拆分出一个较小的模块，并通过适配器的方式保持对旧有体系的兼容。我们坚信，办法总比困难多，只要最终的结果是值得的。

最后再强调一下，之所以使用 PaaS，要么是因为提供了新的技术能力，要么是因为提供了新的方法论，或者是面向新的业务创新领域，总之这和使用弹性计算有极大的不同，如果使用 IaaS 要更多地考虑成本，那么使用 PaaS 则更多地要考虑创新。

24.2 SaaS

SaaS（Service as a Service）是一个已经在行业内酝酿很久，但在近几年才开始被广泛认可的云服务形式。SaaS 服务从形态上可以特指通过 Internet 上的服务调用来获得所需的信息或技术能力；这种服务应该是通用的和市场化的形式，即为绝大多数客户提供基本一致的服务；最后，此类服务对客户的 IaaS 和 PaaS 层基本没有侵入性。

典型的 SaaS 服务如云上的天气预报信息服务、互联网流量分析服务或第三方支付服务等，也有一些类似于 SaaS 形式，但不被认为是 SaaS 服务的，例如企业间通过 Internet 的系统对接。

24.2.1 SaaS 带来的价值

SaaS 服务是伴随着互联网时代而诞生的，单凭一个企业自身的 IT 能力已经越来越难以完整地构建一个面向互联网的系统了。曾经电商平台是可以完全自建出来的，但是现在的绝大部分电商（从数量上看）必须依赖于各种 SaaS 服务，才能完成电商的整体服务，包括客户消费侧和商家服务侧。

企业在互联网上提供的应用服务，其实就是在提供 SaaS 服务，只是接口（Interface）可能采用界面的方式或者 API 方式。在企业提供服务的过程中，有可能遇到一些无法通过自身能力提供的情况（例如，大部分企业不具备提供地图服务的能力，但是很多企业的互联网服务又需要用到地图服务），那么企业就需要继续集成其他企业提供的服务，这时候使用专业服务商或云服务商提供的 SaaS 服务则是在商业环境下的一种合理选择。

SaaS 服务的价值在 ROI 分析一章中有所阐述，这里将 SaaS 服务按照其对企业的价值分类如下：

- **提供独有的 SaaS 服务**

一些能力是通常的企业无法获得的，在互联网时代，这些能力通过 SaaS 服务的方式提供给使用方，而供应方可以通过释放这种能力获得商业利益。

以地理信息为例，除了专业的服务商外，一般企业很难拥有完备的地理信息相关能力，因此在互联网时代，如果需要在应用中提供地理位置信息相关的服务，通过 SaaS 模式就可以满足这些实际业务需求，而无需在企业内自行构建相关的能力。但在 SaaS 服务还不够充分和完备时，获得此类能力的周期和信息成本也是相当高的，类似的问题在地理服务供应商中也同样存在。通过云服务商提供的云市场（如图 24-2 所示），无论是供应方还是需求方都可以容易地完成这些独有能力的对接。

另外，对 SaaS 服务的供应商而言，使用云服务的弹性优势，对其按需提供自身的服务并控制计算资源成本是相当有效的。

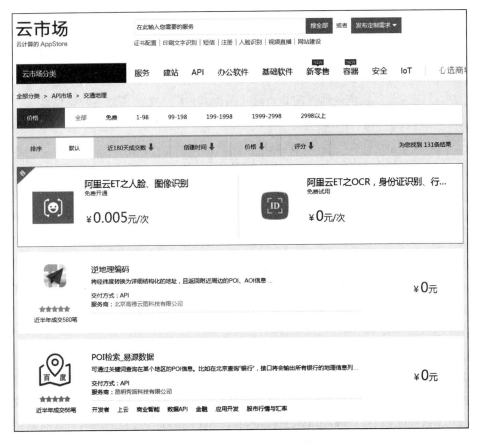

图 24-2 云市场中的地理服务供应商

- 提供价廉的 SaaS 服务

与上一类近似,有些 SaaS 服务企业并非无法自行构建,但是这些服务规模越大、成本越低,于是,企业在使用量并不庞大的情况下,会因为价格优势而倾向于使用 SaaS 服务。

以 OCR 服务为例,单个 OCR 软件产品的采购和部署并非不可接受,但是对于一般企业而言,OCR 的实施成本大约在 20～30 万元左右,另外还有服务器及日常运维的成本。通过云服务的方式,可以通过按量付费而获得多种 OCR 能力,通过计算使用量和服务价格来快速计算出 ROI,并做出选择(如图 24-3 所示)。

对于提供这些服务的服务商而言,由于其计算资源的需求并不完全正比于服务量,因此提供此类服务仍然有较好的商业利益。

- 提供快速的 SaaS 服务

互联网时代的业务特征是"快",这意味着,只要直接获得某些能力的速度够快,那么其带来的收益会远远大于自行构建过程中的时间成本。因此,高效地通过 SaaS 服务满足需求的能力,一方面可以降低业务实现的周期,节约业务创新的人力成本,另一方面使得后续过程进可攻（自行部署可以后续根据需要而采纳）退可守（业务不顺利时可以放弃此类 SaaS）。

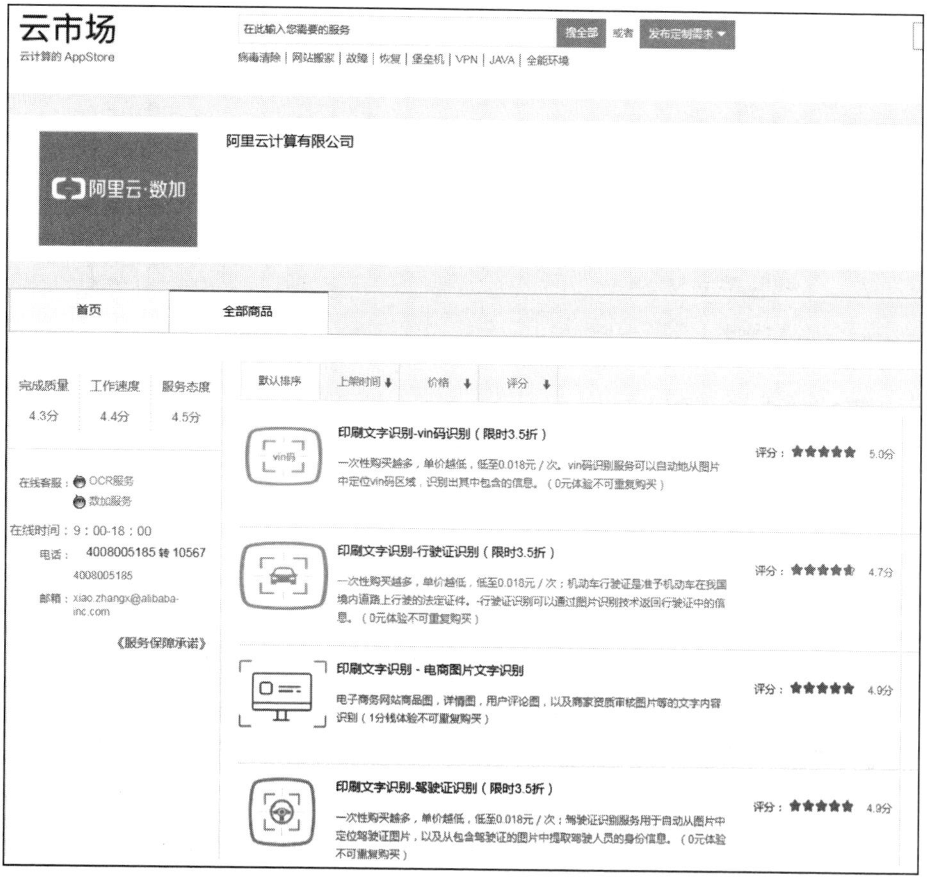

图 24-3　云市场中的 OCR 服务

对基于自然语言处理（NLP）的人工智能能力，从构建的难度和成本看，要达到一般效果，其成本并不算高，更何况对于有这方面需求的企业而言，通用能力往往不能长期满足要求，仍需要进行算法优化。但是，当一个企业需要快速尝试和应用这些相对领先和尖端的能力时，时间周期要求会变得比较迫切。因此，先采购通用的 SaaS 服务能力，用了再说，往往是一个理性的选择。

对于服务供应商而言，通过此类过程可以接触到大量的应用场景，也可以因此获得提升技术能力的空间，甚至成为后续私有定制和部署的基础。图 24-4 给出了云市场中的 NLP 服务。

- 提供整合的 SaaS 服务

有时候，服务的使用方需要的是一个黑盒功能，即只关心服务能力，不关心服务背后的串联过程。对于企业而言，获得 SaaS 服务意味着将原来可能需要串联多个服务供应商的过程简化为 SaaS 调用。

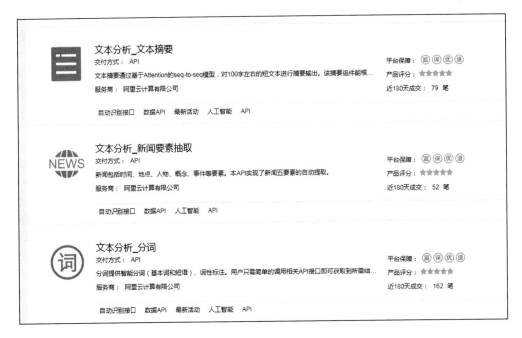

图 24-4　云市场中的 NLP 服务

以实人认证过程为例,一个完整的实人认证流程涉及活体检测、人脸识别和权威机构对接等多项服务,也涉及前端和后端等多项开发流程(如图 24-5 所示)。企业从无到有地构建这样的能力会涉及很多内外部技术能力和外部服务对接,而对于这样一个成熟的场景而言,SaaS 服务做好的一站式包装,显然使得这种复杂被完全屏蔽。当然,对于那些定制要求较高且对时间和成本不太关注的企业而言,此类 SaaS 服务提供的参考意义大于使用意义。

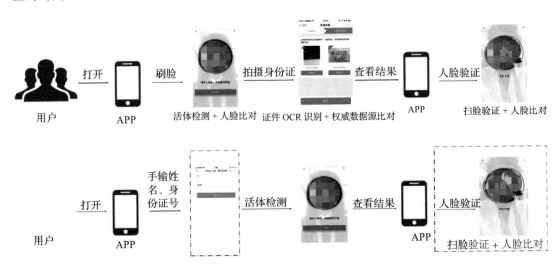

图 24-5　典型的实人认证流程

对此类 SaaS 服务供应商而言，其核心在于包装好的服务是否有普适的场景价值，以及多大程度上可以一站式地解决企业的问题。

24.2.2 评估和使用 SaaS

由于 SaaS 服务意味着通过 Internet 使用外部服务，并且这些外部服务通常需要输入一些企业的关键业务数据，并提供关键链路上的专业服务，因此在评估及使用 SaaS 服务的时候，有一些常见的要点应多加注意。

1. 多供应商备份

在可能的情况下，如果需要长期使用一个对于业务而言比较关键的 SaaS 服务，那么建议进行备份。实际上，SaaS 服务的可用性和可靠性并非很高，因为它需要同时叠加 IaaS、PaaS 或软件、网络等整个链路环节上的可用性和可靠性保障，对于复杂的 SaaS 服务，这种情况更为严峻。

很多企业不喜欢使用云计算的一个原因是，云计算（包括 SaaS）服务的 SLA 通常是可控的，但是故障发生的时间往往是不可控的。一个企业可以定期通过软硬件运维和调配的方式来避免在生产时间出现故障，而使用云计算在某种程度上是无法干预服务商的故障和运维情况的。

对于 SaaS 服务而言，通常可以找到不止一个提供类似的 SaaS 服务的供应商，因此对于关键的服务，使用多供应商互为备份是一个很好的选择。由于很多情况下 SaaS 服务是按使用量收费的，这就意味着这种备份的代价并不太大。当然，定期地演练快速切换能力是在多供应商备份策略下需要额外付出的内部成本。

2. 数据安全

在 SaaS 服务中，一般不太关心数据可靠性，因为大部分 SaaS 服务都是 RESTful 模式的。然而，在使用 SaaS 过程中传输到服务商这里的数据安全性，需要更为认真地考察。一方面，这种考察无论如何也是无法周详的，更多地可以通过合同和方案介绍等方式获得信息；另一方面，一些基本的技术判断可以对相关服务进行判断，其中包括是否使用 https 服务、是否有完备的文档、是否在调用中提供合理的调用方身份认证机制（而不是只需要商户号及密码）、参数中是否有无关的额外输入等。

此外，使用方也可以使用一些手段保护自己的数字安全，包括避免传入重要但与服务无关的信息、通过定期传入一些种子数据来跟踪供应商可能的数据泄露、使用第三方服务对服务供应商的接口做安全扫描等。

3. 合法合规

一些 SaaS 服务在合法合规方面可能存在一些问题，尤其是涉及一些国家安全、个人隐私等内容时候。使用这些服务或许可以提供业务上的便利，但是从长期来看有可能伤害企业自身的商誉；而基于此类服务的创新，也有可能在法规强化监管的情况下忽然受到影响。因此在使用一个 SaaS 服务时，可以通过以下方式来避免此类问题：

- 站在企业消费者或公众的角度看，使用此类服务是否有违道德。（若你作为一个企业的客户，愿意企业使用这样的 SaaS 服务获得你的信息吗？）
- 是否有多个供应商提供类似的服务？这些供应商中，是否有体量较大、商誉较好、历史悠久的企业？
- 供应商对这些服务的能力、场景和数据来源等是否讳莫如深，或暗示有一些非公开的服务能力？
- 在一些同类大型客户中是否也应用此类服务，并且服务价格成体系，服务内容公开透明？

4. 企业规模和案例

在合法合规部分已经提及，关键的 SaaS 服务对供应商的要求还是比较高的，企业在使用 SaaS 服务的时候，建议尽量通过各种方式对企业的规模和案例进行考察。但这并不意味着初创企业无法提供有价值的服务，毕竟大企业也是从小规模成长起来的，小而美的企业的专注也值得尊重，但是对于关键性企业业务环节用到的 SaaS 服务，在大规模面向自身的市场和客户的时候，对供应商的考察确实是必要的。

此外，与供应商进行关于 SaaS 服务的交流还有两个额外的好处，一是在交流中，会对 SaaS 服务的场景和最佳业务及技术实践有更加清晰的认识；二是可以通过这个过程建立信任关系，得到服务商更大程度的支持或定制。

对于企业本身而言，也可以尝试将自身的业务通过 SaaS 服务进行类似的包装，从而提升在互联网时代的服务能力和商业价值。

5. PI 市场

目前 SaaS 的服务市场主要集中在几个较大的云服务供应商网站上。云服务商对 SaaS 服务 API 市场会提供一些额外的辅助，包括准入规则、安全防护、计费和支付等环节，这些额外的辅助通常都不是"免费的"，因为从云服务市场上采购 SaaS 服务的费用可能比直接找到 SaaS 服务供应商略高。这也是 ROI 分析过程中可以考察的一方面，即是否为云服务商所提供的保障支付极为少量的额外费用（通常是直接计入 SaaS 服务价格，不会单独收费）。

不同的云服务商的 API 市场情况可能略有不同，一般建议是，如果有弹性计算等公共云服务，首选该项云服务商的云市场；在当前云服务商的 SaaS 市场无法满足需求时，考虑使用其他云服务商的 API 市场（一般也不会有什么技术上的阻碍）。即使不使用云服务商的云计算服务，这些 SaaS 服务仍然是可用的。应尽量避免绕开云市场和 SaaS 服务商直接对接，除非 SaaS 服务商的公司规模和服务能力确实很强或能力很独特。

6. 机制和流程

最后，如 ROI 分析一章所说，在当前阶段，使用 SaaS 服务对很多企业而言是一个从技术和业务上都比较敏感的行为。这种控制力的让渡的背后都有着远远超过一般情况的成本或时间压力。但是无论压力多大，正因为这是一个同时涉及技术和业务的话题，制定一个或简洁或周详的流程都是有必要的。这样也可以避免一个对企业而言收益大于成本的选择因为一些内部原因而被搁置。

整体上，一个完善的机制和流程应当涉及以下方面：

- 形成一个 SaaS 服务的目录管理或名录管理机制。
- 如何确认是否引入 SaaS 服务，业务和技术部门应当都有能力提出建议或需求。
- 整体性评估 SaaS 服务的能力（业务和技术），有一个合理的评价和确认流程。
- 对 SaaS 服务的供应商、合规、安全和采购方式等制定评价的标准。
- 多供应商备份策略，供应商出现可靠性问题时的限流和降级策略。

最终，制度上的保障可以使得企业真正从 SaaS 服务商获得稳定和安全的收益。

云厂商视角

在当前比较主流的 IT 使用环境下，IaaS 是大家最熟悉的。PaaS 的应用不仅牵涉开发部门的技术栈问题，还会造成团队工作边界的调整。相对而言，SaaS 的接受度会更高一些，因为基于互联网的 API 相互调用，在此前 SOA 比较流行的时候，已经被广泛认可。

但是，无论是哪种云服务的类型，其核心都是一种通用能力的专业化释放，正如 Java 应用服务中间件环境的普及对企业开发的效率提升一样。从云计算服务的角度，会持续不断地释放更多的 PaaS 和 SaaS 能力，相信云计算的使用者也会不断接受这样的服务，从而形成一种双赢的局面。

企业视角

或许现在说所有 IT 架构的实现都离不开云计算还为时过早，但我们坚信这一天迟早会到来，云计算会成为类似我们司空见惯的水电煤这样的公用事业服务。

XaaS 会不断强化，不管这个 X 是基础设施、平台、服务、数据或人工智能等，所有的能力都可以是服务，然后对外赋能。这些能力的建设因为需要长期和大规模的投入，所以一般企业没有必要自己发明轮子。PaaS 和 SaaS 的蓬勃发展，也会因为规模效应而大大降低企业的应用成本。所以，云计算既节约时间又节约金钱，且健壮稳定，何乐而不为呢？

第 25 章　Chapter25

云运维实践

导言：使用云产品后，云计算厂家从某种程度上成为企业之外的一个虚拟部门。本章将介绍使用云计算平台后给传统系统运维带来的变革，包括云平台的运维特点、日常监控体系、工单流程等。

25.1　运维体系

云时代的运维与传统运维相比有了很多变化，那么建立什么样的运维体系才能更好地满足业务发展需要呢？

传统运维体系一般都基于 ITIL（Information Technology Infrastructure Library，IT 基础架构库）最佳实践进行设计，ITIL 主要适用于 IT 服务管理（ITSM）。ITIL 为企业的 IT 服务管理实践提供了一个客观、严谨和可量化的标准和规范。图 25-1 给出了 ITIL 的核心流程。

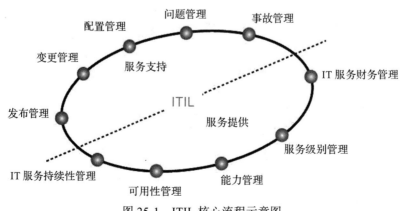

图 25-1　ITIL 核心流程示意图

那么，ITIL 最佳实践在云时代是否依然一如既往地适用呢？一方面答案是肯定的，ITIL 作为企业 IT 服务管理，并没有区分基础设施所处的环境是怎样的，一个经典的方法论总是可以覆盖大部分的情况，以至于看起来总是放之四海而皆准。

但答案也不完全是肯定的。在使用云计算的情况下，需要针对原来面向数据中心的运维建设思路做优化和调整。云时代的开发与运维已经不像过去那样完全割裂与对立，今天更讲究开发运维一体化。一方面，开发人员在开发代码的同时也担负系统的日常运维工作，而过去运维工作由专门的运维团队负责。另一方面，运维人员如果对应用开发不了解，就会导致其运维工作没有针对性，容易成为操作员或传声筒的角色。在使用云计算服务的时候，尤其是涉及 PaaS、SaaS 或 DaaS 的情况下，运维所面对的已经不仅仅是传统的底层环境，因此这种问题会尤为明显。下面来看看开发、运维一体化下的运维模式应该设计成什么样。

运维模式的演进如图 25-2 所示。

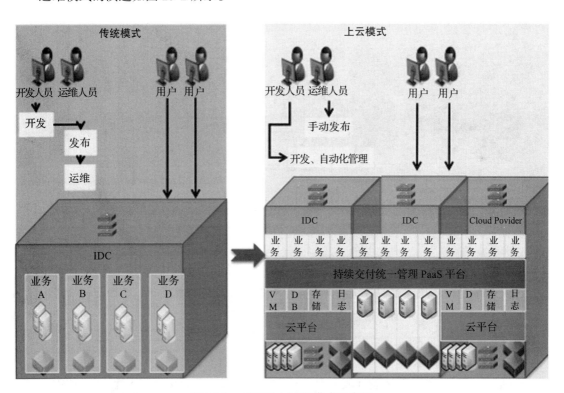

图 25-2 云下云上运维模式示意图

在传统运维模式下，各个应用系统基本上都是有新的业务需求就独立建设一个新的业务系统（就像形成一个烟囱），系统越多，烟囱越多，系统之间是割裂的。在这种场景下，开发人员开发出系统后就移交给运维人员进行系统上线发布，并进行日常运维。

随着云平台的产生，越来越多客户选择完全迁移到云平台上，或者建设混合云，而外部环境变化得越来越快，过往的开发/运维模式效率就会成为瓶颈。在新模式下，越来越多的企业开始尝试开发人员运维一体化、开发运维自动化和开发运维智能化，如果还是严格按照开发人员只做开发、运维人员只做发布和运维的模式，那么效率依然难以提升，所以一些企业开始尝试让开发人员自主开发并发布一些简单的、耦合度低的服务模块，从而直接由开发人员通过系统提交并自动发布，如果遇到问题，也可以由开发人员直接运维处理。

对于涉及多个系统或多个平台的复杂性问题，就要由运维人员进行手动发布。运维人员也从传统的日常巡检、变更或故障处理等工作中解放出来，从而将更多的时间和精力花在跨系统和跨功能模块的整体架构优化方面。

另外，在企业设计自身的运维体系的时候，需要从多个维度考虑，才能设计出最适合自身情况的运维模式。如图25-3所示，建议企业从"标准化""成本"和"敏捷"三个维度着手，综合考量三个维度的平衡后设计整体运维体系。

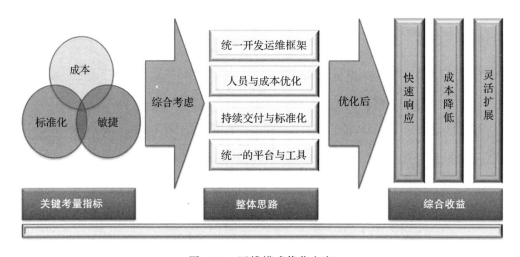

图 25-3 运维模式优化方向

运维体系的设计思路要关注统一开发运维框架、人员与成本优化、持续交付与标准化和统一的平台与工具四个方面。通过这四方面的设计，实现快速响应、成本下降和灵活扩展等目标。

- 统一开发运维框架

企业可以基于ITIL框架设计服务台、标准变更、发布和问题处理流程，同时建立统一的CMDB进行结构化数据保存，随后在此基础上设计开发运维一体化的流程，将方法论和系统融合，形成完整的框架体系。在这个过程中，应对人员职责做出标准的定义。

一个统一的框架体系是企业运维体系运作的前提，通常建议再小的企业也要形成一个体系化的流程和相应的规章制度。大部分企业的IT系统都是承载业务的关键，其运维的体系化保障是必需的。

- **人员与成本优化**

人员优化不是裁员，而是提升人员效率，降低单位计算能力的运维成本。在人员优化方面，企业可以通过开发运维一体化、优化沟通边界和减少重复劳动来实现，即做到"运维信息透明化、运维沟通明确化、运维工作自动化"三点。这样，运维人员可以用更多的时间思考和实施高效率的运维，而不是"沉浸"在重复的日常工作中。

整体开发运维的时间成本则与应用开发模式有关。通过应用耦合拆分，可以使运维工作在某个系统内闭环地完成，避免单一要求的运维工作涉及太多的应用系统而带来的复杂化；通过自动化发布与运维，可以大幅提升运维的准确度，降低手工操作的风险，同时降低对基础人力的要求。

- **持续交付与标准化**

无论是框架还是工具，目标都是让企业能够将成熟的规范标准化、流程化，运维人员可以更多地聚焦在统一管理平台配置与运维上。但是所有框架、工具形成的标准化过程都面临两个挑战："进化"和"退化"。

在进化方面，随着企业 IT 系统的不断变化，框架、工具、标准等需要定期优化，使得它们相对于当前的 IT 系统，能够始终满足持续交付和标准化两方面的要求。在退化方面，一旦框架、工具、标准等不被遵守，那么很快就会失去其现实意义，成为一种形式化，同样会使它们相对于当前的 IT 系统而言是无用的，无法用于运维实践工作，甚至降低运维效率。

避免上述进化和退化问题的最佳实践通常称为"特例流程标准化"。一方面，在日常的持续交付和标准化所涉及的工具、流程之外，形成一个特例审批的通道，由高级别的领导许可执行。另一方面，定期对所有的特例审批进行复审，将持续出现的特例补充到标准化的流程中，或纳入工具管理，从而保持与时俱进。

- **统一的平台与工具**

工欲善其事必先利其器，前面说的三个方面都需要一个平台来承载。目前，市场上有很多此类平台，有 Cloud Foundry、OpenShift、阿里云云效和 CodePipeline 等众多产品可供选择。合理地选择这些工具作为企业运维体系构建的基础，可以快速形成战斗力，使得运维不至于成为企业业务和 IT 建设、发展过程中的瓶颈。

需要特别注意的是，这些工具本身是有其方法论支撑的，建议在引入工具之前，对其方法论（通常会在其文档的最初部分进行介绍）和同业案例进行了解，以确认与公司的实际情况是否匹配。

那么具体如何实现上述目标呢？图 25-4 给出了运维模式流程的演进。

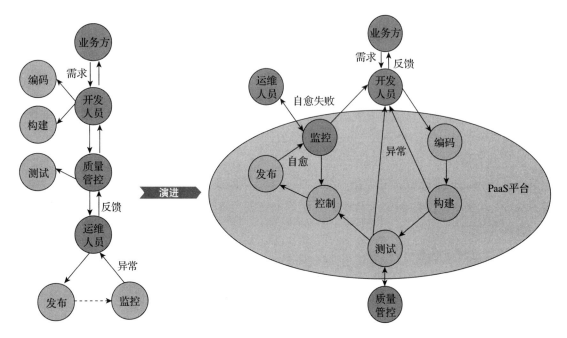

图 25-4 运维模式流程的演进

（1）传统模式

在传统模式下，运维的流程为业务方提出需求→开发人员理解需求→设计→编码→构建→测试团队测试→运维人员发布→运维，如果发现问题，需要将整个流程走完，再从头走一遍，效率低下，而且业务人员、开发人员、测试人员和运维人员之间往往会有强烈的边界感，容易产生抵触。

（2）新模式

新模式下，流程改变为业务方提出需求→开发人员→编码→构建→测试，开发人员在任何一环发现问题，都可以直接反馈给业务方，不用等正式发布上线后再从头处理，链路大幅缩短。同样，开发人员发布→监控→自愈/回滚也形成一个环路，只有自愈失败或遇到复杂场景才会寻求运维人员帮助，这条链路也同样缩短，可以避免不同团队频繁的沟通甚至是扯皮。在新模式下，沟通模式、发布与运维模式、业务方/开发人员/运维人员的角色等都有了很大的改变，而且在统一的 PaaS 平台下工作，自动化程度也将大幅提升。

通过图 25-5 的对比可以发现，很多环节或被节省或被优化，从而真正实现提效降本和灵活响应。

例如，在传统 IDC 和传统运维模式下，当有一个新的业务需求时，从服务器购买、安装、系统开发到上线是一个漫长的过程，仅基础设施部分可能就要花去 2～3 个月的时间，而云时代按需购买云资源、自动化部署，将该周期缩短到了数小时以内，这种效率的提升是巨大的。

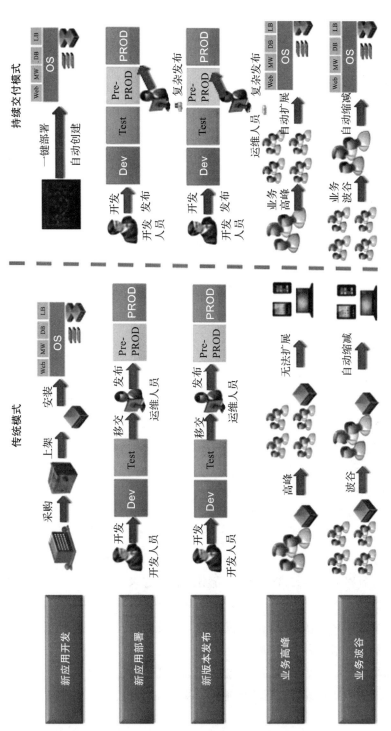

图 25-5 传统模式与持续交付模式的区别

另外，通过自动化开发运维管理平台，在遇到业务的高峰/低谷时，不再需要运维人员提前准备资源、部署环境或销毁环境，自动化平台会按照预设的规则和模板自动化扩缩容，在大幅提升效率的同时，运维人员的介入工作也大量减少，时间成本和人力成本得到很大优化。

25.2 云平台的运维特点

回顾一下第 1 章中所提到的，云计算有五大能力，分别是弹性、宽带网络接入、可计量的服务、按需自服务以及资源池化。云平台非常看重的特点之一在于按需自服务，也是因为有了这个能力，开发运维一体化模式才能得以实现。对于传统企业而言，或许这一体系很难一步达成，关键在于用好云平台的这部分能力，尽可能降低运维人员在基础设施和平台上的工作量；同时让一部分开发人员试着使用云平台的运维模式（例如，在开发和测试环境中）。在这个过程中，逐步形成企业自身基于平台的运维体系。

就云平台本身而言，其运维有两个侧面，即与传统很不一致的平台管理侧面，以及与传统很近似的平台使用侧面。

在第一个侧面上，云平台几乎所有的产品都可以通过管理控制台进行管理，这个通常基于 Web 的控制台被用于全方位地管理云产品，该控制台提供直观的用户界面，企业运维人员可以通过该控制台管理云产品，如启动并连接到 ECS 实例、使用 OSS 存储空间或设置报警监控等。运维人员也可以从管理控制台主界面进入各个产品或服务的控制台，通过产品详情页面进入该产品或服务的控制台进行访问，控制台还提供有关云服务账户和账单的信息。图 25-6 给出了云厂商管理控制台界面。

企业的云平台运维人员几乎可以将其视为日常工作的全部。和传统基础设施环境的不同在于，云平台上所有的管理工作都可以使用这个 Web 控制台完成，无须打开不同的设备管理终端，一站式运维因此得以体现。

在第二个侧面上，云平台提供的虚拟服务器和数据库等产品，仍然可以通过传统的方式使用。如果是针对应用的日常运维，这部分工作看起来和过去没有什么不同，仍然可以通过 SSH 方式远程登录 Linux 系统，或通过数据库客户端连接数据库。

对于一些运维体系较为成熟的企业而言，可能有自主研发的运维工具和运维平台，这类平台本身已经整合了现有环境的各类运维能力，可以通过 API 的方式来访问传统的各类基础设施。在云平台上，这些自研的工具仍然可以沿用，因为云服务商通常也可以提供 API，使得那些原本通过控制台进行访问的功能，可以以 API 调用的方式集成到企业自研的运维工具和平台上。

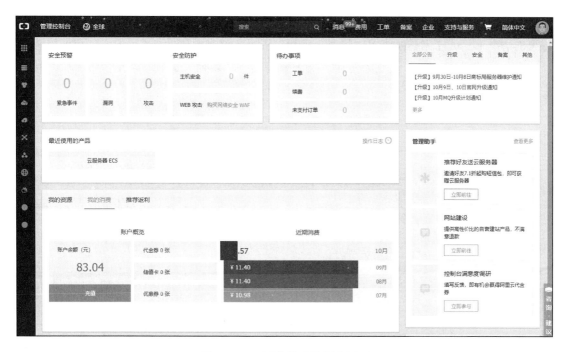

图 25-6　云厂商管理控制台界面

在企业上云的过程中，对于运维人员而言最友好的就是这个控制台了，习惯了这种一站式控制台的运维人员，会发现原本的运维过程是如此繁杂，而使用统一控制台这件事情本身，就能够大大降低运维人员的工作强度和工作压力。

25.3　团队组织、账户安全和授权

云平台提供的 Web 控制台既然如此强大，那么对于较大型的企业而言，如果运维人员都能够轻易访问和操作这个控制台及其所有管理功能，反而显得尤为危险。

再回顾一下阿里云安全白皮书中的说明：

客户应保护阿里云账户，使用阿里云资源访问管理（Resource Access Management，RAM）服务为每个运维管理员分配独立的 RAM 用户账户，授予完成运维管理工作需要的最小权限，通过群组授权实现职责分离。阿里云建议客户为重要账户启用多因素（MFA）认证。使用阿里云操作审计服务（ActionTrail）记录管理控制台操作及 OpenAPI 调用日志。使用阿里云加密服务对敏感数据进行加密。

这段表述的核心要点之一在于账户安全，一般云服务商都能够提供多种安全机制来帮助企业保护账户安全以防止未授权的用户操作。这些安全机制包括云账户登录及 MFA 管理、创建子用户、集中管理子用户权限、数据传输加密和子用户操作审计等。企业可以使用这些机制来

保护其云账户安全。关于这部分的细节可以参考阿里云的安全白皮书，建议企业应该在资源许可的情况下尽可能完整地使用这些安全机制，从而保障云平台运维过程的安全和可控。

此外，云平台还针对企业的实际运维需要提供了一系列方案，以阿里云的 RAM 为例，它适用的场景如表 25-1 所示。

表 25-1　阿里云 RAM 的适用场景

典型场景	适用	案例
企业子账户管理与分权	金融企业内部运维团队，针对阿里云上的产品和服务的管理，进行不同人员和角色的授权	服务器（ECS）管理、数据库（RDS）管理由不同的运维人员负责并开设相关账号
不同企业之间的资源操作与授权管理	金融企业部分运维外包，针对阿里云上的产品和服务的管理，授权另一账户；另一账户可以继续向下进行分解和授权	A 账户将部分云服务（如 ECS、RDS）的权限授权给 B 账户后，B 账户可以继续开设子用户，并用 A 账户给出授权访问 A 拥有的资源
针对不可信客户端 APP 的临时授权管理	金融企业不同的应用，针对阿里云上统一的某些资源，提供统一的授权和访问控制	不同的应用程序都需要访问的服务（如 OSS），可以通过统一的授权策略进行统一管控

在常见的"企业子账户管理与分权"场景下，传统运维体系与传统基础架构体系是对应的，通常主要是层次化管理，即不同的运维管理人员分管其中一个层次的基础设施，依赖于下一层的基础设施服务和运维人员，并对上一层的基础设施服务和运维人员负责。其中典型的服务（如数据库）通常涉及四个层次，由不同人员管理。

安全相关的管理通常会采用矩阵式的方式，即横向通过专门的安全团队进行统一策略管理，纵向的实施落入每一个团队／层次。

整体架构如图 25-7 所示。

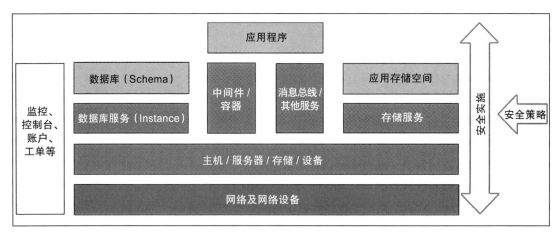

图 25-7　矩阵式管理架构

由于云平台资源的交付方式与传统不同，其核心差异在于云平台交付的大量产品/服务是直接交付，而非通过主机（ECS）进行再次搭建，因此这些产品/服务是与主机并行的，比如 RDS；少量服务甚至不纳入客户的 VPC 网络环境，比如 OSS；个别服务是全局的，比如 STS。因此，其层次化程度大大低于传统 IT 环境。为了对这些产品/服务进行管理，又有一些额外的产品/服务存在，如费用、审计和监控等。

云平台运维管理架构如图 25-8 所示。

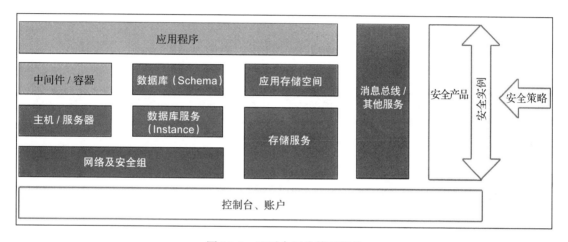

图 25-8　云平台运维管理架构

云平台的交付模式导致其运维体系相比传统方式的层次更加简化，更多的是直接根据云产品进行运维划分。由于大量的云产品不再需要安装、搭建等工作，其具体使用直接通过应用程序进行，因此这部分管理也可以转由应用开发团队完成。

以阿里云 RAM 体系下的一个典型组织划分为例，可以是如图 25-9 所示的结构。

建议由一个云运维负责人负责整体云资源运维工作，并掌握主账户（部分未接入 RAM 的产品/服务需要主账户操作）。负责人通常应该为自己开设特殊子账户，用于日常工作（类似于不使用 Root 账户，而使用一些特殊权限账户的传统做法）。其他角色还包括以下几类：

- **安全负责团队**

安全负责团队可能涉及两方面工作，包括具体云服务的安全策略和安全产品的管理/访问（也可以分为两个团队）。

云服务相关的安全策略（如白名单和安全组等）属于具体产品的一部分，权限无法进一步细分，因此安全团队主要负责策略和审计工作，而由具体维护团队进行配置实施。

- **网络专家（可以含安全组/虚拟防火墙工作）**

阿里云的 VPC 环境涉及虚拟路由器、虚拟交换机、安全组等方面的规划配置工作。如果有专线，也涉及专线对接的两侧配置，包括阿里云侧边界路由器方面的配置工作。这部分工作还与阿里云同城双活的规划相关。

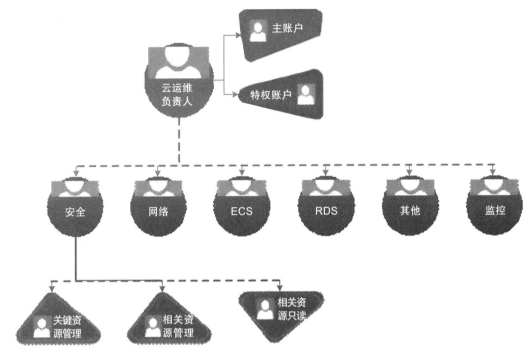

图 25-9　经典组织架构图

- **主机运维（ECS，也可以含安全组 / 虚拟防火墙工作）**

作为阿里云最重要的服务之一，建议 ECS 能够单独进行运维。

目前在 ECS 的管理方面，阿里云提供的授权策略可以限制指定的 ECS 实例（只读权限目前不可以指定到 ECS 实例）。

- **数据库运维**

作为阿里云最重要的服务之一，建议 RDS 能够单独进行运维。

目前在 RDS 的管理方面，阿里云提供的授权策略可以限制指定的 RDS 实例（只读权限目前不可以指定到 RDS 实例）。

- **其他产品运维**

其他产品建议均分项运维，或对一些产品进行合并运维。其中，SLB 和 OSS 的运维有一些特别说明，可以参考帮助文档。如果 OSS 作为系统的功能核心，建议对 OSS 启用独立运维。

- **日常监控 / 工单**

为日常监控人员、阿里云工单提交 / 跟踪的人员建立独立的 RAM 账户。

25.4 监控体系及日常监控

云服务商提供的监控能力对于企业而言尤为重要，通常企业自建整个监控平台的代价相当大，把所有基础设施及应用平台纳入这个监控体系更是一项费力的工作。由于这项工作本身不产生直接的业务价值，而且这个平台通常是"坏消息报告者"角色，因此它在企业中的地位显得有些尴尬。

几乎所有的云服务商都能够提供一定程度的监控能力，这是因为一旦企业通过云服务来让渡其对于底层资源的直接管理能力，云服务商就有必要提供相应的监控能力，使得企业能够像使用传统数据中心那样对其资源进行有效的监控和管理。当然，不同的云服务商的能力也有差异，由于大部分情况下这种服务是免费的，但是对企业而言尤为重要，因此对云监控服务评估的审慎程度，可以从一个侧面有效地反映出云服务商对企业上云的支持和重视程度，以及云服务商的实际服务的能力。

以阿里云监控服务的定义来说：

云监控为云上用户提供开箱即用的企业级开放型一站式监控解决方案。它涵盖 IT 设施基础监控、外网网络质量拨测监控，以及基于事件、自定义指标和日志的业务监控，为您全方位提供更高效、更全面和更省钱的监控服务。通过提供跨产品、跨地域的应用分组管理模型和报警模板，帮助您快速构建支持几十种云产品、管理数万实例的高效监控报警管理体系。通过提供 Dashboard，帮助您快速构建自定义业务监控大盘。使用云监控，帮您提升您的服务可用时长、降低企业 IT 运维监控成本。

目前云服务商提供四类监控内容：云服务监控、主机监控、站点监控和自定义监控。以阿里云产品为例，建议应用方式如下：

- **云服务监控**：监控企业使用的关键云服务（各类云服务）。
- **主机监控**：在混合云场景中，如有少量云下的服务器，可以通过主机监控纳入阿里云监控体系。
- **站点监控**：初衷是"用于模拟真实用户访问情况，探测 API 可用性、端口连通性、DNS 解析等问题"。在实际使用中，可以通过为特定的应用服务提供专门的"心跳监控页面"，对这个页面进行站点监控，进而监控应用系统的可用性。在心跳监控页面中，可以根据需要将整个应用链路涉及的节点均访问一遍，从而最大限度确保对应用的可用性的感知。
- **自定义监控**：通过接口上报的自定义监控数据进行简单但是关键的业务指标监控（云上或云下均可）。

对于企业而言，我们有如下建议：

- 运维团队的主要负责人每天都访问控制台，以了解云服务商的新信息，以及日常监控信息。

- 特定产品的运维负责人每天访问相关的监控界面，以确认没有异常发生。
- 如果可以，构建一个专职的监控屏幕来观察日常的监控信息；如果业务比较关键，最好有专职的监控人员始终对监控情况予以关注。
- 当出现故障的时候，同时查看监控平台的数据和信息。

既然是监控，就离不开报警，报警服务提供监控数据的报警功能。企业可以通过设置报警规则来定义报警系统如何检查监控数据，并在监控数据满足报警条件时发送报警通知。通过对企业重要的监控指标设置报警规则，可以在第一时间得知指标数据发生异常，并迅速处理故障。这个功能的重要性怎么强调都不为过，没有一个企业希望其客户比运维团队更早发现故障，因此在企业上云过程中，基本上只要完成云服务产品的选型（哪怕是验证性的云资源购买），就一定需要立即考虑监控和报警的问题。

有报警就有误报。如果设计比较宽松，容易出现故障没有报警；如果设计比较严密，容易出现报警了但是没有故障。当然，报警若如此轻易就能实现，有责任心的运维团队的正常选择应该是后者。虽然"狼来了"喊多了也不好，但是对于企业而言，后者总是一种更加安全的选择。当然，"狼来了"也不能喊得太多，因此一般的建议是，在企业最初上云的时候，可以将报警的各类设计和阈值设置严密一些。虽然最初会出现很多误报警的现象，但运维团队可以慢慢调整和删除一些不必要的报警，逐步放松整体的监控报警设计，但是仍然要以严格为主基调。

25.5 工单和运维

工单是个有趣的话题。传统企业的运维团队对这个词应该不会陌生。通常，传统企业的运维团队都是工单的接收者和处理者，而到了云平台上面，企业运维团队会发现自己成为工单系统的使用者。这种角色的转变会让运维团队感到非常不适应，这放大了企业基础设施及运维团队对于IT基础设施或应用开发平台控制权"让渡给云服务商"之后的那种无力控制的感觉，也是很多运维人员最初抱怨和抵制云服务的主要原因。

在撰写本书的时候，我们特地查了一下几个云平台的帮助文档。作为企业解决问题的主要途径，没有一家厂商对于工单的使用提供比较详细和完整的文档，虽然阿里云的支持计划中指出了工单以及不同等级服务对应的工单响应时间，日常客户提交的工单也会及时反馈给售前和售后工程师，但是没有一个文档来教会客户如何正确使用工单。这里只能猜测工单这个功能大概对于企业用户已经普遍接受，因此不需要进行额外的说明了。

正常情况下，云上的企业客户可以通过工单入口提交和云产品相关的技术问题。当客户提交工单时，云服务商的售后工程师会根据案例严重性尽快提供支持。严重性说明如下：

- **核心业务不可用**：关键业务、核心组件明显受损或服务不可用，需要立即处理。
- **业务不可用**：关键业务、核心组件受到重大影响或重要功能不可用，需要尽快处理。
- **业务受损**：业务的重要功能受损或降级。
- **业务异常**：业务的非关键功能异常。
- **使用咨询**：一般性技术或咨询问题。

既然企业因为使用云平台而放弃了一些控制权，那么在使用工单系统的时候，建议就不要委婉和客气了，直接而且详细的工单有助于云服务商尽快解决问题。当然，企业在工单的处理过程中也需要配合云服务商的售后工程师提交各种详细信息和资料，以便尽快定位和解决问题。

云服务商也会通过多种手段来避免其售后工单爆发的情况。例如，阿里云的工单系统（如图 25-10 所示）就整合了相关的帮助和文档资源，对于企业初期上云过程中通常面临的非紧迫性问题而言，通过这个过程也可以快速熟悉云服务商的帮助服务体系。毕竟大部分能够自己解决的问题，自助服务总是更加高效。

图 25-10　阿里云工单系统

除了免费提供的运维服务外，云服务商还会提供一些增值服务。例如，阿里云可以提供专业技术支持工程师的 7×24 小时快速响应，针对不同规模和能力的客户提供客制化支持。根据客户群的划分，阿里云支持等级包括以下四个等级：L1（基础级）、L2（商业级）、L3（企业标准级）、L4（企业至尊级），如图 25-11 所示。（服务内容没有完整截图，具体可以参考阿里云官网。）

类型	基础	商业级	企业标准级	企业至尊级
电话支持(95187)	●	●	●	●
大客户专线	○	○	○	●
IM企业群支持	○	○	●	●
云产品工单支持	7x24小时	7x24小时	7x24小时	7x24小时

图 25-11　阿里云运维服务分级

企业可以根据自身的需要和成本考虑，按需采购此类增值服务。

除了这类通用的增值服务，还有一些其他服务，例如：

- 云服务商区域合作伙伴提供的运维服务。
- 由云服务商的专家提供的特定类型的服务（如图 25-12 所示）。

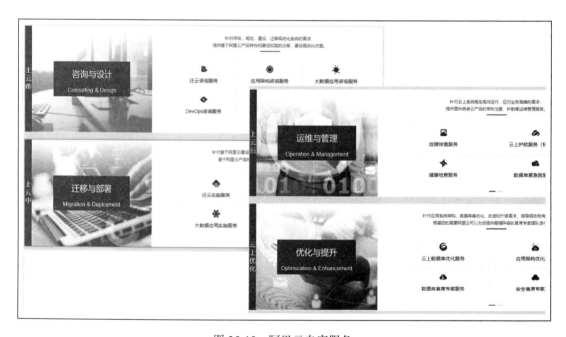

图 25-12　阿里云专家服务

这些服务大部分是需要额外的费用支出的，是否采用主要取决于企业自身的需要，以及对 ROI 的分析和评估。

25.6　费用

说起云服务，很多企业关心的主要是 ROI 以及 TCO 这两个方面。对于云服务商而言，费用也是其商业利益最重要的一个方面。因此，在费用问题上，双方谁都无法忽略，这本书也不能不讨论这一话题。

首先是费用的预算。云服务商的产品定价基本上都是透明的，无论是单价还是阶梯计价优惠，或是包年包月优惠，都可以从官网上获得计费信息。有些云服务商的计费信息是不公开展现的，那么企业应该警惕这样的云服务商是否存在价格歧视的可能性。

通常，企业也很关心折扣，这个问题不适合放在本书中讨论，但如果企业确实认为需要讨论这个话题，建议直接联系云服务商的销售团队了解这方面的情况。可能的渠道包括企业客户之间的推荐、官网上的客服电话和工单等。

回到预算的话题上，如果企业曾经有上云的经验，那么在完成容量规划之后，其预算评估会相对准确；如果是初次上云，一方面可以寻求有相关经验的人员协助，另一方面则可以通过1～2个月的试用，从而快速熟悉云服务商的收费策略。注意，即使是相同产品，不同的云服务商收费策略也是不同的。因此，企业如果选择多个云进行比较甚至使用的话，需要完整地对整体TCO进行核算。

其次是费用的执行、结算和查询问题。云服务商通常会提供多种充值方式，以及多种购买方式。前者容易理解，后者对于企业（尤其是传统IT背景下的企业IT团队和财务团队）而言需要一定时间来适应。如果包年包月的购买过程和传统企业购买服务没有太多不同，那么按量付费这种体现云服务商弹性能力的优势，对企业而言可能意味着预算执行上有极大的不适应。

从目前来看，大部分企业最终还是可以适应这种变化的，但是初次上云的企业需要额外注意，云上是存在一些按量扣费的产品的（最简单的例子是购买一个弹性公网IP，如果仅仅是持有而不使用，每小时都会有费用产生，虽然其价格相当低廉），因此需要保证一定的账户余额。一般来说，云服务商也会提供相关的监控和报警，建议一定要使用，以避免欠费导致云服务中断，对业务产生影响。

在云服务商提供的管理控制台上，通常都可以非常详细地查询到账户中费用的使用情况，好的云服务商还能够提供一些分析信息供企业查看（如图25-13所示的阿里云产品账单分析界面）。建议企业一方面将费用部分的控制台权限交由专人管理，另一方面需要定期对费用情况进行查询和复核。这个过程的核心要点在于，初期不要放过对任何费用信息的详细了解，上云一定阶段后，需要特别注意那些突发性的费用增长。

发票有时候也是一个问题。云服务商通常是根据实际发生的费用（而不是账户中充值的费用）开具发票的，因此企业如果对发票有一定的要求，那么需要在进行产品购买和发票申请的时候谨慎地选择。

最后是企业内部分摊的问题。这可能是本章中最难的问题了，因为似乎总是没有完美的解决方案。一方面，企业可以开设多个账户来购买云资源，从而达到分摊的目的。如果过程中需要统一的运维,也可以跨账户授权(虽然整体上还是会比单一账户复杂),但是这些云资源显然无法共享,尤其是像对象存储、流量包这种大量使用会有一定优惠的产品。另一方面,如果只开设一个账户购买云资源,那么这种分摊就需要对使用的云资源进行清分工作,而对象存储、流量包这样的产品又是很难分清的。

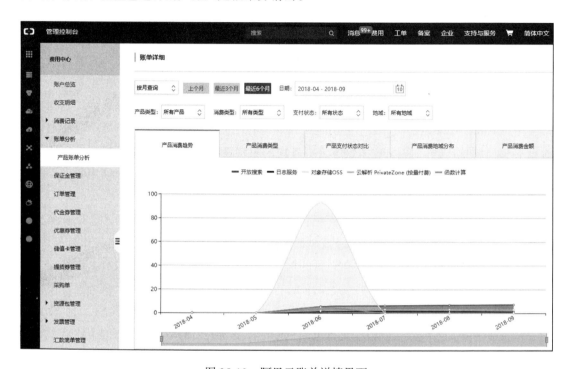

图 25-13　阿里云账单详情界面

像阿里云这样云上企业用户比较多的云服务商,已经提供了一些方案。例如,其企业控制台提供面向企业客户的云上资源管理、人员管理、权限管理和财务管理等企业上云综合管理服务。区别于经典管理控制台独立操控和配置云产品的方式,企业控制台以面向企业资源管理为出发点,帮助企业以公司、部门和项目等分级管理方式来实现企业上云的人、财、物和权的管理。

企业控制台的重点功能包括:

(1)运维管理

- 集中的用户管理(支持 Member 与 Guest 两类用户)。
- 集中的权限管理
- 资源组管理
- 资源组内部用户权限管理
- 资源分组运维操作

（2）财务管理
- 多个独立云账户的财务关联（支付账户和资源管理账户）
- 多账户信用额度划拨
- 多账户现金额度划拨
- 财务主账户优惠额度共享
- 发票开具管理
- 分组财务对账

这些措施在一定程度上缓解了上述问题，但是无法完全解决企业内部分摊的所有问题（比如，在使用一个 DDoS 来防护一个企业下多个应用的情况下，又如何精确分摊呢？），这些需要企业根据实际情况去处理和解决。一般情况下，内部分摊不是那么严格的企业，建议通过单一账户的模式来处理，不同的项目和系统的成本分摊对于那些难以区分的项目可以任意一些。如果内部分摊极其严格，那么应开设不同的账户来进行处理，即使有些产品无法复用导致 TCO 会略高一些，但至少不会导致管理上的混乱。

云厂商视角

云平台的运维是可以单独写成一本书的，其涉及的环节是如此之多，以至于总觉得少写了不少内容。不过，云服务毕竟才出现了十余年，真正的公共云服务得到企业的认可也就是这几年的事情，可以说对于云平台的运维，云服务商还有很多需要改进的地方，企业也存在很多需要适应的地方。

对于企业上云而言，运维部分是贯穿整个上云过程的，而且覆盖从策略到管理再到执行的所有方面。也正因为这样，很难给出一个完美的方案。好在云平台现在可以方便地注册一个账户，对于那些将上云视为战略决定的企业而言，充分体验、验证和使用一段时间云平台，结合本章中提供的一些最佳实践，应该会更容易形成符合企业自身特点的运维体系和方案。

企业视角

工具是方法论的约束，也是通向新世界的窗口。一方面，可以通过工具窥斑见豹，了解一些新的方法论；另一方面，在试验方法的过程中，可以为企业保驾护航，且大大节约时间。

使用云运维系统之后，我们就顺势启动了 IT 部门中的 DevOps 试点。运维的发展会是 IT 整个项目开发管理中非常迅速的一个分支，究其原因，是大量 IT 系统的使用，包括企业之间的交互、企业中不同部门的交互和一个部门中不同工作单元的交互等。这是对于传统运维模式的一次变革。

第 26 章　Chapter26

云监控和二次开发实战

导言： 本章将站在企业角度介绍企业内部如何使用云运维工具进行运维监控、建立自己的业务预警体系，并将简单介绍如何使用云厂商的 API 进行二次开发，并与企业内部的管理流程相结合。

26.1　概述

从传统的 IDC 机房到现在流行的云平台，运维一直是一项至关重要的工作，只有把运维工作做好，才能让程序更好地发挥应有的作用，保证业务的稳定性、连续性和数据的安全性。业务迁移至云上之后，虽然一些基础的物理设施（比如机房的电力设施、温度和湿度等）无需再关注，但是基于云环境下的云服务器、数据库 RDS、存储和负载均衡等依然需要进行专业的维护。

一个产品项目自上线开始，在漫长的产品生命周期的运维过程中，除了日常运维的基本工作外，最重要的就是做好系统服务的监控。完善的监控应该覆盖基础的系统设施、网络、数据库及应用程序。监控的重要性不言而喻，对于风险问题的预警往往是通过监控报警使用户知晓，提前介入问题的处理、迅速修复问题对于一个产品的存亡有着重要的意义。

每个企业都有自己运维监控的方式，大部分企业会采用一些开源的监控工具，在此基础上做二次开发。对于云下的服务器，则主要通过 Zabbix 的二次开发完成各类监控需求。尽管以 Zabbix 为代表的开源监控工具有很多优势，但相对简陋的页面展示和大量的二次开发需求对运维人员来说也是极为痛苦的。近年来，市场上出现了很多 APM 监控平台的厂商专门为企业定制化运维监控平台，利用私有化的部署通过日志或者探针的方式进行监控数据采集后，在前端进行炫酷的监控大屏展示。丰富的报警配置、多样的报警方式、兼容各主流服务产品往往是这些监控平台的招牌。然而，昂贵的使用价格，以及嵌入系统的各种探针对于服务未知性的影响也让众多公司望而却步。

大多数云厂商基本上都会有云上应用的监控产品，阿里云的云监控就是这样的一款产品，这个产品凝聚阿里巴巴集团多年来在服务器监控技术上的研究积累和成果。云监控和云上产品的无缝兼容可以在无需任何配置的情况下，实时获取各主要产品的监控信息，通过简单的报警模板的配置可以迅速完成对于系统、网络、日志、服务、数据库以及各种中间件的监控告警。此外，通过云监控 Dashboard 的简单配置，可以在大屏幕中方便地展示各个云产品在同一时间的监控信息，并能实时刷新，方便观察。

同时，阿里云还提供详尽、丰富和功能强大的 OpenAPI，方便开发者自行调用接口进行二次开发。合理的 OpenAPI 的使用能让云上提供的功能发挥更大的价值。

26.2 云监控最佳实践的七个步骤

云监控作为一个免费的服务，在应用过程中，企业需要更好地应用它，发挥它最大的功能。虽然云服务商提供了详尽的文档，但是不同企业的用法也不尽相同。本节将给出一个实践上的参考，聚焦在如何形成一个合理的应用规范。需要注意的是，任何规范和设定都不是一次性的，需要根据系统上线的步骤不断回顾和调整，从而保障监控的有效性和正确性。

最佳实践的七个步骤如下：

1）报警模板的配置。
2）报警通知对象的配置。
3）应用分组的建立。
4）内网服务端口监控。
5）公网域名监控。
6）日志监控。
7）Dashboard 配置。

26.2.1 报警模板的配置

当云账号下拥有的服务器和各种云产品的资源越来越多时，快速地为这些资源创建报警规则、在报警规则不合理时修改报警规则并应用到服务器和云产品就显得尤为重要。所以，第一步就是建立云产品对应的报警模板。

一个报警模板可以放置多个云产品的监控规则，也就是说，如果需要对一个涉及服务很多的系统项目进行监控，也可以专门为其制定一套报警的规则模板。

常用产品的监控报警模板建议如下：

图 26-1　云产品报警模板示例

（1）ECS
- CPU 使用率在 1 分钟内连续 3 次≥80%，则报警。
- 内存使用率在 1 分钟内连续 3 次≥90%，则报警。
- 磁盘使用率在 1 分钟内连续 3 次≥90%，则报警。
- TCP 连接数在 1 分钟内连续 3 次≥5000，则报警。
- 平均负载在 1 分钟内连续 3 次≥5，则报警。
- 插件无心跳事件报警。
- 内网流入带宽在 1 分钟内连续 3 次≥专线带宽的 30%，则报警。
- 内网流出带宽在 1 分钟内连续 3 次≥专线带宽的 30%，则报警。

（2）RDS
- CPU 使用率在 5 分钟内连续 3 次≥80 %，则报警。
- 只读实例延迟在 5 分钟内连续 3 次≥30 秒，则报警。
- IOPS 使用率在 5 分钟内连续 3 次≥80%，则报警。
- 磁盘使用率在 5 分钟内连续 3 次≥80%，则报警。
- 实例故障事件报警。
- 实例主备切换事件报警。
- 内存使用率在 5 分钟内连续 3 次≥80%，则报警。

（3）OSS
- 可用性在 1 分钟内连续 3 次 <90%，则报警。
- 有效请求率在 1 分钟内连续 3 次 <90%，则报警。

（4）Redis
- 已用连接数百分比在 1 分钟内连续 3 次 >80%，则报警。
- 内存使用率在 1 分钟内连续 3 次 >80%，则报警。
- 写入带宽使用率在 1 分钟内连续 3 次 >80%，则报警。
- 读取带宽使用率在 1 分钟内连续 3 次 >80%，则报警。

（5）Mongo
- CPU 使用率在 5 分钟内连续 3 次 >80%，则报警。
- 内存使用百分比在 5 分钟内连续 3 次 >80%，则报警。
- 磁盘使用率在 5 分钟内连续 3 次 >80%，则报警。
- IOPS 使用率在 5 分钟内连续 3 次 >80%，则报警。
- 连接数使用率在 5 分钟内连续 3 次 >80%，则报警。

26.2.2 报警通知对象的配置

钉钉作为阿里旗下一款知名的智能移动办公平台，可以作为企业内部的即时通讯工具，企业可以通过其建立内部群来接收云上监控推送的告警信息，并能够方便地添加钉钉机器人作为报警消息的播报者。

获取到钉钉机器人的 Token 地址之后，企业可以建立一个报警联系人，将该群的钉钉机器人的地址配置给该报警联系人。由于报警信息的推送对象是以联系人组为单位，因此新建联系人后，企业需要再建立一个联系人组，将联系人添加进组即可。

操作步骤如下：

1）添加自定义机器人。
- 在 PC 版中打开要接收报警通知的钉钉群。
- 单击右上角的群设置图标，打开群设置弹窗。
- 单击群机器人，打开群机器人窗口，单击自定义，创建一个用于接收报警通知的钉钉机器人。
- 在机器人详情窗口，单击添加，进入添加机器人窗口。
- 输入机器人名字，例如"云报警机器人"，单击完成即可（如图 26-2 所示）。
- 单击复制，复制 webhook 地址，单击完成，即可完成添加机器人。

2）添加报警联系人和报警组。
- 将上述创建好的钉钉机器人的 webhook 地址添加在报警联系人中，根据该联系人所在联系组对应的报警规则，即可通过钉钉群接收报警通知。

图 26-2　添加自定义机器人界面

- 登录云监控控制台。
- 单击左侧导航栏中报警服务下的报警联系人，进入报警联系人管理页面（如图 26-3 所示）。
- 单击编辑，打开设置报警联系人窗口，在已有联系人中添加钉钉机器人的回调地址，或者单击新建联系人，创建包含钉钉机器人的联系人。

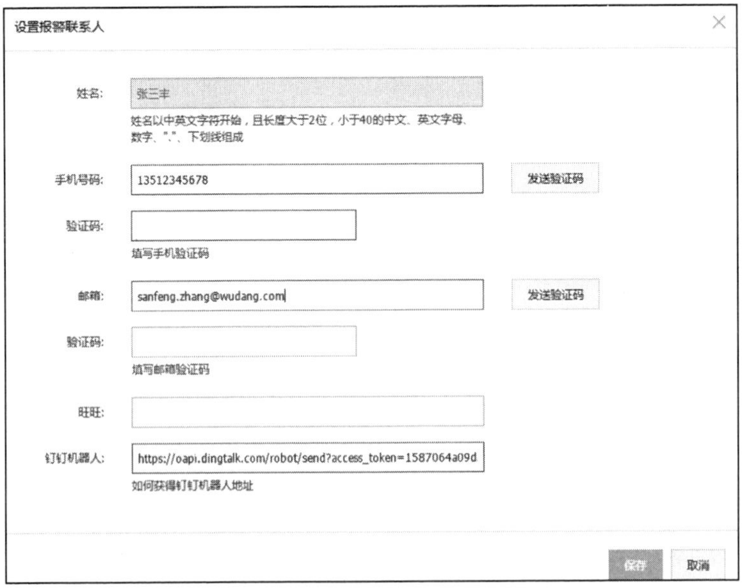

图 26-3　添加报警联系人界面

26.2.3 应用分组的建立

应用分组提供跨云产品、跨地域的云产品资源分组管理功能，支持用户从业务角度集中管理业务线涉及的服务器、数据库、负载均衡和存储等资源，从而实现按业务线来管理报警规则和查看监控数据。因此，接下来就是建立合适的应用分组，对应用设计的相关服务进行监控，从而在监控报警时可以容易地判断影响的应用或者业务。

建立应用分组的方法如图 26-4 所示。

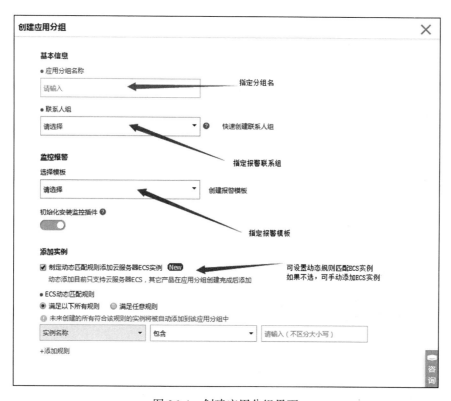

图 26-4　创建应用分组界面

应用分组的建立方式是按云产品来区分的，其中 ECS 根据应用业务再做细分，这样的好处是可以避免冗余，每一个产品实例只会在一个应用分组中出现。

如果应用业务不多，也可以考虑把所有业务涉及的产品实例放在同一个应用分组中，如把 SLB、ECS、RDS、REDIS 和 OSS 高速通道等相关的产品实例加入到一个应用分组。

这样做的好处在于，某些共用的产品（如中间件或者数据库）产生异常的时候，可以一目了然地知道哪些应用可能会受到影响。当然，这样做的缺点就是会造成一定的冗余。一个产品的报警可能会有多个应用分组的报警同时推出，造成密集报警的情况。

选择合适的应用分组非常重要。云监控从 2018 年 6 月商用之后对报警规则的额度做出了限制，超过一定的报警规则数量后就需要进行付费升级。如果有 1000 台 ECS 服务器，每个 ECS 的服务器模板有 8 条规则，在不进行应用分组的情况下一台一台进行报警的配置，不但麻烦，还会占用 8000 条报警规则，这样的配置自然是非常不划算的。当然，也不能把 1000 台都归入一个应用分组（虽然云监控的应用分组理论上最大能支持 1000 个应用实例，但是不推荐这样做），否则当应用分组报警的时候，会很难区分究竟影响的业务是什么、影响面有多广。可以说，合理地做好应用分组，监控效果就会事半功倍。

26.2.4　内网服务端口监控

应用监控中很重要的一项工作是对于服务存活性的监控，对于 JBoss 和 WebLogic 等中间件服务的监控通常采用端口监控的方式。云监控的"可用性监控"功能可以非常方便地部署对于服务端口的监控，操作如图 26-5 所示。

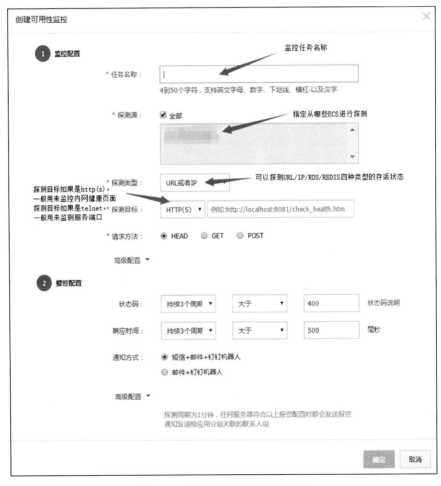

图 26-5　服务端口监控配置界面

如图 26-5 所示，可用性监控的功能不仅可以用来监控内网服务的健康性，还能检查内网的健康页面，以及校验 ECS 与 RDS 和 Redis 之间的连通性，是非常实用的监控功能。一旦出现监控的报警异常，则说明应用服务在报警的时间段内出现了异常。当然，实际应用场景中更多是因为应用重启而造成此类报警。

26.2.5 公网域名监控

对于一些企业而言，很多应用是需要对外提供服务的，因此会有对应的公网域名（URL）。要保证对外服务的可用性，一个很重要的方面就是确保域名的可访问性。根据不同的版本，云监控最多能提供 50 个运营商的监测点和 20 个 IDC 机房的监测点（含国外），即使对于全球性业务要求很高的网站监控，也能做出很好的保障。

站点监控配置如图 26-6 和图 26-7 所示。

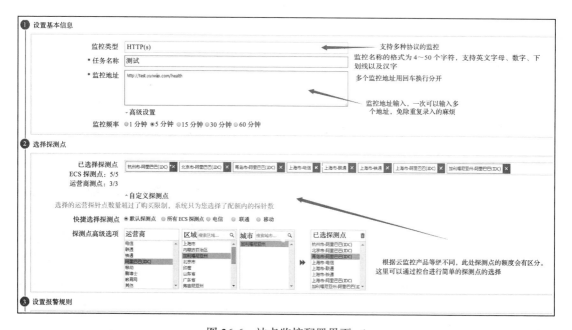

图 26-6　站点监控配置界面 -1

站点监控功能不仅可以监控外网域名的健康性，也能用于常用协议的监控（包括 TCP、UDP、FTP、ping DNS 和 SMTP 等）。站点监控和其他云监控功能的显著区别在于站点监控覆盖的功能不仅可以为云上提供服务，也可以对云下的服务进行监控。并对云下的外网服务进行监控补充。

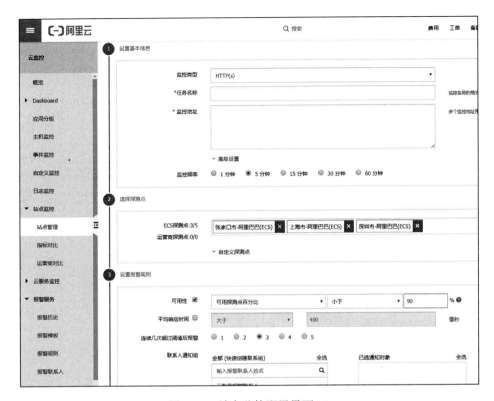

图 26-7　站点监控配置界面 -2

26.2.6　日志监控

对于业务上的监控，最常见的手段就是使用日志，要在云下搭建一套日志收集 + 监控的系统非常麻烦，而云服务商可以通过对日志服务进行简单配置来实现日志收集。日志收集在对应的 Project 和 LogStore 内，通过云监控的日志监控就可以实现对日志关键字的监控，对于监控业务上的异常是非常实用便捷的一个功能。

日志监控配置界面如图 26-8 所示。

26.2.7　Dashboard 配置

对于企业的重要应用而言，在报警配置完毕之后，可以通过云监控平台的 Dashboard 功能将应用相关的产品的监控信息显示在一个大屏上，以便监控人员查看应用相关产品的性能情况，从而随时掌握全局情况。

云监控 Dashboard 的监控大盘（如图 26-9 所示）支持添加多个图表，每个图表相对独立，因此可以添加多种产品（ECS、RDS 和 SLB 等）的监控图表到一个大盘，然后对大盘进行投屏。至此，一个简单、实用的全局监控大屏就设置完成了。

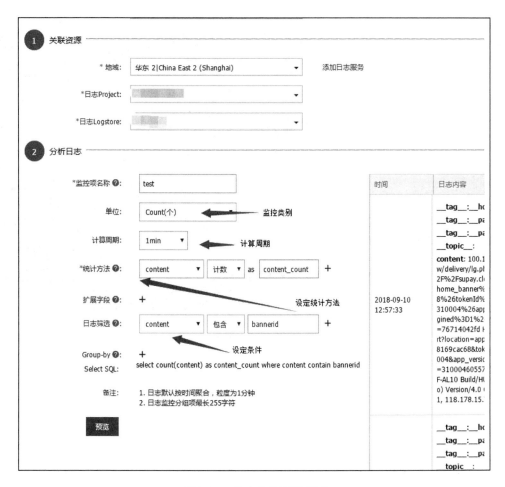

图 26-8　日志监控配置界面

26.3　API 二次开发应用场景

云监控大大降低了运维人员在基础监控上的精力投入，从而将更多时间投入对产品本身的了解。

云服务商对于自身的每个产品一般都能够提供相应的 API 接口，通过这些接口的调用，用户能够在云服务商的控台上完成对于各个产品的基本操作。例如，阿里云开放了很多功能性接口（如语音服务和短信服务）输出给第三方。

为了管理和降低 AccessKey 的分发带来的风险，企业可以先设计一个中间系统，用来统一对接阿里云 OpenAPI。图 26-10 为以 ResKeeper 命名的系统框架图。

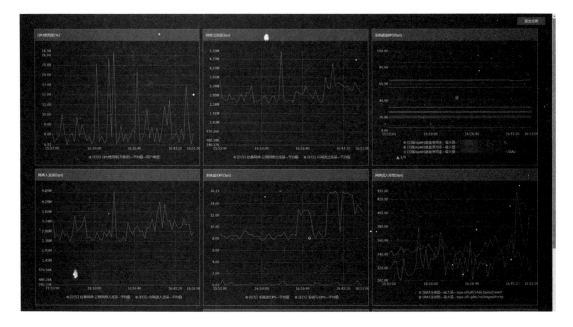

图 26-9　云监控 Dashboard 示例

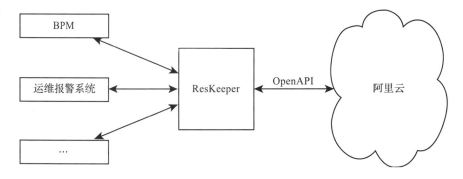

图 26-10　ResKeeper 系统框架图

26.3.1　ECS 申请流程化

我们先来看一个场景：原本企业云下的服务器申请流程是通过 BPM 流程管理工具进行的；上云后，云上 ECS 只能通过线下邮件申请，管理员收到邮件后自动去控台操作开机流程，不仅会有遗漏的风险，也不便于流程上的管控。

针对这种情况，可以采用以下解决方案：ResKeeper 封装云上的 RunInstances 接口，让 BPM 系统进行调用，从而在完成机器申请流程审批后，自动开启 ECS 实例的功能。阿里云资源申请界面如图 26-11 所示。

图 26-11　阿里云资源申请界面

26.3.2　监控信息采集

另一个比较棘手的问题是，企业在上云前已有自研的报警监控平台，导致云上的报警无法对接到现有的报警平台。云上和云下报警的隔离也造成运维人员不能即时知晓云上的报警信息，无法及时通知相关项目组。

针对这一情况，解决方案如下：根据云上的 ListAlarmHistory 接口，不间断地获取云上最新的报警记录后，通过接口推送给云下的报警平台，实现云上 / 云下报警的归集统一。

26.3.3　报警语音服务

通常，企业原有的报警平台没有语音报警功能，而企业需要在遇到报警时能通过自动的语音报警提醒相关运维 / 开发人员。搭建一套语音报警服务需要采购硬件、调试开发代码，或者购买第三方的语音服务，既费时又费力。

针对这一情况，解决方案如下：使用阿里云提供的语音服务的文本转语音外呼接口，能够通过 txt 定义的模板对指定号码进行语音消息的推送，时间短、语音通知成本低。阿里云提供的这类接口能力输出可以给实际日常运维工作带来便利。

云厂商视角

云服务商提供的一些关键性能力往往是免费的，但是企业要应用这些能力是需要投入的。这一点上，通常最好的模式是先对企业现有的能力进行全面梳理，之后在云服务商的产品线或特性中进行对标。如果缺乏这个过程，容易造成重复投入（人力的、技术的）。一般而言，当梳理好企业自身的 IT 能力模型后，对标过程反而是简单的，也就是说，在上云的过程中，企业对自身 IT 能力进行盘点和摸底的过程是一个必不可少的环节，同时也是一个相当好的契机。

企业视角

云监控给我们带来了几方面的好处：首先是节约了人员。在很长的一段时间内，由于云监控强大的配置能力，我们只需要安排少量人员来处理报警即可；其次是提高了效率，阿里云强大的 API 功能可以和我们的流程管理系统、钉钉和内部系统等进行很好的结合。通过这些二次开发，很多项目和同事就"无感"地使用了云资源，并且对于专有云和 IDC 资源等都可以做一致化处理，让大部分员工继续专注业务，让少数员工做好集成工作即可。

Chapter27 第 27 章

Docker 与 Kubernetes

导言：本章将重点介绍 Docker 和 Kubernetes 的基本概念和实际操作流程，以及如何使用阿里云提供的相应功能实现容器化部署。

拥有了阿里云较为稳定的 ECS 环境后，企业就可以根据自身的需求制定一些弹性扩展规则，通过 API 实现较为简单的申请机器，实现对应的应用部署；经过相应的二次开发，与云下 CMDB 仓库打通，实现线上 / 线下联动。只有在 ECS 能快速分配的情况下，原有的快速部署方案才能得到最终的支持。同时，这些特性随着 Docker 在云计算市场中占有率的提高也变得越来越重要。

27.1 使用 Docker 部署应用

阿里云提供了 Docker 日志服务功能，能用简单的方式将日志收集起来，便于开发人员查看，对企业的技术转型起到举足轻重的作用。Docker 消除了线上 / 线下的环境差异，保证了应用生命周期的环境一致性和标准化。开发人员能够使用镜像实现标准开发环境的构建，开发完成后通过封装着完整环境和应用的镜像进行迁移，测试和运维人员可以直接部署软件镜像来进行测试和发布，从而大大简化了持续集成、测试和发布的过程。Docker 在原有 Linux 容器的基础上进行大胆革新，为容器设定了一套标准化的配置方法，将应用及其依赖的运行环境打包成镜像。Docker 是可移植（或者说跨平台）的，能够在各种主流操作系统上使用，用户再也无需担心受到线下服务器的捆绑，同时也让应用在阿里云上混合部署成为可能。

27.1.1 Docker 的优势

Docker 容器没有管理程序的额外开销，与底层共享操作系统，性能更加优良，系统负载更低，在同等条件下可以运行更多的应用实例，可以更充分地利用系统资源。同时，Docker 拥有良好的资源隔离与限制能力，可以精确地对应用分配 CPU、内存等资源，保证了应用间不会相互影响。Docker 是轻量级虚拟化技术，与传统的 VM 相比，它更轻量、启动速度更快，单台硬件上可以同时运行成百上千个容器，非常适合在业务高峰期通过启动大量容器进行横向扩展。Docker 容器技术的直接虚拟化不仅在技术方面使 CPU 利用率得到显著提升，同时拥有八项过人之处，如图 27-1 所示。

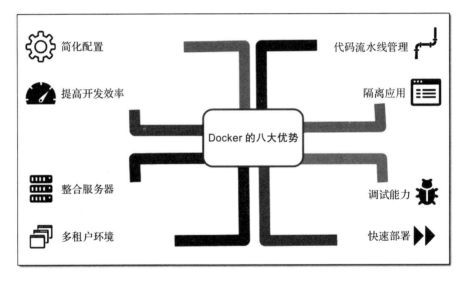

图 27-1　Docker 的八大优势

1. 简化配置

这是 Docker 的主要使用场景。Docker 能将运行环境和配置放在代码中部署，同一个 Docker 的配置可以在不同的环境中使用，从而降低了硬件要求和应用环境之间耦合度。企业可以在阿里云上制定以 Docker 为镜像的基础 ECS 镜像，从而统一各类标准 ECS 的创建。

2. 代码流水线（Code Pipeline）管理

代码从开发者的机器到最终在生产环境上的部署，需要经过很多中间环境。阿里云 ECS 很好地解决了中间环境的差异性，在每一个中间环境都有有同样的标准，给应用提供了一个从开发到上线均一致的环境，让代码的流水线变得更简单。

3. 提高开发效率

Docker 能提升开发者的开发效率。在不同的开发环境中，Docker 既可以在开发环境和生产环境之间直接迁移，又可以快速搭建开发环境。开发环境的机器通常内存比较小，ECS 可以轻松地动态进行内存等配置的扩缩容。

4. 隔离应用

有很多种原因会造成企业在一个机器上运行不同的应用，Docker 非常适合在较低的成本下实现多个应用的隔离。

5. 整合服务器

Docker 隔离应用的能力可以整合多个服务器以降低成本。由于没有操作系统的内存占用，并能在多个实例之间共享没有使用的内存，因此 Docker 可以提供比虚拟机更好的服务器整合解决方案。通常，数据中心的服务器资源利用率只有 30%，通过使用 Docker 并进行有效的资源分配，可以大幅提高服务器资源的利用率。

6. 调试能力

Docker 提供了很多的工具，包括可以为容器设置检查点、设置版本和查看两个容器之间的差别，这些特性可以帮助调试 Bug。

7. 多租户环境

Docker 的另外一个使用场景是在多租户的应用中，它可以避免关键应用的重写。这个场景的一个典型的例子是为物联网的应用开发一个快速、易用的多租户环境。这种多租户的基本代码非常复杂、很难处理，重新规划这样一个应用会造成时间和金钱上的浪费。使用 Docker，可以为每一个租户的应用层的多个实例创建隔离的环境，这不仅简单，而且成本低廉，当然这得益于 Docker 环境的启动速度和其高效的 diff 命令。

8. 快速部署

在虚拟机之前，购入部署新的硬件资源需要消耗几天的时间。虚拟化技术（Virtualization）将这个时间缩短到了分钟级别，而 Docker 通过为进程仅仅创建一个容器而无需启动一个操作系统，再次将这个过程缩短到了秒级。这正是 Google 和 Facebook 都看重的特性。企业可以创建/销毁 Docker 容器而无需担心重新启动带来的开销。

27.1.2 Docker 部署应用最佳实践

企业在将各类环境切换为 Docker 环境时，可以采用云上/云下仓库同步的方式，保证阿里云 ECS 和 Docker 得到很好的支持，从而保证镜像的一致性。通过 Docker 部署应用的步骤如下。

1. 评估

一般来说，应用程序都是复杂的，它们都有很多组件。对于自研的基础设施部署，可以采取的标准方式是以 Linux 系统为基础镜像，直接合入用于搭建整个环境。对于一些运用中间件的系统，可以采用对应中间件的镜像作为基础镜像，将研发的 War 包合入即可。对于一些 PHP、Python 代码来说，则需要根据不同的项目自建基础镜像，从而提高镜像发布的效率。

2. 镜像制作

按一定规则制作镜像。基础镜像与研发部署镜像有一定的区分，并将云上/云下的仓库同步，保证所有仓库镜像一致。例如，阿里云上镜像仓库使用阿里云的镜像服务，不必担心版本过多导致的磁盘问题。企业可以逐步将基础镜像仓库迁移上云，所有云上版本将使用阿里云的镜像仓库来部署。

3. 安全部署

企业用户不应再把安全当作应用程序迁移至容器的最后一步。反之，企业必须从一开始就做好安全性和管理的规划，把它们的功能纳入应用程序的开发过程中，并在应用程序运行过程中积极主动地关注这些方面。如果使用阿里云产品，它具有的层层权限管控可以直接解决这一问题，确保企业镜像的安全性。

4. 代码植入

为了创建镜像，开发需要使用一个 Dockerfile 来定义映像开发的必要步骤。企业可以使用线下代码仓库结合线上镜像仓库管理模式，既保证了源代码的安全性，也保证了镜像在阿里云的快速下载与部署，从而节省线下的空间资源。

27.2 标准微组件部署

所有的传统模式都有两个前提条件：①环境标准化，②能够自动安装部署。一些企业由于多年的技术积累，很多研发线已经处于标准化的状态。这些未完成 Docker 调整的，则可以采用统一的标准部署模式，通过定制安装包的形式，确保在 ECS 中能够很好地部署和运行。快速、便捷的机器扩展收缩模式也给线下机房提供了较好的支持。这种部署方式的演变的如图 27-2 所示。

企业也可以采用 Docker 和传统模式混合部署的模式，既可以节省资源开销，尽可能减少资源的浪费；又可以通过阿里云的监控平台，实时评估服务器的负载情况，从而对服务器资源进行控制。

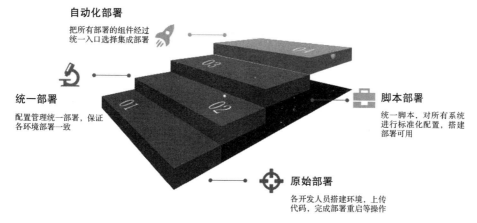

图 27-2 项目部署方式的衍变

在标准化部署中,企业可以将所有的中间件、产出物、配置放在各自的仓库中,然后根据需求任意组装各类组件,形成一套部署环境,并放入对应的程序包。这种设计理念不同于 Docker,是按组件分类,用户可以根据需求随意拼装环境。这种方式更适合独立运作的系统。

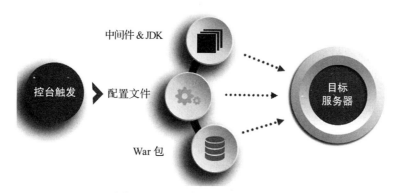

图 27-3 微组件部署架构示意图

微组件部署结合阿里云的 ECS API 动态创建,能很好地兼容企业已有的模式,为未来的测试环境整体上云奠定基础。如图 27-3 所示。

27.3 Kubernetes

Kubernetes(k8s)是自动化容器操作的开源平台(容器调度框架),这些操作包括部署、调度和节点集群间扩展。如果你曾经使用过 Docker 容器技术部署容器,那么可以将 Docker 看成 Kubernetes 内部使用的低级别组件。

关于 Kubernetes 的基本介绍可以参考市面上的资料或书籍,本书不再赘述。作为主流的容器调度框架，Swarm、Kubernetes 和 Mesos 曾经经历过一段时间的竞争，对决的结果是 Kubernetes 胜出，成为主要应用的容器调度框架，围绕它的资源、信息、资料、书籍甚至专业人员也更多、更丰富。现在企业如果考虑容器调度框架的话，Kubernetes 是首选。

与之相关，云服务商通常对于在云上提供此类框架服务的能力要求是很敏感的，例如，云数据库 RDS 并没有一个绝对垄断平台的支持，而是会全局性地支持多种平台能力；而像 Kubernetes 这种已经有定论的平台能力，云服务商不仅会快速提供相关的能力、聚焦在被广泛认可的平台上，还会为其提供一些附加的能力。当然，这也意味着企业如果选择了其他平台（如 Mesos）就会面临云服务商不提供直接支持的风险。

27.4 阿里云容器服务

阿里云提供了基于云原生的容器服务，整合了阿里云的虚拟化、存储、网络和安全能力，支持用 Docker 和 Kubernetes 进行容器化应用的生命周期管理，提供多种应用发布方式和持续交付能力并支持微服务架构。

27.4.1 使用云服务或自建

使用云服务商提供的服务的优势在于便捷和强大。便捷性方面，使用云服务商的容器服务可以通过 Web 界面一键创建 Kubernetes 集群、一键完成 Kubernetes 集群的升级、实现 Kubernetes 集群的扩容和缩容，能够同时处理多个版本的集群（包括 1.8.6、1.9.4 以及未来的 1.10），从而方便地通过一键垂直伸缩容来快速应对数据分析业务的峰值。在强大性方面，通过整合云服务商的其他能力，能够在网络、负载均衡、存储、运维、镜像仓库、稳定、高可用和技术支持方面得到更多的保障。

与之相比，自建 Kubernetes 的成本和风险包括：
- 搭建集群工作烦琐——需要手动配置 kubernetes 相关的各种组件、配置文件、证书、密钥、相关插件和工具，整个集群搭建工作需要专业人员数天到数周的时间才能完成。
- 在公共云上，需要投入大量的成本来实现和云产品的集成。若要和阿里云上其他产品集成，需要企业自行投入成本来实现，如日志服务、监控服务和存储管理等。
- 容器是一个系统性工程，涉及网络、存储、操作系统、编排等各种技术，需要专门的人员投入。
- 容器技术一直在不断发展，版本迭代快，需要不断地踩坑、升级、测试。

27.4.2 各应用（服务器）高可用

关于云服务商的容器服务的使用，通常可以参考其文档（如本书所述，文档能力也证明了一个云服务商的能力，好的云服务商会有完备的文档，使得客户无需依赖云服务商的人工服务，就能够获得所需的信息，完成所需的工具）。本节将对容器服务涉及的高可用进行简要说明（这些说明在文档中往往是不易找到的）。

1. 后台应用高可用

- 简要说明：各应用通过 Kubernetes Service 机制实现应用容器的多副本高可用。
- 探测机制：每个应用容器支持 HTTP 应答探测、TCP 端口探测、SHELL 脚本探测三种机制来探测各容器的存活和健康状态。
- 切换机制：同一应用的相同副本组成一个 Service，Service 后端就是各容器副本，容器副本的存活和健康状况会实时地反映到 Service 后端成员（endpoint）变化上来。如果一个容器副本报错，平台自动会把该副本从 Service 后端成员（endpoint）中移除，直到系统自动重建完成另外一个可用的副本，期间访问该 Service 的应用不受影响。
- 回切机制：当系统检测到重建的容器副本健康探针已经能正常返回信号，就会把该副本添加回 Service 后端成员 (endpoint) 中，期间访问该 Service 的应用不受影响。
- 影响时间：秒级。

2. 镜像仓库高可用

镜像仓库通过双节点互备的方式实现高可用，接入层通过 Ngnix+keepalived 绑定虚 IP 统一请求接入和高可用切换，底层通过存储层的 NAS 存储保证切换时镜像文件的同步，数据库层通过 MySQL 的集群保证高可用，如图 27-4 所示。

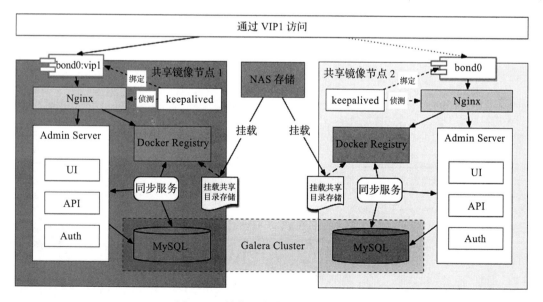

图 27-4　镜像仓库高可用架构示意图

3. 基于 NAS 的高可用数据卷

阿里云容器服务以云原生方式支持通过 NAS 实现容器实例数据卷高可用。数据卷的探测机制同应用本身的健康侦测机制是一致的。应用容器在其他宿主机重建时，其数据卷会被平台从原宿主机挂载点卸载，然后在新的宿主机重新挂载并映射到容器中的相同路径上，容器在新宿主机重建后能访问到切换之前的数据。数据卷本身的数据高可用基于 NAS 实现。

云厂商视角

Docker 确实是一个革命性的技术，云服务商当然需要第一时间支持云上使用 Docker。作为一种 PaaS 服务，Docker 云服务解决的是容器的管理和云产品的集成问题。从 Docker 在云上的应用情况看，一方面云服务商会跟进最新的技术，使得应用此技术的成本降低；另一方面，云服务商提供的通用平台能力在某些时候会略滞后于行业趋势。这两者相加的结果是，当一个技术趋于成熟的时候，使用云服务成为一种合理的选择。

企业视角

我们相信，Docker 和 Kubernetes 是最近五到十年最实用、有效的虚拟技术，并且将原来只是在硬件层面的应用场景拓宽到了前端。Kubernetes 的资源编排、调度和弹性伸缩能力，对于越来越复杂的应用部署，不啻为一种全新的解决方法。我们在一些应用中尝试了容器化部署，从管理角度解放了很多资源，不需要自行设计复杂的扩展机制，比之前直接使用云计算的虚拟机在成本上也更划算。记得最早被 AWS 打动的特点之一就是弹性伸缩，当使用了容器化技术之后，很容易实现应用根据访问性能的潮汐而自动增加和减少虚拟机资源。

Chapter28 第 28 章

边缘计算和函数计算

导言：本章将介绍与物联网紧密相关的边缘计算技术，以及容器化发展之后出现的更加令人兴奋的函数计算技术的基本概念和应用场景。这两项技术会在可见的未来迸发出强大的生命力，成为云原生应用中重要的基石。

前阿里云总裁胡晓明曾说："过去 20 年的互联网是'人联网'，未来 20 年的互联网是'物联网'。"互联网的上半场是将人类活动数字化，比如电商、社交、文化娱乐等，催生了今天蓬勃发展的互联网市场，背后是全球 40 亿网民。互联网的下半场是将整个物理世界数字化，道路、汽车、森林、河流、厂房……甚至一个垃圾桶都会被抽象到数字世界，连接到互联网上，实现"物""物"交流，"人""物"交互，这会是一次更加深刻的技术变革、一场全新的生产力革命。

从 IT 历史观的角度来讲，最初的计算是中心化的，并且要通过复用的方式来支持多用户多任务的处理。之后，逐渐进化到一个两级体系，即 CS 架构。CS 架构随着计算机的普及和使用者的非专业化，演进成为 BS 架构，这使得主要的计算再次回到数据中心内。在这个架构下，由于对计算能力的要求普遍提升，因此催生了云计算。云计算从底层看是一个分布式架构，并且推动应用系统走向分布式的道路，但是从广义上看，即使形成了分布式和单元化的架构，它也仍然是一个相对中心化的计算环境。

随着计算需求的不断提升，开始出现两个趋势：1）随着 5G 时代的到来，端上应用的要求越来越高，"端"的数量越来越多，对计算的实时性要求也提升了，这使得中心化的计算可能无法满足大量连接和快速处理计算的要求；2）计算能力的实现和交付需求越来越多变,传统的应用开发和部署过程显得相对沉重,无法满足快速迭代和快速扩容的要求。

这两个方面的需求催生了两种新的计算模式:一个是边缘计算,用于将相对轻量、快速的计算需求下放到距离端应用很近的计算节点上;一个是无服务器计算(函数计算),用于简化计算过程的开发和部署等工作。这两者很容易联想到一起,即端所需的轻量级计算需求,通过函数计算的开发和部署过程,快速在就近的节点上完成,只有那些复杂的、敏感的和必须中心化的需求,才会从边缘节点转向云计算环境进行处理。

28.1 边缘计算

边缘计算是一种分散式运算的架构,将应用程序、数据资料与服务的运算由网络中心节点转移到网络逻辑上的边缘节点来处理。边缘计算将原本完全由中心节点处理的大型服务分解,切割成更小、更容易管理的部分,将其分散到边缘节点去处理。边缘节点更接近于用户终端装置,可以加快数据的处理与传送速度,减少延迟。⊖

边缘计算出现的时间并不是很长(虽然从 IT 行业的角度来看已经不算是新名词),它起源于 CDN 业务。CDN 业务是在边缘节点进行内容的分发,因此 CDN 厂商通常会建设大量的边缘节点。当这些边缘节点从简单的内容分发业务(Request & Response)扩展为可以承担计算要求的时候(Request + Computing + Response),就形成了边缘计算。不过,就像所有的 IT 能力一样,需要有切实的需求才能被广泛使用,物联网时代的到来使得边缘计算开始得到关注、重视和应用(就像黎曼几何直到广义相对论到来才走出数学的象牙塔那样)。

28.1.1 边缘计算的场景

以智慧酒店场景为例(如图 28-1 所示),随着酒店使用的物联网设备越来越多,对这些设备响应的及时性、快速性和安全性要求,很难完全基于公共云来完成。通过边缘网关快速集成本地设备后,边缘网关作为本地节点快速响应本地事件,实现本地 M2M 的智能联动,进而实现室内室外一体化的智能。

智慧酒店的特点包括:

- 设备联动:入楼闸机、房间门、空调、照明和水电等智能联动。
- 边缘计算:人脸信息、房间号、保洁日历和时间段等全部由边缘网关计算处理。
- 语音智能:入住后,天猫精灵成为私人管家,接收住户指令并管理多端设备。

⊖ 边缘计算: https://zh.wikipedia.org/wiki/边缘计算。

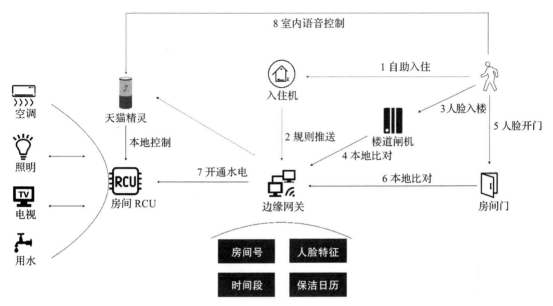

图 28-1 智慧酒店场景结构示意图

整个场景的运转流程是：

1）住户自助办理入住，入住机将信息等规则推送给边缘网关。
2）住户在入楼闸机处刷脸，闸机与边缘网关核对身份信息。
3）信息核对成功后，闸机打开，住户被允许进入大楼。
4）住户来到房间门口，刷脸。房间门与边缘网关核对身份信息。
5）信息核对成功后，房间门打开，住户被允许进入房间。
6）房间门打开的同时，房间水电、空调、照明、电视等根据环境设置自动开启，天猫精灵开始工作。
7）住户入住后若有其他需求，可以通过语音将需求指令告知天猫精灵，实现进一步智能联动。

在这个场景下，位于本地或就近位置的边缘计算网关提供了所需的轻量级计算能力，并且通过与各个控制端的对接来实现冯·诺依曼计算机体系结构。

这里可能遇到的一个疑问是，这样的架构和传统的 CS 架构有何不同呢？这个疑问和云计算遇到的问题是一样的——这样的架构和自建的机房有何不同呢？

其主要区别就在于，边缘计算是一个理念、一种计算模式，但是边缘计算服务是一种专业化服务。在有能力的情况下，当然可以自建一个边缘计算的架构，但是也可以通过厂商提供的边缘计算服务直接获得边缘计算的能力，或者由有相关交付能力的厂商来交付一个成熟的边缘计算架构。就像少数公司可以自研/自建自己的云平台，但是大部分公司还是选择购买公共云服务或者专有云服务一样。

一般的公共云计算厂商可以以其 CDN 节点作为承载来提供边缘计算服务，其优势有如下几点：

- 灵活：1 分钟开通资源，CDN 边缘节点资源按需使用、按量付费，具有充足的库存。
- 产品化：控制台方便易用，可以满足用户开通、查看、配置、监控需求，能提供全套 API 自助管理。
- 多样化：提供灵活丰富的资源规格和方案，通过资源的不同配比，满足不同场景客户的就近处理需求。
- 安全化：能实现异常流量的自动检测和清洗，运营商黑洞机制可以确保节点安全，用户之间实现安全隔离。

28.1.2 解决方案

边缘计算并不是对云计算的否定，在大部分情况下是一种结合，云计算服务商提供的边缘计算方案可以视为云能力在边缘端的拓展。它继承了云服务商在安全、存储、计算和人工智能方面的能力，可部署于不同量级的智能设备和计算节点中，通过定义物模型连接不同协议和不同数据格式的设备，提供安全可靠、低延时、低成本、易扩展和弱依赖的本地计算服务。同时，可以结合云上的大数据、AI、语音和视频等能力，打造云边端三位一体的计算体系。

图 28-2 是一个典型的物联网边缘计算的方案图。

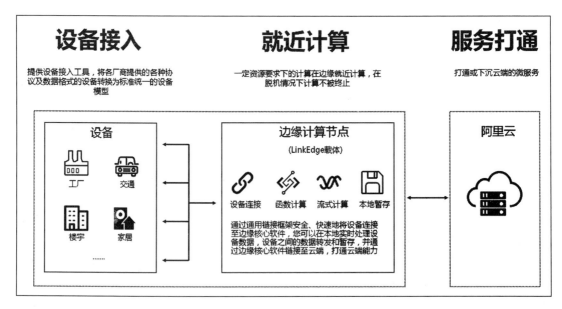

图 28-2　物联网边缘计算方案图

可以看到，整个架构涉及以下部分：

- 设备端：开发者使用驱动工具，将非标准设备转换成标准物模型，通过广域网或局域网接入边缘网关，实现设备管理和控制。
- 边缘计算端：边缘计算端提供设备连接、设备控制、监控体系、设备驱动、设备影子、数据安全等能力。设备连接至边缘计算平台后，可以实现本地数据实时收集、处理。同时，边缘端可以通过广域网连接至云端，将数据直接上报云端。
- 云端：设备数据上传云端后，可以结合云的功能（如大数据和 AI 等），通过标准 API 接口实现更多功能和应用。

可以看到，在这个体系下，并没有否定云计算，而是进行了计算能力分级。也就是说，形成了设备端上的本地计算能力、边缘计算端的收集/汇总/处理能力和云端的大规模计算能力，这是一个严谨的分层计算模式。

目前，国际和国内主要的云服务商（尤其是本身有 CDN 业务的云服务商）都提供了边缘计算方案的初步应用，处于不同的商用化阶段，在解决方案层面则更多的和 IoT 以及媒体应用相关。

28.1.3　未来可能

边缘计算目前还不是一个常用的方案。但是，在金融领域，考虑到第三方支付是一个和实体经济密切结合的场景，因此随着物联网的发展，未来也存在大规模应用边缘计算的可能。例如，针对 POS 机、无人零售设备和各类家用终端等方面的金融相关业务，都可以使用边缘计算。在诸如融资租赁和无押金设备租用等方面，也可以降低实时管控成本，更可以利用此能力进一步在 5G 和 IoT 时代拓展金融的覆盖面。

28.2　函数计算

函数计算这个名词翻译得相当有 IT 特色，因为它本来并不是这个含义，但现在看起来这种译法也可以自圆其说。

目前，主要的应用系统交付方式是通过软件部署的形式进行的，即使使用云计算屏蔽了物理服务器的底层，但对交付人员而言，也仍然需要见到一个虚拟服务器。容器虽然进一步简化了这个部分，但它仍然是虚拟出一个服务器操作系统来进行应用部署。因此，基于服务器部署应用系统仍然有几个无法克服的问题：成本、运维、容量和效率。云计算大大缓解了这四个方面的问题，不过仍然谈不上解决。

从应用开发人员的角度，如果开发了一个功能（function），上传了逻辑代码就可以使用，而且能够保证无论多大规模的使用都能匹配相应的计算和存储容量，按照实际的计算量收费，那会比在 Tomcat 下开发一个 Java 应用、随后购买云服务器部署并监控和运营更加便利。在这种模式下，服务器本身是不可见的，可见的只有所开发的功能。

这种计算能力交付模式最初称为无服务器计算（Serverless Computing），又称为功能即服务（Function-as-a-Service，FaaS）或函数计算（Function Computing）。用户只需完成开发 – 上传 – 使用 – 付费，别的都不用管，这就是 FaaS 提供的能力，对程序交付人员而言，关注点只有功能，编写的只有函数，而函数就是功能（英语都是 function），所以函数计算这个翻译也就可以自圆其说了。

看到 XaaS 肯定会想到，这也是一个天然与云计算相关的概念，只有云计算服务商才能够更好地适应这个过程中的自助、容量和资源整合等方面的要求，因此一般也被认为是云计算的一种模型。以平台即服务（PaaS）为基础，无服务器计算提供一个微型的架构，终端客户不需要部署、配置或管理服务器服务，代码运行所需要的服务器服务皆由云端平台来提供。

28.2.1　函数计算的核心优势

前面说过，在目前情况下，假设企业计划采购服务器开发一款 ToC 的应用服务，那么需要考虑很多的问题，例如：

- 如何构建和运维一套弹性的、稳定的后端服务？
- 需要采购多少台服务器？
- 服务器采用什么规格？
- 如何配置网络和操作系统？
- 如何部署环境？
- 如何负载均衡？
- 如何动态伸缩？
- 如何升级配置？
- 如何应对服务器宕机？
- 如何应对用户请求峰值？
- 如何应对系统监控报警？

……

可喜的是，基础设施的云化使企业能够快速调动和使用海量计算资源，而无须担心如何在短时间内获取合适规格的服务器。但是，当前云计算的抽象粒度大多在机器级别，要管理和使用这些计算资源仍然有不小的门槛和成本。

如果上述应用主要是基于事件处理的后台服务，而处理的逻辑简单直接，没有大量的系统间同步、异步交互过程，也没有大量有状态的往来交互，那么就可以考虑使用函数计算方式。例如，在无人零售设备的购买流程中，可以用函数计算处理设备控制、结算和库存同步等逻辑。

函数计算为解决计算成本和效率问题而生，将计算服务的抽象粒度提高到了函数级别，打造出无服务器概念的应用设计模式。使用函数计算，无须管理底层的基础设施，只需要将代码部署到函数计算，然后以事件驱动的方式触发函数执行，服务就可以平稳运行。用户无须再为环境部署、服务器扩容、服务器宕机等问题烦恼，函数计算提供弹性的扩容机制，并按量计费。此外，函数计算提供日志查询、性能监控和报警等功能，能够帮助快速定位问题和排查故障。

云服务商提供的函数计算服务的核心优势总结如下：

- 无须采购和管理服务器等基础设施，运维成本低。
- 只需专注于业务逻辑的开发，使用函数计算支持的开发语言设计、优化、测试、审核以及上传自己的应用代码。
- 以事件驱动的方式触发应用响应用户请求，与云厂商的对象存储 OSS、API 网关、日志服务和表格存储等服务无缝对接，帮助用户快速构建应用。例如，通过 OSS 解决图片和视频的存储问题，当有新数据写入 OSS 资源时，自动触发函数处理数据。
- 提供日志查询、性能监控和报警等功能快速排查故障。
- 毫秒级别弹性伸缩，快速实现底层扩容以应对峰值压力。
- 按需付费，支持百毫秒级别收费。用户只需为实际使用的计算资源付费，适合有明显波峰/波谷的用户访问场景。

28.2.2 场景和方案

以金融行业的一个场景为例。一般金融机构对接大量的其他机构，不同机构传输的数据报文格式千差万别，有的是日志格式，有的是表格格式，有的是 csv 格式，千变万化的格式给统一处理系统带来不少麻烦。

传统的系统设计涉及存储报文的磁盘空间、处理服务器以及处理后的报文数据的数据库存储。到了云时代，系统架构发生了很大变化，从重度的设计和交付转变为轻量的设计和交付，接下来我们结合对象存储、函数计算以及表格存储来讲解整个业务处理过程。

金融行业处理数据的整体架构如图 28-3 所示。可以看出，金融机构的数据处理分为三个环节：

- 第一个环节：在线交易环境如证券交易、日常存取款、刷卡等消费行为产生的**数据**会通过金融机构或者合作单位传输给对象存储，对象存储触发函数计算对交易报文进行处理，按照表格存储的格式分解报文并将格式化的数据置入对象存储或者表格存储中。结合函数计算的处理能力，可以完成对报文格式解析并把数据入库。
- 第二个环节：线下流水分析，通过网络渠道把访问或者交易流水信息传输到日志服务，对日志进行处理后，把流水信息格式化传输给表格存储。函数计算可以对第一个环节中的信息做进一步处理，形成一个流水线。

- 第三个环节：线上贷款的风控流程，风控调度系统通过函数计算拉取表格存储的数据进行风控业务查询。表格存储会根据请求数据去大数据平台处理，获取处理结果。函数计算在第三个环节里，通过 Web 页面输入用户 UID，并通过函数计算查询风控系统，进行数据分析，如查询多张表格进行数据比对等。

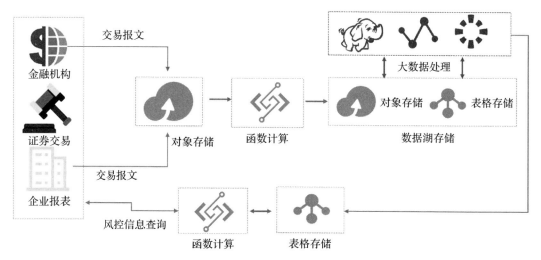

图 28-3　金融行业处理数据整体架构图

可以看到，在这样一个常用的场景中，所有的过程都没有涉及服务器、中间件等，而是完全基于函数计算提供的能力进行运作。无论业务并发量有多大，都能够及时得到处理。如果后端传统的基于服务器的应用还能够提供异步处理能力，那么就可以完全做到在削平谷峰的同时保障用户体验。

针对一般性的函数计算应用，阿里云函数计算工作流程如图 28-4 所示。

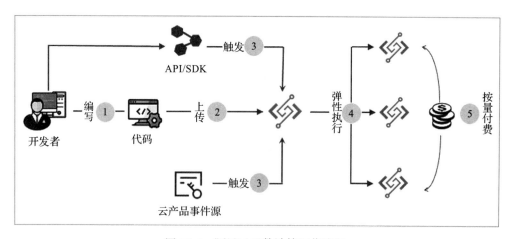

图 28-4　阿里云函数计算工作流程

1）开发者使用编程语言编写应用和服务。函数计算支持的开发语言请参考开发语言列表。

2）开发者上传应用到函数计算。上传途径包括函数计算控制台、API/SDK 以及命令行工具 fcli。

3）触发函数执行。触发方式包括 OSS、API 网关、日志服务、表格存储以及函数计算 API/SDK 等。

4）动态扩容以响应请求。函数计算可以根据用户请求自动扩容，该过程对用户均透明无感知。

5）根据函数的实际执行时间按量计费。函数执行结束后，可以通过账单查看执行费用，收费粒度精确到 100ms。

28.2.3　函数计算的优势和未来可能

如果将由虚拟服务器及相关的网络、存储和数据库等能力构成的云服务称为云计算 1.0 的话，那么函数计算就是云计算 2.0 时代的核心产品。

自阿里云函数计算上线以来，已被开发者广泛用于大规模多媒体数据并行处理、日志 / 物联网数据的流式处理、网站后端服务等场景中。从实际使用情况来看，无服务计算在工程效率、可靠性、性能、成本和安全性等方面给用户带来了巨大的价值。

1）**可靠性**：用户不需要购买或维护任何服务器，也不需要安装任何软件，借助函数计算，系统就能自动处理基础设施层的各种错误，减少宕机、网络中断等危机情况的发生，提升系统可靠性。

2）**弹性伸缩**：应用程序所需计算资源的伸缩能在毫秒级别由无服务计算平台自动完成，用户不需要负责增减服务器的数量。

3）**低成本**：不需要为计算和存储之类的服务预留容量。如果代码没有运行，就不会收费。

研究数据表明，70% 以上的服务器资源并未得到充分利用。函数计算采用全新模式，使资源使用率达到 100%，实践结果显示，通常能节省 10%～90% 的成本。

也就是说，借助函数计算，开发者可以专注在产品代码上，而无须管理和操作云端或本地的服务器。在生产实践中，用户用几百行代码就可以实现一个规模上亿、日调用几十亿次的处理服务。⊖

考虑到上述的优势，未来将有大量的应用基于函数计算平台来构建，企业可以将大量的流程性、轻量级的应用系统，通过函数计算的方式进行开发、部署和应用。在这个过程中，能够更大限度地支持业务，加快业务能力交付、提升运维效率、降低资源成本。由于目前函数计算在传统行业的实践（包括金融应用）还相对较少，企业可以有选择地对函数计算进行关注、尝试，一方面可以多了解一种 IT 能力，另一方面，当函数计算得到认可和广泛应用的时候，企业也能够快速推进其在企业内的应用过程，跟上技术的潮流。

⊖ 函数计算：https://yq.aliyun.com/articles/608932。

当然，本书一直强调的一个事实是：万事无绝对，云计算不是解决企业IT问题的银弹，未来也不可能是函数计算一统计算模式的状态，所有的技术都是满足业务需求的一件武器，不同的武器有不同的适用场景。未来，函数计算可能会取代大多数无状态处理过程中的计算能力要求，但云计算所提供的复杂企业应用并不一定能被替代，正如云计算不能完全替代大型金融机构的自有机房一样。

28.3 函数计算结合边缘计算

在介绍边缘计算的解决方案时，架构图中就涉及函数计算，设备端对边缘计算节点所要求的计算能力往往不复杂，且大都是无状态服务可以承载的。但是，端对边缘计算节点计算能力的要求通常不可预知，发布过程又需要相当敏捷和快速，这使得函数计算服务与之成为一种天然的融合。

在一个典型的简单场景（如图28-5所示）中，边缘节点可以作为一个就近进行计算的服务节点，基于函数计算的模式，对物联网设备上传的数据进行计算后，再通过云产品进行监控、报警、存储、分析等后续处理，从而将云、端、数三者通过边缘节点整合在一起，形成一个完整的方案。

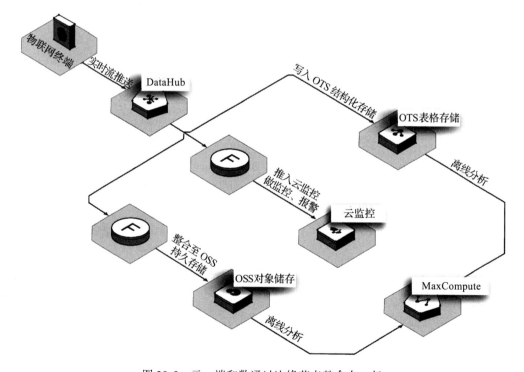

图 28-5　云、端和数通过边缘节点整合在一起

目前在主流云计算厂商的产品列表中，还没有将两者结合在一起的产品，通常，函数计算和边缘节点服务是两个分离的产品，但是随着 5G 时代和 IoT 时代的到来，可以预见，这两者的结合将成为比较关键的产品。

云厂商视角

边缘计算和函数计算是原生云产品，也就是说，大部分企业除非建立一个庞大的私有云体系，否则是无法获得类似的能力的。这种能力超越了传统的基础设施架构设计，因此属于云计算进入下一个时代的战略性产品。从企业的角度，应用这种产品的驱动力有两种：正好满足某种刚性需求的直接应用、认为符合企业后续技术需要的探索性尝试。无论是哪种驱动力，云服务商在这些能力被广泛应用和认可之前，都会给予比较大的支持——从文档、技术到客户改进需求的响应等，因此也非常欢迎各类企业在自身的场景下深度探索这些技术的实际落地。

企业视角

有时候，企业在面对新技术的发展时，既有一些无奈，也有无奈下的惊喜。当我们学会使用先进的部署架构模式，并利用云计算厂商的海量资源进行垂直和水平扩展之后，会发现原来容器化技术在一些场景可以大大简化工作，而边缘计算和函数计算再次简化了这部分工作，特别是函数计算（serverless）确实可以让一些业务逻辑的部署和服务器说 bye bye 了。真正的按需计算提供了降低成本的机会。互联网架构中最复杂的部分（负载均衡、弹性扩展、限次限流等），在函数计算框架下都被整合到一起，成为其天然的功能，无须用户再额外关心。

我们何其幸运，可以目睹技术的高速发展，虽然复杂度的剧增在一定程度上提高了学习和试错成本，但是能够对不断变化和增加的用户需求有快速和完美的反应，则让一切付出变得值得。

物联网、边缘计算、函数计算，这些下一代互联网的新名词终将被企业广泛应用，甚至重塑整个 IT 架构。

后　　记

小时候觉得世界很小，世界好像是围绕着自己旋转。

长大了觉得世界很大，宇宙的外面是宇宙还是时间？

偶然听闻创建阿里云的是心理学博士王坚，遥想起自己在华东师范大学心理学系读书之时，执教神经生理学的封茂兹教授鼓励我们要思考、要研究大脑、要注意方法论，每一个细节要谨慎而经得起推敲。封教授曾在20世纪90年代初预言，人工智能在未来必定会有巨大的影响，如今果不其然。

邓小平说"计算机的普及要从娃娃抓起"，受其沐泽，曾读着谭浩强老师的书学C语言，跟着电视机学BASIC语言，也曾跟着师兄、师弟没日没夜地泡在学校的机房。功夫不负有心人，大三时，在方芸秋教授的指导下，我和两位同学一起用Turbo Pascal编写出一套认知心理学软件，将十几个心理学实验在PC上可视化地呈现出来。自此，更是在IT的世界一发不可收拾。

业余时间也在共享和自由软件的世界驰骋，曾经每天和天南海北的软件用户讨论他们大相径庭的需求、忍受用户的责备、思考和实践技术怎么能更好地为用户服务。种种经历，让我越来越深信IT技术一定是强大的工具和生产力，必将彻底改变我们的生活。

在互联网公司工作的时候，有一天突然顿悟，用户并不懂也不是那么在乎你使用了什么技术，技术的演进很大程度上是为了能够更好、更快地满足用户需求。

斗转星移，一晃几十年过去，从只有2KB内存的电脑到云计算无穷无尽的能力，足以印证我的顿悟，而现在，好戏才刚刚开始！

在本书的最后，我特别要感谢家人的支持！父亲是改革开放后第一批从事计算机行业应用的专家，父亲的影响始终是照亮前路的明灯。犹记儿时放假，我在父亲的机房里学习Quick Basic和dBase的场景，在创作这本书的大半年时间里，每当才思枯竭、无可奈何之时，是家人的温暖和鼓励帮助我将写作这样一件非常枯燥的事情坚持下来。

在技术创新的领域，还要感谢几位启蒙老师：上海市格致中学的周柏生老师和励幼娣老师、上海市黄浦区少科站的曹文浩老师，你们当年的严格要求、谆谆教导，让我受益终生！

山高水长，江湖再见！

裔隽
2019年8月

推荐阅读

企业迁云实战（第2版）

作者：阿里云智能—全球技术服务部 著 ISBN：978-7-111-63503-1 定价：119.00元

专家推荐

在过去的十年，我们看到围绕"云"的技术理念和软件工程都发生了深刻的变化，而这本书期望能结合阿里云智能多年的实践，从思考、理念、案例、方法论的角度和大家分享我们的得失，也期望能带给所有投身云智能时代的技术人士一些参考，让我们共同为中国云计算的成长而努力！

——阿里巴巴副总裁　李津

随着云计算和人工智能的日益普及，几乎所有的传统企业都在拥抱公共云计算，并基于云计算来推动企业自身的数字化转型。本书从实战的角度，从企业规划上云、业务中台设计到数据中台都有完整的论述，内容覆盖了企业数字化转型的方方面面。这些实战经验的结晶将使读者受益匪浅。

——袋鼠云联合创始人　云掣科技CEO　丁原（徐进挺）

云、数据、智能等新的IT技术革命不断冲击着传统的商业模式和企业技术架构。在这样一个快速变革、充满创新的时代，数字化转型是企业的必经之路。智能依赖于数据，而数据和智能都需要云计算的支撑，企业数字化转型的第一步就是考虑如何建云上云，把企业传统IT架构升级为云架构。第一步的上云往往是最难的，至少需要从数据库、中间件和应用三方面加以考虑。本书立足公共云，从规划和意义开始，分层次详细阐述了企业中台、中间件、应用、文件等多领域迁云上云的方法和步骤，从工程化的角度给从事企业数字化转型的技术人员提供参考和建议，为企业IT如何迁移至公共云指明了方向。

——ZStack COO　尤永康

推荐阅读

教育部-阿里云产学合作协同育人项目成果

云计算原理与实践

作者：过敏意 主编 吴晨涛 李超 阮娜 陈雨亭 编著　ISBN：978-7-111-57970-0　定价：79.00元

本书全面、系统地展现了云计算技术体系，内容跨越云的各个层次，以云计算为核心，但同样重视云存储；主要着眼于云的系统平台和软件环境，但同样关注硬件基础设施（即数据中心）等。本书不仅涵盖经典的虚拟化、分布式、存储、网络等理论，还融入了以阿里云为代表的真实系统的案例，将云计算实践过程中沉淀的工程化方法和思考呈现在读者面前。通过学习本书，读者可掌握云计算相关的概念、方法、技术与现状，了解云计算领域的研究热点和技术进展，具备初步的云计算开发和实战能力。

云安全原理与实践

作者：陈兴蜀 葛龙 主编　ISBN：978-7-111-57468-2　定价：69.00元

在云计算发展的同时，其安全问题也日益凸显，并成为制约云计算产业发展的重要因素。本书力求将云安全的基本概念、原理与当前企业界的工程实践有机融合。在内容安排上，从云计算的基本概念入手，由浅入深地分析了云计算面临的安全威胁及防范措施，并对云计算服务的安全能力、云计算服务的安全使用以及云计算服务的安全标准现状进行了介绍。本书的另一大特色是将四川大学网络空间安全研究院团队的学术研究成果与阿里云企业实践结合，一些重要章节的内容给出了在阿里云平台上的实现过程，通过"理论+实践"的模式使得学术与工程相互促进，同时加深读者对理论知识的理解。